國家社科基金重大項目"蘇皖鄂贛江淮官話與周邊方言的接觸與演變研究及資料庫建設"(19ZDA307）的階段性成果，並獲得中央高校基本科研業務費專項資金（JUSRP2001ZD）、江蘇省高校哲學社會科學研究重大項目（2020SJZDA010）、江蘇省社科基金文脈專項項目（19WMB084）的資助。

徐氏類音字彙

一百年前的鹽城話

蔡華祥　編著

中國社會科學出版社

圖書在版編目(CIP)數據

徐氏類音字彙：一百年前的鹽城話/蔡華祥編著. —北京：中國社會科學出版社，2024.3
ISBN 978-7-5227-3210-7

Ⅰ.①徐⋯ Ⅱ.①蔡⋯ Ⅲ.①江淮方言—音韻學—方言研究—鹽城 Ⅳ.①H172.4

中國國家版本館 CIP 數據核字(2024)第 055103 號

出 版 人	趙劍英
責任編輯	陳肖靜
責任校對	朱妍潔
責任印製	戴 寬

出　　版	中國社會科學出版社
社　　址	北京鼓樓西大街甲 158 號
郵　　編	100720
網　　址	http://www.csspw.cn
發 行 部	010-84083685
門 市 部	010-84029450
經　　銷	新華書店及其他書店
印　　刷	北京明恒達印務有限公司
裝　　訂	廊坊市廣陽區廣增裝訂廠
版　　次	2024 年 3 月第 1 版
印　　次	2024 年 3 月第 1 次印刷
開　　本	710×1000　1/16
印　　張	19
插　　頁	2
字　　數	276 千字
定　　價	109.00 元

凡購買中國社會科學出版社圖書，如有質量問題請與本社營銷中心聯繫調換
電話：010-84083683
版權所有　侵權必究

漢學錦囊

丙寅秋

康有為題

丙寅秋

國學寶鑰

識字津梁　韻學捷徑

讀書基礎

章炳麟題

編委會

主　　編　蔡華祥
副主編　馮青青
委　　員（按姓氏音序排列）
　　　　　陳榮軍　韓新玉　李陳媛　劉　剛　馬　玲　汪　瑩
　　　　　肖若溪　謝　坤　葉　青　趙銘敏　趙　怡　周麗穎

目　　錄

序 …………………………………………………………… 1

第一章　《徐氏類音字彙》述略 ………………………… 1
　一　作者生平與成書、刊刻時間 ………………………… 1
　二　《徐氏類音字彙》的主要內容 ……………………… 2
　三　《徐氏類音字彙》的編纂體例 ……………………… 3
　四　《徐氏類音字彙》的價值 …………………………… 6
　五　《徐氏類音字彙》存在的問題 ……………………… 9

第二章　《徐氏類音字彙》時評與序言 ………………… 11
　一　時　評 ………………………………………………… 11
　二　序　言 ………………………………………………… 12

第三章　《徐氏類音字彙》首卷 ………………………… 17
　一　凡例與說明 …………………………………………… 17
　二　五音全璧 ……………………………………………… 20
　三　國音全璧 ……………………………………………… 27
　四　辨　似 ………………………………………………… 32

第四章　《徐氏類音字彙》上卷 ………………………… 39
　一　東　宏 ………………………………………………… 41

二　江　陽 ·· 50
　　三　眞　文 ·· 61
　　四　刪　咸 ·· 71
　　五　端　桓 ·· 80

第五章　《徐氏類音字彙》中卷 ·················· 84
　　六　先　廉 ·· 86
　　七　支　虞 ·· 93
　　八　灰　微 ·· 106
　　九　歌　摩 ·· 115
　　十　蘇　胡 ·· 119

第六章　《徐氏類音字彙》下卷 ·················· 126
　　十一　皆　來 ·· 129
　　十二　蕭　毛 ·· 134
　　十三　佳　麻 ·· 144
　　十四　侵　行 ·· 149
　　十五　攸　樓 ·· 159

第七章　《徐氏類音字彙》重編 ·················· 166

後　記 ·· 290

序

  漢語方言的調查研究離不開對歷史文獻的探討。江淮方言作爲官話的重要分支，歷代都有學者進行記錄、描寫，留下了許多寶貴的文獻資料。如清同治年間記錄泰州方言的《字音集義通考》、清末胡垣記錄南京方言的《古今中外音韻通例》、清末孫錦標的《南通方言書證》等。徐宗斌的《徐氏類音字彙》是清代記錄鹽城方言的重要文獻。鮑明煒先生較早對該書進行了考察，認爲它是一部很有價值的反映鹽城方言音韻的著作，值得研究者的重視。

  鹽城方言屬江淮官話洪巢片，有五個聲調，入聲自成一類，不分陰陽；子尾詞比較豐富；反復問句"K-VP"格式和"VP不VP"格式並存。因其地處洪巢片與通泰片的交界地帶，有不少通泰方言的特點，如古濁聲母字"舅""舊""路""飯"等（白）讀陰平。《徐氏類音字彙》記錄了清代鹽城方言的語音面貌，爲我們構建鹽城方言史，乃至江淮方言史提供了可靠的文獻資料。

  《徐氏類音字彙：一百年前的鹽城話》對《徐氏類音字彙》這本方言韻書進行評述，結合現代語音學、音韻學的知識對原書進行重新編排。借此，讀者可高效地把握徐氏這部鹽城方言同音字典的全貌。總的來説，該書主要做了三方面的工作。一是在原書勘誤表的基礎上進行了細緻的點校；二是結合現代鹽城方言調查成果對原書收字進行了重新編排，做到了方便檢索；三是該書收録了大量的俗字、古文字、異體字、形近字等，爲文字學的研究提供了豐富的資料。具體而言，該書的貢獻與特色主要表現在以下三個方面。

◆ 徐氏類音字彙：一百年前的鹽城話 ◆

第一，這是《徐氏類音字彙》自 1927 年出版以來的第一部點校本，爲讀者閱讀和瞭解百年前的鹽城話提供了文獻依據，具有很高的史料價值。民國年間的地方誌中記錄了部分鹽城方言詞彙，主要考證這些方言詞彙的語源，系統反映鹽城方音的資料較爲少見，如 1936 年《續修鹽城縣志》的"方言"部分就將方言詞彙分爲"釋言""釋親屬""釋形體""釋宮""釋器""釋天""釋地""釋植物""釋動物"玖類。直到新中國成立以後出版的《鹽城人學習普通話手冊》(1959) 和《江蘇省和上海市方言概況》(1960)，才用現代語言學的方法調查並記錄了鹽城方音。而《徐氏類音字彙》較早用傳統語言學記錄並系統反映鹽城方音。書中記載的是一百年前鹽城話的語音風貌，將人們目前所能觸及的鹽城歷史語音面貌向前又擴展了五十年。江蘇境內方言情況複雜，而記錄各地方言歷史情況的韻書卻很少，在這種情況下，像《徐氏類音字彙》這樣一部全面詳盡地描寫一個地區方言語音系統的韻書實屬難得。

第二，該書以小見大，注意到了《徐氏類音字彙》對蘇北江淮官話的共時、歷時研究頗具參考價值。《徐氏類音字彙》不僅記錄了鹽城境內的方言，還記載了鹽城周邊地區方言的語音、詞彙，這些都同屬於江淮官話。從共時層面看，《徐氏類音字彙》在有助於鹽城方言研究的同時，也能爲研究一百年前整個蘇北江淮官話的研究提供有效線索。就歷時方面而言，對於此書音韻系統的探討，有助於我們探索百年來鹽城方言乃至江淮官話的演變軌跡。

第三，結合音韻學和現代語音學的知識，根據現代鹽城及周邊方言的語音狀態，對《徐氏類音字彙》各章内容進行重新編排，彌補了原書存在的諸多不足。首先，在韻方面避免了鮑明煒先生在《〈類音字彙〉與鹽城方言》中對《類音字彙》總結出的前三條不足。一是先廉韻的"鵑權玄冤"等應列入端恒的撮口韻，二是灰微韻的開口韻應併入先廉韻的開口前。三是真文韻的開口和侵行韻的齊撮韻互補，本是一韻，不應分立。其次，在每小韻前，平聲區分了陰平和陽平。再次，改正了原書前後用字不一的情況，並指出了 $ɿ$、i、y 之間的不同。最後，得出了十八

· 2 ·

個聲母，每個韻母後再按照聲母的先後順序排列，改正了原書聲母無名稱和次序不固定的不足，提高了檢字的效率。

華祥、青青兩位青年才俊，一直致力於蘇北方言研究。華祥已發表多篇鹽城方言研究論文，並出版著作《鹽城方言研究》。而今兩位又整理出版《徐氏類音字彙：一百年前的鹽城話》，是鹽城方言研究的又一部力作。他倆均年富氣銳，駿發踔厲而又學植甚厚，相信他們定會給我們以新的學術驚喜。

是爲序。

顧　黔
南京大學文學院
2021 年 8 月

第一章 《徐氏類音字彙》述略

一 作者生平與成書、刊刻時間[①]

徐宗斌（1878—1950），字筱帆，江蘇鹽城人，歷經光緒、宣統、民國，新中國成立後的第二年去世。徐宗斌出身於書香門第、鄉賢世家。其九世祖徐南岡在清"以通儒而爲循吏，江淮沂濟，頌德不衰"[②]，所著有"易、書、詩提要錄若干卷"。童年時讀書即很厭惡八股教育，"授以八股，不屑爲"。學兄以科舉功名相勸，唾棄不顧。二十歲後，徐宗斌在從事教育工作之余，更"心醉於聲韻之學"，致力於漢語方言語音的研究。時人稱其"博學多識"。早年還參加過孫中山創建的興中會，1918年被選爲江蘇省議會議員。

據華林、陽生的考證，《徐氏類音字彙》在其九世祖徐南岡之先人已着手編撰，祖傳而至徐宗斌，才由他總纂而成。爲編寫該書，徐宗斌賣掉了田產、家具，家境寒酸；曾先後去過南京、上海等地。"朝夕尋

[①] 主要參考了華林、陽生《徐宗斌與〈徐氏類音字彙〉》，《鹽城師專學報》（社會科學版）1983年第1期；馮青青《清末鹽城方言韻書〈徐氏類音字彙〉述論》，《鹽城師範學院學報》（人文社會科學版）2005年第3期。

[②] 見本書第二章 "《徐氏類音字彙》時評與序言"，下同。

· 1 ·

思，幾經寒暑，……延數歲之功而韻字方見粗完，已得其適用之大概萬餘字耳，分上中下三卷，訂名曰《字彙類音》"。其時爲 1900 年前後。二十多年後，1922 年夏，徐宗斌在通俗教育館（原址在今鹽城軍分區東南面）閱報之餘，登樓拜見鹽城縣教育會長顧簡（字敬齋），遂取出手稿交由顧第一次校閱。顧訂正其書，並爲作序，且改書名爲《類音字彙》，"慫恿付梓，以公同好"。於是，徐宗斌又細加增訂，複輯得三千字，又增寫了首卷，1925 年初夏全書告成。當時他住在縣前街直道橋的一間舊瓦屋裹寫作。爾後，他一面請其弟宗鈺、宗穗，侄徐棠爲全書校對文字；一面請師友及地方長官爲之序。1926 年秋，徐宗斌到上海聯繫出版事宜。經在滬開私人診所的眼科醫生夏金堂的介紹，請時年八十有三的吳昌碩先生爲書稿題簽，吳老欣然命筆。[①]接着，徐宗斌又找到康有爲、章太炎二人，請爲題詞。[②]1927 年在夏金堂的資助下出版該書。該書版權頁顯示："中華民國十六年三月初版，中華民國十六年四月再版；《徐氏類音字彙》甲乙種精本裝一四冊價洋四三元；編輯者鹽城徐筱帆；編刷者深柳書屋；總發行者深柳書屋（上海新疆路穌民坊）。"

二 《徐氏類音字彙》的主要內容

《徐氏類音字彙》分首卷、上卷、中卷、下卷，每卷一册，共四册。首卷有作者徐宗斌的近照，林隱的《徐氏類音字彙時評》，康有爲、章太炎的題詞，以及龐宗吉、金式陶、顧簡、蘇守仁、錢士鴻、徐宗鈺等人的序言和作者的自序。首卷包括"凡例""五音全璧""國音全璧"和"辨似"四個部分，共 99 頁。首卷後附全書的勘誤表，分首卷、上卷、

[①] 吳昌碩（1844—1927），浙江省孝豐縣鄣吳村（今湖州市安吉縣）人。晚清民國時期著名國畫家、書法家、篆刻家，"後海派"代表，杭州西泠印社首任社長，與虞良玉、趙之謙並稱"新浙派"三位代表人物，與任伯年、蒲華、虛穀合稱爲"清末海派四大家"。吳昌碩晚年常到夏金堂處看眼疾，因而頗熟悉。

[②] 康有爲（1858—1927），廣東省廣州府南海縣丹灶蘇村（今屬廣東省佛山市南海區）人，人稱康南海，中國晚清時期重要的政治家、思想家、教育家，資產階級改良主義的代表人物。章太炎（1869—1936），男，浙江餘杭人。清末民初民主革命家、思想家、著名學者、樸學大師，研究範圍涉及小學、歷史、哲學、政治、樸學等。

中卷、下卷，共97處。上卷、中卷、下卷先列目錄，後附正文。上卷收一至五韻部的字，分別是東宏、江陽、真文、删咸、端桓；中卷收六至十韻部的字，分別是先廉、之虞、灰微、歌摩、蘇胡；下卷收十一至十五韻部的字，分別是皆來、蕭毛、佳麻、侵行、攸樓。

據馮青青統計，該書共收13169個字，包括129個重複的入聲字，還有41個有音無字的字（如攸樓韻收有"平聲無字，丁尤切"）。上卷，東宏收字1035個，江陽收字1193個，真文收字1180個，删咸收字984個，端桓收字372個；中卷，先廉收字939個，之虞收字1491個，灰微收字1037個，歌摩收字468個，蘇胡收字680個；下卷，皆來收字505個；蕭毛收字982個，佳麻收字385個，侵行收字1267個，攸樓收字651個。①

《徐氏類音字彙》的編寫目的在作者自序中已經言明。"余甫及冠，心竊思之，既有辨音一書，即詩韻是也，而不知亦有類音之書否，乃竟求之而弗得。於是朝夕尋思，幾經寒暑，搜字母分類而爲綱，積五音等韻而爲目，延數歲之功，而韻字方見，粗完已得其適用之，大概萬餘字耳，分上中下三卷，訂名曰《字彙類音》云。""世俗便用之字，口能道之，或不能筆之於書，是一大憾事。"徐宗斌閱讀前人書籍，都是辨音爲主，沒有類音之書，所以他編寫《類音字彙》，希望能夠使世俗之言筆之於書，"言到筆隨"。②

三 《徐氏類音字彙》的編纂體例

作者在自序中稱該書"搜字母分類而爲綱，積五音等韻而爲目"。林隱在評介時也說，"依二百七十二五音爲目，收三十字母爲綱"。但實際上全書的排列是以十五韻部爲目，再分平、平、上、去、入排序，

---

① 馮青青：《清末鹽城方言韻書〈徐氏類音字彙〉述論》，《鹽城師範學院學報》（人文社會科學版）2005年第3期。

② 鮑明煒先生指出在《徐氏類音字彙》之前已經出現諸如《五方元音》等類音之書，只是還沒有以鹽城方言爲基礎類音之書，見鮑明煒《〈類音字彙〉與鹽城方言》，《中國語文》1979年第3期。

聲母在字條排序中幾乎不起作用。如一東宏平聲（陰平）風小韻下："風"（通合三平東非）、"豐"（通合三平鐘敷）、"妦"（通合三平東敷）、"夆"（通合三平鐘奉）、"烽"（通合三平鐘敷）、"蜂"（通合三平鐘敷）、"瘋"（通合三平東非）、"楓"（通合三平東非）、"葑"（通合三平鐘非）、"封"（通合三平鐘非）、"豐"（通合三平東敷）、"蠭"（通合三平東非）、"峯"（通合三平鐘敷）、"酆"（通合三平東敷）、"鋒"（通合三平鐘敷）、"鄷"（通合三平東敷）、"渢"（通合三平鐘非）、"犎"（通合三平鐘非）。可見，該小韻共出現"非、敷、奉"三個聲母，次序不一。所謂的"三十字母"在編排時並沒有起到排序的作用。

（一）釋　音

《徐氏類音字彙》標注字音除了上述的十五韻部及五音（實音則六）以外，在單個字條下還會有其他的方式表明。鮑明煒先生在《〈類音字彙〉與鹽城方言》有言："'大體凡說''俗用''俗音'的多是鹽城口語，不大見於書面的。凡說'俗作'、'俗寫'的多是方言字或新造字。凡說'方言''方音'的多是鹽城話以外的方音。"[①]這裏將列舉書中一些釋音慣用表達以供參考。

1. 音：跫，足踢聲也；又，音腔。
2. 古音：降，～服；又，音匠；又，古音紅、杭。
3. 俗音：傾，倒也，俗音。石，金石土精爲～，俗音十；又，十斗門曰～；又，俗音旦。
4. 本音、方音：虹霓也，本音洪；又，音絳，方音扛。
5. 北音，文，～采，～武，北音。
6. 時音：卡，守～，時音虖，上聲。
7. 讀：學，習～；又，讀郝。
8. 俗讀：肱，股～；又，～臂也，俗讀紅。

---

① 鮑明煒：《〈類音字彙〉與鹽城方言》，《中國語文》1979 年第 3 期。

9. (某)聲：監，～牢；又，皆聲。

10. 本(某聲)：夢，魂～，方音，<u>本</u>去聲。闖，～禍；又，猛～，本丑禁切。

11. 實(某音或某聲)音：籲呼也；<u>實</u>音裕。釀，酒～，<u>實</u>去聲。

(二) 釋 義

該書在解釋字義時，很多時候會由字組詞，以釋詞義。如一東宏平(陰平)東小韻下："倲，～然，行貌。苳，麥～，藥名。鶇，～～，鼓聲。""倲、苳、鶇"組成雙音節詞，再進行解釋。但也有直接進行解釋的，如"悚，愚也。"或，只組詞，如"瀆，褻～，冒～，煩～。"

在解釋詞義時，一些訓詁專用語如"貌、謂、謂之"時有出現。此外，書中還會使用"義仝" 或"仝某義"組合來進行釋義，如："籇，箸～，義仝桶。""踢，蟠～，不伸，義仝上。""健，仝健義。"

"語辭"在《漢語大字典》中有文言虛字的意思，北齊顏之推《顏氏家訓·音辭》："案諸字書，焉者鳥名，或云語辭，皆音于愆反。"解釋虛詞，作者沿襲舊例，基本採用"語辭"，如"況，～乎，語辭"這樣的字條，正文共有 17 處。還有 6 處用"虛字"，如"之，往也；又，虛字；又，收尾文也。""語助"只有一處："唅，語助也。"

書中還有"發語辭、起語辭、反語辭、應辭、問辭、禁止辭、語已辭"等字，就不是前面說的"虛字"了。

(三) 異體字

《漢語大字典》："異體字，音同義同而形體不同的字。卽俗體、古體，或體之類。"《徐氏類音字彙》是一部鹽城方言同音字典，也收集了很多的異體字。"本字""古字""俗寫""俗用""亦作""俗作"使用較多。此外，還有比較特殊的字，如"骹，腎水，俗用，新字。""圂，民圂，新國字。""稺，微生蟲，西洋新字，～蟲。""聽仝上，帖寫。""聼，耳～。聽同上，小寫。""㲅，～櫥，時下新字，堆也。"

《徐氏類音字彙》處理異體字也用"仝""仝上""同"。如

"夵，人入水，吃～子，俗用，本溺字；又，仝休。"該書還多處出現三字同訓，如"騾駿驥，三字仝，馬冠也，卽馬鬣也。"二字同訓，如"甿氓，民也，二字同。"

（四）引用他書

《徐氏類音字彙》在詞義解釋中可以見到一些文獻，主要有兩種情況。一是徐宗斌在解釋詞義時有直接引用了前人的內容，如"泳，《詩·周南》：不可～思，釋游也，俗讀永，非是。"二是被釋的字是較爲生僻的字，在此指出收錄該字的書，便於查詢驗證。這類情況更多一點。如"抏，跳也，見《正字通》。"

四 《徐氏類音字彙》的價值

19世紀20年代的中國正是內憂外患之時，《徐氏類音字彙》在上海的出版更是彌足珍貴，爲當時的文化教育事業做出了積極的貢獻。章太炎所題"國學寶鑰，韻學捷徑，識字津梁，讀書基礎"是對《徐氏類音字彙》價值極爲精妙的評語。《徐氏類音字彙》集徐宗斌數十年的心血，經過數位大家的點評，其價值是不可忽視的。

首先，功在語文教育。該書的作者編寫該書的目的就是提高家鄉人民讀書識字的能力。該書大致按照江淮方言鹽城話音韻編排，便於當地人民查閱，達到了"以音匯字方能臚括無遺，俾知音而不知字者，庶可按音索取，應手而得"的目的。"國音全璧"更是增加標準音參照，可謂是當地人學習標準音的指南，尤其注重江淮方言入聲字跟標準音的對應關係。如"七，羌伊切，音期"；"粥，真鷗切，音周"等。還說明瞭有些入聲字在本地音韻中沒有可以類比的字，如"說，舒窩切"；"發，方哇切"等。"辨似全璧"則是一份形近字指南。該書強調，"筆劃近似，音義顯別，毫釐之間，最易混淆，閱此庶無魯魚亥豕之誤"。"辨似全璧"共分"二字相似""三字相似""四字相似""五字相似"四種形近字類型。如"支，音樓，擊也。支，音枝，出也；又，庶也。""糸,音覓,細絲。系音係,緒也,繼也"等,解決了識字的難點,大大地提高了識字的效率。用歷史的眼光來看,《徐氏類音字彙》就是一部較早的當地人"講好普通話、寫好規範字"的手册,具有開風氣之先的意義。章太炎先生稱讚《徐氏類音字彙》是"識字津梁",說明瞭它在識字教育上的重要意義。其實該書意在使方言做到言到筆隨,在方言俗字上下了很大功夫。鮑明煒先生稱,徐氏編書旨趣在卽音檢字,注重世俗通用之字,常用但不知寫法的字詞差不多都已經收錄其中。①"俗寫""本字""新字""古字"等都有涉及,這在異體字部分都已提及。此外,徐宗斌以二字同訓、三字同訓的方式,解釋了異體字之間的聯繫,集中一處,觀之一目了然。全書收字廣泛,是一本不可多得的方言字書,爲漢字研究提供了極爲豐富的材料。

顧簡是當時鹽城縣教育會長,他在給《徐氏類音字彙》作序時提到了該書在教育上的價值。顧先生從《説文解字》談起,認爲《説文解字》作爲經學家必讀之書,它的價值是顯而易見的,但是對於初學之人或學問不精的人來説,就難以入門。科舉廢除之後,有志之士仿照西洋的拼音,創設簡字法白話文,雖然很淺顯易懂,但是不貼合百姓日常生活。"今見教育界編輯如汗牛充棟,而於世俗尤便於用者,口能道之,不能筆之於書,似一大憾事。"《徐氏類音字彙》將"古之遺訓、市井之方言"按部歸類,形音義一目了然,"誠人人識字之津梁也"。錢士鴻言:"徐君見及此會,撮羣書去艱深而就淺顯,復參以心得,摘錄數十載,裒集萬餘字,編成類音字彙,凡五音、國音、切韻方音,分別部居,綜絜要領,俾高小以上學子,過目瞭然,誠識字辨音之津梁也。"爲《徐氏類音字彙》作序的學士多次提到"識字津梁"四字,足見該書在識字教育方面的價值。

其次,功在語言文字學。徐宗斌在自序中説,自從沈約定爲《四聲韻譜》,後世所出"皆以韻爲主,韻卽所以辨其音也。"他想找類音之書,卻遍尋無獲,因而萌發了作書的念頭。從這一點來説,徐宗斌是想

---

① 鮑明煒:《〈類音字彙〉與鹽城方言》,《中國語文》1979年第3期。

補前人之缺，寫一本類音之書。鮑明煒先生說，其實類音之書早有，譬如《五方元音》。①雖然徐氏關於類音的言說有誤，但該書"遵《五方元音》定其聲"，囊括古之遺訓、市井方言，援引古書，不僅對前人成果有所繼承，也為方言著作又添一本類音之書。

《徐氏類音字彙》本質上是一本字書，收了13000多字。其中既包括了工作生活中的常用字，也包括了不少生僻字，如古文字、地名用字、方言俗字等，尤其是收錄了大量的異體字。如："莊，端～，村～，田～。莊，同上，俗寫，本音彭。""旭，日光也。旮，同上。"該書收錄的這些漢字對漢字發展史研究、漢字規範化研究都有積極的意義。《徐氏類音字彙》是一部根據鹽城方音編排的方言同音字典，記錄了一百多年前的鹽城方言以及周邊方言，如"丅（租歪切）扁担～子，俗用。按卽担兩頭的小釘子，用以擋住系繩不脫掉"，現在已經很少用了，可見該書保留了大量珍貴的語料，對鹽城方言的語音詞彙研究意義重大。鮑明煒先生將該書記錄的部分周邊方言詞彙一一註明地點，"豆（偷）方音。蛋（貪）方音，本音旦。字（雌）方音，本音旦。寺（自）方音，本音士。按以上四字指南通、如皋、泰州（白話）等地方音。"②

另外，該書收的字是按照江淮方言鹽城話編排的，可以說是反映了約一百年前當地方言的音韻面貌，對江淮方言史的研究十分重要，具有較高的方言學史料價值。"五音全璧"記錄了江淮方言陰平、陽平、上聲、去聲、入聲的聲調系統；十五個韻部可以離析出47個韻母；通過小韻編排的分析，可以得出18個聲母。總體上看，《徐氏類音字彙》跟當代江蘇鹽城方言音韻格局大致相當。當然，從語言細節上考察，仍有大量的例證可以證明百年來鹽城方言的演變，如全濁聲母仄聲字讀陰平數量的變化、方言俗語的消失等。

馮青青根據通泰方言"古濁聲母去聲字今讀陰平"的重要特徵，得出當時鹽城方言就已經受到通泰方言的影響的結論。他還將《徐氏類音

---

① 《五方元音》，清人樊騰鳳著。上海錦章圖書局印行的石印本，封面題"五方元音大全，樊騰鳳先生原本"。該書注音使用反切法，用十二個韻母和二十個聲母來拼音。

② 鮑明煒：《〈類音字彙〉與鹽城方言》，《中國語文》1979年第3期。

字彙》的知章莊與中古音韻作對比，揭示中古至今知章莊母的演變軌跡。《徐氏類音字彙》作爲百年前的鹽城方言語料庫，可以聯繫古韻書，結合田野調查，做歷時上的比較，展示方言的演變。結合周邊地區的方言材料，有助於地區方言的接觸乃至江淮方言史的研究。①

總之，《徐氏類音字彙》這一部清末民國年間江淮方言區流行的字書，值得研究文字學、音韻學、方言學和教育史的研究者關注。

五 《徐氏類音字彙》存在的問題

由於當時的條件簡陋，編書者缺乏音韻學和現代語言學的相關知識，儘管徐氏花費了數十年的工夫，并再次整理修訂，《徐氏類音字彙》仍存在一些問題。

用字前後不一。"同"全書共計250處，"仝"1775處，二字交替使用。如"騋駿駷三字仝，馬冠也，即馬鬣也。""氓岷民也，二字同。"支虞、蘇胡、皆來、蕭毛、佳麻、攸樓六個韻不與入聲調相配，正文部分，支虞韻入聲處"則、玉、菊、促、旭"字號與平上去處字一樣，從"律"開始字號就與釋義字一般大。

部分字條存在缺字情況。上卷一東宏入聲築下"呢言求媚也。"按《康熙字典》："呢呰，以言求媚也。""俊，仁～，～俏，千人曰～。"按《康熙字典》："俊，《说文》：材千人也。马氏曰：智过千人曰俊。"

此外，徐氏已經有了陰平、陽平的認識（注音時寫作"上平""下平"），但在目錄以及每小韻前仍寫作兩個"平"字，前者爲上平，後者爲下平。

鮑明煒先生在《〈類音字彙〉與鹽城方言》中提出了該書的七條缺點，一是先廉韻的"鵑權玄冤"等應列入端恒韻的撮口韻。二是灰微韻的開口韻應並入先廉韻的開口前。三是真文韻的開口和侵行韻的齊撮韻

---

① 馮青青：《盐城方言古全浊上及浊去字的今读》，《鹽城師範學院學報》（人文社會科學版）2014年第1期；《古知庄章组声母在〈徐氏类音字汇〉中的读音分合》，《牡丹江大學學報》2016年第3期。

互補，本是一韻，不應分立。四是沒有指出ŋ、i、y 之間的不同。五是沒有定出一套聲母來，旣無名稱，也無次序，降低了檢字的效率。六是卷首《國音全璧》所錄李汝珍《李氏音鑒》二十五問《北音人聲論》與徐氏著書年代相隔百年，幷不適用。七是書中有些说法不當，這裏先生提到了"上平、下平和阴平、阳平混为一谈"及徐氏認爲自古沒有"类音"一书的錯誤認識。[①]

[①] 鮑明煒：《〈類音字彙〉與鹽城方言》，《中國語文》1979 年第 3 期。

第二章 《徐氏類音字彙》時評與序言

《徐氏類音字彙》是一部方言韻書，即按照江蘇鹽城的方音將彙集的字進行分類排序，以便檢索。該字書的出版得到了當時文化界的褒獎。"章黃"學派巨擘之一章太炎爲該書題寫了"國學寶鑰，韻學捷徑，識字津梁，讀書基礎"十六個字，可見該書是音韻學、文字學的入門基礎。"戊戌變法"的代表人物康有爲也爲該書題寫了"漢學錦囊"四字，評價較高。另外，晚清民國時期的藝術大師、清末海派四大家之一的吳昌碩在其臨終之年還爲該書題簽。《徐氏類音字彙》1927年3月在上海深柳書屋順利出版，吳昌碩同年11月仙逝。

《徐氏類音字彙》是三十二開鉛印本，分首卷、上卷、中卷和下卷四冊。在首卷前有林隱的評語，以及龐宗吉、金式陶、顧敬齋、蘇智卿、錢士鴻、徐魯齋、徐宗鈫和作者的序言。

一 時 評[①]

時世變遷，古今區別。人心愈用愈靈，心思愈出愈巧。如古之空谷傳聲以代字，今有電話以映之，又有電報、無線電以繼之，眞靈極而巧極矣！上古結繩記事，倉頡造字代繩，始則有字，繼則有字彙。清有《康熙字典》，現時有新字典及學生字典等不一。字典一書，必先見其字形得筆畫之多寡，方可檢到其字之音義。若口道其音或字

---

① 該時評據原文，並作點校。

形，筆不能達者，是一大憾事。是書主旨以音彙字、由音檢字，依二百七十二五音爲目，收三十字母爲綱，默會神注，開卷即得，一目了然。鹽邑徐君筱帆，博學多識，殫數十寒暑參考之功，合五音切韻、國音、方音、辨似等集成卷帙，今古合參，由博反約，最合時宜，後學無不識字之患而音韻且準確，焉使人讀之妙若天成，其靈巧爲何如哉。茲經章君太炎贈以"國學寶鑰，韻學捷徑，識字津梁，讀書基礎"；題句又得康君有爲題贈"漢學錦囊"，誠非虛譽也。前經吳君昌碩署簽，龐君宗吉、金君式陶、顧君敬齋、蘇君智卿、錢君士鴻、徐君魯齋等序言。早當付諸剞劂，以公同好，俾學者知所考鏡焉。（埜道人林隱敬贈）

二　序　言[①]

丙寅春，天旱不雨，鹽之西境戒嚴，東境求賑。予及時籌防，席不暇暖。仲夏中旬後，連得透雨，人有霽色。適李君守彝以徐君筱帆所著之類音字彙進蘇君智卿，復代爲請序。余抽閱一過，覺此書之成有功於小學不淺，殆足補李畏吾、王夢薇諸學說所未及乎。雖然李王之學則注重解字，而爲訓詁之專書，徐氏之學則注重審音，而爲識字之門戶，其意識雖別，其有功於小學則一而已矣。噫！溯自歐風東漸，神州國學有一落千丈之勢，救衰濟溺同志爲難。鹽邑徐君筱帆，素精音韻，不變初衷，可謂端其本矣！徐君師承何自，余不能道其詳，聞之蘇君知爲鹽之世家裔鄉賢徐南岡先生卽其九世祖也。夫南岡先生以通儒而爲循吏，江淮沂濟誦德不衰，所著易書、詩提要錄，各若干卷，彰彰可考。今徐君筱帆，能體誦清芬，裴然述作，殆猶是南岡先生之遺風餘韵歟。噫！是可嘉矣！爰敘數語以歸之。（皖霍龐宗吉譔）

竊謂方殊，南北不外喉舌域異，華夏不離唇齒，其關鍵在審四聲開闔，以權輕重之差，辨七音清濁，以明虛實之旨。極六律之變，分八轉

[①] 七則序言據原文，並作點校。

之異，遞用旁求同歸一母，雙聲疊韵胥以類推，或同音而分兩切，或同音而分兩韵，或無字則點寋以足之，或韵缺則引隣韵以寓之，其名各有憑切、憑韵之殊，其義更有寄聲、寄韵之別。無論吳楚之輕清，燕趙之重濁，歸母協聲放推皆準。是以韓孝彥有《四聲篇海》，大都以《玉篇》五百四十二部，依三十六字母宗婆羅聲音之學，凡同母之字，各辨其四聲爲先後，每部之內，又計其字畫之多寡爲先後，以便檢尋。其子道昭因其父未成之編續加修訂，又撰《五音集韵》，取古之所有今之所記者，析爲十策論者，猶非議之甚矣。著書之難也，方今國學凌夷幾於醉夢譫語，貽誤滋多。徐氏筱帆博學多識，殫數十寒暑，参攷之功，合古今五音切韵裒然成帙。余於音韵媿尠，心得第稽，其體例於音聲字母檢字之法，當昉自孝彥，雖不知此書較《玉篇》《五音切韵指南》爲何，若要足成一家之學，俾學者知所考鏡焉。是爲序。（民國歲次丙寅夏五月上澣・鞠逸弟金式陶拜識）

　　自倉頡造字以代結繩，生民日用實利賴焉。後文明大啟，形聲義之說極慮研精，至清康雍乾三朝大備。於是有就象形而變其體者，有就諧聲而審其音者，《說文解字》遂爲經學家必讀之書，然不得其門，不知其美且富也。初學之童子，粗讀書之士人，往往有開卷不識點畫句讀者，雖韵書充斥，字典詳明，而各地方方言每無從考證。科舉停後，有志當世者謀教育普及，遂仿東西洋併音之要訣，創設簡字法白話文，俾淺顯而易曉然，經市人以日用物相質證，輒瞪目不能言，心竊恥之。思得一編易於檢查，卒不可多得。適徐筱帆君携字彙類音書來，云此書藏之數十年未敢問世。今見教育界編輯如汗牛充棟，而於世俗尤便於用者，口能道之，不能筆之於書，似一大憾事。吾曩所成是編，或有補萬一乎。余檢閱一過，書本類音列其目，遵《五方元音》定其聲，凡古之遺訓、市井之方言，悉可按部而得其形聲與義，誠人人識字之津梁也。特爲訂正之，易其名曰類音字彙，慫恿付梓，以公同好，殆有功於社會匪淺。如再能旁搜博採，俾此書成爲完璧，尤予所希望日深頌禱於心者也。是爲序。（中華民國十一年端陽節後十日・遯巢逸叟顧簡謹跋）

◆ **徐氏類音字彙：一百年前的鹽城話** ◆

讀書必先識字，故有訓詁之學；識字必先審音，故有音韵之學。秦漢以降，講求音韵者代有其人，惟發明反切始於明之孫氏伯融。有清張乳伯先生宗之，能補孫氏所未備，於是以經學鳴者無不從事於反切。反切之法，上一字雙聲，下一字疊韵，雙聲疊韵辨之實難。例如得字爲當字之入聲，質字爲章字之入聲，故得、當、質、章均雙聲也。又如東字以通字爲疊韻，是舌聲也，即不能切以喉音；眞字以春字爲疊韵，是齒聲也，即不能切以舌音，其他類此者不可勝數。苟或差誤毫釐，駟馬不能及舌，其有離本音而從雙聲者，固失之妄，執古韵而略今韵者，尤失之拘。天籟所發，豈容勉強探其本源，不外喉舌唇齒鼻及舌齒各半，合於宮商角徵羽及半商半徵而已。吾鄉徐君筱帆，治經有年，於古韵、今韵之辨，反切、通轉之法，用力獨深，故能奪孫張之席，升許段之堂，著有類音字彙一書，厥功偉矣。守仁簪筆吏曹荒落學，殖撫茲巨製，益覺報然。深盼徐君早日付刊，俾得十年再讀也。故爲之序，以速其成。

（智卿弟蘇守仁拜譔）

徐君筱帆，少余九歲，成童時從余遊。授以八股，不屑爲嘗規之曰，時文雖小道，而有係科名，奈何勿習耶。卒唾棄青紫，心醉於聲韻之學。夫聲韻之學始於周官，六書詳於漢許氏說文，至魏晉有《聲類》，南北朝有《切韻》，清集大成御定清文鑑《康熙字典》、《音韻闡微》諸書，群臣講求，如顧炎武之《古音表》，毛西河之《古今通韻》，紀容舒之《孫氏唐韻考》，江永之《古韻標準》，均採入四庫全書。但卷帙紛繁，音義邃古，初學讀之，望洋而歎，有終其身莫窺涯涘者。徐君見及此會，撮羣書去艱深而就淺顯，復參以心得，摘錄數十載，裒集萬餘字，編成類音字彙，凡五音、國音、切韻、方音，分別部居，綜絜要領，俾高小以上學子，過目瞭然，誠識字辨音之津梁也。書成，問序於余，唧然曰：余少時精力徒消磨於聲調之文章，章句之學未獲，箋註經傳列於作者之林，壯歲後法律一門，孜孜卒業，又未能參考東西，發新理想著有專書。雖一涉滄海屢遊京師，又未將所過名山大川，某都某邑，訪吊前人勝跡，一一筆之於書。以己之不才，世之多故，握槧之不可以苟，悠悠忽忽而齒已童髮已顚矣。莊周云，逃空虛者聞人足音，跫然而喜，而況弟友之

編輯成篇，豈直足音已哉。余故不辭而爲之序。（民國歲次丙寅午節前十日‧退葊錢士鴻謹序於錢村塾軒）

　　偏旁字母之學也，四聲同異韻學也。齊梁以前，字有音而無韻，隨其聲之所叶讀之，而韻在其中，毛詩可按而攷也。自沈約定爲《四聲韻譜》，迨《唐韻》而大備，宋有《集韻》，金有《五音集韻》，元有《韻會明則》、《洪武正韻》，而皆以韻爲主，韻卽所以辨其音也。余甫及冠，心竊思之，旣有辨音一書，卽詩韻是也，而不知亦有類音之書否，乃竟求之而弗得。於是朝夕尋思，幾經寒暑，搜字母分類而爲綱，積五音等韻而爲目，延數歲之功，而韻字方見，粗完已得其適用之，大槪萬餘字耳，分上中下三卷，訂名曰《字彙類音》云。置諸篋中廿餘年，未敢就正於有道。民國壬戌夏，散步至通俗教育館。閱報之餘登樓，晉謁顧君敬齋先生，把晤間，言及世俗便用之字，口能道之，或不能筆之於書，是一大憾事。吾曩所成是編，或有補於萬一乎。先生檢閱一過，特爲訂正之，易其名曰《類音字彙》，慫恿付梓，以公同好。余復細加釐訂，又增輯三千餘字，首卷並附五音全璧、國音全璧、切韻指南、方言要錄、辨似全璧諸要書，而此書始成，博雅者尚其匡諸。（民國十四年歲次乙丑夏四月‧江蘇鹽城徐宗斌筱帆甫識於深柳書屋）

　　嘗按韻書之學，肇自歐洲之希臘，以三十六字爲母，四聲爲經，七音爲緯。流入華夏，而後天下之聲音是考，此歷代韻學家所從出也。予仲兄筱帆，於授室後課，讀秦郵卽究心是學，竊謂一物不知儒者之恥，而庸人孺子皆得問而難之。雖天地之大，不能無憾，使終莫能識。恆覺有慊於心，所謂知音而不知字，其弊在是考古今韻學諸書，莫善於《康熙字典》。蓋字典一書，爲見字而不知音義者設，於是夙夜揣摩，惟有以音彙字方能賅括無遺，俾知音而不知字者，庶可按音索取，應手而得，篇成卅餘年。余閱其韻簡，而該字博而洽，堪爲韻學之方針，索隱之指南，且是集有三善焉。校正世俗相沿字畫之訛，一也；似是而非，俗讀之誤，二也；或有數十年不得其字，得此，辨畢生莫辨之惑，三也。他若國音一門，近時學界最爲適用，兼提國音之津要，允作新學之準繩，此顧敬齋先生所謂今古咸宜，亟爲慫恿付梓，以惠後學。余嘗就學於淮陰潘秋舫夫子，亦曾得其指授，故稍獲解此中之精奧。今幸是書有成命，余校字。余喜有釋向來之疑竇，因免爲數言，以道其原委云爾。（民國丙寅歲春三月下澣之吉·同懷弟宗鈂少徵甫拜撰）

第三章 《徐氏類音字彙》首卷

首卷包括"凡例與説明""五音全璧""国音全璧"和"辨似"四个部分，共99页[1]。

一 凡例與説明

（一）凡 例

此書專考音韻檢字，與字典大異。字典見其形而后求其音義，至反切一端，初學者狠難較準或檢得其字，而互相反切者有之，而音義未詳者亦有之。是書開門見山，口道其音或字形，筆不能達者，或音義猜疑不準[2]者，或新造之字字典所無者，或各地方言未能盡悉者，是書概已辨別增入，檢字真瞭如指掌，必克言到筆隨，俾用者庶無遺憾。

此書綱目依字母分類，羅列五音而成註釋，參考新舊字學，悉考説文辨似新字及方言，採取全球各界，收三十字母，分上下平十五類爲提綱，類音而成韻，彙韻而成書，計五音等韻二百七十二數，適用字達一萬三千有奇。用者先將提綱字母讀熟，再將五音等韻照原本一讀，即可由音檢字，俾用者一目了然。

此書與古韻辨別，如微魚虞齊文元寒等韻，古用上平，是書概屬下平；又先蕭歌庚青蒸侵等韻，古用下平，是書概屬上平。此書專考臨時適用爲主體，特錄此説明，庶識者無誤會其旨。

---

[1] 首卷"凡例與説明""五音全璧""国音全璧""辨似"據原文，並作點校。
[2] 原書寫爲"準"，今據書中所附勘誤表改爲"準"。

· 17 ·

（二）等韻雙聲説明

加假架甲與姦減諫甲入聲音同　　蕭小孝學與相享向學入聲音同　　模母暮木與蒙猛夢木入聲音同

曹草造錯與倉廠唱錯入聲音同　　侯吼候涸與杭夯巷涸入聲音同　　沙灑嗄殺與三傘散殺入聲音同

饑己記吉與金錦鏡吉入聲音同　　時史世失與神沈聖失入聲音同　　高縞告革與根耿更革入聲音同

由酉又藥與陽養樣藥入聲音同

　　録此各十韻，如加假架甲入聲，甲音載姦韻入聲，沙灑嗄殺入聲，殺音載三韻入聲，由此類推，庶無重叠之韻。細閲諸等韻，凡入聲在旁，註者即與他韻入聲相同之音，即同母之雙聲也，概未重複用者注意焉，五音全璧列後。

（三）方音説明

　　荳本音豆，又讀偷。稻本音盜，又讀滔。永本音允，又讀勇。寺本音士，又讀志。蛋本音旦，又音灘。南本音男，又讀奴。憾本音喊，又讀伙。水本音雖上聲，又讀史。創本音窗去聲，又讀戳①。韓本音鹹，又讀和。江本音岡，又音姜。特本音忒，又音德。黄本音皇，又讀王。字本音自，又讀雌。曰本音月，又讀耶。歌本音官，又讀勾。火本音虎，又讀伙。榮本音銀，又讀容。史本音死，又讀喜。朱本音諸，又讀之。學本音削，又讀鶴。玉本音育，又讀裕。訟本音頌，又讀宋。孫本音順上平聲，又讀生。兒本音倪，又音而。畝本音牡，又讀敏。家本音加，又讀姦②耶切。姑本音孤，又讀補上平聲。去本音區去聲，又讀扣。殺本音煞，又讀洒。重本音仲，又讀沖。人本音倫，又讀吝下平聲。夜本音厭，又讀耶。六本音鹿，又讀留去聲。病本音並，又讀拼。簪本音針，又讀鐕。肉本音六，又讀漏。下本音夏，又讀哈。衖本仝巷，又讀隴。蝦本音夏上平聲，又音哈。蛇本音余，又讀沙下平聲。橫本音紅，又讀恩下平。牛本音繆，又音歐下平聲。個本音過③，又音購。虹本音紅，又音槓。喫本音七，又讀次。皆本音堦，又讀芨。造本音糙，又讀兆。杏本音沈，又讀信。胡本音狐，又讀無。理本音裏，又讀染。鐲本音卓，又讀戳。矜本音芹，又讀京。尋本音循，又讀

---

①　原書寫爲"戡"，今據書中所附勘誤表改爲"戳"。
②　原書寫爲"都"，今據書中所附勘誤表改爲"姦"。
③　原書寫爲"個"，今據書中所附勘誤表改爲"過"。

禽。界本音戒，又讀蓋。欵本音昕，又音尿。篩本音師，又音腮。溺本音逆，又音鳥上平聲。尿本音鳥上平聲，又讀雖。姐本音儉，又讀假。

（四）一韻中平仄聲方音①之說明

萬本音萬，又讀彎。夢本音孟，又讀孟上平聲。娘本音孃，又上平聲。項本音巷，又上平聲。齉本囊去聲，又上平聲。亮本良去聲，又上平聲。嫩本能去聲，又上平聲。硬本恩去聲，又上平聲。纜本蘭去聲，有上平聲。趟本音慢，又上平聲。楝本廉去聲，又上平聲。麵本音面，又上平聲。壞本槐去聲，又上平聲。帽本音貌，又上平聲。廟本音妙，又上平聲。膋本音料，又上平聲。罵本馬去聲，又上平聲。拉本上平聲，又去聲。命本音②去聲，又上平聲。聽本庭去聲，又上平聲。漏本樓去聲，又上平聲。數本音樹，又上聲。路本音露，又上平聲。肚本音賭，又音渡。癩本音賴，又上平聲。飯本音泛，又音番。倒本音島，又音盜。要本音腰，又音曜。望本音旺，又讀汪。賣本音買去聲，又上平聲。光本音胱，又音橫。戶本音虎，又音互。下本音夏，又讀夏上聲。上本音尚，又音賞。道本音盜，又音島。華本音划，又音花。

各地方音不能備載，猶恐襍亂其音。聊述數端業經，雙方載入韻內，俾用者隨地讀之。

（五）其他說明

古書宿音俗，音秀兩音輛，音來上聲乾音錢，音幹畫音化，音或單音丹，音善參音生，音滄等字，皆係雙音，筆畫並無分別。

此書新字如雺音螺孖音之㐭同家肏音落羆音還上平聲骰音松下平聲礦音曠，本音拱伕音夫，本女伕塝也儎音載丁扁擔丁子鎳音臬乇音旁上平聲圀同國份音分，古彬字扒音邑，本音拜帕音邑，本刊入聲筷音快埕音秒她同他，女之他也，非是，本古文姐字牠同他物之他也，非是，本音沱，無角牛吉音風輕音亞曝音暴③錩音貌垃音拉銾音表。

此書於戲古讀嗚呼南無讀那漫命讀慢瓜讀必等音及古文字槪未載入。

---

① 原書寫爲"言"，今據書中所附勘誤表改爲"音"。
② 原文"名"改爲"音"。
③ 原書寫爲"慕"，今據書中所附勘誤表改爲"暴"。

◆ 徐氏類音字彙：一百年前的鹽城話 ◆

　　此書有兩字相似、三字相似、四字相似、五字相似不等，音義顯別，毫釐之間最易混淆，將辨似之字概載入首篇，閱之，庶無魯魚亥豕之誤。

　　此書編輯成部，每收一字韻內或經數人手，凡五易稿，歷時卅餘年而成，凡高小以上學校及商政界均皆適用。茲乃初次出版，猶恐訛誤脫落，仍所不免，閱者肯明以教我，尤所欣幸，俟二此出版，再爲採取增入可也。

二　五音全璧

（一）東　宏

平	平	上	去	入	平	平	上	去	入
東	覩紅切	董	動	讀	哄	宏	澒	鬨	或
風	馮	諷	奉	福	烹	朋	捧	揌	僕
宗	祖馮切	冢	縱	築	松	髝	竦	宋	淑
龔	古容切	拱	共	國	翁	吾童切	滃	甕	屋
夢	蒙	蝱	孟	木	雍	容	勇	用	玉
礱	龍	隴	礱	六	崩	版朋切	絣	蚌	白
沖	蟲	寵	䞓	族	通	同	統	痛	禿
兄	雄	洶	訓仲切	旭	捐翁切	捲紅切	䆜	眾	菊
奴公切[①]	農	檂	弄	衄	傾	窮		犬勇切	勸甕切	曲
空	狂紅切	孔	空	哭					

（二）江　陽

平	平	上	去	入	平	平	上	去	入
江	几降切	講	降	脚	秧	陽	養	樣	藥
當	等楊切	黨	簜	度	方	妨	紡	放	縛

---

① 原書寫爲"切公奴"，今據書中所附勘誤表改爲"奴公切"。

第三章 《徐氏類音字彙》首卷

平	平	上	去	入	平	平	上	去	入
乓	龐 板王切	髈綁	胖傍	朴箔	臧	長 栽楊切	丈	着	
邦	夯	慷	亢	摧	莊	奘 主黃切	壯	卓	
康	狂	徉	況	擴	相	享	向	學	
匡	古黃切	廣	誑	郭	岡	降 敢羊切	槓	各	
光	床 誰狂切	闖	創	戳	鎗	港	諲	鵲	
窗	娘	爽 恕況切	朔		蒼	搶	唱	綽	
霜	郎	仰	虐		湯	敞	燙	託	
娘	杭	釀	落		商	倘 掃常切	上	芍	
𪘏	忙 押汪切	朗	郝		荒	賞	幌	霍	
項	昂	夯	莽		汪	謊	望	握	
		項	管		齈	皇	齈	諾	
		映	惡		亮	王 囔	亮	咢	

（三）眞 文

平	平	上	去	入	平	平	上	去	入
眞	掌橫切	整	鎮	質	溫	文	抆	問	勿
敦	黨橫切	等	頓	德	分	焚	粉	分	佛
昏	渾	恩	溷	忽	噴	盆	岎	馦	孛
孫	淳	損	順	述	尊	祖魂切	準	捘	朮
賁	板魂切	本	遯	不	亨	痕	狠	恨	黑
參	神	省	聖	十	坑	口橫切	肯	揹	刻
稱	陳	騁	稱	尺	坤	狂魂切	捆	困	窟
裩	古魂切	衮	棍	骨	楞	人	忍	認	日
閏	如文切	汝准切	潤	入	根	敢痕切	埝	艮	格
嫩	能	冷	嫩	勒	恩	橫	牉	硬	厄
村	存	忖	寸	出	吞	豚	黇	裩	突

21

瞞　門　們　悶　沒

（四）删　咸

平	平	上	去	入	平	平	上	去	入
删	誰邊切	撕	涮	刷	西艱切	咸	儼	陷	洽
簪	紫含切	斬	贊	雜	關	古頑切	古晚切	摜	刮
間	錦顏切	鐧	鑑	甲	丹	等寒切	担	旦	答
酣	鹹	喊	糁	瞎	貪	談	坦	嘆	潔
山	賞男切	傘	訕	殺	班	補頑切	版	扮	拔
乃甘切	南	喃	難	捺	安	顏	眼	晏	鴨
攀	濺	普版切	盼	矶	羼	還	虎版切	幻	滑
纜	蘭	覽	爛	蠟	攙	饞	鏟	懺	察
彎	頑	晚	萬	襪	鉛	口含切	㞎	嵌	掐
番	煩	反	飯	法	趕	蠻	譬	慢	抹
潺	主邊切	孱	饌	鶷	枯關切	環	苦晚切	庫萬切	劼
刊	其藍切	起懶切	瞷	七辣切	賺	除凡切	楚反切	創	促法切
干	改藍切	趕	幹	莢					

（五）端　桓

平	平	上	去	入	平	平	上	去	入
端	親羅切	短	緞	奪	豌	桓	我	餓	掐
潘	嘘	頗	判	潑	梭	隋完切	所	麵	說
螺	欒	卵	亂	捋	拖	沱	瞳	楕	脫

（六）先　廉

平	平	上	去	入	平	平	上	去	入
先	賢	跣	線	屑	楝	廉	臉	練	列

平	平	上	去	入	平	平	上	去	入
宣	玄 景言切	選剪	絢見	雪節	拈 烟	年言	碾演	念燕	聶業
堅 淵	元前	剪 遠	見 院	節 曰	烟 娟	言 居元切	演 捲	燕 卷	業 決
千		淺	欠	怯	圈	權	犬	勸	闕

（七）之 虞

平	平	上	去	入	平	平	上	去	入
支	章時切	旨①	自	則	淤	虞	雨	御	玉
居	捐于切	舉	具	菊	嶇	徐	娶	趣	促
肯	玄魚切	醑	堉	旭	林②淤切	間	呂	慮	律
司	時	使	氏	失	雌	辭	齒	翅	赤
稽	九移切	机	霽	吉	義	奚	喜	饎	吸
期	奇	豈	氣	七	低	頂提切	抵	弟	狄
梯	提	體	履	剔	痢	黎	里	吏	力
拈衣切	倪	伱	眤	溺	伊	宜	擬	義	乙
批	皮	痞	屁	匹	屎	兵皮切	比	祕	必
農淤切	農魚切	女	潔	衄					

（八）灰 微

平	平	上	去	入	平	平	上	去	入
灰	回	毀	賄	忽	威	微	委	魏	柱弗切
吹	槌	萃	翠	忖惑切	堆	覿回切	典	隊	疊
悲	丙延切	貶	卞	別	篇	裴	佰	配	撇
追	主爲切	嘴	墜	竹惑切	非	肥	菲	廢	弗
麵	梅	美	妹	滅	盃	魁	揆	匱	哭

---

① 據正文94頁，改爲"旨"。
② 原書寫爲"令"，今據書中所附勘誤表改爲"林"。

◆ 徐氏類音字彙：一百年前的鹽城話 ◆

雖	誰	水	歲	俗	規	古爲切 癸	貴	骨
推	田	腿	退	帖	路威切 如爲切 汝委切	銳	六
遮	軫佘切	展	戰	折	賒	蛇	捨	舍	舌
車	塵	扯	颤	徹

（九）歌 摩

平	平	上	去	入	平	平	上	去	入
歌	古羅切	管	過	割	磨	摩	滿	磨	末
專	主元切	左	簒	拙	歡	和	火	賀	活
穤	奴	努	怒	劣	穿	傳	舛	篡	撮
寬	狂完切	款	看	闊	波	本完切	跛	半	撥

（十）蘇 胡

平	平	上	去	入	平	平	上	去	入
蘇	誰除切	數	素	速	呼	胡	虎	戶	忽
朱	總吾切	主	住	竹	初	除	楚	處	族
夫	孚	甫	父	弗	路	如	乳	孺	鹿
都	董①吾切	覩	度	讀	烏	吳	午	悟	屋
鋪	蒲	普	舖	勃	逋	板吾切	捕	步	不
通烏切	圖	土	兔	禿	沽	拱無切	古	固	骨
枯	狂吾切	苦	庫	哭

（十一）皆 來

平	平	上	去	入	平	平	上	去	入
皆	錦崖切	解	戒	吉	癩	來	攋	賴	拉
該	敢埃切	改	蓋	蛤	撰	鞋	海	害	合

---

① 原書寫爲"冬"，今據書中所附勘誤表改爲"董"。

第三章 《徐氏類音字彙》首卷

衰 誰淮切	璀	帥	說	獃 等埃切	歹	代	答
苔	嘆	泰	突	猜	采	菜	戳
摬 存埋切	揣	蠆	出	乖 古槐切	栚	怪	刮
勑 狂槐切	刪	快	窟	災 子才切	宰	再	折
挰 賞才切	儢	賽	設	魓 泥來切	嬾	奈	納
瞋 埋	買	賣	目	壞 懷	嶤	壞	滑
哀 埃	矮	艾	厄	鋪歪切 棑	簿	派	矴
開 口孩切	愷	慨	渴	歪 吳槐切	箹	外	握
爸 板崖切	擺	敗	八	租歪切 儮槐切	饌挳切	丅	鶏
必皆切 諧	醒解切	懈	屑				

(十二) 蕭 毛

平	平	上	去	入	平	平	上	去	入
蕭	爻	小	孝	削	帽	毛	卯	冒	沒
刁	頂堯切	屑	釣	的	刀	等毫切	島	道	德
泡	庖	跑	砲	勃	包	板而切	保	抱	不
昭	掌遙切	早	皁	酌	臊	韶	掃	燥	索
超	曹	艸	糙	錯	滔	桃	討	套	托
漂	瓢	摽	票	匹	交	幾爻切	剿	醮	吉
廟	貓	緲	繆	莫	萬	毫	好	號	赫
奈交切	硇	腦	閙	矗	麕	敖	咬	傲	厄
溺	寧堯切	鳥	尿	逆	腰	遙	杳	要	約
敲	橋	巧	竅	怯	尻	口遶切	考	犒	客
標	丙堯切	表	鰾	必	高	敢而切	縞	告	革
浪腰切	勞	擾	澇	鹿	挑	調	誂	跳	剔
臀	寮	了	料	略					

· 25 ·

（十三）佳 麻

平	平	上	去	入	平	平	上	去	入
佳	韭牙切	假	價	甲	媽	麻	馬	罵	帓
花	華 火寡切	化	滑	鰕	遐	哈	下	狎
耶	牙	雅	亞	鴨	沙	蛇	傻	廈	殺
蛙	娃	瓦	凹	乞	查	掌牙切	鮓	乍	札
乂	茶	嗄	岔	刹	瓜	古華切	寡	卦	刮
巴	本麻切	把	罷	八	耙	琶	爬	怕	矻
夸	爬	骻	跨	勖	奈鴉切	拿	那	那	納
抓	傛華切	爪	饋化切	鷄	盧	斜	歈	破	怯
靴	誰華切	耍	舜化切	刷	丹鴉切	胆牙切	打	大	答
鉛鴉切	庥牙切	卡	虜	掐	他	談牙切	坦雅切	炭亞切	塔
哈	和牙切	哈	賀迓切	合	拉	來牙切	萊雅切	拉	臘

（十四）侵 行

平	平	上	去	入	平	平	上	去	入
侵	狨銀切	謹	晉	汲	欣	行	省	幸	習
因	銀	引	印	一	暈	雲	永	詠	域
閩	貧	品	聘	匹	卿	勤	請	慶	七
命	民	敏	命	密	齫	扁銀切	丙	竝	弼
君	莒雲切	膃	郡	橘	拎	鄰	領	令	力
薰	循	許永切	訓	戌	丁	抵林切	頂	定	的
念斤切	寧	濘	藺	鶌	聽	廷	挺	聽	剔
區暈切	羣	稇	去詠切	屈					

(十五)攸　樓

平	平	上	去	入	平	平	上	去	入
攸	由	友	右	約	漏	樓	摟	陋	落
歐	牛	偶	漚	惡	周	輚侯切	走	咒	作
彄	慷侯切	口	扣	客	休	嗅	朽	臭	削
丘	求	揉	鼿	却	樞	賈由切	糾	舅	角
抽	儔	丑	輳	錯	捻	賞愁切	叟	嗽	杓
勾	干樓切	苟	垢	合	娘幽切	牛	鈕	謬	虐
趨	劉	柳	坑	略	齁	侯	吼	后	活
兜	等由切	斗	豆	鐸	偷	頭	㖒友切	透	托
苿	否	否	附媾切	弗	丢	丁尤切	頂友切	定宥切	的
梅攸切	梅由切	繆	謬	滅					

此書宣韻、淵韻、圈韻、娟韻、佳韻等，皆係雙韻雙音，讀者注意。

此書五音等韻計二百七十二數，研究上下平之準確，上平屬陰，下平屬陽是也。又凡韻之入聲在旁註者，皆他韻入聲相同之字，所讀之音，卽同母之雙聲，亦卽國音是也。又五音內有音無字者，用切韻以繩其音，使初學切韻者易得其標準焉。

三　國音全璧

檢閱《李氏音鑑》[①]有云，語言各有方域，聲音時有變遷，楚騷之

[①]《李氏音鑑》是一部著名的代表時音的通俗韻書，爲童蒙學習而作。是清代學者李汝珍經過多年的音韻學研究，比照南北語音異同，"窮神索隱，心領神悟"，1804 年寫成初稿，1807 年完稿，1810 年正式刊行。全書共六卷，前五卷是問答體，共 33 章，評述了音韻學的基本理論和方法；後一卷是《字母五聲圖》，這是一個以 33 個字母和 22 個韻部相配合生出的單字而組成的音節表，每個單字都注明反切和射字暗碼，根據這個音節表可以求出該書所反映的書面音系。《李氏音鑑》內容豐富，形式獨特，具有很高的文獻價值，在漢語語音史上也有重要的地位。另，李汝珍（約 1763—1830），字松石，號松石道人，直隸大興（今屬北京市）人，清代小說家、文學家。人稱北平子，博學多才，精通文學、音韻等，代表作品是《鏡花緣》（見 https://baike.baidu.com/item/李氏音（轉下頁）

徐氏類音字彙：一百年前的鹽城話

音異於風雅，漢魏之音異於屈宋，此隨時變遷者也。齊梁以前，平上去無別，至唐時，元稹諸人作長律尚有遺風，惟入聲則各自爲部，不叶三聲。又古樂府江南曲魚戲蓮葉，北句註稱，北讀爲悲，是以入爲平，已萌於古也。用撰入聲一卷，以別方音之異焉。又云北音無入聲，夫屋者韻列一屋，乃入聲之首也，而北音謂之曰烏，此又以入爲平矣。餘如七發之類，皆以陰平呼之；十斛之類，皆以陽平呼之；鉄筆之類，皆以上聲呼之；若木之類，皆以去聲呼之。茲分錄於後，註以翻切，較之周德清所論北音及現時國音淺說，略加詳備焉。

1. 入爲平，各分陰陽類。笏忽烘烏切，音呼。斛或紅吳切，音湖。脱託通窩切，音拖。橐同蛾切，音團。剔踢廳西切，音梯。偈廷携切，音提。插歃昌鴉切，音差。察長牙切，音茶。七柒漆戚羌伊切，音期。緝楫輯戢強移切，音其。瞎西鴉切，音鰕。轄柙狎狹挾喜牙切，音霞。撲扑噴污切，音鋪；又，盆吳切，音蒲。僕璞幞濮朴盆吳切，音蒲。一壹乙挹揖秋雞切，音衣。邑羊其切，音宜。失識商知切，音詩。十石什食拾實蝕瑟蟄神侍切，音時。喝亨窩切，音歡。核劾曷褐盍合活恆蛾切，音和。以上入爲平，各分陰陽，有字可音之類也。

2. 入爲平，各分陰陽，陽平無字可音類。削西腰切，音消。學喜堯切；又，音枵；又，許娥切。粥眞鷗切，音周。妯柚枕由切；又，音周。札紮章鴉切，音渣；又，掌牙切。閘煠雜褯掌牙切，音渣陽平。夾飢鴉切，音加。袷蛺幾牙切，音加陽平；又，蛺字，讀飢鴉切。速粟松烏切，音蘇；又，隨吾切。俗宿隨吾切，音書陽平；又，宿字亦讀歲悟切；又，向宥切。摘眞皆切，音栽。宅翟掌崖切，音栽陽平；又，墨翟之翟讀頂黎切，詳見下。鞠軍淤切，音居。橘菊局捲于切，音居陽平。八捌魃班窪切[1]；又板娃切。拔跋板娃切，音巴陽平。虢蟈郭孤窩切，音[2]官；又，郭字亦讀古我切。國穀谷古羅切，音官陽平。朮中污切，音朱；又，腫吳切。竹竺軸燭祝腫吳切，音珠陽平。螫張睁切，音占。折哲蜇蟄陟摺掌蛇切，音占陽平。督東污切，音都。讀犢檳毒獨董吳切，音都陽平。吸噏翕晳肸

（接上頁）鉴/、https://baike.baidu.com/item/李汝珍/)。

① 原書後面還寫有"音巴"，今據書中所附勘誤表删去。

② 原書疑脱了"音"字，今補上。

◆ 第三章 《徐氏類音字彙》首卷 ◆

先衣切，音西。席蓆昔惜襲錫習賢其切，音西陽平；又，惜字亦讀先衣切，襲字亦向意切。隻汁擲隋織眞詩切，音知。直殖秩帙姪質執職枕時切，音知陽平。叔霜朱切，音書。孰塾沭秫菽贖屬蜀爽除切，音書陽平。撥餑孛剝奔窩切，音波。亳駁箔鉢脖檗搏博補娥切，音波陽平。跌丁尖切，音堆。迭耋垤䩴蝶牒諜疊頂言切，音堆陽平。割擱鴿隔岡窩切，音哥；又，隔字亦讀收娥切。閣葛革格胳挌骼蛒膈曷收娥切，音哥陽平。滴丁兮切，音低；又，頂梨切。笛敵嫡糴翟荻的迪滌覿頂梨切，音低陽平。積績唧屐激汲擊金衣切，音飢；又，激汲擊三字亦讀景移切。集寂勣籍脊迹蹟稷踖捷疾蒺唧卽吉佶頡極急及伋級景移切，音飢陽平；又，稷及二字亦讀竟意切；又，捷字亦讀景言切。以上入爲平，各分陰陽，陽平無字可音之類也。

3. 入爲平，各分陰陽，無字可音類。説舒窩切。朔碩爽羅切。逼偪秉伊切。必秉移切；又，上去二聲。觸歜矗充窩切。綽龐羅切；又，充窩切。搭登鴉切。達笪妲答等牙切。歇蠍香爹切。協燮脅叶蟻爺切。發方哇切。伐筏閥乏罰房娃切。接癤揭京爹切。節結潔棘劫拮詰子碣竭杰桀傑景爺切；又，棘字亦讀景移切。捉涿拙珠窩切；又，拙字亦讀主羅切。逐築啄琢卓焯鐲濁斲苴鑿濯妁酌主羅切。以上入爲平，各分陰陽，無字音之類也。

4. 入爲平，有陰無陽，有字可音類。喫昌詩切，音雌。出穿書切，音粗。縮蘇窩切，音梭。薛虛梭切，音宣。沃汪官切，音窩。殺山鴉切，音沙。潑舖婀切，音潘。膝胸居切，音虛；又，賢移切；又，向異切。挖斡汪花切，音哇。麯屈圈迂切，音區。哭空污切，音枯。窟全上，音枯。鴨押茵加切，音鴉。劈霹偏伊切，音批；又，劈字亦讀品以切。磕殼康窩切，音科；又，殼字亦讀去臥切。屋渥幄兀汪姑切，音烏。括聒适刮姑哇切，音瓜。撮蹙顣蹴跋簇粗阿切，音川；又，顣字亦讀去聲。以上入爲平，有陰無陽，有字可音之類也。

5. 入爲平，有陰無陽，無字可音類。摸捫窩切。掐①欺鴉切。拉浪鴉切。拍舖哀切。黑䔥卑切。瞥兵尖切。貼梯尖切。刷書窊切。捻念遮切。禿通污切。撒批尖切；又，上聲。切欽尖切；又，去聲。約雍窩切；又，去聲。塞思皆切；又，去聲。曰迂靴切；又，雍瓜切。勒浪箇切；又，賴媚切。闕缺區靴切。薩靸

---

① 原書"掐"字旁邊標注"音恰"，疑多出，今不標。

思鴉切。以上入爲平，有陰無陽，無字可音之類也。

6.入爲平，有陽無陰，有字可音類。鶴寒而切，音毫；又，號箇切。額昂和切，音娥；又，按箇切。没茫回切，音梅；又，暮賀切。滑猾湖麻切，音華。勺芍神堯切，音韶。舌歙涉折神邪切，音蛇；又，曲折之折讀掌蛇切，見前。福蝠匐伏袱服菔複復覆腹馮吳切，音孚。以上入爲平，有陽無陰，有字可音之類也。

7.入爲平，有陽無陰，無字可音類。佛焚娥切。別秉言切。賊之余切。白補挨切。族從吾切。熟神由切。嚼幾堯切。昨祖娥切。活湖羅切。測此娥切；又，雌婀切；又，次箇切。雜匝宰牙切。足卒左吳切。奪鐸董娥切。得德等娥切。角覺爵舉娥切。則澤擇子娥切；又，擇字亦讀掌崖切。雹骲薄本而切；又，薄字亦讀本娥切。決訣玦缺厥蹶倔掘譎絶舉言切。以上入爲平，有陽無陰，無字可音之類也。

8.入爲上，有字可音類。筆秉以切，音比。卜本五切，音補。囑腫五切，音主。雀起狡切，音巧。索隨我切，音瑣。郝虎稿切，音好。幅紡伍切，音府。渴肯跛切，音可。腳景㫼切，音皎。尺敞始切，音恥。甲盉甲之甲，景雅切，音假；甲乙之甲，記迓切，音架。曲歌曲之曲，犬許切，音取；曲折之曲，圈迂切，音區。訖乞撅以切，音起。戟給錦以切，音几。百柏本也切，音擺；又，補訛、布箇二切。槨郭古我切，音果；又，郭字亦讀姑窩切，見前。榖轂谷鵠鶻骨拱武切，音古；又，拱吳切。以上入爲上，有字可音之類也。

9.入爲上，無字可音類。北本委切；又本威切。雪許瑣切。窄掌也切。塔討雅切。血享野切；又，許者切。鐵帖挺野切。瘧讝秉野切；又，讝字亦讀兵尖切。疋匹癖品以切。以上入爲上，無字可音之類也。

10.入爲去，有字可音類。六亮又切，音溜。諾怒臥切，音懦。柵照亞切，音詐。錯寸餓切，音串。犨妄化切，音冗。浙振舍切，音戰。各垢賀切，音箇。帕判化切，音怕。略亮要切，音料；又，慮貨切。泣迄欠意切，音契。泄褻信夜切，音樹。戌續訓玉切，音序。室植振士切，音志。設攝尚戰切，音射。雯煞慎亞切，音廈。麥陌悶壞切，音賣；又，陌字亦讀暮臥切。匿曀溺念意切，音膩。律漉綠令豫切，音慮。瀆犢纛洞務切，音妒；又，纛字亦讀董吾切。物勿杌妄固切，音務；又，杌字亦讀汪姑切。嫉鯽鶂竟意切，音記；又，鶂字亦讀景移切。述術倏淑順固切,音樹;又,淑字亦讀宋固切。蜜密宓覓面義切,音謎。赤斥敕飭暢士切,音志。拂弗髴魃忿悟切,音赴。獲蠖穫忽貨悟切,音互。赫墼紇齕虢箇切,音貨;又,紇字亦讀接箇切。絡酪烙落浪要切,音澇;又,路臥切。克尅客刻酷抗賀切,音課。夙肅悚觫束宋務切,音素;又,順務切;又,肅字亦讀松污切。鑰籥瘧藥葯印釣切,音要。勃渤魄粕迫怕臥切,音破。或惑涸豁霍藿護臥切,音貨。悉夕析隙熄向異切,音細。室釋適飾式軾拭尚智切,音士。葉業鄴謁掖液腋意樹切,音夜。畢蹕謐邲壁璧弼碧並異切,音秘。祿碌錄鹿轆麓戮陸瘘務切,音路。立笠粒歷靂栗慄力亮異切,音吏。木沐目苜牧鶩睦穆悶臥切,音茂。墨默脉貊末沫莫漠寞孟餓切,音暮。玉郁鬱獄鷸欲慾育澳奧聿浴疫役院去切,音玉。益溢鎰鷁譯驛繹懌斁亦奕弈億臆佚泆翼翌逸弋易抑佾燕吏切,音異。以上入爲去,有字可音之類也。

11. 入爲去,無字可音類。熱認占切。肉認宥切。滅面夜切。日認智切。蔽富臥切。樂浪箇切。惻次箇切。虐女餓切。率樹外切;又,素臥切。桔竟夜切;又,几言切。駱洛聾臥切。若弱閏臥切。特忒透賀切。仄昃字箇切。僻闢聘異切。妾竊氣夜切。策册次箇切。恰跲氣亞切。髮法放亞切;又,法字亦讀房牙切。蓄畜訓臥切;又,畜字亦讀釧務切。納訥衲奈大切。蠟臘辣浪亞切。闊廓鞟庫臥切。穴恤邮楦坐切。入褥辱認誤切;又,辱字或讀閏臥切。卻鵲碻碏勸臥切。獄岳樂躍用破切;又,躍字或讀意教切。闥撻榻獺踏炭亞切。穯嗇澁色四蔗切。列裂烈獵躐劣刊夜切。涅孽臬闌聶鑷躡念夜切。月刖悅閱闋軏域越卞查切。以上入爲去,無字可音之類也。

12. 國音全璧說明。篇內翻切與古迥異。古人韻書粗細俱歸一母,陰陽亦皆通用。其法雖善,然非深同韻學者莫詳其義。斯爲初學者而設,故於粗細旣分兩母,而每母仍有音涉輕重之類,亦皆細爲區別,並以五聲各分其類。如切陰平則母韻二字皆陰,卽如通窩切拖,拖爲陰平,通窩亦陰是也;如切陽平,則母韻皆陽,卽如盆吳切蒲,蒲爲陽平,盆吳亦陽是也;如切上聲,則母韻皆上,卽如拱武切鼓,鼓爲上聲,拱武亦上是也;如切去聲,則母韻皆去,卽如怒臥切懦,懦爲去聲,怒臥亦去是也;至於入聲,母韻皆入固亦可切,不若母用上韻用入更爲切近,卽如前篇野鵲切藥,野爲上聲,藥仍爲入聲之類是也。凡切韻之法,惟取音近。雖不知切者，隨字呼之，其音莫不恰出母韻之間。他如陰平不得陰母，則以去聲代之；陽平不得陽母，則以上聲或入聲代之；如無陰聲，則註曰某之陰平；如無陽聲，則註曰某之陽平。如此各爲區別，庶切音益得其準。至於切字之母，平仄原可不論，然旣本有一類之母，又何妨以平切平，以仄切仄，更爲音近，使人易曉乎。初學者於五音全璧内切韻合參，自更瞭然矣。

四　辨　似

筆畫近似，音義顯別，毫釐之間，最易混淆，閱此庶無魯魚亥豕之誤。

1. 二字相似。乀音弗，左戾也。乁音移，流也。丁丙丁。亅古下字。丩音鳩，延蔓也。丩音訐，動貌。厂音曳，拽也，明也。厂同岸。二一二。二古上字。匕音匙，比也。七古化字。匚音方，受物之器。匚羿上聲，扇物也。卩古節字。卩古卜字。刃忍去聲，鋒刃。刅與創同，傷也。歹戴上聲，好歹之歹。歹顔入聲，殘骨也。个歌去聲，枚也。个古丁字。凡音完，彈丸也。凡音帆，大概也。夂音撤，从後至也。夊音衰，行遲貌。尢音汪，跛曲脛也。尤尤本字。屮音徹，草木初生也。屮同左。尐音撞，步字从此。少老少之少。叉音嘁，交手。叉古爪字。厷音突，不順也，育蔬等字从此。云云爲。亓古其字。大同大。廿古疾字廿音入，二十并也。兀古無字。兀古長字。刉音糾，大刀也。劦音樛，絕力也。収居竦切，竦手也。収同收。毛音旄，毛髮。毛音三，碑名。爪指爪。爪古掌字。牙音芽，齒也。牙同互。廾古猛切，石中金未治者。丱音慣，束髪如兩角。殳音殊，兵器。殳音没，入水取也。支音朴，擊也。支音枝，出也；又，庶也。市音弗，韡也。市音恃，買賣所之也。友朋友。犮音拔，犬走貌。丏音勉，避箭短墻。丐音蓋，乞也。丰音鋒，豐夆邦等字从此。丯音害，耒耕害憲等字从此。曰音冒，中畫兩傍缺。曰音月，口上缺。壬音挺，下畫長。壬十干名，中畫長。从古從字。从卽兩字。卜音卜，非也。卜岸入聲，木折復生旁枝。叱音乙，聲也。叭音軋，鳥聲。弖音賢，草木盛也。弖古乃字。斤音筋，斫木也。斤古斗字。疋音雅，正也。疋音蔬，足也。玉金玉。王音速，王玉點有上下之辨。仝同全。仝同同。由古蕾字。舌同正。匃音葛，求也。匈同胸。北南北。北音蕩，高田。扞音菊，持也。扞同仄。吪音化，開口貌。叱音尺，呵叱。姂同妣。妼音叱，女不謹。仚人入山爲仙。仚音軒，輕舉貌。屺古扈字。屺音起，山無草木也。岒音吟，助也。岑音岑，入山之深也。刊音茜，切也。刋看平聲，削也，干戈之干。尻卽居字，下从几席之几。尻考平聲，脊梁盡處。仸音代，海中地名。伏音服，俯伏。帆同耆。帆音凡，舟上幔。布布帛。帀古豕字。忉音刀，憂心貌。忉同忍。氾同泛。汜音祀，水決復入爲汜。朩音雞，稽嵇等字从此。禾音和，禾穀。四數名。罒同網。宂繁冗[1]之冗。穴巢穴之穴。卉同卅。卉諱上聲，草之總名。忋音改，恃也，仰也。忌同怨。艸草本字。艸古攀字。耒音類，手耕曲木也。禾音劣，禾禾麥知多少也。聿音遹，所以書之器也。聿音聶，竹聿也。言撵上聲，言言，唇急貌。言音巘，義見上。回回轉之回。囬古面字。医與簠同。医音意，盛弓矢器。汏音獺，洗米。汰音泰，沙汰。朿音次，木芒。束音叔，約束。糸音覓，細絲。系音係，緒也，繼也。忍音詣，怒也。忍人上聲，安於不仁。冲鑿冰之聲。沖和融之意。囟古囱字，曾會等字从此。囦古淵字。次音刺，次第。次音前，口中液。圮音痞，毀也。圯音夷，橋也。劦音離，割也。劦音協，同力也。囟音信，頂門。囱同腮。园同刓。囩同模。㞷古封字。㞷音皇，草妄生也。丏音面，冥合也。丏古賓字。扮同扴。扮音憤，握也。抚同摡。抚同撫。技奇上聲，巧也。技同扑。攺音以，敎也。改音咍，笑不壞顔也。牣音刃，滿也。牣音那，獸似牛。玐同珙。玐音信，遍也。耴音疒，聱耴魚鳥狀也。耴音輒，耳垂也。虬同虯。虼音軋，蟲聲。見堅去聲，視也。皃音綰，姓也。串音釧，穿也。弗音產，炙肉器。豖音始，彘也。豖音畜，豕絆足。辛音新，庚辛。辛同愆。谷山谷。谷強入聲，口上阿。沂音夷，水名。泝與溯同。皂皂斗卽橡也。皀音香，穀皀。肓音荒，膏肓。盲音萌，目無童子。甹聘平聲，輕財任氣。甹音由，倒木生條。戾音代，輜車傍椎。戾音例，乖戾。夾減入聲，左右持也。夾音閃，盜攘物。扙音朴，打也。技技藝。厎音指，礪石。底音邸，下也。汩音骨，沒也，从日月之日。汨音聿，水流，从子曰之曰。沐沐浴。沭音術，水名。丣古卯字。丣古酉字。免眠上聲。兎土去聲，獸名。卲从卩，高也。邵从邑，姓也。肜音容，祭名。彤音同，赤色。事音示，事物。事古爭字。音音透，唾也。辛音薛，同啐。受承受。受音到，姓也。孛同悖。㝈古使字。直音苴，人

① 原書寫爲“宂”字，今疑爲“冗”字，故改之。

徐氏類音字彙：一百年前的鹽城話

相依㫳也。㫳音旦，小舍也。抗同舀。扴音穴，扴捏，擊也。曶同吻。曶同忽。杏同梅。呆同保。呆音縞，明也。杲古梅字。枒同柇。枒同椰。泥同㳜。沉音匊，水文。沇音玦，水從孔穴疾出也。沇音宂，水貌。匊音掬，合手也。羽音跛，碎米。衁音湃，衁浪，不精要貌。衁音荒，血也。胖匹絳切，脤也。胖音盤；又，判安舒。紈音求，引急也。紈音完，紈綺。芝靈芝。芝音販，草浮水貌。屆音田，穴也。屆音介，至也。易音異，又音亦。易古陽字。軌音癸，車轍。軌音范，軾前橫木。刺音次，諷刺。刺音辢，乖也，戾也。糾音九，絞也。糾偷上聲，黃色絲。虬音求，龍無角者。蚪音斗，蝌蚪。妹音昧，女弟後生者。妺音末，妺嬉。門門戶，兩戶相對為門。鬥斗去聲，兩王共國則鬥。斦音鐮，斧也。斦音昔，分破也。券音勸，契券。券音倦，疲也。隹音追，鳥之短尾。佳音加，美也。盂音干，盤也。盂音于，飯器。幸慶幸。幸音獵，小羊。司古詞字。訇音轟，駭言聲。却音却，从卪音節。郄音隙，从邑。玫玫瑰。玟音民，石似玉。岡居郎切，山脊。罔妄上聲，誣也。郗音希，骨節閒。郗音絺，邑名。姬音軫，慎也。姬音基，姓也。宦交本字。宦古響字。采古孚字。采古保字。弪音軫，弓強。弪音移，弓名。柰音嬿，木名。秶同黍。畐音伏，滿也。富古答字。穽烏敢切，閉也。穽音淨，陷也。筇同篁。筇音況，覓魚具。苟垢上聲，且也。音殛，急也。負音婦，勝負。負音裝，河神。販攀上聲，販睛。販音泛，販賣。臭局入聲，犬視貌。臭抽去聲，氣總名。苗禾苗，从田。苗音笛，从由。捍音足，取早熟禾。捍與扞同。眛音妹，冥也。昧音末，星也。觩音求，角貌。斛斗斛。洚音降，洪水。洚音逢，水名。苜音木，苜蓿，草名。苜音臬，目不正，从丅。段團去聲，體段，片段。叚真叚之叚。浪音銀，水名。浪郎去聲，波浪。肓从月，甲胄。胄从肉，世胄。敕音尺，制書。敕音賴，勞敕。虴音闌，蟲伸行也，上从艸省。虴音鴉，妍虴，从屮。秏音夫，黑稻。秏音姪，序也。扃音駉，門鐶鈕。扃音賞，戶耳也。㔶音因，上城具，从東西之西。㔶音樹，立也，从覀音罈。冠音官，冠冕。冠音扣，司寇。㣇同㣇。㣇同㣇。圁古目字。面面本字。眙笞去聲，視也。貽音夷，遺也。財貨財。財與得同。窋諄入聲，物將出貌。窋坤入聲，孔穴。跌音乎，跌坐。跌音經，足失據。垻音[①]霸，堰也。垻音具，堤塘。聆音琴，音也。聆音陵，聽也。浙音哲，江名。

[①] 原書寫為"字"，今據書中所附勘誤表改為"音"。

淅音昔，汏米。耷古塡字。脊背脊。敇音策，擊馬。敕音赤，制書。銶音求，弩牙。斜偷上聲，姓也。鈘音繫，鐵器。釟音八，治金也。釛同刀。釗音招，刓也。陝音洽，陝隘。陜音閃，地名。速與跡同。遬音肅，疾也。厝與措同。厝音籍，漢陵寢名。紙音只，楮紙。紙音低，絲滓。祏音石，藏木主石室。祏音託，衣祏。朕天子自稱。朕陳上聲，目童子。挺丁上聲，直也。挺音癉，取也。逄音龐，姓也。逢音馮，遇也。祇音岐，地神。袛音低，短衣。宷古審字，釋悉等从此。宷僚宷彩菜等字从此。俳俳優。俳俳徊。班班列，班分。斑斑文。圓音旋，規也。圓方圓。奘藏上聲，大也。奘藏上聲，健犬。凊七政切，溫凊。清七情切，清濁。這籀文，誕字。這音彥，迎也。凍冬去聲，水凍。凍音冬，暴雨。攱同攱。攱音蓄，病貌。殊同殊。殊音速，殉殊，歹也栗音慄，果名。栗古粟字。琭同璷。琭同瑚。冡音蒙，突前也。冡音莫，冕也。訊音梵，言也。訊古訊字。豈音註，陳樂立而上見也。豈音萱，語詞。豖同豖。家同豪。修修理。脩束修。爭古手字。爭乖本字。晟音成，飯匱也。晟音盛，明也。鄂音諤，口中上鄂也。鄂音諤，國名。奞同凡。奞音窺，星名。枝音奇，橫首枝也。敕音勑，試也。戫音鬱，利也。戫古國字。拜同畀。拜拜上聲，擲也。歟同音。歟音僖，卒喜也。淖音閙，泥也。淖同潮。祇音陌，神也。祗音呂，祭名。觓同搊。觓古觶字。較古陳字。較同軺。躾使也，音泄。躾同朓。舒音子，戟也。舒音子，剛也。掐嵌入聲，爪刺。搯音滔。冕音免，旒無點。冕有點爲寃。帢音搯，士之帽。帽音叨，亦士帽。屝音費，草履。扉音非，戶扉。訢與欣同。訴告訴。惕音剔，怵惕。惕音宕，放縱也；又，音商，直疾貌。揚挑揚。揚飛揚。場音亦，疆場。場音長，祭神所也。望仰望之望。望朔望之望。婬音淫，姦婬。媱音姚，美好貌。寁音昝，速也。疐音致，躓也。商音的，本也。商音傷，商賈。脛形去聲，脚脛。脛額上聲，直視貌。軝音奇，車轂。軝音邸，大車後。袷音洽，祭名。袷音夾，衣無絮也。榖同穀。榖古撻字。絲音思，蠶吐絲也。絲音關，織貫杼也。羑以脂切，江夏地。羑音遶，貪欲也。螦同螦。螦同螽。閚音斑，門上關也。閏音潤，閏餘。暘音亦[1]，日覆雲暫見。暘日出暘谷。壺音胡，酒器。壺音悃，內壺。浿音泣，幽涇。湆亦音泣，肉汁。歔音衣，歔美。敧音欺，偏也。祴音該，樂章。祴音革，釋典行戒衣。傅音

---

① 原書寫爲"釋"，今據書中所附勘誤表改爲"亦"。

◆ 徐氏類音字彙：一百年前的鹽城話 ◆

附，師傅之傅。傳音椽，相傳。臋辰上聲，水藏。臋音限，晚臋，無畏視。絙音桓，緩也。絙互平聲，大索。敼音異，輕簡。敼同揚。梪音豆，祭器。梪音孺，短衣。掾音硯，官屬。椽音傳，屋椽。眹音接，目旁毛。眹音閃，眹眹目光。雁同鴈。雁同鷹。捷音虔，以肩舉物。犍音堅，牛之健強者。楝音凍，楝樗。楝音楝，川楝子。髡音坤，去髮。髡醒上聲，髮垂貌。郤音悉，脛頭。郤音七，齊地。塚同冢。塚同墳。梀音通。梀音引，擊小鼓引樂聲。諫音刺，數諫也。諫音速，督促也。登等平聲，禮器也。登等平聲，陞也。敦古敲字。敦音恢，擊也。魷音化，魚名。魷同鰶。綏音雖，安也。綏音葰，緩也。慄音栗，懼也。慄音速，慄斯承上顏色。裼音昔，袒裼。裼音羊，道神。溥音普，徧也。溥音團，露多貌。涿懞去聲，微雨。涿音冢，偃水也。浟古深字。浟音突，流也。愽邦入聲，普也；又局戲。愽音團，憂勞。裯音倒，爲牲祭求充肥也。裯音儔，單被。寘同置。寘音田，塞也。祼音貫，祭也。祼羅上聲，露體。頊庭上聲，直也，从壬。頊音旭，敬謹貌，从玉。暖同煖。暖同暄，大目。搏音博，擊也。搏音團，聚也。楳古梅字。楳古無字。熙音億，光也。熙同囧。盡秦上聲，終也。盡同□①。詇音閃，誘言也。詇音頰，妄語也。頯音未，面前也。頯音末，頯顒，健也。輗音貌，引也。輗音倪，輗端橫木。薴音純，薴菜。薴音魄，芭蕉。褚音杵，姓也。褚音杵，絲絮裝衣。踼音惕，以足蹴物。踼音宕，跌也。禔音支，福也。禔音題，衣厚也。禊音係，袚禊。禊音歇，禊襦。禕音衣，美也。禕音揮，后夫人祭服。庾音與，囚以飢寒死。瘦搜上聲，瘠也。樽與樽同，酒器，从土。樽與蹲同，舞貌，从土。歐謳上聲，吐也。敺音區，逐也。穀同穀。穀音谷，穀土也。魚音試，似貍。魚同貔。頤音哂，舉目視人也。頤音移，顄也。鼏與冪同，覆食巾。鼏與扃同，以木貫鼎。慹音執，怖也。慹音世，情態。嗇古災字。嗇音詳，薔薇。禠音司，福也。禠音豸，奪衣。褅音時，涎也。褅音梨，褅牛。賈買賣。賈音欲，衒也。蕈尋上聲，菌生木上。簟恬上聲，竹席。橐音毳，重擔也。樨音曉，禹所乘也。檣同楠。檣音億，梓屬。曉天曉。曉音匾，深目貌。彊彊弱之彊。疆封疆之疆。錫銅錫之錫；又，賜也。錫音羊，馬額前飾。澧音里，水出衡山。澧音風，水出扶風。鍊音束，車轄。鍊連去聲，冶金。麈音主，麋屬。塵音圭，鹿屬。薇音微，

---
① 原書不清，這裏用□表示。

第三章 《徐氏類音字彙》首卷

菜也。薇同蓄。閧音巷，陌也。閧音鴻，鬭也。闃音踧，靜也。䦱音文，低目視也。褺音牒，重衣。褻音屑，私服。禪音蟬，釋家有禪說。襌音單，薄衣。鍾酒器。鐘鐘磬。螽螽斯。蠭古蜂字。瞪音忒，默目①瞋。聽耳聽。飴夕平聲，飴也。餳音唐，亦飴也。鍛端去聲，鍛鍊。鍛音返，鋞鍛。鮺音鮓，本作鮺，藏魚也。鯗音想，魚腊。爇先上聲，野火。燹音垂，犬也。藉席也。籍籍貫，簿籍。鑿音志，田器。鑿音屑，亦田器。蔨音你，華草盛貌。蔨音攝，箔也。㺄音猱，貪獸。㺄音逑，書㺄㺄齊嫖。櫐音壘，藤屬。欙音雷，酒器。譤音激，訐也。譥音叫，痛呼也。譓湮平聲，慧也。譽音崇，相毀也。騫音牽，虧也。騫音軒，飛也。鏅奧平聲，溫器。鏢音標，馬銜外鐵。鹽音勘，箱類。䤃音勘，羊凝血也。

2. 三字相似。儿人字在下之文。几音殊，短羽飛聲，無剔，殳字從此。几几席之几，有剔。己人己之己，上方處不連。已已止之已，上微缺。巳辰巳之巳，上不缺，俗以有鉤挑爲人己巳止字，無鉤挑爲辰巳字，非。巛川本字。巛古坤字。巛災本字。囗古口字。冃古丹。甘古甘字。弓同彈。弓同尸。弓同卷。无音巫，妄也。旡音寄，飲食氣逆不得息。先古簪字。另音令，分居也。另同剮。另音牌，別也。卯音輕，卿字從此。夘音淵，卽宛字。卯寅卯之卯。本奔上聲，木下曰②本本濟上聲，止也。夲音叨，進趨也。芁音求，荒野。芁音蓬，草盛貌。芄音完，芄蘭草。夅古降字。夆音逢，牾也。夆音害，相遮要害也。朷音刀，木心也。朸音力，木之理也。朷音刃，桯朷也。丣音亞，覆也。西音栖，東西。西音冥，同也。曰音咎，春也。臼古匊字。臼古齒字。兄發語之辭，從二。況寒水也；又，譬擬。況亦寒水，從冫，今多混用此。辻同走。辻同少。辻同幻。苐同弟。苐同茟。弟兄弟。祈音旃，求福也。祈古祺字。礽同筭。冢音蒙，覆也。冢音塚，高坎也。冢古家字。毒古毒字。毒同蚝。毒同蚝。馬麻上聲，牛馬。馬音環，馬一歲也。駋音姥，馬行貌。翊音弋，飛貌。㹺音拉，飛也。翌音弋，明日也。楙音茂，木名。楙古楚字。棥音茂，木盛也。臺音苔，樓臺。臺古屋字。臺音矮，屋也。

3. 四字相似。弓音宮，弓矢。弓乃本字。弓含上聲，弓嘾也。弓古及字。木音沐，草木。朮同秫。朮匹刃③切，分臬莖皮也。朩音澎，草木盛，朩朩然也。

---

① 原書寫爲"瞀"，今據書中所附勘誤表改爲"默目"。
② 原書寫爲"日"，今據書中所附勘誤表改爲"曰"。
③ 原書寫爲"刃"，今據書中所附勘誤表改爲"刃"。

毋音無，止詞也。毌音冠，穿物持之也。母音某，父母。毋音牟，與蒙義同。戉茂務二音，幹名。戉音越，斧戉。戌音恤，辰名。戍邊戍。延音川，安步。延音貞，行也。证同上。延音沿，長也。旰音虛，日始出。旰音幹，日晚。盱音呼，張目望也。盰音幹，目多白。裒音抔，聚也，減也。褒音包，俗作褒。袤音又，袖也。袤全上。

　　4. 五字相似。月日月之月，内畫缺右。冃即丹字，清靖靜等字从此。冃肉字旁，内畫連。冃冒字旁，二畫居中。月舟字旁，勝朝前等字从此。芊音千，草盛貌。芉音干，草名。芉篆文羊字。芋音淤，菜名。羋音弭，羊鳴也。卤古文西字。卤籀文西字。卣音酉，酒器。鹵音尺，姓也。鹵音調①，草木垂貌。辨音卞，辨別。辦音卞，致力也。辯音卞，口辯也。辮音卞，交織也。瓣花瓣。

---

① 原書不清，今據《漢語大字典》寫爲"調"。

第四章 《徐氏類音字彙》上卷

上卷注有“江蘇鹽城徐宗斌編輯”“弟宗鉽櫶[1] 姪棠同校”。

上卷目録：一東宏　二江陽　三真文　四删咸　五端桓

（一）東　宏

平	平	上	去	入	平	平	上	去	入
東	覩紅切	董	動	讀	哄	宏	澒	鬨	或
風	馮	諷	奉	福	烹	朋	捧	掽	僕
宗	祖馮切	冢	縱	築	松	髏	竦	宋	淑
龔	古容切	拱	共	國	翁	吾童切	滃	甕	屋
夢	蒙	蜢	孟	木	雍	容	勇	用	玉
礱	龍	隴	礱	六	崩	版朋切	絣	蚌	白
沖	蟲	寵	趯	族	通	同	統	痛	秃
兄	雄	洶	訓仲切	旭	捐翁切	捲紅切	窘	褁	菊
奴公切	農	穠	弄	衄	傾	窮	犬勇切	勸甕切	曲
空	狂紅切	孔	空	哭					

（二）江　陽

平	平	上	去	入	平	平	上	去	入
江	几降切	講	降	脚	秧	陽	養	樣	樂

① 原書寫爲“穗”，今據書中所附勘誤表改爲“櫶”。

徐氏類音字彙：一百年前的鹽城話

當	等楊切	黨	蕩	度	方	妨	紡	放	縛
乒	龐	髈	胖	朴	臧	載楊切	長	丈	着
邦	板王切	綁	傍	箔	莊	主黃切	奘	壯	卓
康	夯	慷	亢	撲	相	降	享	向	學
匡	狂	誆	況	擴	岡	敢羊切	港	槓	各
光	古黃切	廣	誑	郭	鎗	詳	搶	謿	鵲
窗	床	闖	創	戳	蒼	藏	敞	唱	綽
霜	誰狂切	爽	恕況切	朔	湯	唐	倘	燙	託
娘	娘	仰	釀	虐	商	掃常切	賞	上	幌
甕	郎	朗	讓	落	荒	皇	謊	壙	霍
項	杭	夯	項	郝	汪	王	往	望	握
押汪切	忙	莽	管	莫	勷	囊	曩	勷	諾
卬	昂	怏	盎	惡	亮	良	兩	亮	略

（三）眞 文

平	平	上	去	入	平	平	上	去	入
眞	掌橫切	整	鎭	質	溫	文	抆	問	勿
敦	黨橫切	等	頓	德	分	焚	粉	分	佛
昏	渾	恩	溷	忽	噴	盆	唪	歕	孛
孫	淳	損	順	述	尊	祖魂切	準	按	尣
賁	板魂切	本	迸	不	亨	痕	狠	恨	黑
參	神	省	聖	十	坑	口橫切	肯	掯	刻
稱	陳	騁	稱	尺	坤	狂魂切	捆	困	窟
裩	古魂切	衮	棍	骨	楞	人	忍	認	日
閏	如文切	汝准切	潤	入	根	敢痕切	垠	艮	格
嫩	能	冷	恁	勒	恩	橫	觲	硬	阨
村	存	忖	寸	出	吞	豚	黗	褪	突

· 40 ·

瞞 門 們 悶 没

（四）删 咸

平	平	上	去	入	平	平	上	去	入
删	誰邊切	撕	涮	刷	西艱切	咸	備	陷	洽
簪	紫含切	斬	贊	雜	關	古頑切	古晚切	摜	刮
間	錦顏切	鐦	鑑	甲	丹	等寒切	担	旦	答
酣	鹹	喊	糁	瞎	貪	談	坦	嘆	澾
山	賞男切	傘	訕	殺	班	補頑切	版	扮	扳
乃甘切	南	喦	難	捺	安	顏	眼	晏	鴨
攀	涊	普版切	盼	矶	鼴	還	虎版切	幻	滑
纜	蘭	覽	爛	蠟	攙	饞	鏟	懺	察
彎	頑	晚	萬	襪	鉛	口含切	尿	嵌	掐
番	煩	反	飯	法	赶	蠻	蠻	慢	抹
潺	主邊切	孱	饌	鸡	枯關切	環	苦晚切	庫萬切	勯
刊	其藍切	起懶切	瞷	七辣切	賺	除凡切	楚反切	創	促法切
干	改藍切	趕	幹	茮					

（五）端 桓

平	平	上	去	入	平	平	上	去	入
端	親羅切	短	緞	奪	幋	桓	我	餓	掊
潘	嗏	頗	判	潑	梭	隋完切	所	麵	说
螺	欒	卵	亂	捋	拖	沱	瞳	楕	脱

一 東 宏

平 東 日中之木；又，動也；又，四方之首。冬—寒；又，四季之終。冨仝上。涷水名；又，暴雨也。崠山名。倲—然，行貌。悚愚也。苳麥—，藥名。鍊——，鼓聲。埬地名。

上 董督也；又，一事；又，姓也。懂懵—，心亂也。懂仝上。灌物墮水聲。朣肥也。硥石墮聲。諫多言也。壥禽獸踐處。

去 動搖—；又，不靜也。洞朗徹也；又，通也；又，一天。棟屋脊也；又，梁—。凍冰也；又，凍餒。窦穴也，不通之—。胴大腸也。崠山脊也。蝀蝃—，虹也。鼕——，鼓聲。洞冷也。峒—蛮，苗類。湩乳汁也。恫呻吟也；又，慟也，本音通。筒—簫；又，音同；俗音統。

入 讀誦也，耕—、宣—；又，音豆。獨孤也；又，單也；又，惟—。毒—氣，腫—。毒毒本字。瀆溝—。瀆褻—，冒—，煩—。髑髑髏，頂也。頢仝上。狢獸也，如豹，五尾。牘尺—，牒—。櫝櫃也。督總—；又，監—；又，率—、都—。碡碌—，磙也。嬻媟—。殰胎敗也。贕卵內敗也。纛大旗曰—。瓄昆山玉也。儥動也。篤厚也，—實。管仝上；又，仝竺。僪—倈，短醜貌。㩦落石聲也。嵡谷空貌。幬羽葆幢。匵匵也。讟妒—。襡新衣聲。犢小牛也。黷濁—；又，垢也。纛旗—；又，音道。

平 哄市人聲也。烘—火，—炕。箃竹器。轟—烈，雷聲。鍧鐘鼓雜聲。訇訇—，大聲。薨古諸侯死曰—。鬨鬩也。佟姓也。砊石聲；又，仝訇。喧衆聲。洚水浪——聲。洪澤水也；又，大也。

平 宏寬—；又，天也。弘大也；又，仝上。橫縱—。洪大水也。鴻大雁也。虹—霓，名螮蝀，天地凝氣也；又，音絳、扛。紅赤色也。閎空也。汯海水騰湧貌。黌學舍也。閧巷門也。泓水聲。鈜鐘鼓聲。訌亂也。仜大腹也。蕻韱類。灉大波也。宖大屋。宏大屋。浤水聲。鐄大鐘。虹女字。浤水回旋貌。竑度量也。肱股肱；又，音公。嶸崝—，山峻貌。

上 澒水相激聲。砊石聲。鷴鳥飛聲。颴大風。嗊囉—，歌也。䎲耳中鳴也。澒水銀。汞仝上。哄鳥聲。鑋鏗—，鐘鼓聲。渢水風也。

去 鬨鬩聲也。橫—暴，—竪。潢水津也。蕻草—，彌也。

入 或未定也。惑疑—。斛斗—，二斗五升爲斛。獲得也，緝—。攫手取也。劃分也。斛大箱也；又，石—草；又，盛米器。畫筆—；又，音化。殻—觫，恐懼貌。偯—逆，風聲。穫刈禾也，本音霍。鱯—子魚。焳火—貌。繣繩—，緯—。擭擸—。嚄大呼。斛—枕；又，斗取物也。斷刀—開。斛斛或作斛。

第四章 《徐氏類音字彙》上卷

平 風雨一，一光，一俗。丰一姿，美也。妦一嫆，好貌。夆相忤也。烽一火。蜂蜜一，蟲名。瘋一癲，一狂。楓樹名，厚葉弱枝，善搖。葑菜名。封一贈，一鎖，一閉。豐滿也，一稔，一收。藭香木。峯山尖曰一。寷大屋也。鋒刀一，一利。酆姓也；又，一都城。澒深泥也。犎野牛也，領肉隆起。

平 馮姓也；又，依一；又，音平。逢遇也，一迎；又，音旁，姓也。縫彌一，裁一。捀仝上。渢水聲；又，弘大聲。颵蟲室也。漨水名。灃水聲。

上 諷一誦，譏一。捧手拱也；又，朋上聲。賵車馬助喪曰一。

去 奉供一，一侍。俸一祿。鳳雄鳥王也，非梧不棲。唪大笑也。

入 福一祺，五一。伏俯也，埋一，降一。袱包一。復反也。覆回一，蓋也。幅巾一，鏡一。夏行故道也。復覆本字。洑水洄流也。澓流也。畐滿也；又，仝幅。覆地室也。腹肚一，口一，心一。服衣一，降一。複加也，重一。蝠蝙一，飛鼠，見一得五。茯一苓；又曰仙遺糧。�擊一。夏仝復。輻一輳，如車轂聚也。栿船捹一。馥香氣芬一也。輹伏于軸也。匐匍一，手足并行。塥窟也。𡊁土壅曰一。

平 烹一羮，一調。垺灰一。匉一匐，大聲。閛關門聲也。澎物擊水聲。堋仝烽。㕛俗曰打——，人在水上曰一，本音吞上聲。䐓虛脹也。怦心急也。䐒腹痛也。拼打也。

平 朋一友，同類也。彭姓也，盛也。蓬䕻亂草；又，——盛貌。篷一帆，舟車帳也。䇯仝上。蟛一蜞，小蟹。棚一棧，馬棚。髼一鬆。𣩦死人，胖也。殕仝上。榜桄一子。膨一脹。堋灰——。堋射垺。澎物擊水聲；又，縣名。𤜹犬也。芃草盛。稝禾密也。髼一鬆，髮亂貌，或作鬆。庄平也，俗寫莊，依此非。鵬大一鳥，一飛九萬里。篷織竹編箬以覆船也，船篷是也。

上 捧手一，托也。㷭烟塵雜起。浲水也。

去 捯一擦。䟺蹈也。掤打板也。姘男女私合曰一。硼磕一。碰仝上。

入 僕男用人曰一，女曰奴。幞頭巾也。撲一手，一捉，一滅。璞玉在石中。濮水名。珀琥一，松①脂入地所化。白一黑；又，讀卜，拍打也。迫急也，窘也。皀仝迫。撲射中物也。魄魂一。瀑飛泉懸水曰一布。䉺物破聲也。墣塊也。菩萄一，

---

① 原書不清，今據《康熙字典》寫爲"松"。

又名萊菔。圷塊也。夵——，行貌。曓晒也。

平 宗一族，祖一。終畢也；又，始一。中不偏曰一；又，一正。淙水聲①。鐘一鼓，一錶。躘行不正也。妐夫之兄也。螽蝗也，多子。踪一跡。汷水也。鬃一毛，馬頸毛。鍾酒一，茶一；又，量名，六斛四斗。妕女字。僮儱，潦倒貌，與躘踵全。忠一厚，信也。椶一樹，無枝。棕全上。稯猶束也。騌駿騣三字全，馬冠也，卽馬鬣也。忪心動不定。衷一曲，一腸。倧古之神人。葼一芽。鏓美鉄也。佡志及衆也。

上 冢大也，一宰。塚坎一也，冢俗寫。種籽一；又，音仲。燸火燒起。腫一毒。瘇全上。図全冢。厐衆立也。偅相迹也。怱偬一，不暇也。傯全上。憁一侗，不得意貌。踵蹱也，弓腰走也。種全種。總統共也。縂搃摠皆全總。

去 縱一橫，一放。粽一子，名角黍，楚屈原典。糭全上。蹤跳也。綜機提也。種栽一。仲伯一，孟仲季。衆多也，聚一。僮儱一；又，平聲。訟爭也；又，方音讀宋。重沉一，輕一，貴一。氪心氣也。

入 築建一，挑一。妯一娌。粥稀飯也。逐驅一，追一，一日。嘱一咐，叮一。祝慶一，禱一。又，姓。祝全祝。噣全嘱，俗寫。剾削也。柷樂器也。足手一，满一。竺天一；又，姓。軸車一，紙一。竹一木，蘭一。筑樂器。斸斣一，鉏一。呪言求媚也。擱執也。歜呼雞曰——。咮全上，呼雞聲。躅一躑，以足擊地。蹢一跳。屬連也，聚也；又，音俗。

平 松一柏。崧一山，高大貌。淞江名，今作松。嵩中嶽嵩山。娀女名。蚣一蝑，虫名。漎水聲。繏素白也。傯隴右地方，懶曰一②。鬆蓬一，不緊也。狨姓也。倯姓也。樅小行恐貌。枀全松。

平 臊腎水，俗用，新字。

上 竦敬也。聳高也。悚一懼，畏也。憽全聳。憽一慫，勸也。

去 宋國名；朝名；又，姓。訟高郵方音興，訟本音頌。梥全送。送迎一。悚全宋。

入 俶善也，一人。速急也，趗也。粟米一。俗僧一，風俗。孰誰也。熟生一。儵動頭貌。慄詭隨也。楸樸一，小木也。淋全俶。漉雨聲。贖回贖，取贖。續繼一。束捆一，收一。宿夜一；又，讀秀。縮伸一，肅端一，一静。觫多也。潚水淨

---

① 平聲中出現兩次"淙水聲"，删掉一處。
② 原書注釋爲"隴石地方懶曰一"，今據《康熙字典》將"隴石"改爲"隴右"。

也。滀溰也。璀琢工；又，姓。夙一夜；又，早也。菽豆之總名。尗仝上；又，
全叔。蓛菜之總名。媚娟一，又名春人無稽。諝興起也。叔父弟也；又，伯一；
又，一姪。村仝上。驌—驦，良馬。觳觫一，恐懼貌。俶實也。夙夙本字。俶
侗一，不安也。倏一忽，犬急走也。趗一謹而不放也。簌節也。潚水清也。俶
始也，厚也。慅疾也。蜀西一，郡名。屬眷一，附一。属仝上，俗寫。塾學舍
也。孰仝孰。俶僔一，不伸。俅侗一，頭動貌。

平 龔姓也。公一道，一平，無私也。工一匠，一業，一廠。攻專治；又，一書。
弓一箭。躬身也；又，鞠一。忺心急也。憆心動也。宮宮殿。蚣蝮一，毒虫。
恭一敬。恭仝上，恭本字。竼無節，竹名。供一奉；又，去聲。功一德，一勞。
恭仝恭。肱股一；又，一臂也，俗讀紅。浤縣名，在酒泉。觥角爵也；又，音
光。箕笠名；又，音感，箱類。

上 拱手一。鞏固也；又，姓。礦金一，一物，俗讀曠。巩一掘。廾羽上飛。鞚一
物。拲罪人兩手共一械。㤨戰慄也。汞丹砂化爲水銀。珙大璧也。稂有芒粟也，
俗用，讀袞，曰一麥。穬仝稂。

去 共公一，同也。供侍奉，一養。貢一獻，進一。贛賜也。灨水名。戇愚也。

入 國一家。囼民囼，新國字。谷山谷，一洞；又，五一，俗用。梏手械也。鵠黃一，
鳥名。嚛鳥鳴，——。蠼螋一，土狗。轂車一，車輪中心曰一。嘓噥一，煩言。
馘割耳也。職仝上。穀殳皆仝穀。虢明文，國名。瀔水名。瞁閉目貌。穀百一
總名；九一，黍、稷、秫、稻、麻、大小豆、大小麥。簏籠也，竹器。

平 翁老一，漁一；又，姓。鞰一鞋。聰耳中聲也。㺅豬也。

上 滃雲濃貌。塕塵起貌。囥圓穴也。㜪室中暗也。㬛—曚，日未明也。

去 甕一缸。瓮甕皆仝上。齆鼻塞也。醞一臭味。

入 屋居也，房一；又，音鳥。沃灌溉也。浂仝上。

平 夢魂一，方音，本去聲。

平 蒙承一，愚一。濛一凇，小雨。朦一朧，月未明也。幪遮一，蓋也。艨—艟，
載船。㨌手一，蓋物也。䤍一酒。萌一芽，初出芽也。瞢目不明也。盲一瞎；
又，音忙。曚仝上。薨寐言也。䖟小飛蟲，一蟲。蕄仝萌。氓民民也，二字
同。甍檮屋棟也，二字同。夢草可爲帚。曚一曨，日未明也。懞愍厚貌。惘憎
日月無光也；又，——，無知貌；又，不明也；又，心亂也；又，悶也。

◆ 徐氏類音字彙：一百年前的鹽城話 ◆

上 蠓 蚱蠓，蝗類。蠓小飛蟲也。氽人入水吃—子，俗用，本溺字；又，仝休。猛勇—。緣稠—；又，稀—。

去 孟 長也；又，—仲季；又，姓也。夢魂也；又，—寐。夣寢梦皆仝夢。

入 木 草—。沐—浴。目眼也。麥稻—。貊蠻—。默—會，—認不語。睦敬也，通穆、睦。帕邪巾也。洦淺水也。瀎波也。万—俟，姓也；又，音萬。眿目略視也。牧—童，養牛人；又，放也。穆禾也，姓也，美也，清也，悅也；又，右爲—。脉血—，俗寫。脈仝上，本字，血①理也；又，方—。睦和—。墨黑色；又，黑墨。幦車衡衣也。陌阡—，市中街也。驀上馬也，超越也。駂似騾而小。苜—蓿，菜名，飼牛馬。貘猛獸。寞與万俟之万仝。狛——，獸名，驢父牛母，能食銅鐵。

平 雍 —熙，和也。雝和也。邕和也，人名。饔—飱，早食曰—。癰—疽，外症也。壅—塞。廱辟—，天子之教宮也。槦兵架也；又，木名。庸中庸；又，平常也。鄘邶—，國名。墉垣牆也。鏞大鐘。嶀—山，在建州。慵懶也。灉水名。鷛雞頭，卽芡實也；又，仝壅。噰聲音和也。

平 容 —貌，包—。融—和，—朗也。溶—水，盛也。蓉芙—，花名。鎔—鑄，—化。傭—工，作也，用也。蝪仝融。俗—華，婦官名。曧日正也。瀜水名。濚絕小水也。肜商祭名。彤重影也。榮—華，方音，本音銀。熒火光。顒望也。

上 勇 強—，猛—。踊—躍，跳也。踴蹱—，跳也。衛—衛，巷道也。甬仝上。永長也，久也；又，音允。礼仝上。埇道上加土。憑慫—，勸也。恿俗仝憑。涌水——，本字。湧仝上。擁—擠。饇—食。俑木人。恫怒也，忿也。彧猛也。壅仝擁。蛹蠶紅蟲，不食不動。

去 用 —度，日—。襧襪祢也。禘仝上。邕人名，和也；又，平聲。

入 玉 金—；又，音裕。浴沐—。獄牢—。慾淫—，貪—。欲要也。昱明日也。堉地之肥也。價賣也。圄仝獄。悁心動也。燠日熱也。蓹養—，仝育。育教—，仝上。毓仝上。峪仝浴。淯水名；又，縣名。鬻賣也，熏也。澳崖近水之處。悆仝悆，心動也。郁文盛貌；又，姓也。煜火光貌。稶黍稷盛貌。鈺堅金。嘤眾聲。弅兩手捧物。隩仝澳。鴝鵒—，八哥子。彧仝郁。悈痛心也。

---

① 原書不清，今據《康熙字典》寫爲"血"。

第四章 《徐氏類音字彙》上卷

平礱磨一；又，去聲。
平龍蛟一；又，姓也。朧朦一，眬一。籠一罩。篭仝上。嚨喉一。瓏玲一，玉聲。龍仝龍。窿天形也。狨一狄；又，元一。戎仝戎，兵也。曨曚一，日未明也。櫳養獸所也。聾一耳，重聽也。轤馬一頭。憽一忟，狠也。躘一踵，潦倒貌。瀧水名。僆一僆；又，上聲。戎仝戎。櫜房遠窗也。蘢水紅草。茸草生茸一貌；又，上聲。絨一線。娀有娀氏。漋高下水也。狨似猴而大赤色，長尾。癃曲腰，一背也。毧一毯。羢羊一。毮一毛。氄仝上。駥馬高八尺曰一。狨兵也。嚨大聲。隆興一，盛也。

上隴郡名；又，丘一。壟一坵。寵窟一。攏挴一。籠一箱。櫳梳一。沈——，水貌。瀧仝隴。茸鹿茸，藥名。僆一僆，不遇貌。冗雜也；又，撥一。宂仝上。坈地名。毦氄皆鳥細毛也，亦作毯。衖巷也，方音，本同巷。

去礱磨一，本平聲。儱行不正也。

入六數目。陸旱也；又，一陳；又，一軍。肉皮一。彔刻木——也。祿福一。綠紅一。錄抄一，記也。辱恥一，羞一。恧仝上。暽日無光也。壈地名。菉一荳。碌一碡，石磙名；又，仝錄；又，——，庸人。淥淘一；又，水清也。漉澤名。樚一櫨，井上汲水器。籙符也，籍也。睩嗚睩，笑也。騄一駬，良馬。勠仝戮。硉一碌。逯行謹也。摝摖一。漉一巾，仝漉。褬仝祿。溽濕暑也。鹿獸名，陽物多壽。稑一種，谷名，晚種早熟曰一。漉去水也；又，仝漉、盡。琭玉名。襻見也。籙籠盝，通作。褥被一。鄏郟一，國名。鄏甗一。蓐草復生也。藘一蔥，萱草。濼水名，在齊魯間。蓼一莪；又，音了，辛菜。醁醇一；又，音牢，美酒。戮弒也；又，併力也。劋劉皆仝戮；又，削也。鯥魚，似牛，有翼。僇辱也。轆車軌道謂轆一。膔腹鳴也。麓守山林之更也。簏竹高器也。睩目明也。甪一里先生。

平崩一裂。弸一彈也。繃一布，小兒衣也。弸弓滿也。痭一痛，一脈。絣繩直也。堋地名；又，射埒也；又，音朋。塴仝上。漰一渤，水擊聲。

上絣急也。拼大力也。諵說也。

去蚌蛭一。迸一跳。逬仝上。

入白紅一，方音，本音帛。百數目。伯一叔；又，父之兄也。蔔蘿一。北南一。栢一木；又，姓也。濮水名。鮊魚名。檗黃木，藥名。佰百人曰一。擘手一，

47

分也。卜一筮，一卦。柏松一，仝栢。欂仝欒。檘仝上。舶大船。湘淺水也；又，仝洦。汴水名。

平 沖和深也，一飛一天。冲仝上，俗用。忡憂也。种稚也；又，姓也。衝一突。憧心不定也。舂一碓。聰一明。蔥一蒜。葱仝上。匆一忙。驄馬青白色。騘仝上。沖一融，水深廣貌。瑽一瑢，佩玉行貌。淙水聲；又，山下泉。充滿也；又，一當。悤急速也。踪脚踏。摐摏也。琮美玉，外八角，中圓。潈水聲。璁石似玉；又，音總，美玉也。衝通道也。憃愚一。徸行貌。憧意不定也。囪烟一，在墻曰牖，在戶曰一。

平 蟲蚖一。從依一；又，由也。叢聚也。蓯樂也。崇高也。崈仝上。潀水會也。淙水聲。漎小水入大水曰一。种稚也；又，姓。重一叠。褈一複。饛貪食也。从從本字。纵仝從。徔安也。從步緩也。虫俗用，蟲字，本音會。

上 寵一愛。聳山高貌。矗高處貌；又，入聲。

去 赶趣走也。抗跳也，見《正字通》。揰推擊也。輚不請自來也。慂功人也。旱田一子，俗作。銃鎗也；又，斧穿也。

入 族宗一；又，聚也。鏃箭一，一刀。踧一踖，行慎貌；又，音狄。歜盛怒貌。髑顏一，人名。畜一牲，一類。搋擊也。漃水貌。瀟水深清也。俶始也；又，作也。猄仝畜。搐牽制也。蹴踘一，踢也。蹵不安貌。偮一佩，不伸也。柷一敔，樂器。矗齊也。簇聚齊也。簇太一，六律名。蹙促也，聚也，愁也。謅詭也。觸一犯，抵一。犀犏觡皆仝觸。促偬一，督一。亍彳一，小步行也。憿動也，痛也。閦人衆也。娺一嫩。戳剛一；又，床入聲。

平 通一達，一同，貫一。蓪一草，藥名。鼞鼓聲。侗一帛，外國服。恫痛也。痌瘡潰也。狪——，獸名，如豚有珠。

平 同合一，共也。侗無知貌。銅一鐵。童兒一。僮一僕。艟艨一，戰船也。狪野熊也。浵汪一，水深貌。筒通也。疼痛也；又，音豚。秱禾盛貌。桐梧一。瞳目中一人。潼一關。橦花木名，可績布，出永昌。蕫一蒿，食菜。苘仝上。佟憂也。眮目眶也。筒竹筒。曈日欲明。峒仝上。穜稑一，稻名，先種后熟曰一。衕衕一，巷也。彤赤也；又，一華宮。峒崆一，山名。佟姓也。痌痛也；又，音通。疼屋響聲。肜仝上。蝃一渠，似山雞。䆟風聲也。噇喫貌。僮女名；又，齊貌。筒竹名，細小無節，長丈餘。

第四章 《徐氏類音字彙》上卷

上統總一，共也。桶木一，槽一。捅移也；又，引也，進前也。筒香一，俗用，以竹爲之，本音同。銅䪼一，身不端也。侗儱一，直行貌。籦筹一，義仝桶。

去痛疼一。慟悲一。憅仝上。

入秃無髮也。鵚—鶖，鳥名。椟杖指也。浂浂二字同，滑一也；又，水聲也。痳一頭也。

平兄一弟，父一。芎川一，藥名。汹水湧也。兇①一惡，一狠。凶吉一，一勇。恟懼也。匈一奴，狄名。訩仝上。胸一膛，一腹。胷仝上。䯱謹敬貌。

平雄英一，雌一。熊一羆；又，姓也。䧺仝上。

上洶一涌，水聲。澒俗汹字。

去聲無字，訓仲切音。

入旭日光也。勗仝上。蓄聚也。畜養也，牧也；又，音觸。頊顓一，古人名。勖勉也。慉起也。滀水聚也。稸積也，聚也；又，仝蓄。

平聲無字，捐翁切音。

上窘一迫②；又，君上聲。絅單衣也。駉牧馬苑也。炯光明也。憬覺悟也。迥遠也。泂一瀠，水回旋貌。扃門上鐶鈕。褧衣也。僒僱也，仝窘。冂林外爲一。瀠水回旋貌。㡆巾也。駉仝絅。菌土蕈也，俗曰卷子。

去浻清也。

入菊一花。局格一，捐局，一所。掬持也。掬兩手曰一。鞠一躬，一養。鞫一問。侷不敢伸也。跼蹐一，不伸，義仝上③。鋦铁一，縛物。侷促一，短小也。䘕窮究罪也。趜窮困也。梮禹王山行所用物也。麴酒母也，大一。鞠謹慎貌。㨷爪持也。淖水文也。菊竹根也。

平農一民，種田人也。濃一厚，不淡也。辳仝農。噥喞一，多言而聲細也。醲美酒。膿一血。饢強食也。襛厚衣也。儂黑——。儂我也。鬞毛多，髮亂也。憹悅也。灢濃本字。穠華木稠多。

上穠里之總名。

去弄戲一；又，巷也。卡仝上。挵搬一。齈多涕鼻，臭疾也。癑痛也；又，一血

---
① 原書寫爲"兑"，今據書中所附勘誤表改爲"兇"。
② "迫"字後多出一條橫線，今刪去。
③ 原書寫爲"仝義上"，今據書中所附勘誤表改爲"義仝上"。

也。䢇仝上。愑愚也。浽水名。

入 衄鼻中血也。䂁刀傷也。朒行太①疾也；又，音訥，肥也。胒仝上。

平 傾倒也，俗音。

平 窮貧一，一苦。惸憂也。䇒一獨。瓊一瑤，美赤玉。穹一蒼，天也。筇竹名，可爲杖。璚赤玉；又，仝瓊。窮竆䆥皆與窮仝。藭一芎，藥名。邛病也；又，地名。蛩蛩一，蟲名。獝獸名，似虎，本作窮奇，俗加犬旁。跫足蹋聲也；又，音腔。

上聲無字，犬勇切音。

去聲無字，勸甕切音。

入 曲委一，彎一，歌一。麴酒一。蛐一蟮，蚓名也。笛鷽薄也。

平 空一虚，不實也。悾無能貌。崆一峒，山名。倥一侗，無知貌；又，音孔。箜篌一，二十五絃，古之樂器也，卽瑟也。涳一濛，細雨；又，直流也。

上 孔一穴；又，姓。恐一懼；又，怕也。恐恐皆仝恐。

去 空一虧。

入 哭一泣。酷一虐，一好。嚳帝一，黃帝曾孫；又，急告之甚也。俈仝上。

二　江　陽

平 江姓也；又，一湖，本音岡。姜姓也。薑生一，通神明。疆一界，封一。壃畺疅皆仝上。畕比田也。橿柄也；又，強盛也。僵凍一也。繈一繩。韁仝上。蠶一蚕。僵仆也。將一來，一軍。漿水一，一汁。殭死而不朽曰一。礓小石砂也。笿筳也；又，竹名。

上 講宣一，一話。獎助也；又，褒一；又，一勵。獎仝上；又，一賞。蔣姓也；又，一菰屬。耩耕也。

去 降減級也；又，升一。絳赤色。洚大水也。倖扭一不服。匠工一。醬一醋。犟㹜一，犬不服牽也；又，牛一。匞匠本字。恇恨也。將大一。

入 腳足也。甲天干名；又，盔一，本音夾。角牛一；又，一角小洋；又，五音一

---

① 原書後面還寫有"痰"，今據書中所附勘誤表删去。

韵。爵—禄，天—。嚽仝上。嚼咬—。呷仝嚼。斛平斗斛也。榷獨木橋也。珏二玉相合爲—。屩草履也。屫仝上。臕口上曰—。嚛仝上。瑴仝珏。蚎仝爵。覺知—；又，音鵲；又，音告。覞仝上。

平 秧—苗，小禾也。央—泱，—請。殃災—，禍也。鴛鴦—，雄曰鴦，雌曰—。狭貊屬。泱水深廣貌。鞅馬頸組也，實上聲。佒體不伸也。姎女人自稱我也。

平 陽陰—，太—。楊—柳，立枝爲—。揚舉也，—波；又，稱說也。颺飛—，飄—。暘日出光也。洋江—；又，——得意。羏美善也。氜俗陽字。昜陽本字。瘍頭瘡也。眻美目也。禓道上祭也。羊牛—；又，作祥用。佯——不保。徉——自得貌。煬火盛貌。痒病也。崵首—，山名。

上 養—育。癢痛—。攘動也。懩心所欲也。慃勉也。仰舉首向上也；又，—望。

去 樣模—。㨾—手；又，仝樣。樣式—；又，法也；與樣別。盎盆也。羕木長也。恙病也。漾水動也。怏情不足滿；又，恨也。佒行不尚也。懩恨也。獇獸名，能食虎豹。

入 樂鼓—，禮—；又，姓。藥—草。耀光—。習仝上。岳山—，—丈。曜白色。鑰—匙。約契—，期—，—會。嶽五—，衆山宗也。渃水名。籥三孔笛也。龠仝上。瀹水名。鷟鸑—，鳳屬。礿秦祭名。躍踴—，跳也。禴春祭日；又，仝約。愕驚也。遻不欲見而遇也。鸙鳥名。摇抩也。籆收絲器也。籲呼也；實音裕。萼花瓣外部曰花—。蕚仝萼。鄂—州；又，姓。䕍仝藥，見老君碑。

平 當承—；又，—然；又，去聲。溏水也。噹叮—，響聲。襠褲—。簹筼—，竹名。鐺鈴—。儅止也。芳仝當。璫充耳珠也。檔柃—。

上 黨鄉—；又，類也；又，去聲。党仝上；又，羣也。攩打也，攔也。㧓仝上。欓橫木。

去 蕩大竹也。碭山名。蕩飄—，湖—。當典—。盪陸地行舟；又，滌也。儻佅—，不常也。瑒水名，在河内。宕通也；又，仝蕩。圵高田。鐋美金，白色曰—。愓放也。傥放也。懤懤動也。擋摒—也。

入 度—量，裁—。咃—舌，舌不伸也。跅趹走也。沰水滴——。𢗌忉—。鐸木—。吒吐—。侘忉也。挬①手—，推也；實音捉。

---

① 原書寫爲"挬"，今據《康熙字典》寫爲"挬"。

◆ **徐氏類音字彙：一百年前的鹽城話** ◆

平方—向，—正。芳—草，—菲。祊祭名。坊牌—，糟—，油—。枋木可作車。
匚受物之器。彷忌也。滂水名。雱雱—，雪貌。舫併船也。犅良牛，日行
二百里。

平妨害也。房—屋，—間。防隄—，謹—。魴魚名。埅全防。

上紡—績。訪—察，拜—。彷—彿。仿效也。倣—紙。舫船也；又，船師也。髣—
髴；又，依稀也。眆—眽，微見也；又，與仿、彷、倣仝。放依也，本去聲。
昉適也，言適當其時也。

去放捨也，縱也；又，開—。

入縛束—，—手，捆—。搏捉也。

平乓乒—，聲也，見新字典。

平龐姓也。傍—側，—邊。逄姓也。徬—徨，恐也。磅全上。徬—徨。髣薄也。
膀—胱。滂—沱大雨。滂全上。螃—蟹。胮—脹。旁側也，與傍通。塝地畔也。
榜書帖也。

上髈—腿。覾視物貌。踭肉—。

去胖肥—。膦全上。

入朴質—，—實。樸全上；又，—樕，小木也。檏全上。潷水激也。炮醬名；又，
音袍。麃全上；又，小瓜。帕手—，四方巾也；俗讀爬。粨糟—。烞煂①—，响
聲。唧—食。懪悶也。撲擊也；又，讀帛。撲撲皆全上。簹大竹，可爲棟柱。
鉑金—，錫—。箔全上。砅—硝，藥名。拍打也。扑鞭也。攴擊也。泊水—舟，—
岸；又，漂—。雹雨冰也，冰—。彴流星。暴槊杖名。璞玉未治也；又，素玉也。

平臧善也，姓也。贓貪—，—物。張大也，開—；又，姓。章文—，—程；又，
姓。獐—兔，獸也。麞全上。墇壅也。賍全贓。璋圭—，弄—，生男也。樟—
木，香木也。漳水名，地名。慞—惶，恐也。鷤—雞。嫜姑—。彰昭也，明也。
榳木板盛物也。髒䯱—不潔也。徨—惶，行不正也。

上長生—，尊—。掌手—，—握。仉姓也，孟母—氏。鞝皮—，鞋—。奊全上。
漲—落，—潮。涨全漲。

去丈—尺，—夫。杖桄—，拐—。仗倚—。漲泛—。瘴—氣，山川厲氣成疾。脹

---

① 原書寫爲"煂"，今據書中所附勘誤表改爲"煂"。

第四章 《徐氏類音字彙》上卷

膨一。賬一目，一簿。帳帷一；又，仝上。葬埋一。臟五一，一腑。藏一經；又，讀長。扙傷也，打也。障保一，圍一。塝沙坎高起貌。髈骯一，體胖。塟仝葬。

入着穿一，特一，一落。作做一，造一。酌斟一，一量。斫砍一。昨一日，前一日也。搗打也。筰竹索。酢酬一，一酒。涸水也。

平邦一國。帮鞋一。幫仝帮，助也；又，黨也。幇助也。榜一柝。搒船相聯也。埲河一，垎一。浜安船溝也。塜冢口穴也。

上綁捆一，一縛。榜一文，一示。榜仝上。髈一腿。

去傍依也。棒棍一。棓榔皆仝棒。稖一頭，玉黍也，俗寫。磅十二兩爲一一。塝地畔也。桙又，仝棒。

入箔簾一，通作簿、薄。鉑錫一。博大也，普也，廣也。薄消一，厚一。剝刻一，一削。雹冰一，俗音。膊肩一。煿炙一。亳一州，地名。駁一雜，一儀。瓝皮起也。泊舟靠岸也。駮獸如馬，食虎豹。欂壁柱也。籷竹節一；又，指節响聲也。犦犎牛也，此獸與百獸抵觸，無敢當也，古櫑首刻一牛於上。懪悶也。礴旁一，混同貌；又，廣被貌，見《莊子》。簙一奕，行碁。簿一奕。

平莊端一，村一，田一。庄仝上，俗寫，本音彭。粧一奩，一飾。裝一載，一脩。樁木一。妝女一，文飾。鶭青一，鳥名。鵧仝上。漴水出貌。漴深水，立一也。庒俗莊字。

上奘一大。

去壯強一。狀古一元；又，一詞。覯遇也，一見。撞湊數，捶一。戇愚也；又，音貢。洑米入甑也。淙淙二字仝，皆疾下也。

入卓立也，高也。桌一椅。稱稻根下種麥。捉一獲。琢磨一。濁不清也。濯洗也。阜高也。猓猛犬。鐲手一。斲削也。斵斫也。啄鳥一物也。擢舉也，引也。挔推也。泥人名，寒一。碌擊也。擢撲取也；又，一鑠，強健也。玃母猴；又，大猴也。椓擊也。豖龍尾也。惸心不安也。斮斬也。晫明也。鸑鷟一，小鳳。涿一鹿，郡名。霣——，大雨。穛禾一苞。啅仝啄。倬著也，明貌。芉草木業生。篧捕魚罩也。晫目明也。

平康安一，一寧。糠粮一。糠糠二字仝，皆谷皮也。漮水虛也。歉虛也，空也。嵻康二字仝；又，一崀，山名也。康一良，虛也。窟仝上；又，屋空也，凡物空曰一㲄。

平 夯用力以肩舉物，俗用，本杭上聲。

上 慷一慨。忼仝上。

去 亢高也，過也；又，音岡。炕火一，乾一。伉一儷，配耦也。抗一拒，抵一。砊一硠，石聲。骯不平也。閌藏也。匟坐床；又，仝上。犺健犬。

入 㩉擊也，打也。殼皮一。㲉蛋一。觳仝上。設空一；又，仝殼。

平 相一交；又，去聲。湘一江。廂城一，一廊，一房。箱一籠；又，仝廂。鑲一嵌。香一臭。薌芳氣也，仝香。瘍一痕，疾也。麕麞一。驤馬也。襄成也，助也，贊也。鄉一黨，一萬二千五百家曰一。燒火坑也。瓖馬帶飾。勷勷一，贊主執事稱勷一。

平 降一服；又，音匠；又，古音紅、杭。

上 享一受。饗仝享；又，一堂；又，一祭。亯俗享字。享仝上。餉一稅，兵一。嚮即向字；又，一應。響磬响三字皆仝嚮。鮝一魚。悓念也。懭憂也。曶明也。曏不久也。項頸一；又，姓也。想思一。

去 向方一，趨一。晌一午。相一面，視也；又，宰一。像一貌，形一。象獸名，獅一。曏往時也。纕未笄首飾。

入 學習一；又，讀斆。斆教也。削剝一。泶澗泉也。觷治角也；又，人名。吒怒貌。謔戲一。鷽山鵲長毛。㱿嘔吐也。

平 匡正也；又，地名。筐一筥；又，柳一。誆一騙。眶眼一。劻一勷。閶門週木也。骻骸股骨。框棺門也。洭水名，出桂陽縣。勷題紅執事曰一勷；又，迫遽之貌。

平 狂狙一。抂一攘，亂貌。峜仝狂。洭水貌。瘄熱病也。

上 徎扇一也。怳失意貌。

去 況一乎，語辭。貺賜也。桄門一。壙墻一。曠一野。䏢腹中寬也。纊繒一，帛屬。廣廣也，大也。懭仝上。黋仝曠。礦一物，金玉未成器曰一；又，開一，俗用，本音拱。鑛礦本字，未鍊金。

入 擴充也。挪仝上。鞹皮去毛曰一。鞟仝上。漷水冲岸。攉一數；又，撲取也。躩足盤辟貌。廓城一；又，空也。

平 岡高一，山一。肛糞門也。疘仝上。剛一強，一直。綱一常，一領，三一。鋼一刀，一銕。謌—吵。嗝仝上，俗用。豇豇豆。扛抬—；又，去聲。杠橋也。罡天—，星宿也。玒玉之精也。笻竹名；又，筏也。堈高—；又，仝缸。缸—甕。瓨甌䤪皆仝上。瓺又，仝缸。釭燈也；又，音工。江—湖；又，姓也；又，讀姜。崗崫皆俗岡字。矼石橋也。肛羊目，—瞳，毒物也。

上 港溝—。㴩港皆仝上，港字。

去 槓木—。掆古皇—也。焵—刀。撐塡—。摙挑—。扛仝上。壙高土埂也。𡹬高低不平。虹霓也，本音洪；又，音絳，方音扛。

入 各異辭；又，別也。閣樓—，—下。角獸—；又，口—；又，物隅也。擱擔—。咯雞聲——。桷方椽曰—。捔持—；又，與角通。埆境—，不平也。确不平，仝上。

平 光—明，候—，—顧。胱膀—，水腑也。洸水湧也；又，怒貌。桄—桔；又，機之橫木也。𣐄床橫木。侊能言也。觥酒器，本音拱。姎女色，妍麗也。垬陌也。珖玉名。

上 廣大也，博也。

去 誑欺—。纊彩色也。桄桌邊—。榥讀書床也。横仝上。䀮目無色也。恇詐也。

入 郭城—；又，姓也。槨外棺也。碢仝上，古用石—。椁仝槨。㾆面貌。啯虛言。墎度也。

平 鎗刀—。鏘玉聲。腔—調。𧏙—蟹，—蝦。椌樂器也。羌西戎—人。傸仆—。瑲——，文玉聲也。謒語經也。嗆喉中作—。颽—風。羫羊一隻曰——。骻尻骨。蹡行不正貌。戕—殺，—灰。斨方斧。䱜曲音，俗用。㓻鍋—，俗用。靑幬帳之象。槍抵也；又，仝鎗。羌仝羌。蹲足步聲也；又，音卬。𩚒—換，古創字。

平 詳—察，参—。痒病也，或作癢。墻—壁。牆仝上。檣船帆，柱也。祥吉—；又，作詳。羊仝祥，本牛羊。庠—序，學舍也；又，古—生。攘扶持貌。薔—薇，花名。嬙—妃，古婦官也。翔翱—，鳥囘飛也。強剛—；又，—壯；又，上聲。疆仝上。墻仝墻。唐仝上。洋水名；又，音羊。勥力拒也；又，上聲。

上 搶劫—，—夺。搡仝上。鏘金別名。襁—褓，小兒衣。強勉—，不自然。勥勉力也。磢瓦石，洗物。墏基也。

去 謒語經也。傸惡—。搶扶—；又，倚也。剏仝上。蹡跟—，行不正也。篖籓—。謽詞不屈也。䧟設罝於道以掩物。弜弓有力也。嗴秦晉謂小兒泣不止曰—。戕扶也。

入 鵲鳥—。雀仝上。欪—頭，不順也；又，音七。恰—當。確的—；又，堅也；又，—實；又，—然。埆境—，土瘦也。碏敬也；又，石—，古人名。恪恭也。梏枳—，藥名。愨謹也①。卻辭也；又，姓也。潅漬也。覺知也；又，音脚。確李—，古人名。却止也，退也；又，不受也。敖—皮。搉敲擊也；又，俗用，康入聲。㯿木皮，理錯也。䳛鳥名；又，音昔，履也。埪地名。㘄鞭聲。帢帽也。帕帽也。慤善也；又，仝殼、慤。箞籠也。

平 窗本作囪，在牆曰牖，在戶曰—，助戶明也。牕仝上。窻俗窗字。瘡—瘢。囱孔穴也。摐撞也。

平 床—榻。牀仝上。幢—幡。饞—食，吃也。噇仝上。霖大雨，——。

上 闖—禍；又，猛—，本丑禁切。

去 創—造。刱仝上。覯視不明也。栽車—，樹木也。㦬古仝創，今作—，換用。

入 戳印—，鎗—。齪齷—。攉泥中取物。㲋趨行貌。擉舂也；又，仝戳。婼謹也。

平 蒼—天；又，上—；又，青色。滄—浪，—海。鶬—鶊，鳥名。倉—卒；又，姓也。厰—廠，藏也。蟾—蠅，飛蟲。傖偨。瑲玉聲。昌—盛。菖—蒲。猖—狂。娼—妓，嫖子。倡—優，女樂；又，和也；又，仝猖。蝪蟲名。瑒玉名，耳璫。閶—闔；又，城門名。伥——，無知貌。膓皮傷也。傖吳人謂中州人曰—。唱鏜聲，——。湯水也。幨衣披不帶。

平 藏隱—。常平—；又，尋—；又，倍尋曰—。長—短。嘗—味；又，曾也。嘗嚐甞皆仝嘗。場—基，—圃。塲堘皆仝上，塲字。膓肝—。瀜沒也。藏仝上。償—還，賠—。嫦—娥，月中女仙。徜—徉，自得貌；又，徘徊也。

上 敞高也；又，豁也。廠—房。氅鶴—；又，鳥羽也。惝寬也。昶明也。唱導也。㲼磨滌也。

去 唱歌—。暢—快，舒—。鬯酒器。悵惆—。㓽磨—，俗用。㲼磨—，方音。淌大波也，俗用，流淌字。倡—首，提—。瞋望恨也。

入 綽——，寬貌。錯舛—。失—。籍—鰕，—麥。焯—菜；又，仝灼。敠奪取物也。綽繩—，粗繩曰—。鑿—井；又，斧—；又，開也。

---

① 原書不清，今據《康熙字典》寫爲"謹也"。

平霜—雪，露結爲—。孀寡婦也。雙成對也。雠霎双皆俗雙字。樉船羽也。騻騻—，良馬。䑝船也。

上爽—快。潊清—，—水。塽高—。慡性明也。

去聲無字，恕望切音。

入朔—望，—初一日，望十五日。數煩—。嗍口—物。槊古兵器，矛屬。搠塗也。梨仝槊。稍仝槊。

平湯—水；又，姓也。逿手推物也。鏜——，鑼聲。鼞鼓聲。盪滌也，俗音，本音蕩。

平唐姓也；又，荒—；又，大言也；又，—朝。塘池也。傏—傸，不遜也。唐唪—，大言不中。搪—宕，抵—。膛胸—。溏溪也。溏池也。螗蜩—，蟬退。堂庭—。棠海—花。螳—螂，虫名。糖人面赤色。糖紅白—，—果。餹仝上。豬豕也。撞距也。樘仝棠。餳仝糖。

上倘—或。淌流—。盪滌器也。帑—銀；又，仝孥。偒直—。儻俑—，卓異也。躺身仰也。钂軍器；又，犂—。

去燙水火—人；又，熨物也。

入託—寄，拜—。托—盤；又，茶—子；又，通託。扥—物；又，捧—。拓手—；又，仝上。柝夜行所擊物。袥—肩，補—。袥仝上。庹五尺曰—。籜笋皮。踏跋也。橐囊—，無底曰—。仛少女也。涶雨滴，—聲。榻仝柝。沰落也；又，滴—。汑滑也。矺—鼠，木名；又，音尺，砥也。

平娘姨—，俗音。

平娘—子，少女也；又，爺—。孃母也。釀酒—，實去聲。

上仰俯—，—望。

去釀—酒，—事。曩前日也。

入虐殘—。瘧—疾，病也。

平商—議，—賈。謫仝上。裳衣—，上曰衣，下曰裳。觴酒杯也。傷悲—，損—。墒—溝，田中行水道。晌田也。喪—葬，死人曰—。瘍憂病也。桑—木，蠶—。殤夭亡也。滴水名。湯水流貌。

上賞—賜，—玩，獎—。顙—額，稽—。嗓喉嚨，—子。搡推—。磉石—碓。褬破衣也。扄戶耳也。鑅鼓篋也。上升也，自下而—也；又，去聲。

◆ **徐氏類音字彙：一百年前的鹽城話** ◆

去 上一下，在上，之一；尊也，崇也。尚加也；又，和一。喪一失；又，平聲。傷憂也。

入 芍一藥，花名。杓瓢一；又，斗柄也。碩大也。灼照也；又，花鮮明曰——。鑠銷金。索需一；又，姓也。均土跡也。捼摸一。扚疾擊也；又，一粉。彴獨梁。斫擊也。鎍①鐵繩也。繂繩一。溹水名。妁媒一。爍火光貌。勺一尊，升也。炸靜也。豹獸如豹。石金石土精爲一，俗音十；又，十斗曰一；又，俗音旦。筲籯米具也。

平 氋毛亂也。攘物自來取之曰一。儴困也。瀼露多。禳一解，除災。

平 郎兒一。廊廂一，一廟。琅一琊，山名。榔棖一；又，一頭。螂螳一，蟲名。狼豺一，貪獸也。稂莠；又，惡草也。朗一蔽，不實也。硠硫一，响聲。浪滄一，水名；又，去聲。骲骱一，股骨。殑死物，軟也。㾕病危喉中，癆一聲。寠廉一，空也。欴貪貌。琅一玕。茛草名。䣊全上。狼毒藥名。瓤瓜一。穰一草，禾莖。蘘藥名。岅嶏一，山名。崀全上。閬高也，器也。桹桄一，屑如麩，可食。閬高大貌；又，去聲。

上 朗明一，一照。襢敝衣曰一；又，棉花一。壤柔土也。爣火貌。眼全朗。朗明也。

去 讓謙一。浪波一。眼晒一。漾一蕩，渠名。閬高門；又，平聲。埌墒一，塚也。

入 落着一，瓢一。洛水名。烙炮一，一鐵。珞瓔一，頸飾。絡一繫，繩一。酪乳漿也。㷖木名。箬籬格也。濼水大也；又，江名；又，城名。零雨霖也。雒地名。簩籠一，箋一。落全上；又，籠一。若如一。樂喜一，快一。爍娛也。譹狂言也。弱軟一；又，強一。蒻蒲中心也。箬一笠；又，竹皮曰一；又，粽一。嚛啅一，有才辨也。駱全酪。臠入肉曰一，俗用，新字。

平 荒荒蕪。慌懞也。肓膏一。稐凶年也，果不熟；又，全荒。穮全上。滉水廣也。慌一忙。愰全上。駾馬奔也。鍠——，鐘聲。汻水廣也。巾巾也。

平 皇一帝，三一。黃顏色；又，姓也；又，讀王。凰雌鳥王也。遑急也。媓娥一，堯女也。徨彷一。茥草木妄生也。蝗一蝻。煌煇一。隍城池也；又，城一，神也。鰉一魚。瘼瘟一，病也。鍠鐘鼓聲；又，鏁一，俗用。湟水名。犃一牛。

---

① 原書寫爲"繂"，今據書中所附勘誤表改爲"鎍"。

· 58 ·

第四章 《徐氏類音字彙》上卷

磺硝一。艎船一板。䴗蛋一。蟥螞一。鶌—鶟。惶—恐。篁竹名，堅而促，節又可作笛。簧仝上。璜玉半璧也。堭殿也，基也。潢積水也。喤聲也；又，唱二一也。

上 謊說一，虛言也。恍—忽。幌—憜，心不定。滉水深廣貌。爌火明也。

去 幌酒一子。熀旃二字皆仝上。晃明一。熀火一。眈明也。榥讀書牀也。

入 霍山名；又，姓也。癨一亂，時病。藿藜一，野菜名。攉搖一，揮一。懾心動也。鑊鍋也，鼎也。籰取魚具；又，音台。曤暫明也。濩奠也。穫刈谷也；又，音或。篗收丝具也。

平 項頸一，本音向。瘖—瘶，喉病聲也。

平 杭一州城；又，姓也，一連紙。行牙一，排一。行仝上，俗用。航舟也。衐樂人也。肮大貝也。絎針一衣。吭氣——。頏頡一，飛上曰頡，飛下曰一。

上 夯以肩舉物。㰦貪貌。

去 項頸一，方音。巷街一，陋一。衖卷二字皆仝上。笐晒衣竿。筕仝上。行剛強貌。㚻女性急戾；又，音坑，美女也。

入 郝地名；又，姓也。㯟柫一，車具。鶴白一，鳥名。鵲仝上。貉狐一。涸水乾也。灂仝涸。壑溝一。臛肉羹也。毼物癙也。學習一，方音。潅霾一；又，音確。佫姓也。㾰心病也。

平 汪一洋。眐淚——，目欲泣也。尪弱也；又，短小也。尪尫二字皆仝上；又，疾病人也。浲牛一，塘，本去聲。泩汪本字。

平 王君一；又，姓也。亡死也；又，讀無。忘一却，未計也。宋屋棟，一磚。黃一白，一瓜。

上 往去也；又，一來。枉冤一；又，曲就曰一；又，屈也；又，勞而無功曰一。輞車一。網—罟，魚一。誷誣言也。惘—然，失志也。汪大水也。瀇一瀁，水深廣貌。潤水名。洼池不流曰一。魍—魎，磧鬼也。罔無功也；又，不直也。睲光美也。棡仝輞。㳿往也。徃俗往字。

去 望仰一，朔一，初一日曰朔，十五日曰望；又，看也；又，觀望。旺興一，盛一。妄罔也，誣也。誷仝上。瀇池不流也。翌仝望。泳《詩·周南》：不可一思，釋游也，俗讀永，非是。

入 握持也，掌一，把一。幄幬一。齷—齪。喔雞聲。鸑—子，鳥名。噁口吐也。

嗾仝嗾。偓—促；又，姓也。渓溉灌也；又，仝沃。硺石—，俗音，本音卓，擊也。硪石碓也。楃木帳也。沃溉灌也。

平 忙慌—。厖母總；又，大也，厚也。芒稻—，麥—。茫渺—。妦女字。鋩鋒—，利也。尨犬也。笀仝芒、苂。恾—然，無以應也。汇谷名。牻白黑雜毛牛。盲目無眸子，本音蒙。硭—硝，藥名。邙山名。峷塘—，山貌。秳秕禾也，二字皆仝芒。蝱虫名。眊仰視貌；又，仝盲。眳目暗也。髳髮亂也。汒水名。

上 莽鹵—。蟒大蛇也。漭大水也。眳少一目曰—。

去 管屋簀也。

入 莫無也；又，讀慕。瘼病也。幕帷—。幙仝上。寞寂—。摸—搩。膜皮—，内—。嗼啾—，無聲也。漠沙—。瞙目不明也。鏌劍名，—鋤。塻塵也。寞靜也；又，仝莫。皛美目也。膜空也。

平 齉—鼻，本去聲。

平 囊被—；又，—橐，有底曰—，無底曰橐。

上 攮—食。攮推也。攮刺也，撞也。

去 齉—鼻。灢濁水。儾緩也，—市。㙴塵也。

入 諾應辭也。搦手—；又，搽也。惹亂也。惄心然也。

平 魛—鮂，魚名。䰧—髒，不潔也。

平 昂高—，軒—。吺應辭。茆菖蒲也。頋—頭。姎女人自稱曰—。昂舉目視也。

上 眏—咽。醠濁酒也。

去 醠——，聲也。䛲言也。晻日無光也。盎豐原盈溢之意。枊繫馬柱也。

入 惡善—。堊色土也。㤙仝惡。悪偘俗惡字。嗯鳥聲。堊白玉也。

平 亮明—，光也，本去聲。梡盛水物，大小—子，本去聲。

平 良—善，—民。涼冷也，薄也；又，炎—。涼仝凉。梁棟—；又，姓也。樑仝上，俗寫，屋—。量思—，斗—。俍良工也。㫰仝上，良本字。粱稻—。粱仝上。颺北風也。綡—冠。醥醬水。粮—稅，米—。糧仝上。䣼薄也。惊悲也。稂惡草似禾。

上 兩分—；又，—也。両兩二字皆俗兩字；又，來上聲。俩伎也，巧也。魎魍—，磱鬼。輛車數也。椋松脂也。

去 亮明—。諒小信也；又，原—；又，見—；又，通良。量度—，分—。喨响—。

踉—蹡，行貌。哏哤—，啼也。桭盛水具，大小—子。悢悲也。晾晒暴也。亮仝亮。俍遠也。

入畧謀—，大—。略仝上。掠搚—，—取。㩣仝上。剠刦—；又，刀快也。

三 眞文

平眞—假，—實。真仝上。貞卦名；又，—節。禎—祥。嫃女子。楨木名。珍—珠，—重。層重屋也。甚競也。榛—巢，古夏居也。榛—松，刺人樹。椹—板。斟—酌，—酒。斟仝上。箴規戒也；又，程子四—。針—線。鍼仝上。帪馬兜也。瑊石次玉也。瑱玉充耳；又，音田；又，音店；又，音正。碪擣衣石也；又，做—；又，鍼—。砧仝上。徵證也，歛也；又，音止。甄陶也；又，姓也。增—減。繒帛屬。矰仝上。丞行不正也。瑱仝瑱。蒖茅也。瞋張目也；又，怒也。爭—鬪，—訟，—奪。爭俗爭字。琤急絃之聲。怔懼貌。拯坐立不移也。罾網，魚—。征—伐，—收；又，上伐下也；又，姓也，行也。蒸—嘗。烝—薰。鉦鐃—箏樂器；又，風—。颸風—。抍引也。睜眼—開。溱洧，水名。臻至也。蓁美盛貌。楨剛木也。猙—獰，怪狀；又，獸名，—角五尾也。憎惡也。延行也。正孟春月也，本去聲。噌—吰，鐘鼓之聲。嗔怒也。偵—探，—查。僜仝上。珎俗珍字。

上整齊—，—頓，—破。枕—蓆。疹痘—。診—脉。袗單衣。怎—麼，語辭。疹疢癩皆仝疹。稹禾稠也。拯救也。軫—星；又，動也，轉也。畛—陌；又，致也，告也。眹告也；又，聽也。鬒髮黑而順也。紾庚也，轉也；又，紐也。朕天子自稱曰—。姬慎也，不同姬。丞救助也。整仝整。乃鳥新羽，初飛也。㲋麟—，磨新麥也，俗用。

去鎭—市，—壓，—守。鎮仝上。陣戰也；又，—圖；又，排列也。振奮也，—遠。震雷—；又，卦名。賑—濟。政考—，行—；又，國—。證驗—，見—，中證。証仝上；又，對—；—據。轚張開也。正端—，平—，公—，反—。症病—。甑鍋—。鄭國名；又，姓也。挣苦—；又，音撑。贈封—，—送。諍—諫也。僜倰—。娠孕也。侲童子也。旌陣仝陣。

入質—朴；又，對—；又，音自。職—分；又，官—；又，—業。昃日西也。只

◆ **徐氏類音字彙：一百年前的鹽城話** ◆

語辭；又，音子。侄堅也，癡也，不仝姪。隋陰一。执一掌，收一。执仝上，俗寫。蟄伏蟲也；又，驚一；又，靜伏也。擇揀一，選一。陟登也，出一，升一。汁柳一，滋一。執仝執。植培一，種一。櫃仝上。洎水也。拓拾也；又，折也。裌一褓，僧衣。桎一梏，足械也。蛭小螞蝗也。膱肥膏。則法也，規則。宅住一，屋也。值估一，價一。姪叔一。跮仝上。淶汗出貌，小雨不輟也。挃稛禾也。窄狹也。厏仝笮、窄。迮一敗。澤潤也。責一任，罰也；又，打也。勣康也。淅土得水也。嘖大呼也；又，鳥聲；又，——人言。謫貶一。漸粘也。翟姓也。摘手一取。隻單也，未雙也。摭拾取也。樴橛一，小木椿也。陟仝陟。滌和也；又，水行出也。湜水清見底也。秷刈禾聲。砥碰也。炙熏一，炕也。直曲一；又，剛一；又，不罔也。織一布，紡一。𥱼酒一，盛酒器；又，狹也。笮迫也；又，屋上板也；又，仝𥱼。仄平一聲。摭拾也；又，仝摭。跖腳掌；又，人名。蹠盜一；又，仝上。脂肥也。庌仝庪。磔張也，裂也，剔也。秩一序；又，十也。賊盜也。蟙食苗節蟲。擲抛一。幟幡一。磔裂也。恠惡性也。瓆人名；又，玉也。瞚目病也。稙先種曰一；又，青徐人長媳曰一。窒姓也。秩門限也。洴——，唇聲也。殖貨一，生也。熾火盛貌。饎一酒；又，食也。槭木名。袠書衣也。淫水也。室不通也，塞也。厔水曲曰一。賾正也，深也。稙早種也。搘挂杖曰一。頤雜也，亂也。剔革一；又，削也。鉽短刀也。幘束髮巾也。簀蓆也。譜大聲也；又，音昨，酬言也。蚱蟲名。躑一躅。墌基址也。妷仝姪。聉仝秩。厔仝窒。郅至也；又，郁一，漢縣名。

平溫一暖；又，和也；又，一飽。薀水草。縕紼也。緼仝上。瘟一疫，病也。貚豕名。氤氳一，元氣交密之狀。暄日出，溫也。文一采，一武，北音。

平文一采；又，北音，上平，今讀下平。紋一綉；又，一銀。雯雲盛貌。聞聽也；又，耳一。蚊一蟲。妏女字。蚉青赤色。

上抆揩拭也。刎自殺也。穩安一；又，一妥；又，一稳。窻一坐也。窸仝上。蹼行步一重。吻口一。㘇斷也。韞包藏也。韞仝上。

去問一答。紊一亂。汶水名。璺器破未離也。璺仝上，俗讀悶。搵一揾，按物也。

入勿不也。物一件，人一。杌一桌。兀不動也。殟悶也，損也。頌水一。膃肥也。豱猪一。扤動也。沕深微貌。芴菲一，土瓜也。

平敦一厚，一篤，一請。惇信也。墩土一子。犉一牛，雄牛也。登升也，一高。

第四章 《徐氏類音字彙》上卷

登禮器，與登別。䑔盂也；又，醬油—。燈—火，—籠。灯仝上，俗用。浧食而復吐之；又，音羣。蹬足—。䠭立貌。橙几屬；又，音成，果名；又，仝橓。橄木名。羍登本字。㽅十六石八十斤曰——。

上等粂也；又，—候。戥秤—。薐零—。盹瞌睡，打—，俗用。坉水不流也。庉不了也。

去頓—首。盾戈—。楯仝上。鄧姓也。櫈桌—。扽引也；又，手—物。㽅言不快也。暾日出始也。浧食已而復吐之。㧌負荷也。禮—祆。囤—窩。鈍魯—；又，刀不利也。䩭鞍—，脚—。鐙仝上。𢂞布貯曰—。蹬蹭—。掴推也。遯仙去也。燈灰——。遯逃—。遁仝上。燉火上—物。潡大水也。暾日始出。揗手摩也。沌混—。隥階—。瞪眼—，直視。墱築墙聲。

入德道—。得得失；又，獲也。踎—足。嚦鳥—食。呭嗟語。螶食苗心蟲。淂水也。蟦食苗葉蟲。特—別；又，—的；又，音弍。忕仝得。䎡弱貌。悳仝德。惪仝德。

平分—別；又，每刻十五—，每時六十分；又，十二粟爲——，十二分爲一銖。吩—咐。紛—紜，糾—。芬—芳，香草。棻亂也。帉拭物巾也。盼日光。㲃——，毛落也。氲氛祥氣也，二字同。汾水名。饙飯也。妢國名。芬香也。㖙仝吩。份時用一件曰—，本古彬字。

平焚—燒，—化。墳—墓。坟仝上。蚠虫名；又，人名。蕡香草。幩馬飾也。弅丘高起貌。

上粉—碎；又，脂—；又，麩—。忿動也。

去分守—，—兩。忿—怒。糞灰—；又，屎也。濆水名。畚—箕，掃除也。奮發—，—振。僨僵也，覆敗也。憤心求通而未得。塛埽除也。份每一件曰—。奞鳥張羽毛，自—欲飛。濆水厓也。

入佛神—。彿彷—，相似。拂拭也。柫—權，取水車具。咈口吹也。茀引柩[①]繩也。㵍溢也。黻黼—；又，彰也。紼繩—；又，執—。祓除惡氣也。髴髮—。帗帗—。絨朱衣也。乁左戻也。狒——，獸如人形，披髮迅走，食人。痱熱病，所生白—子也。第車後戶名也。由鬼頭，活—也。艴怒色也。沸水漲漫也。潰𤿯

---

① 原書寫爲"柩"，今據書中所附勘誤表改爲"柩"。

◆ 徐氏類音字彙：一百年前的鹽城話 ◆

　　皆仝上。芾蔽一；又，草木茂也。弗不也。甭大也。猷仝上。怫一鬱。
平昏晨一；又，夜也；又，一暗。惛心不明也。婚一姻。殙眼一。葷一蔬，一素。
　　惽不憭也，晤闇也。涽——，未定貌。閽古叩一；又，守宫門之吏曰一人。
平渾不清也，一濁。媩妻曰一家。魂一魄。餛一飩，食物。忶心悶也。琿美玉。
　　樺犁轅也。
上悃悶一，一亂。混一沌，清濁未分。倱一伅，不開通貌。蕰蘊二字皆仝，蓄也。
　　夽大也，高也①。梱大束也。惃重厚也。
去溷亂也；又，濁也。鯶一子魚。諢謬言。膃肥也。黡黑一。圂仝溷，厠也。
入忽一然，一畧。笏牙一。颮疾風。惚恍一，未定也。淴汲也；又，沒也。囫一
　　圖，物完整不析也。搰掘也，濁也，亂也，一湯不清也。滑青黑貌。曶急視貌。
　　昒仝上。鶻一子鷹。欻歘口吹火也，二字仝。榾核果一，二字仝；又，音黑。
　　昒日出不明。寤覺也。忽仝忽。
平歕一吐。歕嘈仝上，一出；又，一桶，軍火也。軯一訇，大聲也。
平盆一鉢，一缸。噴吐也。歕吹氣也；又，一散也。湓水名；又，水涌也。坋冢
　　口穴也。瓫仝盆。浜安船溝也。
上体濮也。体劣也；又，粗貌，俗代體字。
去馞一香。昢日未明貌。笨竹裏也；又，粗率也；又，音本，肥大也。
入孛一星。渤一海，水名。淈仝上。浡一然，作也。邦地名。哱口吹也。鵓一鴣，
　　鳥名。脖臍也。糏米一。餑仝上。艴又仝上。勃一然。綍大繩。捊撥也，手一
　　也。艴怒色；又，音弗。馞馬牛尾一角。敦仝勃。荸一齊。
平孫子一；又，姓也。猻猢一，猴也。蓀香草名。飱晚飯也；又，饗一。搎捫一，
　　猶摸捼也。
平淳厚也，清也。醇一醪，美酒。純一粹，全也，一也，絲也；又，不雜。鶉鵪一，
　　鳥名。蒓浮萍菜，生水中。蓴仝上。奄大也。惷憂也。
上損一益，一失，一傷。笋竹一，俗音，本君下平聲。筍仝上。榫一檏，入竅也。
　　隼禽也，方言，本君下平聲。髓骨一；又，音隨。膸仝上。
去順一逆，一遂，妥也。舜堯一。瞬一息，轉一，目動也。瞚仝上。

---
① 原書寫爲"大"，今據書中所附勘誤表改爲"也"。

第四章 《徐氏類音字彙》上卷

入 述傳一；又，一作。術法一，幻一。秫穄一，谷名。率一領；又，草一。摔撺①一。蟀蟋一，蟲名。桦板也。沭水名；又，一陽，縣名。狨狂走也。

平 尊一長；又，一卑；又，仝樽。樽酒一，杯也。罇墫甑仝上樽。遵依也，一命，一從。朘懇誠也。諄詳語貌。衡一衒；又，眞也；又，純一不雜也；又，正也。溥水名；又，讀村；又，音存。

上 準允一，較一。准許也；又，仝上。撙栽柳也。僔恭敬也。譐聚語也。埻臺土也。笔受谷器，古曰一，今用莽。

去 挍推擠也。燇火也。俊仁一，一俏，千人曰一。峻大也；又，山名。䁗赤目也。

入 朮白一，藥名。柮榾一，木頭。卒兵一，死也，方音。

平 賁勇也；又，姓也。奔一走。犇牛一。濟仝奔，水流也。奃䡊二字皆仝奔。騑馬走也。錛鉄一。畚一斗。拚手亂也。泍水急也。湃仝上。浜安船溝也。坋冢口穴也。

上 本根一，基一，書一。畚一斗，盛土器，以草索爲之。体性不慧也。笨人肥大曰一伯。泍水急也。李俗用，本字，本音叨。

去 逩投一。倴性不慧也。

入 不沒也。

平 亨一通；又，卦名。享仝上，俗用。哼一哈。痮胖也；又，一瓜。

平 痕②一跡，記也。衡③權一。恒久也，一長。恆仝上。姮娥一，女字。衡帖寫衕字。珩玉石。洐溝水行也。捁急行也。莖草梗；又，音景。䟰足後也。恒仝恆。桁屋横木也。

上 狠惡也；又，凶一。很仝上。

去 恨怨一，痛一。骱一骰骨。行道一。荇蕠菜。哼利害聲。悒仝恨。悢仝恨。

入 黑一白。核考一，果一，一桃。赫威一。劾考一。嚇怒也；又，以口一人。諕驚一；又，恐懼貌。齕齦一。紇孔聖父名；又，回一，種族名。覈談一；又，驗也；又，通核。默欸也。唬虎聲也。嘿悟也。

平 參星名，一商；又，音飡。叅仝上，俗寫。奈又仝上。参仝上。生一死；又，

---

① 原書寫爲"樣"，今據書中所附勘誤表改爲"撺"。
② 原書寫爲"痕"，今據書中所附勘誤表改爲"痕"。
③ 原書寫爲"衡"，今據書中所附勘誤表改爲"衡"。

◆ **徐氏類音字彙：一百年前的鹽城話** ◆

師一；又，生育；又，一熟。僧和尚，一道。森木多貌；又，一嚴。笙一簧，樂器。牲三牲祭禮；又，一口。珄金色。毿毛羽初生。狌本作猩，能言獸。甦死更生也。榎草木茂也；又，俗森字。槮木長也。身一體；又，脩一。甥甥外一；又，姅一，姊妹子也，二字仝。升一斗，一降。昇一騰，一仙。申奉申；又，一鳴；又，地支名。伸一縮，一屈。乑登也。泜出水爲一。妽女字。嫢星名，今多用參。深一淺，一奧。珅玉名。陞高一，登也。呻一吟。紳縉一，士宦也；又，大帶也。聲一音。声仝上，俗寫。娠婦人帶一子。洓水漲也。肜仝身。箲洞蕭也，舜始作。

平神鬼一，精一，本音晨。繩一繫。絕仝上。湴水不流也。澠水名。蹲踞也，俗音，本音存。

上省一城，儉一；又，音醒。眚惡神；又，目中翳也。審承一，一問。沈姓也；又，音成。嬸一母，叔母曰一母。矧況也。哂微笑也。碜物雜砂也。讅謀告也。杏桃一，俗音信。渻少減也。省省本字。

去聖一賢。盛茂一；又，音成。愼謹一。渗一漏。㾕寒貌。瘆寒一。媵一物器。晟明也。葚桑樹枣。椹仝上。甚過也。勝一敗；又，過也，加也。抻物一長也。腎一脾，男子陽名。讖符一，將來驗也。

入十數目。拾大寫十字；又，一取；又，收一。什一物。色顏一。澀不滑也。𦁉仝上。歮仝上。泹澁澀皆仝澀。慴慳一，儉也。塞閉一。寒俗塞字。穡稼一，斂曰一。偒愛也，貪也。骰賭錢擲一子。摵打也。虱蟣一。蝨仝上。塞寔也。㱾兩足相距不行也。𦑣仝上。窒土塞穴也。適往也；又，一用；又，一意。石金一；又，音旦。食飯也，飲一；又，音士。實虛一，篤一。寔正一，是也。㥾悲恨也。懻恨也。失一錯，得一。飾粧一，脩一。濕①潮一，一氣。溼仝上。識見一，智一；又，音自。室宫一，家一。湜水清見底。瑟琴一，樂器。琗瑟皆仝上。嗇吝一；又，鄙一；又，通穡。蝕日一，月一。式格一，中一，樣一。拭揩一，拂一。軾車前橫木。𥲰仝穡。秳一百二十斤也。奭盛也。栻木名，古用占卜之具。釋儒一；又，僧人也；又，解一。潚不滑也。溍仝濕。塞塞本字。㶄蠻夷酋長名。祏宗廟中藏主石室也。眂②目所記也。

---

① 原書寫爲"濕"，今據書中所附勘誤表改爲"濕"。
② 原書寫成"眂"，今據《康熙字典》改爲"眂"。

第四章 《徐氏類音字彙》上卷

簛筛也。

平 坑—阬，—害。阮仝上。鏗—鏘。劥勋—，人有力也。硜——，石堅碻也。姃美女也。

上 肯允—。墾開—。懇—求。齦仝上。㹞嘴—物。豤仝上。齦齒根肉也；又，仝上。

去 掯捺—，勒—。

入 刻刊—；又，時—；每時八—，子午二時十一。客賓—，一套。克能也，勝也。犵—獠。肐—膝。尅仝克。咳—嗽，病也。欬仝上。䞃駡婦人謂老—。尅五行生—；又，仝刻。喀吐聲，仝嘔也。

平 稱—呼；又，去聲；又，—量。撐—船，—持。檉河柳。蟶—蚶，鮮物。赬赤色。崢山峻貌。𣶒棠聚汁。樘斜柱。瞠—目，直視也。盯睖瞪䁖瞠五字皆仝瞠。偁俗稱字。揨舉也。䠆距也。振觸也，撞也。偵探伺也。偶稱本字。憆又仝瞠。

平 陳新—；又，布也；又，姓也。成—敗，—就；又，姓也。誠實也；又，至—；又，—篤。城—池。郕國名。宸天子宮名。麤仝塵。晨清—，早也。沉浮—，—重。晨仝晨。程路—，章—；又，十髮爲—，十—爲分，十分爲寸；又，姓也。臣君—。丞没也。忱誠也，信也。諶忱二字皆仝上。宸仝宸。澄清，静也。澂仝上。瀓仝上。珵美玉。宬貯書室也。塵灰—，—埃。乘—馬，—舟，俗乘字。乘本字；又，音盛。㔽仝上。承—蒙，—愛，—受，奉—。丞—相。沈没也，仝沉；又，音省。惈仝諶。岑入山之深也。懲—戒。曾何—，未曾。橙—子，果名。辰星名；又，時—；又，地支名。呈公—；又，—祥；又，平也。瞠腹病也。槢積柴水中，令魚止息。程禾欲秀也。岑山小而高也。墥仝塵。乘仝承。朕目精也，俗曰瞳子。溁漬也；又，水名。裎裸—，露身也。坅坎也。筳筵也；又，音聽；又，竹名。

上 騁馳也。逞放也。俓徑行也。蜃大蛤。涅沙—；又，仝澄。脤祭社肉。賑仝脤。鴆毒鳥。壬善也。

去 稱相—。秤斗—。賸餘也。疢—疾。蹭蹬—，失勢貌。趂趕也。趁仝上。

入 尺—寸，丈—。赤紅也。飭命令也；又，整備也。叱—吒。斥責—；又，—革；又，指而言也。坼裂也。㽙田器。敕擊馬也；又，通策。㡿開也。測—度，—

繪。瀔仝上。勅天子制書曰—；又，—賜。敕仝上，—封。拆手—開。侧侍也，
旁也。惻痛也，—憫①。妣女不謹也。汜水流貌。册書—，粮—。策計—；又，
簡也；又，謀也；又，打也。筴策策皆仝策。庰邸屋也。奥治稼也。破②皮裂
也。柵寨—，以木爲之。彳小步也；又，—亍。庂赤—，錢名。筴卜筮也；又，
仝策。籂仝册。

平坤乾—；又，—爲地卦名。髡人名。昆—弟；又，同也；又，—蟲。晜仝上。
晜兄之别名；又，仝昆。堃仝坤。崑崐崙，山名。琨玉名。錕—鋙，劍名。悃
亂也。瑻美石也；又，音貫。蜫蟲之總名。鵾—鷄，大雞。裩短褲也。褌幝二
字皆仝上。鯤海中大魚化爲鳥曰—。

上捆—扎，—綁。綑織—，—束。梱門橛也。閫閨—；又，仝上。壼宫中巷也。
讀胡非。悃—幅，至誠也。稇禾成熟也。

去困不舒也；又，穷—。睏日光也。稇禾成熟，覆也。庫倉也。梱門橛也；又，
上聲。閫閨—；又，上聲。涃水名。

入窟—穴。胐—臀。矻石塊，土塊也。歘——不和，掘—地，穿井也；又，音屈。
撅仝上；又，音桂。圣致力無餘功也，俗仝聖非。淈水深貌。矻——，勞極也。
堀兔—也。堀壙孔穴也，二字皆仝上。搰狐埋之，狐—之。

平裈—褲，俗云昆③。幝褌皆仝上。

上衮—衣；又，華—。袞仝上。滾水流貌。磙石—。滚轉也。硍鐘聲。悃亂也。
鯀人名，伯—；又，魚名也。丨上下通也。滾濕二字皆仝滾，俗寫。睔目大也。
穦—麥，俗用，本音拱。

去棍—棒。刻—削。滚轉也。蔉圓也；又，—菜。

入骨—肉，—角。榾栒—樹。汩没也。溷濁也；又，盡也；又，仝汩。虢國名；
又，人名。愲心亂也。搰狐埋狐，—掘也，本音忽。

平楞四方木也；又，床—。

平人—物。㽽仝上。仁—義；又，桃—，杏—；又，—慈。芢苵—，六谷米。仍
因也；又，依也。儿又仝人。壬天干名。祍福也，就也；又，作仍。任保也；

---

① 原書寫爲"㥆"，今據書中所附勘誤表改爲"憫"。
② 原書寫爲"皷"，今據《康熙字典》改爲"破"。
③ 原書寫爲"亖"，今據書中所附勘誤表改爲"云昆"。

又，當也；又，去聲。淪水波也。秈禾名。楞—嚴①咒。倫—常，五—。綸經—；又，粗絲也；又，音關。輪車—。淪沉—。崙崑—，山名。圇囵—。棱柧—，四方曰—，八方曰柧。楡梗屬。瘨指病。掄擇也。稜鳥—，稻名。獝猰—，惡犬。饙—餴，強食也。侖昆—，天形也。忈仁愛也；又，親也。

上忍—耐；又，—讓。冷涼也。牣滿也。稔豐—，谷熟也。稛禾束也。袵席也。飪—餴，新熟麥，爲食品。腍仝上。荏—苒，柔弱貌。棯果名；又，音念。屻山高形。枛②枕巾也。諎言稍甚也。切仝忍。

去認—識；又，承—；又，—可。刃鋒刀。靭堅柔難斷。韌仝上。仞八尺曰—；又，上聲。訒言不易發也。踜—蹬，馬病也。賃租—。恁憑—。筪單席也。任—意；又，委—；又，上—，做官。牣滿也。妊孕也。姙仝上。論議—；又，平聲。倰欺也。殘—蹬，困病貌。愵欲知之貌。飪烹調，生熟之節也。閏—月，三年一—，五年再—，方音。潤浸—；又，—澤，方音。

入日—月。入進也，出—。馹驛馬，傳遞。廿二十并也。

平閏—月，本去聲。

上聲無字，汝准切音。

去潤浸—，—澤。閏歲之餘也，三年一—，五年再—。

入入出—，進—。

平根—本，—基。跟足後也；又，—隨。䟖仝上。更—改；又，—換；又，—次。賡仝上。庚年—；又，天干名。耕—耘；又，—種。畊仝上。柔仝根。鶊鵹—，鳥名。埂小坑也。羹—湯。賡續也；又，—歌。秔秈稻。秔仝上。粳秈米。齦舌—，齒—。

上埂岸—，俗用。曔日高也。耿介也，光也，憂也。梗—直，桔—。哽—咽。䭑仝耿。茛草莖名；又，菜名。挭推也。哽巧言也。悢恨也。愸憂也。

去艮止也；又，卦名。亙—吉通憂也；又，編也。更亦也，尤也；又，—甚。垠玉起跡曰—。

入格—式；又，感動也；又，正也，規—；又，標準也；又，資—；又，—物。槅窗—。膈胸中膈膜。革更易也；又，—除；又，斥—。骼骨也。圪—塔；又，音一。挌手—物。嗝雉鳴聲。疙—瘩，病也。隔阻—。墦—塋。垎仝墦。虼—

---

① 原書寫爲"言"，今據書中所附勘誤表改爲"嚴"。
② 原書寫爲"枛"，今據《康熙字典》寫爲"枛"。

蚕，虫名。飿—餷，食物。肵—膝。鬲阻—。歃米—嘴；又，堅也。梽平斛木。
譁謹也；又，飾也。嗝仝嘩。佫至也；又，來也。滆湖名。

平嫩不老也，本去聲。

平能熊屬；又，技—；又，才—；又，音耐，姓也。灩水名。

上冷涼也，方音。

去嫩老—；又，嬈—。㛃仝上。嫋弱小也；又，仝上。

入勒—逼，揩—。肋脇—。鰳—魚。扐手—。仂數之餘也。朒肥也。訥難言也。
阂仝上。垎水土相和曰—。䬱—䬳，不滑利也。簜—箭以射鳥。汋水聲。忇功
大也；又，思也。泐慅—，憂悶也。泐凝合也。

平恩—惠；又，—愛。

上䛬呼牛聲。

去硬軟—，強—。

入厄災—。戹小門；又，仝上。額頭—；又，匾—。軛牛—頭。呃—喔。呝仝上。
屼嶭—，山貌。欨—欸，笑聲。阸困—。挖持—。搤仝上。餩飢也。餲仝餩。

平村莊—。邨仝上。椿—樹；又，—萱，比父母也。春歲之首也。皴—裂；又，
音親。杶木似樗，可爲琴。櫄仝杶。

平存留—，—亡。䠫—踞，俗音神。湆水厓也。唇口—也。

上忖—度。蠢愚—，—頑。惷仝上。膞肥—。唬吹也。

去寸尺—，十二秒爲分，十分爲—。襯襯衣，—衫。賮賠—。櫬棺也。齔齠—，
男八歲曰—，女七歲曰齠。

入出—入。捽手持也。怵—惕，恐也。毟鳥短毛。黜退也；又，—陟。詘仝上。
怵憂心也。䘺短——。俶短貌。䝁觸也。咄喚人聲。絀退也。

平吞—噎，鯨—，—併。暾日初出貌。撴—摸。豷盆也。痋病善食也。

平豚豕也；又，雞—。臋—綠，清，—寫。騰—雲，飛—。隥飛也。滕姓也。
籐葛—，—柳。溎仝滕。漛波浪也。屯—兵，—田。蝹—蛇，似龍。臀—坐，
在兩股上端部位也；又，物之底曰—。臋仝臀。狪牝豕。鮦河—魚。飩餛—，
吃食。疼痛也。癉仝上。疼仝疼。萰菜似芎，可食。窀—夕，長埋曰①窀。臍

———————————————————————————————

① 原書寫爲"日"，今改爲"曰"。

仝豚。幠布貯曰—。

上惛黑貌。黗昏迷也，俗云—氣，本去聲。唔癡貌。伅倱—，不開通貌。庉樓墙也；又，屯聚之處。汆人在水上也；又，水推物也，俗用烹。

去褪—褲，退衣也。遯退後也；又，讀橔。遁仝上，本音橔。

入突忽—。傪倓—，不遜也。忒①差也。慝惡匿於心。凸高起；又，音寶。特—別；又，—的；又，獸名。埃灶窗謂之—。湥流也。腯肥也。怷——，心動貌。蟘食禾葉蟲。蠈仝上。挬拳打。怢忽忘也。崼山貌。忑志—，心虛也。揆搚—，觸也。

平瞞暗也，—聲。滿煩也。

平門—戶，俗寫。閅從二戶爲—；門本字，仝上。捫—摸。璊赤色玉。㵞山絕水也；又，仝亹。

上們你—。瞞暗也。

去悶憂也。璺物破未分曰—；又，音問。懣仝悶，木楣也；又，音鈍。滿煩也。

入没淹—；又，無也。湮仝上。歿死也。歿殁二字皆仝歿。圽埋—。薨物將死曰—。

四　刪　咸

平刪—削。閞門關也。櫊車—，門—子。閂仝閞。拴揀也；又，俗用，—縛也。栓木釘。跧趕人也。

上㦒芟除也；又，—草。

去涮水洗也。疝—氣，病也，本山去聲。汕魚游水貌。訕—謗。狦獸似狼。

入刷—剔。唰鳥理毛也。

平咸皆也，正也。嫺靜也，雅也。嫻仝上。閒—暇；又，清—。閑仝上。鵬白—，鳥名。嵌山名。函書信曰—，俗曰寒。㴇水入船也。凾俗函字。緘—封。

上儼威嚴也。鹻豆半②生也。

去陷—害，坑—。闞門—。梡㫔二字仝皆，門限也；又，仝上。餡點心内—也③。

---

① 原書寫爲"忒"，今據《康熙字典》改爲"忒"。
② 原書不清，今據《漢語大字典》寫爲"半"。
③ 原書解釋爲"點内—心也"，今據《漢語大字典》改爲"點心内—也"。

◆ 徐氏類音字彙：一百年前的鹽城話 ◆

俠以權力輔人也，一客；又，豪一，俗音入聲。佫憂困也。限一止，一期。

入恰合也，和也；又，音協。狹一窄。袷宗祠合祭先祖曰一。挾持也；又，壓一。轄管一；又，車橫木。峽山一，巫一。匣箱也。柙檻也。袷劍柙也。狎習也，近也，戲也；又；玩弄意。箕竹名。笚全上。點堅黑也。輂車軸頭鐵。鎋車一也。砝一石，地名。俠一客，抑強扶弱曰一。

平簪一鐶，本音針。礸山險貌。劗刀一。孱仁謹也。嶄一岩，山尖鋭貌。巉全上。臢腌一，俗用。鐕釘著物也。擤剁也。尖鋭也。

上斬殺也。醆酒器。盞碗一。琖小玉杯也。趲一路。喒我也。拶刑具，一子。儹聚也。

去贊助也；又，一成。禶祝也。讚稱一；又，一詞。鏨鐵一子。譖愬也。瓚宗廟玉器。鄼地名。潬江岸上，地名。瀳露盛貌；又，姓也。站立也，俗用，本音帖。綻破一。蘸以物沾水曰一。暫不久也，一懸，一爲。棧一房積貨，客一。賺一哄。濺水一開；又，音見。傼一然，齊整貌。蹔全站。囋嘈一，大聲。棧尤高也。

入雜一亂，一貨。襍全上。閘一壩，關一。鍘一草刀。扎捆一。札書一，信一。劄文書奏一。眨一眼。煠油一。喋嘲一，鳥叫。唼全上；又，音折。囋嘈一，鼓聲。嘈齰也；又，全囋。喳全上。匝周也。帀同上。煞夭死也。殺全上。唼食入口也。吒一嘴。師魚食入口曰一。紮纏一。闒城門中板。靸用武貌。駁五色雜毛。茁一壯；又，草出土。卡守一，時音虗上聲。

平關一隘，一閉。関全上。綄系貫杅也。菅麥一；又，音姦。絲全上。鰥老無妻曰一；又，一魚也。

上聲無字，古板切音。

去掼丟一。慣習也；又，習一。殰殰也。丱兩角。卝全上。摜貫也。

入刮一削。趉疾也；又，人名。颳一風。鴰鳥名。骷骨尚也。聒水流聲。括包一；又，箭受弦處曰一。聒語雜聲。劀割也。栝櫽一，正邪曲之器也。桰全上；又，木名。

平間中一，世一，一塞。姦一淫。奸全上。奸一佞，一刁。艱一苦，一難。監一

———
① 原書解釋爲"齰又也全囋"，今改爲"齰也又全囋"。

第四章 《徐氏類音字彙》上卷

牢；又，皆聲。藺蘭也。尷尬也。鑑視也。

上鐗兵器。揀—選。簡—帖，—畧。緘書—，信封曰—；又，平聲。械篋也；又，信封曰—。鹼石—，—氣。鹼仝上。減加—，少也。鹻塗也。

去鑑鏡也，照也。鑒仝上。間—隔，—斷。瞯視也。諫勸也，幾—。檻欄也。監視也；又，—察；又，前—生。澗溪—，山夾水也。艦兵船；又，大船也。鑒仝鑒、鑑。

入甲天干名；又，指—；又，盔—。胛—窩。呷喧—。郟—廊，地名。袷襌—。裌仝上。篋箱—。跲躓也；又，音刼。㤿①無愁之貌。莢荳—，菜—。眨眼細欲睡②也。夾左右持也，兼也。挾持也。鉀鎧—。蛺蝶也。頰—顋；又，音刼。胠仝上；又，脂也。俠傍也，並也。爵—位；又，音脚。戛響聲；又，長戈也。鋏劍也，鉗也。梜—棍；又，箸也。嘎鳥聲。圿積垢也。帕巾也。愜快也。悤仝上。吗草木之華。

平丹—青，—砂。矴白石也。聃人名，老—。耽仝上，耳大垂也。襌—衣。單孤—。單仝單。潬淫也。眈虎視——；又，視近志遠。擔扁—；又，挑也。穊仝上。鄲邯—，地名。癉火③—，毒也。簞竹器，盛飯用。殫盡也，竭也。勯力竭也。籩竹名。匰奉木主器。儋負荷也。冃赤色丹砂。胆日晚色。

上担—掃；又，去聲。膽肝—。胆仝上，俗用。礂④石—，藥名。剬割也。亶誠也；又，信也。撣提持也。

去旦元—；又，天明時也。担挑—；又，平聲。疸黃病也。石十斗曰—；又，三十斤爲鈞，四鈞爲石；又，音碩，俗音十。但語辭。淡濃—，清—，—薄。澹鹹—；又，無味也；又，仝上。啖少味也。㡯小舍也。僤安也。蛋鳥卵。彈—丸。弘弧弓弹四字皆仝彈。誕壽—。憚忌—，懼也。咀優人，小—也。鴠鳥日夜鳴。笪姓也；又，擊也；又，答也。澶沙渚也。僤篤也。幝衣不束也。妲蘇—己，本音答。

入答對—，問—，應也。荅仝上。搭手—物。搭仝上。撘手打也。韃—靼，狄名。

---

① 原書寫爲"㤿"，今據《康熙字典》改爲"㤿"。
② 原書寫爲"睡"，今據書中所附勘誤表改爲"睡"。
③ 原書寫爲"大"，今據書中所附勘誤表改爲"火"。
④ 原書寫爲"礂"，今據書中所附勘誤表改爲"礂"。

◆ 徐氏類音字彙：一百年前的鹽城話 ◆

褐僧人一衣。裯裯二字皆仝上。踏跋一，跳也。踏仝上。達通一，傳一。錫鉤一，火一。鎶仝上。瘩肉疙一，病也。詚不靜也，俗云兜一。怛悲也；又，懼也。妲一己，紂王之妃。趇走貌。溚水出貌。

平酣酒一，一戰，一睡。鼾仝上。憨愚①也；又，音陷。蚶蚌屬。澉聲轉也。粔麥一，本去聲。莧一菜，本去聲。

平鹹一淡。醎仝上。銜官一，台一；又，讀咸。啣口一物也。咁仝上。含包也，容也。唅仝含，方音和。哈一呴，忿氣。梒一桃，櫻桃也。函花一，包一，海一。圅仝上。圅函本字。涵一泳，水澤多也；又，容也。涵涵本字。韓姓也；又，方音和。肆仝上，見元草書。寒一冷，方音和。濅仝上。蜆一蠘。邯一鄲，地名。菡一萏，花欲開也②。邗一江，一洞。浛沈也。柬木垂華也。

上喊一叫。墟地土之堅也。撼搖也。罕希一，少也。頷點頭也。暵曝也。憾恨也，俗讀夥。琀贈喪之物珠玉曰一。

去粔麥一，一糷。莧一菜。泔一田。漢河一；又，滿一；又，朝名；又，好一。汗人液也，方音歡，淌一也。翰古一林；又，一墨。泔乾也；又，通汗。旱乾一。捍抵也。撼搖一。悍性勇急也。桿木也。洽水和泥一物。瀚一海。焊火乾。熯仝上。扞拒也。餡食物中實在雜味曰一心，本音陷，俗音旱。

入瞎一眼，瞽目。聐仝上。合十一爲升；又，音活；又，音葛。

平貪一婪；又，好也。澹沒也；又，水名。灘沙一，海一。攤佈也，一餅。癱殘病，一子。湴俗灘字。蛋卵也，方音，本音旦。坍一塌，地土崩也。飲欲得也。

平談言一；又，姓也。罈酒一，一罐。壜甄仝上罈字。缸俗用，罈字。痰一疾。潬地名。菼刷馬蓖也。瘂病也。鐔劍鼻。覃深廣貌。譚大也；又，姓也。潭深水爲一。澹淡水貌；又，恬靜。彈手一琴也。倓靜也；又，不疑也。簠篋一。檀木名；又，一香。壇一場。坛仝上。繵繩也。燂燔也，謂用灼物也。

上坦平一；又，堉也。袒一服。毯毡一。毧仝上。啖食也，吃也。襢③除孝衣也。菼草名。昍明也。醓肉醬也。肷肉汁，滓也。倓一然，不疑也。壇玉石。窞坎中小坎也。髡垂髮也。莟菡一，荷華也。啗食也，仝啖。埮地平而長。忐一忑，

---

① 原書寫爲"隅"，今據書中所附勘誤表改爲"愚"。
② 原書後文寫有"與刊別"，今據書中所附勘誤表刪去。
③ 原書寫爲"襌"，今據書中所附勘誤表改爲"襢"。

心虚也。惵一忒，心不寧也。

去 嘆嗟一。歎仝上，一息。探一望，一花；又，偵探。炭火一，煤一。歎少文采。淡水廣貌。儉一傢，癡貌。撢探也。罣蹇一，不能行也。

入 漯水名，黃河支流。撻擊也。喋口就食也。獺水一貓。踏踐一。蹋仝上。沓貪也。達逃也。溚沸溢爲一。濕涇也。貐黑一子。碏一碓，舂米。遢邋一。礏石一也。榻床一。鞳兵器。鞳鐘鼓聲。闥禁門也。闥樓窗；又，鋪闥，門板也。惵意下也。塌坍一。塔寶一。墖仝上。溚泥滑一也。爛爛也。傝一儑，惡也；又，不謹貌。溚仝溚。拓指一，衣縫。撻鞭一，敲也。窗也。猲一一，貪欲貌。靸一鼻，俗用。搨一嘴，偷食也。嚃仝上。少蹈也。荅菜生水中。鰨一子船。韃皮起毛也，俗云皮一。鞳一車。徔徘一，逃叛也。榙一車洩水；又，仝轄。墖累土也。嗒解體貌；又，似喪其耦。健仝徔義。塌地低下也。獺仝獺。

平 山一川。衫衣一。汕波一。杉木名。三數目，一才，一綱。叁仝上，俗用，大寫。參仝三；又，音餐；又，音稱；又，音生。芟刈草也。毛一郎神。穛禾肥也。潸涕流貌。掺執也；又，鼓曲也。刪一削，一除，俗音門。珊一瑚。糝一子，生水田內，俗曰籼。糁仝上。卅三十也。姍好也。彡毛長也。屳屋山墻。

上 傘雨一，蓋也。繖仝上，見《晉書》。散放也；又，去聲。饊油麪一子。糝米粒也。槮分離也；又，仝散。掣芟除也。撒仝上。汕魚遊水也；又，舒散也。幓蓋也；又，仝傘。傘俗傘字。

去 訕謗毁也。剼刈也。疝一氣，病也。散派一，佈一。潵水一也。柵欄也；又，音尺。釤一子刀。傛傝一，癡貌。弰相接物也。

入 殺宰一。霎一時；又，雨聲。翣棺飾也。箑扇也，周武王作。撒手一物也。擦仝上；又，音察。徣行貌。煞神一，收一。靸一鞋。跋鞋不拔也。跋仝上。颯風一一。薩菩一。潵水也；又，寒也。甩抛棄也。霎雨一一。儑傝一，惡也。潵潑一。扱一衣。扱仝上。譇散言也。榞木榫一也。霅電震貌。槊流散罪人若米。塨一一，土墮聲。幓巾二幅曰一。煞神一，俗寫。

平 班一輩；又，戲一。斑一點。扳引也；又，攀也。頒一賜，一發。盼仝上。班仝班。攽分也。蠙一蝨，食黃豆，毒蟲。斒一斕，色不純也。

---

① 原書寫爲"泒"，今據書中所附勘誤表改爲"派"。

◆ **徐氏類音字彙：一百年前的鹽城話** ◆

上版一串，一籍。板木一。舨小舟也。鈑金也。
去扮打一，裝一。辦一事。办仝上，俗用。瓣花一。辦判也，雨一子。攽絆也。
入拔抽一，一取。㗞一哥，鳥名。八數目。捌破也，分也；又，仝上，大寫。仈姓也。朳無齒杷也。
平南離方一北；又，方音奴。楠木名。枬仝上。喃呢一，燕語。諵仝上。蝻蝗一，害禾蟲。男一女，一兒。湳地名。難艱一，一易；又，去聲。㝠語聲。
上眲一泥。揇溺也。戁恭也，悚懼也。赧一顏，慚愧面赤貌。
去難患一；又，困一；又，阨也。攤手佈也；又，音貪。𢮥仝上。
入捺㧕一。納受一；又，入也。吶一喊。衲一衣；又，僧自稱曰一。㧏搵一。搹打一。妠娶也；又，小兒肥貌。笝竹篾索也。
平安平一，一居；又，音豌。淹没也，水一物也；又，音夜。庵寺院也。菴仝上。諳練也；又，記也。鵪一鶉，鳥名。鞍一韉。荌一荳；又，草也。侒仝安；又，晏也。偣淨也。
平顏一色，容一。䫡俗用，蟹一，本音而。
上眼一目。俺我也。揞手蓋物也。暗冥目也。罨覆蓋。
去晏晚也；又，早一。雁鴻一，大曰鴻，小曰一。贗仝上。鷃鴽鳥曰一，田鼠所化。桉仝案；又，古碗字。案仝上。曃日出無雲也。曣仝上。晏仝晏。按一擦，一捺。黯不明也。腤煮魚肉。暗仝黯。晻仝上。澇浸潤之水也。岸道一；又，階也。饀偽物也。姲女字。犴一狌，野犬，似狐，亭獄曰一。豻仝上。
入鴨雞一名，家雁。押鎖一；又，簽一；又，抵一。壓鎮一；又，一紙。䤪破一碗。軋車輾。挜手捺也。庘壞屋。汧一挿，下濕也。
平攀自下援上曰一。仚仝上。眅多白眼也；又，反目貌。
平淎一河，步渡水也。㴻仝上。爿瓦一。䩌仝㴻。
上聲無字，普板切音。
去盼顧一；又，一望；又，目明也。眆仝上，俗寫非是。襻鈕一。絆一倒。
入砑石①破聲。
平瓣張一，網屬，見世俗通用雜字。趴快也，趂也，俗用，新字。

---

① 原書寫為"在"，今據書中所附勘誤表改為"石"。

平還賞一；又，姓也；又，音患。鬟揔髮也；又，了一。擐貫甲衣，本去聲。儇仝還。澴水名；又，波流轉貌。

上聲無字，虎板切音。

去幻一術，變一，刁一。𡥈①二字皆仝上幻字。宦士一，官也。患一難，憂也，害也，禍也，疾病也。豢芻一，草食曰芻，牛羊也；谷食曰一，犬豕也。

入滑泥一；又，姓也。猾狡一。趉走也。骰治骨也。撾擳也，裂也。矞囚突出也。𡰯足病也。

平纘繩也。

平蘭芝一，一花。藍顏色，青一。籃竹一。攔一攔，遮一。襴一衫，古衣也。欄一杆，柵一。襤襤褸，破衣也。爛䊶一，色不純也。尠一尠，少也。䦨盛弓弩器。䕺波一。䦨殘也，更一。儖伽一；又，一儯。嵐日不到也。襴裙也。婪貪也。嵐山名；又，州名。惏貪也。

上覽視也。擥仝上。欖橄一，果名。攬承一。懶一惰。嬾仝上。爁一火。燷火亂。慯悲愁貌。

去爛燦一。濫溢也；又，一賤。爛敗也。纜繩也。䳔貪也。爁仝上。爤熟也。灆不固也。濼如水滴下也；又，仝濫。漫仝濫。

入蠟膠一。臘冬一，寒天也。䐉仝上。辢苦一也。邋一遢。蝲楊一，蟲名。鬎髮禿也。磖一礔。糲粗一；又，音利；又，音賴，糙米也。剌破一。剌暴戾無親。礳石墜也。癩俗用，鬎字。瞸日欲入也。滻灘之名也。拉一縒。

平攙一扶，凡毚从此。鰺一魚。勷抄也，拌也。叅叄俗參字。籖竹籤也。驂駕三馬也。參一謀；又，相竭也；又，一贊；又，音生。鯺一魚。飡吞食也，飯也。餐仝上。毵毵一。

平饞貪食也。鑱犁一。毚狡兔。殘一害，廢也。蠶一蛾，一桑。蠺仝上。棧賊也。讒一言。䟃暫也。慙一愧。慚仝上。殂禽獸食餘也。橺檀木，別名。𧲠禽獸，食魚。憯快也。俴多也。

上鏟一杓。穇一稗。慘痛也，毒也。剗一削。剷仝上。羼一雜，錯亂也。旵太陽一土。產一業，一出。懴仝德也。憯痛也。驏馬無鞍也。韀磨粟也。黲深青黑色

① 原書寫爲"子"，今據書中所附勘誤表改爲"𡥈"。

也。鏾仝鏟。弗燔肉器。滻水名。

去 憃—侮，經—，祝—。扔仝上，俗用。譤仝上。燦—爛。粲好米也。攇插也。妾—妻二妾爲—。璨玉光也。灑清也。瞥發語辭也。㴇清貌。摻——，素手也。攃仝摻。

入 察監—，—斷，細。擦捼—。磃粗—。揷裁—，俗用。插裁—，本字。㭉木析聲。鎈—鍬。㵿溢也。憏察也。活滴水也。刹寺曰—。魙羅—，鬼名。擸足動草貌。邋急走也。歃—血，以血塗口也。詧仝察。喢細言也。

平 彎—曲。弯仝上。灣水曲也。湾仝上。圎義仝上。圚水勢迴旋。㴺水深廣貌。
平 頑—耍。瘑手足麻痺也。

上 晚不早也，晏也。挽—扶，—回，柳—。綰繫也，—釘。輓慰死詞也，—聯。婉媚也，順也；又，音免，產子也。

去 萬十千曰—；又，姓也。蔍小蒜頭也。蔓草大蔓也。蔓仝上，—草難除。㙮—工；又，貨也。万仝萬；又，音木，—俟，複姓也。獌狼屬也。

入 襪鞋—，足衣也。韈仝上。挖—掘。穵仝上；又，手探穴也。嘳飲①聲也。

平 鉛—錫。㪁鳥—食，本音千。刋—刻，用刋非。戕殺也。

上 㡑牖也；又，門—也。窞坎中小坎也。澉濁也。凵張口也。坎卦名；又，河—也。埳—井；又，仝坎。壏仝坎。欿—項，錢財也。壍坑也；又，遶城水也。款仝欿，本音科上聲。勘查—，本去聲。侃剛直也；又，古佩字。

去 嵌鑲—。闞姓也。䫲物相直也。瞰俯視也。矙仝上。䁵視也。榢小户也。勘看也，俗用上聲，查—。看视也。盾仝上。翰仝上。拑仝嵌。

入 掐手—物。恰—是，實當；又，音却。㾀枯—。嫩嬲—，本音鳥。

平 番重也，更也；又。—邦。皤—眼。翻翩—；又，—異。旛旗—。幡仝上。拚飛也。幡心變動也。潘大波也。潘米汁也。颿篷—。帆仝上；又，下平聲。

平 煩—惱。燔炙也。繁野艾也。璠美玉。帆篷—。颿仝上。笲竹器，盛棗栗具；又，音卞。繁多也，—盛，—華。樊姓也。礬—石，明—。墦塚也。膰祭餘肉也。蕃草茂也；又，多也。藩屛—。凡皆也，大概也。舤舩舟也，二字皆仝。穚稻名也。璠璵—，魯之寶玉也。

---

① 原書寫爲"飯"，今據書中所附勘誤表改爲"飲"。

上反—正，—叛。返往—；又，—悔。彶仝上。仮仝反。坂坡—，山坡也。畈平疇也。陂仝坂。

去飯食也，粥—。範模—，楷式也。笵仝上。犯—罪，忤—。乏少也。泛水—漲。氾普博也。汎浮—；又，棄也。范姓也。疺胃口欲吐。販賣—。貶仝上。梵誦經聲也。䉽泉眼，—水。伣輕薄也。娩產—。姄女子慧而員也。怑惡心也。渢浮貌。

入法—律，—度，設，—術。髮毛—，鬚—。發生—，—達。伐征—。垡土頭。橃海中大船。筏竹—，木—。罰刑—，賞—。泼通流也，寒也；又，音弗。岪春—。閥—閱，戰功也。伐仝伐。栰仝筏。

平趒走不快也。

平蠻—夷，—橫，—野。蛮仝上。䅉赤—，稻名。

上矕目美貌；又，視也。

去慢急—；又，忤—；又，輕—。趋走遲也。縵寬心也。漫水漲也，散—；又，音茂。僈舒遲也。漫大水也。僈仝慢。

入抹塗—，揩—。袜—胸。帓箍—，—額。眜惡視也。黰黑也。骳—骷。

平潺水流貌。㳻仝上。踒—腰。

上俕見也。

去饌餚—。賺—取，—錢。僎具也；又，音尊。撰猶事也，選也，擇也。撰仝上。譔仝撰，作造也；又，音選，義仝。

入鶂水鳥，秩—。窫穴中出貌。㞕短—。窶短面也；又，嬌姿也。

平環玉—。環仝上。圜—堵。圓繞也；又，大—，天名。鐶耳—，門—。寰塵—。奻訟也。

上聲無字，苦板切音。

去聲無字，庫宦切音。

入朏用力作也；又，音窟。

平刊—刻，刋非。慳悋—。

上聲無字，庫懶切音。

去矙視也。瞰望也。闞視也；又，姓也。擊厚也，固也。

入聲無字，哭辣切音。

平賺—錢，方音，本音僝、湛。

上聲無字，楚反切音。

去創—造，—脩。戩車—；又，樹立也，方音。

入聲無字，促法切音。

平干天干，—戈，—涉。乾—燥，本音錢。亁仝上，俗寫。甘—雨，—霖；又，甜也。忺心服也。柑紅—，菓名。疳—疮。豻獸名。肝心—。鹻和也。忓極也。玕求也。目甘本字。泔米汁也。犴野狗，似狐而小，出北地，仝豻。頇顢—，大面也。

上趕追—。赶仝上。稈莖草。竿竹—。簳仝上；又，箭—。桿—柄；又，仝上。澉—醶，無味也。秆禾莖。杆欄—。擀仝上。擀伸手—物。敢不—，豈—。橄—欖，青菓。感—激，—應。盰目多白也。蕳仝秆。澉水名也。

去幹能—，—事。榦仝上；又，旋轉。鍛枝—；又，本根曰—。紺赤色。詌口開也。旰日晚也。扞布袋。淦水名；又，水入船中也。汵仝上。漵取水也。贛縣名，章貢二水合爲名。贛仝贛、澉；又，音貢。

入茭荳—，菜—。

五 端 桓

平端—正；又，束帛十—也。舛酒—，俗用，本音舛。觠角—，獸名；又，樂名。鑽鑽也。簹盛谷器。剬斷平也。多—少。奻丑二字皆仝上多字。

上短長—。踹足踢也。剬刓—；又，音專。捖仝短。躲藏—，閃—。癉仝上。耑動也。揣揣度也。踩行也。嚲厚也。朵花—。梁仝上。鬆髮垂也。穗禾垂也。垛射—也。聹耳—。媛量也。

去緞綢—。段—落，兩—；又，仝上。碫—礄，鍛治金也。煆—煉。籪漁人打—。斷决—。斷仝上。断仝上，俗寫。舵船—。柁梔二字皆仝上。剁刀—，斫—。墮—落，墜也。惰怠—，懶—。垛射；又，堂塾也。垛仝上；又，錢—。稞堆—，禾積也。壂車—；又，—田，通用俗寫。炮燭餘也。椴木名，似白楊。

入奪爭—。掇挪—，借—。裰襘—，僧衣。涳—粥；又，水濺也。瀸仝上。蟓蝗蟲—子。趏勉強行也。彶行也。蝃蜘蛛也。

第四章 《徐氏類音字彙》上卷

平 䀑領—。豌—荳。剜刻削也。窩—巢。萵—苣,菜名。倭—奴,國名。淺濁也。眢目不明,瞳枯也。渦水旋流也。疴病也,痛也。屙—屎。楇樹枝—。綩—緞。喡説話,—聲。窫㝢二字皆仝窩。弇小口器曰—口,本音奄。阿—諛,太—,—彌。岸岸埂;又,音晏。瘑病也。媉女師也。䯐仝上。屈仝屙。

平 桓盤—;又,威武貌。鵍—鴨名,家鴈。完全也,—畢。丸—丹,俗凡字。凡本丸字,彈—。紈索也。哦吟—。娥嫦—;又,姣—。萑—葦,草名。莪蔘—;又,菜名。俄—頃,—延。峨—嵋,山名。鵞仝鵝。蛾飛—,蠶—。訛—詐,—舛。䯇仝桓;又,音獻,桓圭也。查奢—也。譌仝俄。芄—蘭,莞也。囮鳥媒也。袦衣盛飾貌。垣—墙。貆仝上。獂豕逸也。

上 我吾也,你—。妸美好也。媒女侍也。婉美也;又,—轉。䀑—賕,小有財貌;又,小財也。挽手—。碗盆—,—盞。桵梡盌筦皆碗字。琬圭也,—琰,美玉名。宛—然。涴—演,水曲流貌。埦仝碗。

去 餓飢—。卧睡也。臥仝上。涴泥作物也。緩—急,遲也。偼徐行也。骽—膝。腕手—。惋駭恨也。睕目開貌。皖明淨貌。莞—爾,小笑貌。玩—賞,—味。盌仝上。浣月分,上中下三—。澣仝上,洗濯也。妧好貌。忨貪也。浤仝浣。灓取水也。

入 捾援也,取也。盒—種;又,不現也。姶美好也。灛水名。

平 潘姓也。拌—命;又,棄也。拚仝上;又,手和也。瀕水貌。磻—磎,地名,呂望釣處。坡坡坂也。陂—坂,澤障。

平 嗙—問,—駁。噃仝上,盤仝。擎手—,弄也。磐大石也。槃木器。柈仝上。盤棒—,—查;又,—費。鞶大帶也。䯏—膝。媻—娘。婆仝上。瘢瘡痕也。獌狐犬也。蟠—桃,—繞。挬捫也。搬仝擎;又,音波。灆洄也。皤人老白也。

上 頗甚也;又,偏也;又,—好。鄱—陽,湖名。洦水貌。剖分—。叵—耐。叵不可也。岥—岐,本平聲。坢平坦也。奔大也。

去 判—斷。叛反—。泮—池,—水。畔田界,河邊。頖宮—。泮水釋。破碎也。䟛行也。沜水流也;又,仝泮。潘水涯也。胖半也,分也;—合,謂合其半以成夫婦也。

入 潑洎—水,—地。醱酒再釀也。䜺妄語。抪手—;又,擊也。潑仝潑。

平 梭織布—。桫—欏樹。蓑—草,—衣。簑仝上。莎—草。莏仝上。唆—訟,挑—,—

使。娑—婆。瞘目偷視人。眇仝上。傞醉舞也。趡急行也。桫仝梭。莎草木盛貌。狻獅子也；又，一猊，野馬，日可走五百里。酸—溾，—鹹。痤瘕—。媣女字。婼少美也；又，女字。

上所—以；又，公—。鎖封—。鎖仝上。瑣—碎；又，玉屑也。剠刀—開。嗩—吶。鏁俹—，健而無得。霙小雨——，惢心疑也。璅瑣本字。硰小石也；又，仝瑣。

去糳㶷—，麥粥。筭—盤，長六寸許，歷數者从竹从弄，言常弄乃不誤也。筭算二字皆仝上。蒜葱—。膒膪不淨也。笒仝筭。

入說—話；又，音月。趏走也。刐割也，削也。潗飲歃也。

平螺—螄。樏—櫥，時下新字，堆也。覶—縷，委曲也。覼仝上，俗用。

平欒姓也；又，木名。挛拘—。鸞—鳳，鑾—輿，—駕。巒峯—。撋手—取。彎—帶。圞—團。棥貪—。薍草得風也。䦎撊—。摀①煩—也。攎祭名。壖—垣。惏貪—。嵐太—山，出良馬；又，音藍。羅絲—；又，罟也；又，姓也。蘿—蔔名萊菔，可食。籮篋—。鑼—鼓。欏—木，出湖廣。囉—唪，嚕—。氌氆—，毯毛。儸俹—，健而無得。騾—馬。臝仝上。螺—螄。蠃仝上。穤草子。腡手指—也。邏地名。㼖憂也，遭也；又，音梨。𡏖盛土草器也。岢仝嵐。攞揀也。

上卵蛋也。輭—硬，—弱。輀仝上。阮姓也。愞弱貌。䕵草實無核曰—。儒裂帛也。楥—棗；又，音而。檽仝上。倮赤體也。偄弱也。擩裂也。㝱聚也。賧小有財也。虜—獲；又，—掠。擄仝上；又，抄—。剫擊也。糩—糳，麥粥。嚧呼豬聲也。裸赤體也，仝倮。

去亂反—，紊—，胡—。乱仝上。殨物死時。纞不拘也。躙—跬。㘓言語煩—。砢磊—，衆石也，俗用堆。

入捋—掇。劣優—；又，音列，惡馬也。㧀仝上。埒封道曰—；又，小堤也。趷跳跟也。栵木名。㕸難鳴。泖山上水曰—；又，仝埒。㵳水激石貌。

平拖—拉。拕曳也；又，仝上。湍水急也。豠野豕也。

平沱滂—，大雨也。洍仝上。跎蹉—。佗彼—；又，誰也。它仝上；又，蛇也。駝駱—，負重獸也。狏獸名，或作牠。鮀吹沙小魚；又，人名。砣碾—，輪石

---

① 原書寫爲"搵"，今據《康熙字典》寫爲"摀"。

也。碢仝上。鉈秤一。鍦仝上。�椗仝鉈。粑一粉。陀彌一；又，不平也。紽絲數也。迤逶一，衰行也；又，音宜。鼉一魚，有四足也。馱韋一，佛名；又，負物曰一。酡酥容也。詑欺也；又，自得也。痄一腰。鮀瘫二字皆仝痄字。湍水急也。煓火盛貌。猯野豬。團一圓。糰米一，食品。鍴仝上。揣手一聚也。摶仝上。慱憂也，勞也。幝一彬。沲沙石隨水流貌。沱仝上。漙露多貌。

上疃一場。髧髮垂也。妥一當，順一。挼兩手一下。擌手一物。撱長也；又，草一。種禾穗也；又，音瑞。湇水名。堶小兒飛瓦戲也。扡引也。橢物長曰一。痪四體麻痹不仁。

去椯木器，牛車載重。唾津一。彖斷也。褖黑衣也。湪水名。

入脱解一，逃一。侻狡也，輕也。輗車一。捝手一物。皵皮剝也；又，一衣。

第五章 《徐氏類音字彙》中卷

中卷目録：六先廉　七支虞　八灰微　九歌摩　十蘇胡

（六）先　廉

平	平	上	去	入	平	平	上	去	入
先	賢	跣	線	屑	楝	廉	臉	練	列
宣	玄	選	絢	雪	拈	年	碾	念	聶
堅	景言切	剪	見	節	烟	言	演	燕	業
淵	元	遠	院	曰	娟	居元切	捲	卷	決
千	前	淺	欠	怯	圈	權	犬	勸	闕

（七）支　虞

平	平	上	去	入	平	平	上	去	入
支	章時切	㫑①	自	則	淤	虞	雨	御	玉
居	捐于切	舉	具	菊	嶇	徐	娶	趣	促
胥	玄魚切	醑	壻	旭	林②淤切	閭	呂	慮	律
司	時	使	氏	失	雌	辭	齒	翅	赤
稽	九移切	机	霽	吉	義	奚	喜	餼	吸
期	奇	豈	氣	七	低	頂提切	抵	弟	狄

① 據正文 94 頁，改爲"㫑"。
② 原書寫爲"令"，今據書中所附勘誤表改爲"林"。

梯	提	體	厲	剔	痢	黎	里	吏	力
拈衣切	倪	伱	眤	溺	伊	宜	儗	義	乙
批	皮	瘏	屁	匹	屎	兵皮切	比	祕	必
農淤切	農魚切	女	潔	衄					

（八）灰 微

平	平	上	去	入	平	平	上	去	入
灰	回	毀	賄	忽	威	微	委	魏	枉弗切
吹	槌	萃	翠	忖惑切	堆	覩同切	典	隊	叠
悲	丙延切	貶	卞	別	篇	裴	俖	配	撇
追	主爲切	嘴	墜	竹惑切	非	肥	菲	廢	弗
麵	梅	美	妹	滅	盃	魁	撥	匱	哭
雖	誰	水	歲	俗	規	古爲切	癸	貴	骨
推	田	腿	退	帖	路威切	如爲切	汝委切	銳	六
遮	軫余切	展	戰	折	賒	蛇	捨	舍	舌
車	廛	扯	繫	徹					

（九）歌 摩

平	平	上	去	入	平	平	上	去	入
歌	古羅切	管	過	割	磨	摩	滿	磨	末
專	主元切	左	篹	拙	歡	和	火	賀	活
稬	奴	努	怒	劣	穿	傳	舛	篡	撮
寬	狂完切	欸	看	闊	波	本完切	跛	半	撥

（十）蘇 胡

平	平	上	去	入	平	平	上	去	入
蘇	誰除切	數	素	速	呼	胡	虎	戶	忽

◆ 徐氏類音字彙：一百年前的鹽城話 ◆

朱	總吾切	主	住	竹	初	除	楚	處	族
夫	孚	甫	父	弗	路	如	乳	孺	鹿
都	董①吾切	覩	度	讀	烏	吳	午	悟	屋
鋪	蒲	普	舖	勃	逋	板吾切	捕	步	不
通烏切	圖	土	兔	禿	沽	拱無切	古	固	骨
枯	狂吾切	苦	庫	哭					

六 先 廉

平先一生；又，一後。仙神一。仚僊二字皆仝上仙字。暹日光升也。纎細也，一微。纎孅二字皆仝上纎字。姌女字。些少也；又，音兮。尖妙二字皆仝上些字。殲盡也。鮮腥一，一艷。䄠仝上。蹮蹁一；又，舞貌。躚仝上。枮板一，木鍬屬。掀—揭。軒雅室，方音；又，音宣。秈硬曰一，俗音宣。姸喜笑貌。襥胡神名。襳長帶；又，音三。鱻新魚；又，仝鮮。攕女素手；又，音三也。薟一稀，草名。跐仝些。

平賢聖一。賢臤二字皆仝上賢字。弦弓一。絃絲一。嫌一疑。邪不正也；又，一術。筅箭筹一也。芎草木一盛也。㺿弦本字。慈急也。慊疑也，或作嫌；又，音千。

上跣赤足也。銑金有光也。筅一箒。筅仝上。尠少也；又，仝鮮。尟仝上。鮮少也。憲一法。顯光一，明一。顥仝上，俗用。蜆一子，小蚌屬，可食。蠍蠓一。玁一狁，古狄也。憲仝憲。膎肥也。峴一山，在襄陽府。險奷一，危一。嶮仝上。洗洒足也；又，音喜。毨生也；又，理也。閃雷一，一躱，方音。憸意難也。獫犬長喙也；又，仝玁。胉祭餘肉也。且苟一；又，語辭。寫盡也；又，書一。寫仝上，俗用。

去線絨一。綫仝上。謝酬一，領一。榭台一，台有屋曰一。謝凋零。瀉吐一。卸脫一。羨美也，慕也。羨仝上。霰雪粒也。現一露，出一。灘水名。瓛桓圭也。獻貢一。獻仝上。縣邑名；又，州一。晛日氣；又，明也。

---

① 原書寫爲"冬"，今據書中所附勘誤表改爲"董"。

入屑清也，潔也。洩—漏；又，音次。拽拖—。緤縲—，繫也。紲仝上。歇—息，休—。墥堤也。湣水貌。灡鹽池也。渫潑—，流水也。爕和也，調也。燮仝上。蝎毒蟲，俗名鈎子。叶—韻；又，合也。協同也，合也。拹—拉。瞸閉目也。懱志輕也。爇火迫也。穴窟—。俠權力使人。枻正弓弩之器。妜得志也。𡨢孔也。脅—肋。脇仝上。渫敬也。溁仝上。褉襦也，短衣也。汔水涸也。㚻少也。憎威力相恐也。愵憂也。愶心熱貌。紿綈—。糏米—；又，音血。麩仝糏。褻私居服也。挈提—；又，扶持也。堨細塵也。帹束帶也。潎水流貌。偞趨行貌。

平棟—樹，苦樹也，本音累。

平廉—耻，清—。濂—溪。鎌—刀。幨—幔。簾—箔，門—。連—合，接也。濂澤名。溓仝濂。濓薄也。稴稻不黏；又，青稻白米。蓮—花。漣水名；又，水文。鰱—子魚。璉瑚—，宗廟俎豆器。奩粧—。匲廉二字皆仝奩。憐可—，—惜。帘酒家望子。籢鏡匣也。聯—對。臁—瘡。㾾仝上。壘軍—，營墻也，本去聲。漣泣下也。藘草葉似艾。雷—電。簾似崔而細。然是也。燃—火。羸敗也。纏—結，不解也。獜狉—，獸名，愛其類聚，殺其一可致百。

上臉—面。染—色。冉弱也；又，——；又，姓也。苒荏—，柔弱也。髯上曰髯，下曰—。姌長好貌。媣仝姌。妠婦人齊整貌。灂水名。惹亂也；又，音若。偌㘉二字皆仝上惹字。箬竹弱貌。荋弱也。磊—落，衆石也。奞大也。洅—陽，縣名；又，水名。

去練操—，習—，團—，教—。煉火—。楝—樹，苦樹也。蝀火赤—，蛇名。鍊治金也。彙—聚，會也；又，音惠。淚目液也。涙泪二字皆仝上淚字。瀲水溢貌。瀨酒祭地也。蒹草名。縺黑繗也。變美好也。戀貪—。恋仝上，俗寫。斂聚也，收也。戾貪—，乖—。殮殯—。㝹仝上。類同—。䨋仝上。累有—，負—。偌姓也。睞眼轉視也。唳鳥鳴也。

入列陳也；又，位序也。唎——，鳥聲。洌寒風也，水清也。裂破也。劽有力也。烈節—；又，猛—；又，火—。憗情態也。洌水疾流也；又，音利。剫剖也。柧礫—子。躐踰跨也。獵打—，畋—。騌馬行也。鬣豕曰剛—。籬竹器。巤仝上，俗寫。楋惡木也。熱冷—；又，方音業。湤湤仝上冽字。𢞬悷憂也，二字仝。捩抐—，相違也。娶美好也。㴖——，水流。尙仝上㴖字。

平宣布也，—揚。瑄玉名。喧—嚷，衆聲。暄日暖也。諠忘也。咺哭泣不止也。

◆ **徐氏類音字彙：一百年前的鹽城話** ◆

軒雅室也。嬛輕麗也。晅日氣也。烜晒也；又，仝上。秈—米，本音仙。悁恨
也，忘也。萱—花，佩之可以忘憂。蔻蘐蕿皆仝上萱。揎引也；又，手發衣也。
挎引也，—釘。趯—趯。譞詐也；又，忘也。壎—篪，樂器。塤仝上。掀手高
舉也。讙譁也；又，音歡。惴快也。騵青黑色馬也；又，音捐。亙求布也，揚
布也。僊輕舉貌，不實也，入從仙。吅喧本字。昍明也。

平 玄黑色。玄仝上。聖諱少一點。泫淵深廣貌。懸—掛；又，暫—；又，—欠。
璇—玑，玉衡。璿仝上。揎—掛；又，引也。漩回泉也。淀仝上。儇還反也。
鉉鼎耳。衒自今也。狗獸似豹，少文。眩目無常主也。埍女牢也。旋—繞；又，
去聲。翾盤—，鳥小飛也。

上 選擇也；又，—舉。癬癲—，俗音。僎具也，本音饌。渲小水也。譔口含水
噴也。

去 絢彩色。鏇銅—，酒器。旋—繞；又，平聲。揎手轉也。楦履法也，俗作楦。
楦鞋—子，俗用。颴—風名，羊角風。券文—；又，音卷，从刀不从力。翼—
網。鉉鼎—；又，平聲。眩目無常主也；又，平聲。絢擊也。

入 雪雨—。薛姓也。渫渫除去也；又，漏也；又，仝洩。卨离漢人名，二字仝。
血—氣，筋—。卼①穿也，穴也。糏米—子。泬水從孔穴疾流也。

平 拈手—，拾也。舱—船。

平 年—歲。鮎—魚。黏粘—。秊年本字。姘美女字。

上 碾石—。輾舉也。輦車—。跈追—。撚手—。齞語露齒也。涊泐—，垢濁也。
淰濁也；又，水流也。灌水也。儞他也。你仝上。妳仝上，俗寫。餒飢—。埝
地名。戾柔皮也。撚仝撚。

去② 念思—；又，讀也；又，讀唸字。舌—舌，俗用。艌—船。內—外，从入不从
人。芮草生貌；又，姓也。汭水曲流也。

入 聶附耳細語；又，姓也。捏扭—。鑷鑣—。臬犯罪不止也。図私取曰—。囲仝
上，或用。摝採也。聿仝上。冂③物低垂。嗫噬也。蘗仝上。臬法也；又，古按
察司曰—③司。涅黑色；又，—盤。湼水名；又，染皂物也；孽妖—，—畜。躡

---

① 原書寫爲"盃"，今據《漢語大字典》改爲"卼"。
② 原書標爲"上"，今改爲"去"。
③ 原書竪排寫爲"—"，今據書中所附勘誤表改爲"｜"。

登①也，蹈也。乄欹頭一角。㒚失氣也。譶多言也。櫱木根生傍也。捻手一物；又，仝抷。涅搦也。蘖麯也。闑門中橛也。乜姓也，本讀米。嚅一嚅，欲言不言。鎳色白如銀，以鍍銅，無毒。

平堅一固。煎一炒。牋一牒。㥫淺小意也。箋一紙。尖細一，頂一。瀸泉時出時涸。兼一並。搛手一物。蒹一葭，荻之別名。縑一絲。嗟一嘆。罱兔網也。籛彭祖姓一，名鏗。查大口貌；又，音邪。开平也。湔水名；又，手浣也。

上剪刀一。剸齊——。挸切也，斷也。鬋剔治髮也。戩盡也。戩仝上。翦仝剪。汧洞也；又，寶也。揃剪也。蔪一禾，十把也；又，小束。蹇跛也，難也，忠貞也。梘一槽。檢一查，一點。姐一妹。繭蠶一。撿一束，拘一。俭驕也。筧以竹通水也，見《石函記》。儉一省，勤一。趼久行傷足曰一，本音妍。俔進也。姊姐本字。囝閩人呼兒曰一。戩仝戩。寋仝蹇，納一，以開四聰。

去見看一。賤貴一。濺水一，滾也。踐一踏②。餞一行；又，蜜一。箭弓一。喢鳥鳴也。荸犁一；又，一屋。穤草一。僭一越。漸一進。覣欠也。薦引一，舉一。荐仝上。洊聚也；又，仝上。鳰又仝上。濺水名。建一造。健壯也；又，一順。譛不信也，與僭通，本音湛。猏狿一，公猪也。件一物。徤迹也，㦎辟邪符也。劍刀一。鍵鎖簧也，本音乾。堅一房屋也，俗寫。借假一，一貸。韉馬鞍也。毽踢一子。晛日見也。楗車一子。

入節時一，竹一，一孝，一省。蕝一蟹。偂傅一。截斷也，止也。楫舟一，槳也。㮣仝上。潔清淨曰一。泲挈挈皆仝上潔字。漈水回旋也。跲代也。捷速也；又，一月三；又，戰勝也。婕一妤，婦官。榤雞棲木。接迎一。襭短衣也。窚覆也。㮄梁上短柱。睞目傍毛也。睫仝上。桀一紂。傑豪一，俊一。杰仝上。結段③也；又，一算。刦一搶。刧仝上。䀷目旁毛也。揭掀一，一算。竭盡也。頡頸。蛺一蝶。訐攻發人之陰私。漈水出貌。極驢負物也。尐少也。𢴧拭也。楬一櫫，有所表識也，俗用揭。鋏長一，劍名。羯羊也；又，胡戎號曰一。拮据也。輵車相倚；又，忽然。葪草簾也。惗心有度也。櫛拭也；又，音則。桔一梗，藥名。孑單也。楶木釘也。劈斷也。碣一石，山名；又，方曰碑，圓曰一。癤瘡一。

---

① 原書寫爲"登"，今據書中所附勘誤表改爲"登"。
② 原書寫爲"喈"，今據書中所附勘誤表改爲"踏"。
③ 原書寫爲"叚"，今據書中所附勘誤表改爲"段"。

◆ 徐氏類音字彙：一百年前的鹽城話 ◆

藉助也，猶人相一力助之也；又，一此生端。浹澤潤也。偅仝截。偈武也。圚駞駝聲。癥瘡也；又，仝瘤。笈書箱也；又，音及。

平烟一火。煙仝上；又，旱水一，紙一。菸本音於，時用，水旱紙一，本臭草。咽一喉。胭一脂，赤色。臙仝上。栶一赦，婦人飾唇，仝胭。䘼仝上。醃鹽一物。腌一臢；又，仝上。鰋一魚。焉何也。嫣美笑也。鄢地名。煙仝烟。蔫物不鮮也。燕古國名；又，一山，本音彥。淹水一没，漫也。閹一官，古太監曰一官。鷃一鶉，鳥名。安平一，方音。芫一荽，方音。鞍馬一也，本音安。菴廟也，方音。庵仝上。嵃大貌。

平言一語，一詞。嚴威一；又，父曰一。鹽油一。塩仝上。筵一席；又，竹席也。蜒一蚰，蟲名。涎一沫，口中液。㳂仝上。筦大簫也。癌婦人乳一症也。妍媸一，美好。研磨也。硏摩一。簷屋一，俗用。巌山一。嵒喦嵓皆仝上巖字。閻一浮，一王。㵎口液也。渷㳂湺皆仝上。炎一熱。沿一途，循也。爺父也，方音，本讀耶。延遷一，遲一；又，一長。埏地際也。㘭仝檐，曲屋周閣也。檐屋一。次仝涎。

上演一習，操一；又，一説。偃仆也，息也。渰雲雨貌。弇蓋也；又，音豌。窀閉也；又，仝上。揜遮一。掩仝上掩字。稴禾不實也。奀物上大下小也曰一。㳶水名。靨面黑子。愞一懦，性狹也。㭘一蕰，柰也。啽手進食也。罨網也；又，音業。㮣木名，樹大十圍。兗古一州。琰玉之美也。奄止也；又，人死曰一氣。奄仝上。剡銳利也；又，斬也。厴安也。广棟頭曰一。晻日無光也。闇閉門也；又，晦也。衍敷一，蕃一；又，茂盛也。儼一然，恭也。㕑一廖，戶扃也。襰襄也。冶鈎一，鍊也。厴螺蓋也，俗用。樞積木爲障。穤稻不裛也。掩土覆物也。㩲身向前也。睒眼一。趨走也。㾍瘡疤也。銟劍名。硺山岩兩相合也。堰壅也；又，去聲。旃旗也。剢三刃爲一。鎁戟也；又，仝上。也語辭；又，音矮。野郊外。墅仝上；又，作埜，本古文。椰木名。

去燕一雀；又，上平聲。讌合飲也。醼仝上。彥美也，大也。喭粗俗也，剛猛也。諺俗語也。唁鳥夜鳴曰一。宴一客，酒一。厭足也，一倦；又，一惡。驗效一；又，試一。騐仝上。酓味苦也。嚥吞一。狿逐虎犬也。硯一台，筆一。艷美一。豔仝上。焰火一。㷔燄熖皆仝焰。灩瀲一，波貌。覎濡黑也。黶面黑痣也。岸崖一，方音，本安去聲。壓捺也；又，鎮一，本音鴨。魘夢驚也。暗昏一，

第五章 《徐氏類音字彙》中卷

方音；又，音雁。旟旗也。鷟一雀，俗用。觇闃一；又，平聲。唲嘲一。豔仝艷。夜一晚，晝一。佁俗夜字。掾古官屬。讞議罪曰一。

入 業基一，商一，一已。葉枝一。咽哽一，悲含也。謁晉一，見也。噎食室，氣不通也。黶色壞也。僷輕麗貌。㶅橫水大版。澄水流貌。鄴一郡。懾懼也。殢病也。曄光華也。瞱曜也。鍱鉄也。暍中暑也。擪手一草。饁饋餉也。燁明盛也。遏止也。閼止也，塞也；又，平聲。頞額也。盦一種；又，音䥣入聲。韽調也，畫繪也。拽拉也。曳仝上。軏車相出也。枻引也。壓一指按也；又，音壓。

平 淵深水曰一。宛一枉，一屈。鴛一鴦，一雄鴦雌也。鳶鳥名，黃一。䂄幡也。窓枉也，仝宛。渊涸漆渌澗灡瀾皆仝淵。

平 元首也，大也；又，乾一；又，音玄。圓方一。园仝上。園田一，一圃。袁姓也。袁仝上，俗寫。員官一，人一；又，音云。猨猻豕屬，乾山獸，如牛三足。原一由，一因，一宥，一諒。源水一，流一。嫄姜一，後稷母也。騵馬白服也。榱梨一。猿一猴。猨大猴，能笑。轅軒一；又，一門。爰引也，文法之首也。媛嬋一，美女也。鵷一鷛，海鳥也。瑗大孔璧也。援引也。芫一莩，俗用，本胡荽。刓圜削也。緣一薄，因一，一分。櫞香一。黿大鱉也。京俗原字。愿測量也。楥似甘蔗，皮核皆可食。湲潺一，水流貌。柮大樹也，味苦澀。圜天體也；又，通環；又，通圓。

上 遠一近。

去 院寺一，一墻。苑一囿。怨一恨。願情一，自願，善也。愿仝上。衒道者樂人。掾緣也。窓寃屈也。瑗玉名。夗臥轉貌。婗婉也，仝婉。惌仝怨。怋仝怨。邑仝苑。

入 曰說也。悅喜一，欣也。月日一。越僭一。鉞大斧也。刖斷足曰一。抈折也。閱閱一；又，視也。軏輗一。樾樹陰也。粵地名；又，于也。妭輕也。戉威斧也。玥神珠也。說義仝悅，本所入聲。

平 娟嬋一，美好。鵑杜一，鳥名；又，花名。涓水一，小流貌。睊側目視也。蠲一免。捐一助。關一。姢仝娟。悁忿也。獧疾跳也，狂一乎。

上 捲收一。餞春一，食品。錈刀一口。獧博也。呟聲也。唖一罵。

去 卷書一，文一。倦困一。券仝上，與券別。絹綢一。罥目圈也。眷親一，內一。

櫹欄也。帣囊也。埢冢土也。淃水回旋貌。𢎥仝卷。惓回顧也。獧狂一，疾也；又，猶豫也。獩仝上。綣繾一，不相離也。晵仝眷。罨卷本字。桊拘牛鼻物。俸倦皆仝倦。菌土蕈，方音，一子可食，本音窨。

入 决一斷；又，水名。決仝上。絕止也，斷也。訣別也，絕也。厥語辭。玃猏一。艒船一。譎詭一。鴂鳩也。叐①短也。蕨菜名。蹶跌也。襏短衣也；又，一衣。潏水涌出也。鐍今之皮帶頭套環也。抉剔也。玦玉佩也。歽人亡絕也。蠿仝絕。映日食色。浂决本字。

平 千十百曰一。仟千人之長曰一；又，仝千。牽一連。愆過也，罪也。搴拔取也。搴仝牽。褰揭衣涉水。攐摳衣也。猒多智慧也。遷移也。迁一延。簽紙一，果一。辛仝愆。擶插也。扦仝上。關卡一兒手。籤求一。韂韉一。謙一讓，一和。劗刀一。僉皆也，衆言也。搴挽也。汧水也。汘水也。壯三里田爲一。圲仝壯。奷女字。愆仝愆。阡一陌，田間水道也，東西曰一，南北曰陌。骞虧少也；又，姓。

平 前一後。錢銀一。伶一侏，樂人。劗仝前。乾乹虔一坤；又，音干。諓言不實也。諓言利美也。帗②布帛也。湔一胡，藥名。虔一誠，恭也。鉗鉄一。拎③捉也。拑一口，不敢復言。箝鎖項也；又，一藨，六張曰一。鉗仝上。黔黑色。蚙④蟹蚷。潛藏也，游也。潛仝上。嫭女星，屬南斗。撏手一毛。搟以肩舉物。

上 淺不深也。遣差一，消一。繾一綣，不相離也。齦露齒。譴問也，責也。墡小坍也。忏怒也。澸仝淺。犍牛狠，不從引也。

去 欠賒一，一賬。芡一賣，俗云雞頭米也。倩妹一；又，美也。縴拉一，作繩解，本惡絮也。塹坑一，深一。槧一草，農具。箐竹弓曰一。篟一竹。椿木名。茜染絳色草。歉道一，荒一。伩仝欠。倪恐懼貌。慊恨也，意不滿也。

入 怯畏也，懦也。嗛小語。湆水也。疢病劣也。挈提也。妾妻一，偏房曰一。切刀一；又，迫一；又，斷也。竊窃一取，偷也。窃竊竊竊皆仝竊。睫䀹曰欲

---

① 原書寫爲"乏"，今據《漢語大字典》改爲"叐"。
② 原書寫爲"岶"，今據書中所附勘誤表改爲"帗"。
③ 原書寫爲"拎"，今據書中所附勘誤表改爲"拎"。
④ 原書寫爲"蚙"，今據書中所附勘誤表改爲"蚙"。

没。輒忽然也。捓招也。篋箱一也，大曰箱，小曰一。医藏具也。

平圈一套，一點。棬桮一，木盂也。圉仝圈，椅一。

平權一柄，一衡，從一。拳一頭。惓謹也。顴一骨。鬈鬘髮美也。姪女字。帣囊有底曰一。詮佺佃也。悛謹也。全上从入，完一，一備；又，姓也。仝全上。痊手屈病也。全俗寫字，從入不從人。泉一水，水從地孔泛上。湶洤二字皆仝上泉字。痊病除也。筌取魚竹器。牷祭用全牛曰一。權宜也，平也，重也。卷曲也。臦箕也。栓木釘也。拳曲卷也。詮具也，平也，擇言也。踡足不伸貌。

上犬狗也。畎一畝；又，流注處也；又，一夷。甽仝上。汱水落貌。

去勸一勉，一説，解一。豢穿牛鼻具。桊鷹犬所繋。券疲也，文一，與卷不同。

入闕宮一；又，姓也。缺一少；又，殘一；又，壞也。闋樂終也。瀎水名。亅鉤之逆也。鈌刺也。映日食也。歁仝缺。橛斷木也。厥其也。孑短一也。妜美貌。

七 支 虞

平支一付，一派，宗一。資一本，一財。貲仝上。訾比量；又，毀也。姿一色，丰一；又，態也。恣肆也。葵大也。榰柱下根也，古用木，今用石。淄水名；又，黑色也。賀塩商人曰一商。緇黑——。咨嘆也，謀也；又，一文。諮仝咨；又，一議；又，問也。兹此也。滋一潤，一澤。澬仝上。觜星名，二十八宿之一；又，仝嘴。錙一銖，八兩也。鎡一基，田器也。嗞嗟也。孜勤也，猶也。齌衣下縫也。孳生意也。緇黑色。禔福也，安也；又，音提。哉殽一。眥目眶也，本音寄。紫布也。輜車也；又，重也。髭口上鬚也。萧鼎上盖也。粢稷也。汶水分流也。玆黑也。趑一趄，行不前也。枝一葉。佽仝恣。胔腐肉曰一。秶穗生也。肢人之手足曰一；又，腰一。脂一膏；又，胭一。赩䞓一。赦赬一。卮酒器；又，春一酒。梔一子花；又，染黃色；又，果名。漬浸也；又，漚也。淄水名，如漆。之往也；又，虛字；又，收尾文也。知一覚；又，去聲。毦輕毛。搘一竪，一車。菑一畬，治田一歳曰一，治田三歲曰畬。芝一蘭。胝皮厚也。趾踐也。甾①耕也；又，犁也。榅木立死也。齍黍稷也。黝黑——。觜一牙。

---

① 原書寫爲"甾"，今據《康熙字典》改爲"甾"。

徐氏類音字彙：一百年前的鹽城話

　　厎定也。𠚣出也，是也，往也。婓婦人不媚貌。

上 㫐針一。趾足也。阯基一，仝址。坻水中高地也；又，止也。址仝阯。芷白一，葉名。吉甘一，聖一。旨㞐二字皆仝上旨字也。㫖仝旨。梓木也；又，喬一；又，仝梓。梓仝上，君稱后曰一童。姊姐也；又，一妹。沚水名，在長沙。沚渚也。指手一，一導，一甲。紙做一，一筆。𥿄仝上。只起語辭。㫢儲也。咫一尺，八尺曰一。𣥶仝上。㵎水多未退也。濰水名。輀軟一。滓渣一。子兒一。仔一細。籽紜一。峙立也。漬漚也。畤祭地也。疻毆傷也。秄壅禾本也。籽一粒。止停一。枳一梂，藥名。泜水名。笔獸毛多也。砥平也。稹曲枝果也。苧麻母也；又，仝籽。紫青一；又，一微，星名。㢋止也。梠木也。祇是也，一有；又，音其。秭萬億曰一；又，六萬四千斤也。恉又仝旨。第牀也。

去 自由也，從也；又，一己，自然。字文字。至到也；又，極也。志一氣，心一。誌銘也，記也；又，兼一。識仝上，本音十。牸一牛，雌也。輊一軒，車後低曰一。觶酒器。痣黑點。置立一，安一。忮害也。躓蹶也，仆也。呰小口也。洔濕也。澂仝上。智智譬明一；又，一慧，三字仝。箈今之涼蓆也。贄一見，俗云見面禮也。懥怒也。懫忿戾也；又，仝上。制造也；又，大也。製一作；又，炒藥也。幟旗幟官。淛江名；又，仝浙。治平也；又，音池。摯握持也；又，解也。痔一瘻，病也。穉幼禾也；又，音刺。鷙猛鳥。致一至；又，到也；又，一意。庢住也。緻精一；又，密也；又，僄一。茝遠一，藥名。彘豕也，本音刺。㩝碍不動也。稚幼子也；又，音刺。滯積也；又，停一；又，音次。値又施也。知明一；又，音之。諈言緩也。寘不行貌。鋕銘也。雉野雞；又，音刺。㩝刺也。這一裏；又，音占。忕忘也。寘置也。寘仝上。儧會物也。姪妒也。寺一院，方音，本音士。袳羅衫前襟。

入聲則音，見真韻入聲。

平 淤一泥。埖水一泥，仝上。迂一闊；又，遠也。璵璠一，寶也；又，美玉。歟語辭。紆曲也。與煞脚字；又，上聲。醹燕飲也。飫食多也。饇飫二字皆仝上。餘一積，多也；又，下平。芋一頭，實根，大葉根十二子爲衛，應月之數也。

平 虞疏一；又，姓也①；又，死人六七曰一。庾倉一，露積；又，姓也。漁一翁，一

---

① 原書寫爲"者"，今據書中所附勘誤表改爲"也"。

第五章 《徐氏類音字彙》中卷

樵。畬菑一，耕三歲曰一。餘一積；又，多也。渝水名。惆懺也。漁澔滁三字皆仝漁。髃肩前骨。瑜玉名，美玉也。媮樂也；又，仝愉。禺番一，地名。隅物角曰一。嵎一崃，日出處。娛歡也。旟旗之一種；又，揚也。瑀一璠，美玉。腢仝髃。好婕一，女官。盂酒一，水一。愉悅也。於卽也；又，虛字。扵仝上。予我也。竽樂器，三十六簧。澳汙也。盉仝盂。杅浴器。騻馬官；又，騶一。腴膏一；又，肥也。圩一岸。雩求雨處。渦水名。邘國名。萸木名，茱一；又，藥名。瘀血壅也。歈巴一，歌也。嵎山夾水。懊慾也，憂也。覦覬一，欲得也。逾過也；又，越也。踰仝逾。窬穿一，挖壁洞小竊也。揄引也，揚也。舉對舉也。轝土一，車也。輿車也。伃倢一，婦官。瓸人不能立曰一。魚一蝦；又，方音吴。余我也；又，四月爲一。

上 雨一雪。霝器空。與許也；又，交一。敔樂器，形如伏虎。齬齟一，意見不合也。語言一；又，告也。宇一宙，四方上下曰一，往古來今曰[①]宙。羽毛一，鳥翼也。禹姓也；又，夏一王。瑀玉也。圄圉一，獄也，囚也。圉掌馬者曰一人。瘉病瘳也。予賜也；又，音于。与仝與，賜予也；又，一勺爲一。与又仝與，舁非是。雨屋邊也；又，仝禹。俁——，獨行貌。

去 御治也；又，一車。禦抵也，禁也。遇逢也，相一。寓存也，客一。庽㝢二字皆仝寓，寄也。嫗老婦之稱。豫遊一，作事不空。墺高平陸也。偶木偶。俁容貌大也。飫飽也。預先也；又，一備。芋一頭；又，上平聲。蕷果名。裕寬一，豐一，饒一。諭告也，曉一，一單；又，堂一。愈勝也，好也。譽名一。馭使馬。禺獸名，猴屬。喩俗譽字。忬喜也。㐵先也，安也。罻罬一，面衣。玉金一；又，音育。舁對舉也。

入 玉音，見雝韻入聲。

平 居一住；又，姓，古音具。車一輦[②]，黃帝始造。椐木名。琚瓊一，玉名。駏貯也。裾襟一，衣後曰一。鶋雞一，海鳥。拘一束，一提。俱皆也。眗左右視也；又，與明仝。駒馬名。苣蒚一薹，菜名。姁目邪也，左右視人。据拮一，俗云人手中不足。疽癰一。蛆蚏一，蜈蚣也；又，音區。媀一訾，星次名；又，音鄒。雎一鳩，鳥名。狙猿也。跙趄一，行不進也。砠土戴石爲一。齟一齬，齒

[①] 原書寫爲"日"，今改爲"曰"。
[②] 原書寫爲"輩"，今據書中所附勘誤表改爲"輦"。

不正而參差出入也。苴蔴也。𩑔—嚼。咀仝上。葅—草。沮水名。胆—蟲。蘆
仝上。伹拙也。㝢舍也；又，仝居。盲人相依—也。浕水名。

上 舉—動；又，薦—；又，選—。辛仝上，俗用。苢—父，地名。梮木名。踽獨
行。屨鞋也，履也。柜大葉柳也。窶貧—。佢俗字，廣東人他曰—，即渠字。
筥筐—，方曰筐，圓曰—。弆仝舉。屄女子陰名。擧舉本字。椇果名。籧籞𠎵
竹器。

去 具備—，器—。倨—傲，不遜也。句詞章之句。懼恐—；又，怕也。愳仝上。
惧仝上，俗用。鉅大也；又，大剛也。澽乾也。阻止也，本音主。怚慢也。昇
仝具。苣蕒—，菜名。筥火把也。懅戁也。巨大也。鋸刀—。踞蹲—，足坐也。
颶海中大風。拒抗也。昛明也。眗左右視也；又，仝瞿。據憑—。遽窘也，急
卒也。詎止也，未知也。距抗也。駏—馬，獸名。聚積—。洰水中物多也。炬
束蘆燒之。秬黑黍。坥堤塘，俗壩字。堅土積也。岠吳—，山名。笸取蠛蝨
具也。

入 菊音，見窘韻入聲。

平 嶇崎—，山路不平。敺—逐。區—域；又，隱匿也。軀身—。驅馳—。祛襀也。
袪袖口也。抾摸弄也。趨急行也。覰—眼；又，去聲。蛆—蟲。佉與袪仝。

平 徐緩也；又，姓也。璩環屬。蘧自得也；又，姓也。瞿視也，姓也。勮—勞。
蕖芙—，荷花。漁溝也。渠仝上；又，砗—，美玉也。𧼲使也；又，走顧也。
赹仝上。衢街—，通行曰街，四達曰—。徐與徐仝；又，音書。懅怯也。璩
耳環。

上 娶嫁—。取—討，—與。

去 趣—向，情—。覷視也；又，上平聲。覰仝上。去往也；又，來去。𨇦仝上。

入 促音，見冲韻入聲。

平 胥皆也，姓也。湑露也。需待也，索也，要也。須斯—；又，—臾，—晝，夜
三十須臾，見釋典。鬚髯—。籹魚籃，倒—。帤大巾也。綏安也。溲小雨也。
荽胡—；又，俗云芫—。噓吹—。虛—空，不實也。虗仝上。慄心—，怯也。
𥘸蔽衣也。盱張目也。鑐待也。𡂾待也。頊顥頵三字仝，立而待也。欷歔—，
悲泣也。煦吹也。煦仝上。吁疑怪聲；又，嘆聲。旴日始出也。諝有才智也。
糈糧也。墟大丘也。偦有才智也。壖牆外短垣也。姁美貌。湏俗寫須字，非是，

◆ 第五章 《徐氏類音字彙》中卷 ◆

本音未。筀有蓋飯①籃也。

上醑美酒。誷有才智也。惛全上。珝玉名；又，人名。許可也，允—。詡大言也；又，人名。栩柔也。煦和也。

去壻女夫曰—，有才智也。偦全上，俗用。婿全上。序次也；又，一言。嶼山在水中。絮綿也。叙談—；又，説也。敍全上。遂順—；又，一意，本音碎。憽心—；又，音歲。潊水名，仝澳。緒統—。穟稻麥—也；又，音歲。澳水名。汙溝也。籽姓也。穗禾秀也；又，音歲。嘒—字；又，星名。篲掃竹也。隧墓道也。燧取火之木；又，音歲。鐩取火鏡也。鐆全上。襚死人衣也；又，音歲。鱮堪—，魚名。堉東西牆也。憶憂也。敍次第也。

入旭音，見兄韵入聲。

平閭門—，—閻。驢—馬。馿仝上。蔞—蒿，本音婁。廬茅—，草舍。廬居也。惆憂也。

上呂律—；又，姓也。侶伴—。旅衆也；又，—舘；又，師—。膂—力②。袄祭山川名，通作旅。縷敝衣也。褸襤—。窶貧也，又，無禮居也。履鞋也。娌醜貌。鞁全履。怬慢也。鋁金類礦物，質輕，光澤如銀，不銹。稆禾野生曰—；又，仝旅；又，去聲。

去慮思—，憂—。鑢錫。嚧呼猪聲。屢頻數也；又，疾也。屢俗寫，仝上。濾洗也；又，水也。鋁新發明礦物，鐵質別種，無毒，可作食具；又，上聲。

入聲律音，見拎韻入聲。

平司主守曰—；又，公—；又，—法；又，—官。思—想，心—；又，去聲。偲詳勉也。絲—綢。私不公也。斯此也。漇水名。灖水名。泗水名。篩竹名。厮—役；又，仝厮。緦—麻，三月服。颸涼風也。獅獸中王也；又，—象。師—徒；又，—旅；又，—萬二千五百人爲—。褫衣—，破也。澌水名。狮本作獅，通作師。螄螺—。鰤—魚。鷥鷺—，白鳥。詩—文。施佈—，—捨；又，姓也。撕—扯。篩竹器，去粗取細，俗曰摁。玜石似玉。禗——，神不安也。禠福也；又，音池；又，音其。箷利竹也。屍—骸，仝尸。蓍筮也。釃以筐去糟也。邿國名。尸仝屍；又，陳也。鳲—鳩，谷鳥。狋辨獄官也。嘶聲也，冷——。撕

---
① 原書寫爲"餘"，今據書中所附勘誤表改爲"飯"。
② 原書寫爲"刀"，今據書中所附勘誤表改爲"力"。

◆ 徐氏類音字彙：一百年前的鹽城話 ◆

　　大焦臭也。薺—草也。廝使也，仝厮。慚惵—，心怯也。楒相①思樹也。

平 時—刻，當—。蒔—蘿，香料也。鰤—魚。樹木立也。阺落也；又，音氏。漦
　　涎沫也。塒雞棲于—。

上 使—用；又，教也。矢箭也，直也，正也。史—籍，鑑—；又，姓也。死—活，
　　亡也。殉夗歾三字皆仝上。始初也；又，—終。屎糞也；又，尿—。菌全上；
　　又，音士。駛馬疾行也。騃待也；又，仝俟。

去 氏姓也。矢箭也，直也；又，上聲。豕猪也。舓以舌取物。舐䑛䒻皆仝上。三
　　仝四。汜文水也。涘水涯也。澨水中小渚。弛弓去弦；又，遺棄也。侍—側；
　　又，伏—。恃矜—，怙—；又，賴也。視看也，—察。謚加稱死人名。屎糞也。
　　駛馬行疾也；又，仝駛。澨水邊土，人所止者。試—驗，考—。寺—院；又，
　　廷—；又，讀志。嗣—裔，後—，哲—。勢—力，形—。仕—宦，做官也。祀
　　祭祀。俟待也。屍仝土。世—界；又，三十年爲一世。卋仝上。旹仝上，俗用。
　　誓盟—。事行—；又，—務。柬仝事。貰貸賒也。柿—餅；又，果名。狆獸名，
　　如狐，白尾長耳。噬齧也；又，—嗑。幟巾也。筮卜人曰—。示告—。逝往也，
　　亡也。是—非，不差也。諟正—；又，仝上。弒下殺上也。恓同息也。猰獸如
　　狐，出則有兵患。士儒者曰—；又，四民之首。卅四十併也。市鎭—，街—。
　　汜水名。四數目。肆放—；又，仝四，大寫。泗水名。巳地支名。侈奢—。襈
　　仝祀。眂仝視。䁹仝上。笍竹名，出南方，長百丈，粗三丈。嗜好也。駟四馬
　　曰—。伺—候。峙峻—；又，讀志。笥竹箱也。恀怙—也；仝恃，無母曰—。
　　袘仝祀。𥬇俗矢字。秲末—。相仝上。兕埜牛也。似相—。姒大—，后妃。豉
　　豆—，仝尗，俗音池。汦水也。俟次也；又，音耐，姓也。𢂞—𢂀，面衣。蒔
　　立也，更也。䇦仝俟。飼以食—人。牭牛四歲也。飤仝飼。謚笑也；又，音一。
　　食飯也；又，音十。哆張口也。

　　入聲失音，見參韻入聲。

平 雌母也；又，—雄。疵病也。癡—獃，—愚。痴仝上。魑—魅，鬼也。䶎—嘴，
　　不招來食也。孳小腸也。痐俗癡字。嗤笑也。蚩仝上。差參差不齊貌。玼潔也，
　　玉色鮮也。鴟—鴉，惡鳥。絺細葛也。眵眼—；又，眼昏。笞杖也，小板也。榕

---
① 原書寫爲"想"，今據《漢語大字典》改爲"相"。

◆ 第五章 《徐氏類音字彙》中卷 ◆

仝上。泚水清也。字一畫，方音，本音自。膵仝眵。黐膠粘也。茧侮也；又，黃帝誅一尤。媸醜也，淫也。螭一虎；又，如龍無角物。偙俗癡字。娕女字。篪管樂，蘇成公所作；又，仝笹、篦。笝笹二字仝上。

平辭言一，一退，推一。辭仝上。辝亦仝上。詞一訟。祠一堂。慈一悲；又，嚴一；又，母曰一。徜行也。蓓水中魚衣。漦漇也；又，順流也。渚水中高地；又，至也。糍一粑。餈仝上。茨一菇，水生食品。磁一器，山之陽産鐵，山之陰必有磁石，礦物也。礠仝上。治一家；又，攻理也，音志。馳一驅。柌鐮柄也。坻小沚曰一。滋潤水名。踟一躕，行不進也。跮仝上。匙茶一，鑰一。持操一，把一。遲一早，一延。遅仝上。墀坍一，階上地也。趍奔一。稦幼[1]禾也；又，幼一也。劇一魚。瓷瓦器也。池一沼，一塘。篪箎笹壎一，樂器。值揩也，遇也；又，仝直。徥——，行貌。箷衣架也。

上齒牙也；又，序一。恥羞一。耻仝上。跐蹈也；又，踐也。侈奢也；又，張大也。此彼一，如一。庉具也。齒齒二字皆仝齒。豸獬一，能别曲直，神羊也。泚汗出也。茝香草。峙峚一。紕績麻也。伿——，小也。庛義仝此。彽行貌。

去翅羽一，魚一；又，音志。滯一滯，不通也。懘仝上。賜賞一。刺刀一。莿木針。瓗[2]劍鼻玉飾也。痓癲病。穉穉徲凡人物幼小皆曰一，三字仝；又，音池。束芒一。杕門一，柣一；又，門側。厠坑一。廁仝上。雉野雞也。褫奪也。欹死而復生。次一序，第二也。庛耕具也。傍待也。泄舒散也；又，音屑，潷水名。

入聲赤音，見稱韻入聲。

平稽一考，一首，一查，一顙，一核。璣鏡名；又，不圓小珠也。畸零田也。齎送也；又，特遣人來也。賫仝上。基仝基。蘁一菜。齏仝上。基疾恚也。躋登也。隮仝上。雞一鴨名，德禽。鷄仝上。稽仝稽。刉切也。剞刀取物也。幾一微，一希。磯石激水處；又，名采石一。几薦物之具。譏祥也。禾[3]木之曲頭，止不能上也。機杼一；又，一謀。錤鋤也。譏一誚，一笑。箕簸一；又，星名。萁荳荌。鐖鈎逆芒也。饑一餓。飢仝上。姬女子美稱；又，姓也。肌一膚。畿一

---

[1] 原書寫爲"幻"，今據書中所附勘誤表改爲"幼"。
[2] 原書寫爲"璲"，今據《康熙字典》改爲"瓗"。
[3] 原書寫爲"禾"，今據《康熙字典》寫爲"禾"。

甸；又，邦—。羈馬絡頭。覊仝上；又，—遲。基根—，住—，—業。凥扶—，—卜。笄簪也。筓仝上。嗘——，聲也。羇旅寓也。奀—姦，將男作女。笸竹器，取蠛䖵具也。筻仝上；又，上聲①。

上 机檖—，茶—；又，俗機字。几仝上。幾—個；又，平聲。己自—。麂鹿屬。氿水涯也。掎立正也。筻取虮物也。蟣虱—。虮仝上。擠擁—。衍行也。機禾稱—也。紀綱—，十二年爲——。

去 霽雨止也。祭—祀。際時—，遭—。嚌聲也。穄黍—。忌毒也。无飲食氣逆不得息曰—，與无別。妓娼也；又，歌—；又，—女也，漢武帝置營—，以待軍士无家室者。漈水涯也。穊係也，盡也。皆目厓也。眦仝上。泲水名。濟救—，賑—；又，通也；又，水也。記誌也。驥良馬名。愒貪也。罊獸名，居—。穧刈禾，把數也。冀—望；又，地名。計—策，—數，會—。悸心動也。緆帶—，腰也；又，弔死也。芰四角曰—，二角曰菱。季末也；又，四—；又，孟仲季。憩仝愒。洎及也；又，肉汁；又，潤也。忌—諱，—妒，禁—，週—。寄—托，—信，—存。薊州名；又，姓也。覬—覦，非分希望也。摡取也，拭也。泲水名。㤅—然。曁及也；又，音吉。技—藝，能也，巧也。伎—倆，巧也。墍泥飾物也。繼續也；又，承—。繼仝上。鐖仝上。恝敎也。髻鬏—；又，音結。偈佛語。鱀魚名。瘈心動也。袥繫也。忮害也。界舉也。嚌——，小聲。悸怒也。坒堅土也；又，陶器。

入聲吉音，見侵韻入聲。

平 羲伏—。曦日光也。犧—牲，祭宗廟之牲也。稀匀也。豨豕也。俙依—；又，彷彿。浠水名。泚——，齊貌；又，讀自。獬豕也。希少也，散也；又，幾—。稀—稠；又，少也。郗姓也。欷戲—，泣也。晞乾也。薋草也。盆小盆也。睎望也，慕也，通作希。唏—笑。欨欨—，哈—也，仝唏。僖樂也。禧福也，吉也。嘻戲也；又，噫—。醯醋也。憘喜也。熙②雍—。恓—惶。西東—。面仝上，俗寫。犀—牛，角生鼻端，印度—，一角非洲產者，二角曰分水—，中國用爲藥。栖難—，遊息止也。粞碎米也。嘶馬鳴也。撕手—破，俗讀斯。瘯痛也。蒵—薟，草藥名。兮歌辭。熹朱—，古人名；又，炙也，盛也。壎毀也。犀遲

---
① 原書寫爲"聲上"，今改爲"上聲"。
② 原書寫爲"熈"，今據書中所附勘誤表改爲"熙"。

第五章 《徐氏類音字彙》中卷

也。徆行也。暿仝炙也。

平 奚何也。媒宮奴。溪一澗，山夾水。徯待也。攜提一；又，持也。攜仝上。携仝上。鸂一鶒，水鳥也。傒江右人曰一。奚獸跡也。嵇山名；又，姓也，俗讀宜。嵆山名；又，仝上。谿一谷，山有水曰一，無水曰谷；又，通溪。

上 喜一悅，一樂。嬉妹一；又，戲也；又，音西。狶楚人呼猪聲。熹朱一，人名。洗一泥，一滌。徙遷移也。洒一水也；又，音灑；又，仝洗。蹝草履也。屣仝上。璽玉一，印也。壐仝上；又，害也。枲蔴也。葸畏懼也。鯑臥息聲也。葰五倍曰一。婢小也。

去 餼生牲也；又，讀氣，方音。戲頑一，唱一。繫絡一，縛也。係俱一，關一。系宗派，世一。細粗一，微一。憙悅也。盻恨視也，与盼①別。禊被一，祭名。屭贔一，用力也。嚊喘息聲也。俿怒一也。壻女之夫；又，讀序，方言。幰殘帛也。洇水名；又，音信。

入聲吸音，見卿韻入聲。

平 期日一，一約。欺一詐。萁週年也。妻夫一，一妾。攲不正也。傲醉舞貌。傘參差也。淒一涼。悽一慘。萋——，草多貌。凄雨雪起貌。棲鳥宿處曰一。蹊蹺一。肌仝期。倛古之像神以逐疫者曰一。栖鳥宿處，俗作棲，本古西字。

平 奇希一，一異，一怪。竒俗奇字。齊一整；又，國名。臍肚一。蠐一螬，蟲也。薺荸一。錡釜也。萁豆口②也。琦玉名。其虛字。麒一麟，牡曰一，牝曰麟。騎一馬。旗一旛，旌一。旂仝上。愭敬也。惿怒也。漭水名。猉汝南小犬也。旂仝旗。琪玉名。淇水名。蜞小蟹，蟛一。倛複姓也，万一也；又，音士。岐一山。祈求也。帆姓也。祁姓也；又，大也。祇神一，地曰一。粸餅屬。芪黃一，補藥也。棋棊碁櫀四字仝，皆象一也。瑅玉一，五采。獮犬生三子，一玃、二狦、三一也。徛舉足以渡也。示仝衹；又，音示。疧病也。畿地方千里曰一。蘄州名；又，一艾；又，一蛇。圻仝畿；又，界也；又，千里曰一。綦極也。又，蒼艾色也。耆六十歲曰一。頎長貌。忯敬也。騏馬黑青色。歧岔路也；又，兩穗麥也。碕曲岸頭。崎一嶇，不平路也。睧目一隻也。傘參差也。埼曲岸頭，仝碕。

---

① 原書寫爲"分"，今據書中所附勘誤表改爲"盼"。
② 原書不清，今用"口"表示。

◆ 徐氏類音字彙：一百年前的鹽城話 ◆

上豈—敢。起興—；又，發—；又，—造。屺山名。玘玉名。杞枸—，植物。圮毀也。䀈器也。芑白苗嘉①穀也。啓教道也；又，開也。啓䁈二字皆仝上啓字。棨有衣之戟。綺細綾也。鱀卽魛魚也。

去氣志—，生—，—象。炁仝上。器—皿，—具。噐仝上。棄拋—，廢—。弃仝上。汽水气也。气息也；又，雲气也。契—據，—券。憩息也。愒仝上。企望也。砌—墻，壘—。鱭魛魚。嚌嘗食。䉻豕息也。挈仝契。晵日氣也。栔刻也。刏仝砌，俗用。憇太息也。

入聲七音，見卿韻入聲。

平低高—。佢仝上，俗用。頣—頭，垂也。衺大也；又，上聲；又，去聲。嗁—聲，小語。礍黑石名；又，人名，金日—；又，仝堤。

上抵—押，—敵，—抗。詆謗也。底—下，上曰蓋，下曰—。厎仝上。牴觸也。觝仝上。弤又仝底。邸客—，舘舍也。弤剛弓也。氐大也；又，至也；又，根也。靻鞋—。柢大根曰—。柢楠也，檐也。砥平也，均也；又，—柱；又，磨石也，細曰—。

去弟兄—；又，音剃。第次—，科—。苐仝弟，弟作第非。蒂根—，上無曰—，下無曰根。帝皇—。禘王者，大祭名。棣棠—，果名；又，木名；又，比兄弟也；又，通弟。楴根也。汦水名。眱目小是也。渧滴水。跢踦也。蔕仝蒂。娣妻—，—妹。締結。地天—。諦審也。螮寒蟬也。蝃仝螮，虹也。蠆螫蟲，—盆。坔仝地。渧汁—也，本音子。歭—足行也。懛高也。忕心不安也；又，興上仝。苐仝弟。悌善兄弟也；又，音剃。

入聲狹音，見丁韻入聲。

平梯階—。

平提手—物也；又，—携。騠良馬。騠仝上。蹄爪。啼—哭，—叫。嗁仝上。禔衣名。偍—慙，心怯也。渳研米捴也。稊—稗，似穀實小。題—目。鵜—鶘，食魚鳥。隄—防。堤堆—。埞仝上。㚻南楚謂父考曰父—。

上體身—，—諒。躰体體皆仝上。醍赤色酒也。涕淚也；又，去聲。𢓈小兒也。

去屜履中薦也。屉仝上。匯桌抽—。嚏嚏—，鼻塞。䶏仝上。替代也，—當。屆

---

① 原書寫爲"加"，今據書中所附勘誤表改爲"嘉"。

鞍一。剃一頭，披一。鬀仝上。樀整物釵也。褅卽襧裸也。禠仝上。褅補也。揥摘髮也。洟鼻液。薙除草也。遞傳一。逖仝上。涕淚也。悌善兄弟也。弟懤一也，義仝悌。

入聲剔音，見聽韻入聲。

平痢一疾，病也；又，去聲。

平黎一明，早也。犁一耙。犂黐科三字仝犁。梨一藕，菓名。棃仝上。棃衆也。棃仝上。劙剝也，劃也。剺仝上。嫠寡婦，無夫人也。貍獸名。鱺鰻一，魚名。驪純黑馬也。狸狐一，靈獸也。貍仝上。璃玻一，寶名，仝璃。笓竹爲障也。氂毫一；又，捐一。厘仝上。篱笓一，竹器。籬竹一笆；又，仝笓。璃琉一，玻璨。漓淋一，雨聲。氂牛尾也。鸝黃一，鳥名。灕江一，草名。篱仝籬。瘰癧一。㭾土牟也。䍦白帽也。醨涎沫也。醨薄酒也。慄憂也。憸多端也。懔多言也。樆野梨也。蔾蒺一子，藥名，有三角。離分一，一別。篱①笓一，竹杓；又，仝篱。藜一藿，野菜；又，口②根。

上里鄉一，二十五家爲一。李桃一菓；又，姓也；又，門人曰桃一。禮文一，一樂。礼仝上。醴美酒也。理天一，敘一。俚鄙俗言也。娌妯一。鯉一魚。蠡蚌蟲。澧水名；又，通作醴。裏一外，表一。裡仝裏。悝悲也，憂也。艫江中大船也。

去吏官一。利名一，一害。俐伶一，聰明也。例條一，律一，規一。麗美一，光彩也。隸皂一，一字。曬日光盛也。捩琵琶撥也。棙仝上。濿履石渡水也。荔一枝，菓名。栃果名。唳鶴一，鳥鳴也。厲嚴一，害也。勵激一，勉一。瘋疾一。滲水不利也。浺仝上。礪磨刀石也。懍惡一；又，恐也。痢一疾，病也。劙割破也。詈一罵。儷伉一，夫婦曰伉，並也，耦也。涖臨也，莅仝上。巁巍也；又，高也。䍻帛餘也。捩拆也，撕也。

入聲力音，見拎韻入聲。

平倪小兒也；又，姓也。棿止車木。郳國名。况水邊也。尼一山；又，一姑。岲一丘，山名。泥土也。堄一墻，用手塗也。坭仝泥。堄女墻也。妮呼婢曰一。坭一丘，山名。怩心柔密也。呢一喃，燕語也，言不了也。輗車前橫木。麑鹿子。

---

① 原書寫爲"笓"，今據《康熙字典》改爲"篱"。
② 原書不清，今用"口"表示。

霓虹一。怩忸一，慙色。埿俗泥字。帊國巾也。兒呼子曰一；又，讀而。婗婦人惡貌。

上伱汝也。伲仝上。你仝上。旎旑一，隨風也。禰祖一；又，音眺。閟智多少劣。闟仝閟。瀰水滿也。

去眤斜視也。膩細一，油一。殢滯也；又，音替。誽言不通也；又，音尼。馜珠鮸。懥性快也。

入聲溺音，見寧韻入聲。

平伊彼也，姓也。咿一唔；又，讀書聲。吚呻也。洢水名。醫一生，治病人也。衣一服，上口一。欹歎美辭。猗語辭；又，音阿，美盛貌。依一從，遵也。漪水名。堅塵埃。瑿全醫。瑿琥珀千年曰一，可造黑玉鏡。擬摹一，揣度。肩歸也。婗女字。丶仝伊。

平宜皆也，相一。冝合理也；又，仝上。嶷本音臬，姓也，方音宜。㝁仝宜。匜洗手器。儀禮一，敬一，賀一。仪俗儀字。忔喜貌。夷一狄。澺——，霜雪也。澺冰室。胰腰一。崾崛一，山名。沂水名。眙盱一，舉目貌。頤期一，百歲也；又，養也。訑——，誑入也。崺崎一，石危貌。恞悅也。移遷一，一動。秜迻二字皆同上移字。珆石似玉也。遺一留，一書。貽遺也，一誤，一害。彝鼎一，宗廟器；又，法也。彞仝上。熒花名。飴餳也。酏薄粥也。帴衣服貌。洟鼻液也。㳊仝㳊。廙廤一，戶扁也。疑一惑，猜一，嫌一。踦一踞，其形如箕也。誼正也，世一，友一。誼仝上。徺行平易也。栘棠棣也。痍傷也。懿賢也；又，音義。怡和悅也。詒贈言也。脠仝胰。眙盱一，縣名。咦笑也。箷衣架也。橠仝上。蟻螞一，蟣一，本去聲。螘仝上。夸本夷字。

上儗議也；又，揣度也。以用也；又，爲也；又，所一。目仝上。旖旗一，一旎。已止也。矣語已辭。椅一桌。倚一賴，一靠。掎偏引。苡一芒米，可食。苢仝上。扆戶牖間曰一。顗謹壯也，樂也。悒哀也。改①作已字用。笖竹筍也。叺仝以。

去義仁一，講義②。乂才一；又，俊一；又，仝上。裔後一；又，嗣也；又，姓也。翳眼中雲一，疾也。翳蔽也，障也。意心一，生一。褐直衿曰一。廙倉也。曳

---

① 原書寫爲"改"，今據書中所附勘誤表改爲"改"。
② 原書後文沒有"講義"二字，今據書中所附勘誤表增補。

第五章 《徐氏類音字彙》中卷

引也，徐也；又，音舌。擬揣度也。涺松香曰—。寱睡語也。寐仝寱。㑊不難也；又，交—。薏—苡，六谷米也。殺妄怒也，卓立也；又，剛—。藝手—，六—。刈割也。埶種也；又，仝藝。誼善也；又，人所宜也。異奇—；又，不同也。异仝上。劓割鼻也。瘞—塚也；又，埋牲曰—。詣造也，至也。羿射師；又，姓也。忍怒也。滴溶—，水貌。肄—業，習也。饐味變也。㩉水磨也。㯫木枝磨—。瘱瓜—也；又，死也。議商—，—論。恞習也，明也。噫歎也。瞖陰風也。泄去也，今吐瀉之—。蓺種也。医盛弓矢器。揥推手曰揖，引手曰—。殪物凋死也。袣衣袖也。瘞婦人病胎。劓貪也。跇述也，跳也。乂芟草也；又，仝刈。懿恭也。

入聲乙音，見因韵入聲。

平批—評，—判。披—掛；又，—剃；又，開也。剓—削，刀拆也。刕仝上。捓手打—子。坯磚瓦未燒曰—。坏仝坯。邳地名，下—。鈹兵器，劍如刀。翍張羽貌。紕衣壞也。砒—霜，—硝。磇仝上。鉟—頭。伾壞也。戥—挿屋。謥吡聲。妚不肖也。劀薄切。屁穴也。罜取虾魚器。悂怒也，憂也。笓取虾器。抷披也。

平皮—肉，—膚。鈚箭也。疲倦也，—困。毘—盧，帽也。琵—琶，樂器。琵仝上。枇—杷，果名；又，木也。柴仝上。脾—胃；又，上聲。貔—貅，猛獸。毗明也，厚也。羆熊—。裨補也，副也；又，姓也。埤厚也，增也。粃—糠。蚍蜉—，大蟻。丕大也。伾走貌。榕木名。

上痞氣不通也。胚血—，婦孕一月也。駓雜色馬。嚭大也；又，古人名。噽仝上。髀髖也。䏤股外也。圮器破未離曰—。伾有力也。狉—犴，獸名①，牢獄。俾益也，使也，從也。渒仝上。圮毀也。悱—悱，自容人也。否塞也，隔也；又，音比，不善也；又，音缶，不然也。裨—益，義仝俾，本音卑。脾肝—。

去屁氣下泄也，放—。寗宗仝上。呼喘聲。譬諭也，猶曉也。辟—如；又，音必。

入聲匹音，見貧韻入聲。

平屄女子陰名，俗音，本音卑。毻俗用，仝上，非是。

上比並校也，—賽。妣考—，母喪曰—。妣仝上。彼你也；又，—此。泚水名。

---

① 原書後文沒有"獸名"二字，今據書中所附勘誤表增補。

帊殘帛也。夶並也。鄁都一；又，一陋。畐一畚，非圖。畐仝上。彼邪也。

去 祕一法，一授。秘密也，仝上。庇一護，一廕。苉草木，一廕。箆一子，去髮垢也。饳仝上。笓仝上。眹直視也。痹腸中結病。詖言不止也。毖勞也，告也。髲首飾。畀庇一。匕一首，刺王僚。嬖便一，賤而得幸也；又，壞人也。嬶配也。幒裙也。渒水名。柲戟柄。費魯邑名，本音廢。

入聲必音，見齫韻入聲。

平聲無字，農淤切音。

上 女男一；又，音汝。

去 潔涅也。

入聲衄音，見農韻入聲。

八　灰　微

平 灰一塵，一糞。恢一復；又，大也。麾旗蓋。揮指一；又，奮也；又，一毫。煇一煌。輝光一。泚流水貌。虫鱗介，總名，俗音從，非是。暉日光也。猵獌一，獸名，人形人首虎爪，食人腦，出舌丈餘。翬大飛；又，人名。沬溲粉也，溲淬也。虺又音卉，古人名；又，小蛇；又，病也。撝仝揮。隳毀也。歷相擊也。蚘仝上。楎一梴，衣架也。抳一拳。徽美也；又，一州。幃香袋也。微幡也。撝仝撝。獋獸如犬形，見人則笑，其行如風，見則大風。

平 回一轉，來也；又，退也。囬仝上。洄水一旋。迴一避。廽仝上。茴一香，香料也。徊徘一，不進也。蛔腹中長蟲。恛昏亂貌。槴大椒也。

上 毀一敗，壞也。悔一恨，懊一。燬火焚坏也。瘣病也。毇仝悔。卉草之總名；又，去聲。

去 賄一賂，私贈也。會合也，聚也。慧智一。誨教也。喙鳥口。憒覺悟。璯玉飾冠縫。瘣木病，無枝也。懀[2]多謀。穢不潔也，汙也。蕙蘭也。諱名一，隱也。惠恩一。卉花草總名。恚怒也。晦月盡也，三十日也。繪畫也。湏滌面[3]也，

---

① 原書寫爲"嬶"，今據書中所附勘誤表改爲"嬶"。
② 原書後文有"一誤"二字，今據書中所附勘誤表删去。
③ 原書寫爲"囬"，今據書中所附勘誤表改爲"面"。

第五章 《徐氏類音字彙》中卷

俗作須用。爌再煮爛也。嗚小聲。嚱和也。殨爛也。殔困極也。憽愛也，順也。膾美肉也。靧洗面也；又，上聲。潰亂也，逃散也。卉草之總名。檜木名。澮田間水道也。嬇不悅也。憓察也。蠤明也。晴衆星也，即小星也。檜小棺也。浍水波紋也。洄一氣，青黑色。篲掃竹也；又，妖星名。虫鱗介，總名，蟲與虫別。

入聲忽音，見昏韻入聲。

平威—儀，—嚴。偎愛也。煨火—，燒也。飀風—，小也。痿—困，疲也。隈沒也，回淵也。隈水曲也，凡物之曲處曰—。渨沒也。誽呼人也。椳門樞也。唉小兒啼也。喂恐也。垝決塘也。椷—畲，褻器，今恭桶也。倭遠也；又，音阿，—奴，國名。微古音細也；又，音遠。

平微精—；又，—細；又，—末。爲—作。爲仝上；又，音未。薇薔—花，紫—星；又，仝微。溦小雨也。溦仝上。韋姓也，俗音，本上聲。韋仝上。口圍也。違—背，—逆，—命。圍—繞。闈庭—，門内也。幃桌—，—幔。褘衣也。危—險，不安也；又，姓也。微仝微。漳水名。潿不流，濁也。桅—杆，船—。峗山名。帷—幄；又，帳也。唯專辭也。惟獨也。隗姓也；又，人名，高也。濰水名。嵬崔—，山名。巍高大之貌。暐呼聲。壝即圩田；又，堆—，本音位。鶻與爲仝。維—持；又，四—，禮義廉恥。犪即犪牛也，出蜀中，牛肉重數千斤。

上委—曲，—任，—員。諉推—。煒—煌。韙是也，美也。頠仝上。尾首—。寪屋也。暐日光也。樟木可屈爲杆。矮枯死也。痿仝上。洈泉底水。偉奇—；又，大也；又，去聲。箽竹名。葦蘆—，俗音爲。蓶[1]地名；又，姓也。蔿仝上；又，草。挽—欠。憤恨也。猥犬聲；又，鄙也。亹不倦意。僞詐也，虛—。媁美也，順也。暐光盛貌。偽仝僞；又，音未。洧水名。

去魏國名；又，姓也。位坐—。衛護—，保—，—生；又，姓也。尉校—，侍—。敳仝上。僞假也。偽仝僞。胃脾—。胃仝上。慰安—，撫—。熨仝上。叡深明也。蔚茂也。謂言也，稱—。渭水名。畏懼也。穢污—，不潔也。磈崇積。緯帽—。未—必，方音面。味滋—。喟歎聲。殨殘—，死—。罻鳥網。蔧五—子，

---

[1] 原書寫爲"蓶"，今據書中所附勘誤表改爲"蓶"。

· 107 ·

染黑用；又，樂名。餒一食。喂怨也，俗用，一食，之一。悁怫一，心不安也。慰全尉。懲言不慧也。

入聲無字，枉弗切音。

平吹口一，一噓。颸仝上，風一。炊一爨。崔姓也。催一促。鏙茶一，見俗用雜字。催急行也。摧一殘，傷也。

平槌輆一；又，擊也。搥擂也。鎚兵器。錘稱一。椎棒一。捶手一物。摧折也，挫也。烌二水也。湠水深聲也。

上萃聚也。悴憔一；又，去聲。琗珠玉光也。瘁病也。倅副也。崒聚積也。梓木朽也。錊小釘也。淬深也。澻濟皆新水也；又，清也。

去翠翟一。啐咄也，滅火器也。晬目清明也。毳柔毛也。脆物易斷也。脃仝上。脆仝脺。橇櫜重橋。淬滅火器也。濢下濕也。粹純也，不雜也。璀一璨，玉光也；又，珠垂貌。邃一古，深遠也。悴憔一，本上聲。萃會一；又，上聲。倅副也；又，上聲。

入聲無字，忖惑切音。

平堆一積，一堤。胎皕一，不快也。顛一狂，一倒。鎮仝上。崔仝上。滇池名。雁屋傾曰一。碓聚石也；又，音罪；又，仝礁。磓仝上。爹父之父曰——。傾一倒，仝顛。巔山一。壋坯堼泹崖自六字皆仝堆，高池圍也。癲瘋一。掂手一物也。敁一敠，以手稱物。

上典一故，一當。點一滴，一畫。点仝上。抴撐一。興仝典。蕆草名，人名。劯著力也；又，纍也。諯譖言。

去隊一伍，衛一。懟怨一。兑一換。涗清水。碓礛一。譈怨也。駾突也。憨怨也，惡也。憞仝上。淀淺水也。澱湖一，波之漾者曰一，仝淀。店商一，一鋪。玷玉病也。電閃一，雷鞭也。佃一田人也，本音田。鈿金華也，音田。埝下也；又，地名。澍濡也。晲茂也。簟竹一，拜一；又，竹蓆也。鋋支物不平也。靛一花，藍一。甸五百里曰一。殿宮一，一試。牭牛食草也。墊堂基也。殿殿本字。沾水名。坫屏也；又，土一。趁足一；又，足長短不齊。對相一；又，雙也。對对仝上對字。砥器具，兩楹反爵。墊下也；又，一欠。垫仝上。

入叠重一。疊仝上。埵邱一。諜問一。蝶蝴一。眣以目視人也。籙一簽，一圓。軼車相出也；又，音業。铁利也。迭更一；又，與軼通。跌一倒。瓞瓜一，大曰瓜，小曰一。絰衰一，喪冠也。牒表一。檽木有綿，可爲布。昳日昃也。碟盤一。擨一衣，收也。㩇摺一。㩇仝上。耋耄一；又，八十歲曰一。堞城上女牆也。疊疉二字皆仝疊。

平 悲慈一，一傷；又，泣也。碑石一。䃸俗碑字。卑低也；又，尊一，一微。畀仝上，俗寫。椑污下。桮一棬，酒器。杯酒一，仝桮。盃仝上。陂水畜曰一；又，音坡。簸取魚竹器。䇷仝上；又，音必。裨益也，俗讀疕。庳下也；又，國名；又，去聲。稙一荳，豇一，俗上聲。悖冕也。猵獺屬。邊傍一；又，姓也。籩一豆，禮器。蝙一蝠。鞭兵器；又，牛一，一撻。編一脩，一纂。緶縫衣也。楄方木也。鯿一魚。鯿仝上。屄女子陰名，俗音比平聲。萹竹草名。囦唾聲。边俗邊字。

上 貶襃一。匾圓一，一對，一額。匾仝上。糄一食。褊小衣；又，一窄。䬼仝貶。蘒一荳；又，平聲。稨䅧二字皆仝上蘒字。揙搏也，擊也。窆葬下棺也，執斧匠。摳一擔。惼急也。匕一首，劍名，本音篇上聲；又，音比，俗音貶。

去 卞姓也；又，卞蛋；又，一子。汴一洲，宋都。忭喜樂也。弁大冠也；又，皮一。窆下棺也。變一化，更一。変仝上，俗用。汳水名；又，仝汴。獱獸名，如狐，有翼。䢍急流也。湃水貌。辨分一，一別。辯舌一，巧口也。便方一，順一，大小一。遍普一，遇一。徧仝上。悖逆也。背腰一，違一。備具也，完一。葡萄二字皆仝上。瓣水波也。鵧一鵲，良醫；又，上聲。瓣絲一，一帶。昪明也。奰壯大也；又，迫也。俾使也，從也。婢奴一。䕃一母，藥名。偝仝背。溲小便也。㥁一心，衣也。備俻俗用備字。焙火一，炙也。輩班一，輩仝輩。忯劣也。瞂閉目也。楠木名，穗可食。㳷導水使平也。被一褥；又，語辭，一打，一竊。狽狼一，獸名，相附而行。蔽遮掩物也。弊一端，一竇。獘仝上。臂肩一，脊一。閉一塞，關一。陛階也，稱君曰一下，古用此。痹喉一，病也。幣一帛；又，銀一；又，紙一。避迴一；又，躱一。橰五一子，染黑。倍加一。奰一屭，作力貌。貝寶一。糒一糗，食壞也。薜一荔，俗名木饅頭。髲偽髮也，俗曰假髮。䁰賠也；又，墊也。詩①乖也，亂也。帔裙也；又，霞一。敝敗衣也。㡀衣服壞貌。帗仝上敝字。

---

① 原書寫爲"役"，今據書中所附勘誤表改爲"詩"。

◆ 徐氏類音字彙：一百年前的鹽城話 ◆

入別分一，拜一，口下从刀。瘺枯一。鼈魚一。鱉仝上。憋一氣。拂手一後也。
躄反足，跛也。稨禾行列不齊也。斃死也。甓瓦酒一子，俗用。鏅酒一子。鑒
仝上。襒衣服婆娑。癟腫滿，皮裂不凸也。

平篇文章曰一。偏不正也。編简一。翩一翻，疾飛也。蹁一遷，旋行貌，行不正
也。犏牝牛與犛牛合生曰一牛。瘺半枯病。卞姓也，方音；又，音背。篅捕
魚具。

平裴長衣；又，姓也。培栽一，一植。陪一臣，一伴。賠一補，一償。掊聚歛。
駢聯也，二馬並駕也。骿益也。軿輜一，車衣也。骿骨相連也。便一宜。諞巧
言也。諞仝上。埲①嶁皆仝培。

上倍不可也。琣珠玉百枚。

去配一合，對也。響鞁一，一頭。沛顛一。呸一啐。譬一喻。佩帶也。邶一鄘，
國名。珮玉一。枚木生枝。旆旗尾也。湃舟行也。剛削也。斾仝旆。崩崩聲；
又，毀也。帗大布也。怖怒也。濞水暴至聲。派別水也。片一面；又，刀切一。
遍一地；又，音卞。徧仝上。漏仝上。騙誑一；又，躍上馬。僻棄也。姵女名。
弁皮一，古大冠也；又，音卞。

入撇一捺，拋一。擎仝上。瞥暫視也。憋一妥，急速貌。懒嗔也；又，仝上。
嫳輕薄貌。劈削也。潎水激貌。鱉鹽一，燒鹽鍋也。甌小底大口，一缸。
丿右戾也。

平追一逐，一討。錐一子。騅鳥一，馬名。嶉山高貌。觜鳥角；又，音支，宿名。
奊大也。棳木節。睢仰視也。

上嘴口也。噿仝上。紫②鳥啄也；又，石針。糳米一。

去墜一落。隊一伍；又，音對。縋繩懸也。贅招一，累一。膇下腫也。惴恐懼之
貌。最尤也，勝也。醉酒一。罪一過，一犯。睪仝上。圍仝上。檇一李，地名。
憝怨也，恨也。錣千金捶。碊磞一；又，仝墜。懟怨也。硾搗也；又，鎮也。
蕞野外習禮也。

入聲無字，竹感切音。

平非是一。飛翔也，高一。蜚蝗子也。緋紛一；又，絳色。霏雺一，雪一。妃嬪一。

① 原書寫爲"埲"，今據《康熙字典》改爲"埲"。
② 原書寫爲"紫"，今據《康熙字典》改爲"紫"。

110

第五章 《徐氏類音字集》中卷

扉柴一，門也。靠細毛。騑馬行也。駓馬也。淝水名。啡嗎一，大煙之精，藥物也。

平 肥一胖，一瘦。腓足腿肚也。淝合一，縣名。䴔鳥如梟，人面一足。痱小腫也。疿仝上。

上 菲薄也。匪非也，土一，習不正行爲也。榧一子，果名。棐仝上。誹一謗。悱欲言不能。悱仝悱。篚竹器，圓曰一。翡一翠，寶玉。羙大也。斐文貌。吠犬聲；又，去聲。

去 廢興一；又，殘一；又，一棄。費使一；又，盤一；又，姓也。肺肚一。薺蘆一。柿削木片曰一。柿仝上；又，音市。吠犬聲。芾木盛；又，音弗。櫠木皮。剕刖足曰一。疿暑天人所生一子。瘰瘤疾也。簸籩篠也。閩獸名，——。廢仝廢。

入聲弗音，見分韻入聲。

平 麵粟磨一，切一；又，去聲。麪仝上，皆俗音。麪仝上麵，俗用。

平 梅一花。眉一毛。枼仝梅。楳仝上。彌大也；又，弓滿也。弥仝上。迷一惑，亂也。醚醉一。塺塵也。棉一花。枚木名，可爲布；又，仝棉。幭車蓋也。㡈仝棉。浘浴尸曰一。麛鹿子也。䫀頭垂貌。䛥止也。嵋峨一，山名。郿地名。禖天子求子，祭名。侎心惑也。溦壞也。禖仝禖。煤一炭，一油。媒一妁，一婆。䤀酒也。枚青一，果名；又，個也。湄水草之交也。鶥一鴨，繡鳥也。玫玉名。佅安也。咪羊鳴。哶哶二字皆仝上。糜粥也；又，一彌。靡奢侈也。楣門上橫木。釀酴一，酒名。釀仝上。痗病也。殕腐也，坏也。湅仝上。悶心一；又，荒一。霉久雨也；又，時一天。徽久雨，物青黑色也。縻繫也；又，牛靷也。玫一瑰，石珠也；又，花名。宀深屋也。禖神也。蘼茶一，花名。鍤子母環。瑂玉名。蘪一蕪，香草根曰芎藭也。陷邪行也。眠睡也。綿一纏。眉仝眉。塓壇圩也。塺塵也。塲平地也。

上 美好也，一貌；又，嘉也。浼污也；又，流也；又，以事託人。每一日。莓仝上。米一麥。免少也；又，去也。敉撫也，安也。渼水名。蛘一虫。眯草入目中也。㠇姓也。哶羊鳴。冕冠也。挽喪冠也；又，仝冕。毎①俗每字。洣水名。禰親廟也，生曰父，死曰考，入廟曰一；又，曰祧。勉一強，勸一，一勵。娩

---

① 原書寫爲"毐"，今據《康熙字典》改爲"每"。

· 111 ·

分一，生子也。挽全上。浼—尖。沔水名。眄邪視也。湎溺也，沈於酒也。緬遠也。酶飲酒有度。愐思也。澠—池，縣名；又，水名。羌全美。

去 妹姊—。袂衣也，袖也。謎啞—，猜—。昧昏—不明。媚嫵—，詔—。眛目不明也。瑂玐—，玉石有文。寐寤—，臥息也。魅魑—，鬼也。沬水名；又，地名。麵麪麥米—；又，切—，二字仝；又，上平聲。浘大水貌。偭背也。痗病也。䀏遠視也；又，音勿，瞑也。面頭—；又，臉也。面俗寫，仝上。籸米—。麺仝麵，俗寫。麫仝麪，俗寫。

入 滅除也；又，消—。篾竹—。蔑無也。衊汙血也。儌—僭。篾俗䁾字。

平 盔帽也；又，—甲。窺小視。闚仝上。骷肩骨。虧—累，—負，—空；又，壞也。跪—拜，俗音，本音貴。

平 魁—首，—元；又，星名。奎仝上。傀—偉；又，—儡，木偶也。暌—違，相隔也。葵—花，向日—。騤馬行也。恢大也。恢仝上。悝大也；又，憂也。魁—師，北斗星名。睽目少精也。逵通衢也。馗鍾—，判官，唐進士也。旭仝上。夔獸名；又，姓也。犪—牛，出西屬，肉有數千斤。樻鋤柄也。愧悸也，心動也。

上 揆度也。傀—儡，木人也。跬半步也。蹞仝上。

去 匱匣也。饋—送，—餉。餽仝上。簣土籠。蕢草器。憒亂也。愧羞—，慚—。壝累土也。尪—弱，虛—，本平聲。櫃廚也；又，音桂。

入聲哭音，見空韻入聲。

平 雖—然。浽小雨。綏安也。媫安也。濉水名。夊行遲貌。葰五月，律名。靴—鞋；又，耎平聲。衰行遲貌。㽔仝浽。荾胡—，香菜也，俗曰芫—。尿便也，俗音。涹濢皆仝上尿字，本鳥平聲。

平 誰何也。隨跟—，從也；又，—時。隋國名，本音段。髓骨中脂也；又，音損。遀滑也。隨仝上。飿—餅。垂衍也，四討也。垂上—下也。

上 水—火，南人又讀史。渼仝上。綏縸也。

去 歲年—。崴仝上。岁仝上，俗寫。晬生子一歲也；又，音醉。祟鬼作—。繐紗—。焠土不黏也。涚沸灰汁也。㾓屋深也。㾸灰集屋也。遂田間小溝也。璲瑞玉名也。濊水多貌。瘁腫病，—蠱。穗禾成秀也。穟穄采皆仝上穗。睡眠也。晬清和貌。稅糧—，—所。瑞祥—，—氣。帨佩巾也，今之手帕；又，設—，女週也。桵小木，可食。啐—駡，吐—；又，一人。潫仝潊。誶誚也；又，多言也。遂順—，猶成也，—意；又，音序。襚深赤色。碎破—，零—。

入聲俗音，見松韻入聲。

平 規—矩，—則。槻仝上。歸回—。鮇仝上。瑰美玉也。閨—闈。龜甲蟲之長。鴄子—鳥。邽地名。䣥地名。僞姓也。皈—依。瑰玫—，圓好珠也。圭玉—，上方下圓。

上 癸天干名。鬼—神。詭—譎，欺詐言也。軌車道也。簋簠—，祭器，簋內圓外方也。晷日影也。祪毀廟之主曰—。宄姦—，外爲盜，內爲—。姽閑體行——也。悔悔也。漸水貌。佹重累也。牪牛也。

去 貴—賤，—重，富—。桂丹—。櫃廚也。跪—拜。撅揭衣也。鱖—魚。瑰玫—，花名。劊—子手，殺人人也。檜樹名。庪毀也。猦獝—，小獸，善捕鼠。

入聲菊音，見窘韻入聲。

平 推—轉。天—地，天名大圜。靝仝上。添增也。忝仝上，本添字。添①俗添字，本音沾。祆關中謂天曰—。

平 田田地，—房。窴塞也，滿也。嗔仝上。瑱仝上。填—補，仝上。屇困窮貌。甜味甘也。恬安也。摶擊也。隤墜也。庙平也。屇穴也。洈水勢廣大貌。沾水名；又，音占。甜美也。菾—菜。畋—獵，取禽獸也，—平田也。鈿地名。滇—泫，大水。魋人名。頹傾—，—敗。眮人生三月而徹—，然後能有見。癲下潰病。磌石落聲。磌俗寫，仝上。積仝頹。

上 腿—足。忝②—在，—教。悐仝上。悿—弱也，心感也。腆善也，厚也。靦面慚也。恌慰也。晪明也。諂言不定也。淰陰陽氣亂曰—。殄絕也。䩄恭也。歺殀歹③皆俗用殄字。舔舌取食曰—。餂甜仝上。湎垢濁也；又，泪沒也。

去 退進—，—後。蛻蛇—殼。毻鳥—毛。甩—鎖，俗用。舔以舌取物。舔仝上。礶蛇—。䪥巍二字皆仝上。捵—燈，杖也。椓吹火箸。栝仝上。梯門押也。

入 帖簡—。貼補—，粘—。怗心服也。惉仝上。饕餮—，貪食也。喋多言利口也。驖黑馬。跕墮落也，俗音湛。點—餅；又，餅屬。鐵銅—。鉄仝上。銕仝上。

---

① 原書寫爲"添"，今據書中所附勘誤表改爲"添"。
② 原書凡"忝"上半部分都從"天"，今據書中所附勘誤表改爲從"天"。
③ 原書寫爲"歹"，今據《康熙字典》改爲"歹"。

◆ 徐氏類音字彙：一百年前的鹽城話 ◆

平聲無字，如爲切音。

上聲無字，汝委切音。

去銳鋒—，利也。汭水名。芮——，草生貌；又，姓也。

入聲六音，見聾韻入聲。

平遮掩也，—蓋。旃旗之一種，旗曲柄也。栴—檀，香木。氈仝上。氈毛—。氊仝上。毡仝氈。毹仝上，毛蓆也。添益也，俗音天。痁瘧疾，病也。詹多言也；又，姓也，與占通。襜整也。瞻視也。邅迍—，行不進也。饘厚粥—口。占—卜；又，上聲。旜通帛爲—，仝旃。鸇食雀鳥。粘—黏。沾—沐；又，濡也。驙馬載重難行。鱣魚類。輾—轉；又，上聲。婰—妗，喜笑也。幨—帷。墡蔽也。黏—鈊，多也。爹吳人呼父。譫病人妄言曰—語，本之廉切。

上展—放；又，舒—。搌—拭，揩也。輾—轉。蹍履也。蔵畢也。颭風動物曰—。㞡展本字。

去戰鬪也，爭—。佔諜—，侵—；又，音占。顫身寒，冷—也。

入折曲—；又，催—；又，斷也。哲明—；又，—嗣。輒手—。晢仝上，明—。蜇蝗也。桑①風動禾也。浙—江，地名。晳昭—，明也。晰仝上。歾夭死也。摺巾—；又，手—；又，疊也。菥篾篷也；又，蘆—。喵嘲—；又，音扎。

平賒—欠。奢—侈。些早—；又，—徼；又，音喜。佌仝上，本音仙，方音賒。貢仝賒。

平蛇龍—；又，毒蟲。佘姓也。

上捨施—；又，棄也；又，拋也。舍仝上，本去聲。善本音，慈—，俗音扇。閃—電，雷鞭也；又，躲—。陝地名。㴑水動貌。㨘疾動貌。晱電也。睒暫視貌。

去舍莊—；又，上聲。麝—香。射—箭；又，注—；又，音十。社土神也；又，—稷；又，春秋—。赦天—；又，—免。赦仝上。扇—子，舜作五明—。箑仝上。庫姓也。筈折竹篦也。煽熾盛也。贍足也。善—惡，方音，本上聲。禪封—；又，—位。禋祭天也。單姓也；又，音丹。苫屋蓋草曰—房。

入舌口—。設開—，—或。幨羣也，婦人脅②衣。涉干—；又，渡水也。歮椒二字仝上。

---

① 原書寫爲"桒"，今據書中所附勘誤表改爲"桑"。
② 原書寫爲"脅"，今據書中所附勘誤表改爲"脅"。

平 車輂也；又，音居；又，音叉，方音川。蚺—螯，蛤屬而小。硨—渠，石次玉。
平 廛市—，房也。纏—繞。躔日月—度。瀍水名。蟬腹鳴蟲也。嬋—娟，色態可愛也。禪參—，—院。蟾—蜍；又，三足—。僤態也。墵俗廛字。澶—淵，水在宋地。

上 扯拉—。哆大口貌。撦手—篷也。驙寬大貌。諂卑屈也。㡇浴巾也。

去 緊—麵，粉—。闡窺視貌。縺—繞，綿—。闡明也，開也。幝車弊貌。

入 徹通—。撤抽—，—銷。澈水清曰—。掣—錢；又，曳也。婌女不善貌。屮[①]草木出生也。輒獨也，專擅之詞；又，每也。掫招也。轍車跡也，前—。

九 歌 摩

平 歌—唱，方音勾。戈干—。鍋釜也，—灶。過—期，逾也，本音貫。濄水名。官宦也；又，做—。觀—看；又，去聲。滒多汁也。倌店使堂—也；又，清—人。䚛仝觀。渦水名。濄水名。痀禿瘡也。棺—柩，—槨。冠帽也；又，衣—。帔首飾也。哥兄也；又，方音勾。戨仝鍋。堝烹煉金銀沙—。

上 管—笛；又，—理；又，筆—。晉仝上。筦仝上，管見《詩·周頌》。裯—袴。輨車具。輨車—頭。灌水也；又，去聲。盂盤也。館舍—，茶—。舘仝上。脂胃—，人氣顙—。脘仝上。緺緾—。果花—；又，—然。菓一品，水—也。倮赤體也；又，人謂—蟲之長。裹包—。錁—角；又，音課。斡轉也，運也。餜米食，—餅。粿粺二字皆仝上。蜾—蠃，蜂類。惈敢勇也；又，仝果。感—謝；又，—應；又，音敢。筦仝筦。

去 過經—；又，罪—；又，往也。祼仝裸；又，灌祭也。瓘玉名[②]也。灌澆—，—溉。貫—串；又，通也。觀庵也；又，上平聲。鸛—鳥。箇—枚也。個仝上。个俗用，仝上。毌穿物持之也，同貫。盥淨也。罐磁—。鑵錫—。鏆魚—，穿物也。衢—衕，屋大門堂也。裸仝灌，祼。卝束髮兩角。盥洗也，濯也。

入 割刀—，—斷。适疾也；又，人名，南宮—；又，音刮。眣視也。慝自用之意。括包—；又，音刮。葛—藟；又，姓也。瀉水名；又，波勢也。鶻騤—，雜亂

---

① 原書寫為"屮"，今據《康熙字典》改為"屮"。
② 原書寫為"石"，今據書中所附勘誤表改為"名"。

貌。蛤一蜊。合升一，合夥。鴿一子，鳥名。駒馬一，腳也。駒騔二字皆仝上驕字；又，足疾也。

平磨碓一；又，去聲；又，音模。

平摩揣一；又，研究也。模規一；又，一範；又，法也。蟊食苗根蟲。蛑仝上。矛一盾，兵器。塻塗一也。洚厓也。眸目瞳子也。矛仝矛。礳磨本字。擵仝摩[1]。謀一事，參一，機一。謨謀也。謩仝上。牟姓也；又，地名。麰大麥也。㑄師古曰一。鍪釜也。摹一擬。魔妖一。侔均也，等也。蘑一荷，菜名。幞女人衣巾。恈貪愛也。蘑一菇，口一。髍身枯也。毷毛布也。饃糕一，一首，諸葛亮作。瞞一昧；又，目不明也。鰻一魚。㦟仝謀。縵繪無文也。褸一襠。曼長也；又，音萬。槾杇也，塗也。墁仝上。鏝仝上；又，飾墻也。慲忘也。謾且也，欺也；又，音慢。蹣一跚，跛行也；又，踰也。橅仝模。埊小隴也。墲墓地也。磨一研，一琢。螌盤一，毒蟲。顢一頇，大面也。

上滿足也；又，盈也。麼怎一，甚一。示仝上；又，細小也。某一處，一人。母父一；又，慈也。拇手大指也。砪足大指也。姆與母義仝；又，夫嫂曰一；又，女師也。娒仝上。畝田一。晦仝上。畒俗用，畝字。牡公畜也；又，牝一；又，一丹。姥老母也。丘孔聖名，本音秋。痗口邊白一。豞牝豕也。牤仝牡。犸仝上。

去磨碓一。暮朝一；又，日晚也。慕思一；又，羨一。懋美也，勉也。募一化，一緣。墓坟一。愗愚貌。楙木盛也。楸冬桃也。漫水淹也。淼潣潣仝上漫字。澫仝漫。貿一易。貸貿二字皆仝上。茂一盛。袤南北曰一。幔帳一。慔勉也。蔓一菜；又，音萬，草名。

入末無也。沫水一。茉一莉，花名。麩碎一，穀糈也。妺一嬉，桀王妃，非妹。䬴馬食谷也。抹塗一也。秣谷粟，馬食也。苜目不正也。帓巾也，帶也。怽忘也。眛目不明也；又，人名。昧日中不明也。瀎拭滅[2]貌；又，淨巾。

平專一也，獨也。顓制也。耑物初生也；又，代專。磚一瓦。甎仝上。餸骨一，見《五音集韻》。鑽穿也；又，去聲。鑽仝上。銼似釜，大口。煳短也；又，塩場名。

上左一右。纘繼也。鑚戈戟。纂一要，一集；又，音串。昝姓也。轉一動，一移。

---

① 原書寫爲“摩仝”，今改爲“仝摩”。

② 原書不清，今據《漢語大字典》寫爲“滅”。

第五章 《徐氏類音字彙》中卷

嚩—聲。錯銼—，見俗用雜字。才左本字。㫋助也。迤行不正也。
去篆—字。傳經傳；又，音船。琢圭貌。鑽銼—，匠人用。措手動也；又，持也。撍仝上。垛耕合也。佐輔—。做作事；又，—工。坐行—。㘸仝坐。座—位，—落。袏衣包也。𡞰拜失容也；又，音乍。
入拙不巧也。梲短柱也。繀結也。攥手把也。綴聯—。詘言多不止。涰泣也。輟止也，歇也。惙憂也。歠大飲也。啜餟二字皆仝上。畷田間道也。
平歡—喜，—迎。懽仝上。讙譁也；又，音宣。貆獸名，野豚。驩良馬；又，—兜，人名。呵—氣，—笑。犴野豚。訶大言也；又，怒也。烜—蒸，又，音可。嘁台人打—氣，二字仝。雚始也，化也。貛—狗；又，野豕。
平和—合；又，平—；又，和尚。何曷也，—如。荷—花。河江—。盉調味器也。禾—苗。韓姓也，方音；又，讀鹹。秴棺頭。灜水深貌。䪞牽船人聲也。啝順也，小兒啼也。妚雅容也；又，女字。吴小兒啼。恕俗和字。柡棺頭也。苛政煩也；又，小草細也，俗讀寬，—罰，—刻。
上火水—，方音，本音虎。伙儚—。夥—計；又，—伴；又，多也。緳綷二字皆仝上。濊弄水也。憓恨也，方音，本音罕。
去賀慶—，恭—。貨—物。賀仝上。禍—患，災也。禍仝上。殣仝上。抲負—。喚叫—。嗳—呼，仝上。灝漫—，不分別貌。䪞進船聲。懏伴不順也。榾盛油塗車物也。換兌—，更—。奐大也。煥光明貌。煥文采。瑍玉文彩；又，同煥。浼水名。賵豌—，小有財。挎擔也。欱會合也，併也。浣洗衣垢也；又，音玩。姡詐也。荷擔也；又，音何。
入活生—；又，死—；又，—動。豁—達，—然。刮—楸。薖大也，年高也。盍何不也。合物—併也；又，和—；又，—仝。盒帽盒也；又，上下相合物也。緙吹火—；又，音隘。閤—室。㞕閉也。褐毛布也。曷何不也。佮姓也。
平稬—稻，粘米也。穤仝上。畇城下田也。
平奴—僕；又，女使也。伮戮力也。孥妻子也。娜婀—，女美貌。挪—撧，—借。儺逐疫人也。那姓也。駑—駘，下乘也。帑仝孥；又，音倘。㜪袦—，多也。南江—，方音。笯鳥籠也。砮石可爲矢鏃。碦仝上。
上努—力。弩弓—。艪行舟具，俗音，本音魯。暖和—，日—。煖仝上。燶仝上。

◆ **徐氏類音字彙：一百年前的鹽城話** ◆

䐃溫—也；又，仝上。煖火—也。澳湯也，濯也。稬黏稻曰—，俗作①糯、穤。餵女嫁三日餉食曰—。娜美貌；又，舒遲也。艛艪櫓三字仝櫓。

去怒忿—。糯—米，俗用。穤仝上，俗用。稬糯本字。懦愚—，—弱，慵—。偄仝上。

入劣偄—；又，音列。

平穿—貫。川山—，—流。遄急行也。穿仝穿。蹉—跎，失時也。瑳玉色鮮白也；又，仝磋。搓—撚，—繩。磋切—。艖舟名。䑽塩也；又，塩曰—司。剉折傷也。矬—矮，本音坐平聲，短也。釖車鈌—。莝斬芻也。嵯—峨，岩貌。差仝上。姕拜失容也。巜川本字。㳄水名。

平傳—授；又，—遞；又，音坐。椽屋—子。攢—聚。簹盛谷器。椽陳—，馳逐也，本音愿，官也。舡吳舟名；又，音岡；又，俗船字。船舟也。舩舺艖三字皆仝船。

上舛—錯。喘—氣。黪黑色。歺殘也。穇—䅟，本音三。僢人相背也。穇仝穇，俗用。筭以竹貫物，俗用，音多。

去篡—位；又，—逆；又，奪取也。竄逃—；又，匿也。爨炊—。串穿也；又，—誘；又，—仝。釧釵—，鐲也。攛奪也，逆也。擯擲也。爨炊—。挫折—。懬仝上。銼鋼—。㳄水也。纂編—；又，—脩。剉折傷也。錯—置也，俗音非是，本音綽；又，音措。

入撮手—物；又，—忙；又，六十四米爲圭，四圭爲撮。澀泣也。啜多言不止；又，拾食也。輟車小缺復合也；又，止也，歇也。

平寬—窄，—宏，—大。科—甲；又，—條；又，司法—。蝌—蚪，蝦蟇子也。顆—粒，个也。棵—數。稞根—。窠穴曰—，豬—。犐無角牛。笴箭幹也。珂玉—石，次玉。軻孟—，本音母②。苛—刻，—罰，俗音。柯斧柄也。堁塵起貌。

上欸—式；又，—待；又，錢—也。欵仝上；又，音坎，本字。可—否。坷坎—，不平也。舸大船爲—。岢—嵐，山名。款仝款。濴水名。榾榾斜也。裸赤身也；又，音卵。瘰瘡—。蓏草生曰—，木生曰果。欵又仝款。听擊也，打也。滒船着沙不能行。

---

① 原書寫爲"竹"，今據書中所附勘誤表改爲"作"。
② 原書後文沒有"本音母"三字，今據書中所附勘誤表增補。

去看觀也。課功一；又，國一；又，一誦。騍牝馬。錁—錠；又紙一。
入濶廣一。闊全上。渴飢一。碣碑一也，山特立也。瞌—睡。潵渴本字；又，遲也。瘑内熱病也。

平波一浪，一濤。菠—菜。玻—璃。袁人名；又，聚也。襃—貶；又，獎飾也；又，大裾也；又，一揚，本音包，時音波；又，俗褒字。褒全上，襃本字。嶓—塚，山名。般—件。搬—弄。泼波本字。簻捕魚具，其門能入而不能出。
上跛足一，行不正也。簸篩—。播—揚，一弄。
去半平一分也。伴侶一；又，夥一，同一。秚物相和也。絆—馬索，俗用㇒去聲。籓—箕，用物。姅婦人污也。料量物分半。
入撥挑一；又，手一。跋一涉，旱行曰一，水行曰涉。鉢—盂；又，衣一。骳頸項—子。鈸鐃—，樂器。軷車—。蹳足—物也。妭美婦也。盋飯—也，盂也；又，仝鉢。癶足剌—也，足有所行也。

十 蘇 胡

平蘇暢也；又，江一；又，一州；又，姓也。疎—淡；又，一忽；又，一遠。疎疏二字皆仝上；又，親一。樞木一，星也；又，門戶一鈕。樗木名，臭椿也。麻廡—，酒名。璛—班，比筍也，或作茶。芟刈草也；又，音山。梳—篦。梳梳二字皆仝上。酥酴—，酒名；又，一潤。穌舒悅也；又，一醒；又，耶一；又，通蘇。甦—醒，死復生也。殊爛也。痲—痺，手足不知疼痛也。殊絕也，別也，異也。蘇香—，草名。殳兵器；又，姓也。書—寫，文—。舒—展；又，放也。紓緩也。輸—贏，一服。姝美色也。檽—櫟，木名。秼—秋，待考。姝女也。媣仝上。樕—木，可染緋。洙水名，出泰水。嚕嚕—，言多也。
上數—錢；又，去聲。数仝上，俗用。
去素白色；又，平一。數—目，計一；又，下平聲。数仝上。訴—說也，告也；又，一狀。愬仝上；又，譖也。悚誠也。塑—像，塐仝上。潫溝也。蔬葷—。嗉受食曰一，雞鴨一。漱—口，本音受，方音素。樕木未飾也。戍兵也；又，守邊也。俗向也。捒暗取物也。豎未冠者曰—子。澍時雨也。溯水逆流而上也。瘯泝遡游四字皆仝上溯字。竖立也，横—。尌仝上。樹—木。桳仝上。恕寬一；

◆ 徐氏類音字彙：一百年前的鹽城話 ◆

又，推己及人曰—。庶—民，眾也，俗用。庶本庻字。署公—，官舍曰—。曙曉也。墅別—，田廬也。竪立也。侸立也。僿神名；又，姓也。篜籃屬。

入聲速音，見松韵①入聲。

平 呼—喚；又，鳴—；又，音鋪。乎虛字之—。嘑仝呼。滹—沱，水名。浮仝上。歔出氣息也，出曰—。幠覆也，死人覆衾也。箶—籚，劍室。恗怯也。憮—恍，夸誕也。

平 胡北人曰—人；又，何也；又，姓也，從古肉。湖江—。壺，—瓶，茶、酒—。壼俗壺字。瓡仝上。衚—衕，巷口也。瑚—璉；又，珊—。糊麪—。麴麷瓺秴黐五字皆仝上糊字。鬍—鬚。刮俗鬍字。蝴—蝶。猢—猻，猿屬。楜—椒。葫大蒜也；又，瓜也。餬封—口也。瓠匏—也，瓜類；又，音護。弧木弓也；又，懸—，男壽也。狐—狸，靈獸。煳焦也，俗用。

上 虎猛虎。琥—珀，茯苓干年化—珀。虉—蔖，花名；又，—荳。滸水涯也；又，水—。滹—潑，舟中—斗。岵—屺，山無草木。虎蟲名，蒼蠅—。汻仝滸。火水—。篞竹名，高百丈。戶門—，二—爲門；又，俗音互。

去 戶門—，俗音，本上聲。扈跋—；又，從后曰—；又，姓也。瓠—子，可食，似瓜。護救—，庇—，—封，保—。冱閉塞也。互—換，—鄉。帍婦人巾。滹潑也，搏擁障也。簄魚—簄。槴書具；又，魚—。斛—斗舟中，澆水用。瓠—子，瓜屬。獲—簄。冱寒凝也，仝冱。祜福也。怙—恃，父死曰—，

入聲忽音，見昏韵入聲。

平 朱赤色；又，姓也。洙—泗，水名。潴水—子，卽水點也。潴水停曰—；又，仝上。珠珍—。猪豕也。豬仝豬。豬仝上。硃—砂。誅—斬；又，責也。株根—，木上曰林，木下曰—。茱—萸，藥名。蛛蜘—。狖—獳，獸名，狀如狐。陼月行也；又，通諸。侏—儒，短小也。邾國名。諸衆也；又，語辭。櫫揭—，有所表識也。銖錙—，二十四—爲一兩。租—籽，賃—，—借。徂往也。烠仝諸。栽殺也；又，戈名。

上 主—客，家—。丶仝主。宔神—，通作主。祖—宗，先—。租仝上。拄木撑也。煮煎—。渚洲—，小淵曰—。俎—豆，禮器。咮——，呼雞聲。祏宗廟主祏。

---

① 原書寫爲"韶"，今據書中所附勘誤表改爲"韵"。

殂死也。阻一止，一隔。組印綬也。澨止也，遮也。硂宗廟宝石，亦作砠。左一右。ナ左本字。夌仝夌。

去 住居一。柱梁一。駐馬立也。著明也；又，一作。註一解，集一。蛀一蟲。泞澄也。澍時雨也；又，音素。狜黃犬黑頭也。炷燈炬盡也。注一意；又，水灌一也。註俟也，止也。拄止一。鑄鎔一，一冶。宁門屏之間。箸敧也，漢時始作。筯仝上。翥飛舉也。跓止足也。貯財一。助扶一，帮一。胙祭肉也。祚福一。阼主人所立階也。貯盛一。詛盟一也。紵棺衣也。署仝著。竚久立也；又，企也。佇望也。紵一絲。苧一麻。

入聲竹音，見宗韵入聲。

平 初始也。粗精一，一魯，一細。怚一心。芻刈草也，養牛马草。糯米不精也。閦阿一，佛名。觕牛角也。麤麁麄一卥，大畧也，三字仝。甌匵二字皆仝初。觕大也，物不精也。

平 除消一，去也。厨一屋。廚仝上。蹰躇一，躇仝上。滁一州，地名。儲副也，古太子曰一君；又，一蓄。鋤一頭，農具。鉏仝上。蜍蟾一，三足物也。徂往也。橱床帳。耡一田。雛小鳥也。雓仝上。摢拘也。篨籧一，今蘆蓆也。蒭束草也。

上 楚清一；又，古國名。楮木也，皮可爲紙。杵一臼；又，砧一；又，兵器。處居一；又，去聲。処仝上，俗寫。处仝上。暑炎天曰一。憷痛一。滻水名。潃水名。黍一稷，谷名。忝仝上。鼠老一。䑕仝上，俗寫。杼織布梭也。褚棉絮裝衣曰一；又，姓也。礎柱下石也。楚仝楚。措一辦；又，去聲。

去[①] 處何一。措舍置也；又，無一。厝仝上；又，音錯。醋醬一。錯仝措；又，音錯。

入聲族音，見沖韵入聲。

平 夫大一；又，一妻。呋一嗉。紱[②]仝上。袚亦仝上。粰粉[③]餌。敷一衍；又，陳也；又，音孚。麩麥一子。麱仝上。伕女一，婿也；又，役曰一。枹擊鼓杖也。泭小木栰也。稃米皮也。膚皮一；又，音孚。

平 孚信也；又，卦名。巫一覡，男曰覡，女曰一。俘一虜，因戰獲人曰一。誣害

---

① 原書寫爲"上"，今改爲"去"。
② 原書寫爲"袚"，今據書中所附勘誤表改爲"紱"。
③ 原書寫爲"紛"，今據書中所附勘誤表改爲"粉"。

◆ **徐氏類音字彙：一百年前的鹽城話** ◆

也。扶—持。莑姓也。渭水名。濂水名。肤望也。符信也；又，兵—；又，一咒。浮—沉。苻—萍菜。桴筏也；又，棟也；又，仝枹。鳧水鳥。芙—蓉花。怫心明也。玞—筍，玉采色。孵凡伏卵初生曰—。蚨青—，蟲名，母子不離。鈇斫刀。芣—苢，車前草也。苻萑—，草也。勇花發也。无亡也。蜉—蝣，蟲名，朝生夕死。玞—玭。榑日出—桑。鄜地名。涪—城；又，水名。呼口吹也。枹擊鼓杖也。殍物敗生白曰—。菢—苴，草名。妦貪也。娐美也。郛郭也。膚皮—；又，音夫；又，布也。

上甫大也，台—。簠—簋，盛黍稷，祭器，外方内圓，容一斗二升。府藏也；又，古—縣；又，尊—。俯—伏，—仰。俛仝上；又，與勉仝。溢水名。盙仝簠。秵黑稻；又，再生禾也。腑—臟，六—。脯肉也。撫古巡—，官名；又，—養。摭仝撫。黼—黻，白與黑相次文曰—。斧刀—。晡明也。釜鍋也。弣弓中央曰—。腐朽也，又荳—。拊擊也；又，拍也；又，仝撫。柎花萼之房曰—；又，仝桴。俌輔也。輔—佐。團樹園曰—；又，俗圃字。甇仝腐。

去父父母；又，嚴也。富—貴，豐—。傅師—。付支—，取也。副二也；又，正—。赴至也；又，—任。仆伏也。訃喪事，一聞。諆仝上。賦—稅，古詩—。附從也；又，寄也。坿仝附。駙—馬，古諸侯婿也。仅手持也。賻喪助錢曰—。婦夫—；又，—女。媍仝上。負辜—；又，勝—；又，擔荷也。袝衣齊也。祔合食於先祖；又，合葬曰—。愊怒也。鮒小魚也。怖心—也。胕心膌也。咐囑—，吩—。阜物—，盛也；又，高厚也。贆①仝賦，入賦下。帓帛也。

入聲弗音，見分韻入聲。

平路道—②，俗音，本去聲。露雨—；又，—水，俗音，本去聲。

平如似也；又，—何。洳水名；又，下濕之地也。儒學者之稱。襦短衣。醹厚酒。蕠香—，草名。䮀食虎豹獸也。濡沾—，滯也。盧飯器也；又，姓也。鑪銅—；又，火—也。爐仝上，香—。鸕瓦—。壚酒—，泥—。臚傳—。獹韓—，駿犬。瓐碧玉也。絇絲也。笿竹—，竹去皮曰—。蘆—柴，—荻，—葦。鱸—魚，松江四鰓。顱頭骨。艫舳—，方長船也。攎手—物也。忚度也。纑布縷也。嵐岢—，山名；又，音藍。嚅囁—，欲言不言。轤轆—，井上車水具也。嚧呼豬聲，——。

---

① 原書寫爲"貶"，今據《康熙字典》改爲"贆"。
② 原書寫爲"—道"，今據去聲中的解釋改爲"道—"。

第五章 《徐氏類音字彙》中卷

挐牽引也。檽鴽①弱人也。茹茅草根；又，去聲。籚大曰一，小曰籃。黸墨甚。儢全儒。

上乳育也，胸一。汝你也；又，水名。女全上。魯鈍也，國名；又，姓也。惱一憹；又，心惑。鹵全上。滷鹹一，塩一。澛全上。姁鱼敗也。擖動摇也。擄掠也。擩染也。櫓進船具也；又，音暖。潞酒厚也。墲沙也。薹豆名。擸動也。嚕一嗦，多言也。磠砂也。壚西方鹹地。

去孺稚子也；又，一人。茹茅根也。袽縕絮。挐引也。路一途，道一。露雨一。鷺一鶯，鳥名。潞一州；又，水名。輅大車也。賂賄一；又，遺也。簵美竹也，可爲箭。璐美玉也。

入聲鹿音，見礬韵入聲。

平都大也；又，一督；又，姓也。闍城之台曰一。

上覩見也。睹全上。賭一博。堵一閉；又，墙也。杜絶也；又，姓也，俗讀去聲。睹旦明也。埲閉也；又，塞也，俗堵字。肚一腹，俗音，本去聲。

去度丈尺也；又，止也；又，六十分爲一一。杜絶也；又，姓也，本上聲。肚一腹，一肺。妒忌一；又，嫉一。渡一河。涏全上。鍍一金。蠧一魚，書蟲。姤女子無子曰一。斁敗也；又，音亦。秺地名。殕全上。喥一食。

入聲讀音，見東韵入聲。

平烏黑色。嗚一呼，歎聲。鄔地名；又，姓也。杇鏝也。污一濁；又，一穢；又，一池。汙全上。除水草一刀也。蔦一薀，柴也。洿一池，窊下之地也。弙滿弓有所向也。濐俗污字。歍歐一，吐逆聲。隖小障也，本安古切。塢嶋二字皆全上隖字。

平吳姓也；又，古國名。吳全上。毋禁止辭。無亡也；又，没也。蕪全上。无無也；又，卦名。吾我也。俉全上。琨瑝一，劍名。鋘全上。鞮刀室也。璑三采石也。蕪荒一。珸玉名；又，美石；又，琨一。齬齟一，齒不齊也；又，意見不合也。浯江名，水名。唔吚一，言語不明也。亾無也；又，音王。

上午地支名，日中也。忤一逆，一慢。仵一作，檢尸人也。舞歌一；又，手一。

---

① 原書寫爲"駕"，今據書中所附勘誤表改爲"鴽"。

僛仝上；又，朝一，山名。璑一玞，石次玉。碔仝璑。旿明也。嫵一媚。斌仝上。伍五人爲一；又，行一也；又，仝五。廡厑廊也。澳清也。潕水名。潕仝上。武文一。武仝上。憮爱也。侮戲也；又，一弄。甒一瓿，瓶屬。鵡鸚一，鳥名。五數目。幠覆也。隖小障也，俗讀烏。塢仝隖；又，去聲。嶋仝上。庌仝廡。憮撫也。潕水一也；又，大水也。

去 悟省一，覺一。憛释典悟字。誤訛一，謬也，錯也。悞失一，欺一，義仝上。晤面一；又，日反照也。敄勉力也。寤一寐，夢也。惡不好也，憎；又，一嫌。務專力也；又，事一。瞀仝上。霧雲一，雨一。婺女星也。鶩野鳧也。噁人病，打一心。奦大也。愕倉卒，錯一。戊天干名。晤迎也。鬏髮巾曰一。帩手巾也。騖馬直騁曰馳，亂走曰一。隖塢埡罜四字仝，皆小障也。寠鳥抱卵也。窹窹窹三字仝，灶名也，茶一用也。

入聲 朷音，見溫韵入聲。

平 鋪一設，布也。誧大也。鞁①一鼓，屋欲壞也。呼外息也；又，音乎。

平 蒲一艾，蒼一。菩一薩，普也。捕一搏②，古博戲也。葡一萄，果名。匍一匐，手足并行。醁一神，太王。

上 普遍也；又，大也。普仝上。譜族一；又，一諜。潛水也。溥周遍也。浦水邊小口別通也。脯胸一。酺飲酒作樂。

去 舖店一，床一。濮人一水，俗用，本音拼，水聲也。

入聲 勃音，見噴韵入聲。

平 逋一逃。晡申時也。餔喂一子，食也。姑俗音，稱父姊妹，本音孤。

上 捕一捉。補脩一，賠一。賻仝上；又，財相酬也。圃菜園也；又，音普。團仝上，俗用。哺食在口也，鳥喂子食也。

去 步走也，一履，少字缺點。哺食在口也，老鳥喂子也。舖仝上；又，音递；又，音捕。布一疋；又，仝佈。怖地名。佈擺一，宣一。埠船一頭；又，仝步。怖懼也。部總也，又，財政，又，書部。簿帳，綠。拊散。痡疲病。玞瑤，美玉。囿一地，種菜也。走仝步。篰牘也。

入聲 不音，見賁韵入聲。

---
① 原書寫爲"皷"，今據書中所附勘誤表改爲"皷"。
② 原書寫爲"榑"，今據書中所附勘誤表改爲"搏"。

平圖一書，一謀；又，一畫。屠一戶，一戮。途路一，程一。塗一抹；又，糊一。佘一山。徒師一。荼苦菜；又，一蘪花。醏一醹，酒名。廜一㾴，酒名。涂水名；又，十二月爲一月。酴一酥，酒名。梌木名。稌禾穗。稌稻名，豐年多黍、多一。瑹美玉。

上土泥也；又，五行之末也。吐口一；又，去聲。

去兔一子曰明視，小獸，善跑。兔全上。吐嘔一，酒醉打一子。菟一絲，草名，生荳田中；又，藥名。堍橋畔也。

入聲禿音，見通韵入聲。

平沽賣也；又，一酒；又，水名。孤一單，一苦。姑一娘，父之姊妹曰一。辜一負，無一。辠全上。辜又全上。瓠酒器。菇一蘑，茨一。瓜王瓜也。鴣鷓一，鳥名。箍一桶。筈全上。泒水名。呱小兒哭聲。嘑全上。污買也。夃大貌。惸怯也。柧一棱，四方曰一，八方曰棱。笟竹器，古吹器，今之喪喜事大吹也，唐改銅角卽其遺也。菰一蔣，其米謂之胡。苽全上。觚全瓠。

上古今一，上一。估一值。鼓鑼一。皷全上。股一肱，屁一。瞽瞎子，目無精也。牯一牛，公牛也。罟網也。賈居貨曰一；又，音假。賈全上。蛄蠪一草，一子花。鹽塩池也。蠱一惑；又，蛇一；又，水一病。羖牡一，黑羊牡者曰一。殳全上。濕水一病也；又，蠱名。詁一訓，通今古之典故也。𦝨有目無精。

去固堅一。故物舊也；又，亡也；又，典一。僱一工，傭也。錮一鑄，刀一；又，禁一也，俗曰庫，非。顧視也，念也；又，姓也。顧全上；又，照一；又，主一。堌地名；又，古坟也。

入聲骨音，見裾韵入聲。

平枯枯槁也；又，乾一。刳剖也。郀東地。骷一髏，死人首骨也。

上苦甜一，辛一，孤一。楛濫惡也；又，音戶，木名。

去庫倉一；又，府一；又，姓也。綺股衣也。褲袴裙一；又，全上。

入聲哭音，見空韵入聲。

第六章 《徐氏類音字彙》下卷

下卷目録：十一皆來　十二蕭毛　十三佳麻　十四侵行　十五攸樓

（十一）皆　來

平	平	上	去	入	平	平	上	去	入
皆	錦崖切	解	戒	吉	癩	來	攊	賴	拉
該	敢埃切	改	蓋	蛤	揆	鞋	海	害	合
哀	誰淮切	璀	帥	說	獃	等埃切	歹	代	答
苔	台	噻	泰	突	猜	才	採	菜	戳
摑	存埋切	揣	藟	出	乖	古槐切	枴	怪	刮
軱	狂槐切	蒯	快	窟	災	子才切	宰	再	折
揌	賞才切	幐	賽	設	麆	泥來切	嬭	奈	納
瞹	埋	買	賣	目	壞	懷	巕	壞	滑
哀	埃	矮	艾	厄	鋪歪切	棑	簰	派	叭
開	口孩切	愷	慨	渴	歪	吳槐切	劦	外	握
爸	板崖切	擺	敗	八	租歪切	傪槐切	饌挓切	丁	鷍
必皆切	諧	醒解切	懈	屑					

（十二）蕭　毛

平	平	上	去	入	平	平	上	去	入
蕭	爻	小	孝	削	帽	毛	卯	冒	没

126

刁	頂堯切	屌	釣	的	刀	等毫切	島	道	德
泡	庖	跑	砲	勃	包	板而切	保	抱	不
昭	掌遙切	早	皁	酌	臊		韶	掃	燥	索
超	曹	艸	糙	錯	滔		桃	討	套	托
漂	瓢	摽	票	匹	交	幾爻切	剿	醮	吉
廟	貓	緲	繆	莫	蒿		豪	好	號	赫
奈交切	砲	腦	鬧	聶	麈		敖	咬	傲	厄
溺	寧堯切	鳥	尿	逆	腰		遙	杳	要	約
敲	橋	巧	竅	怯	尻	口遨切	考	犒	客
標	丙堯切	表	鰾	必	高	敢而切		縞	告	革
浪腰切	勞	擾	澇	鹿	挑		調	誂	跳	剝
臀	寮	了	料	略						

（十三）佳 麻

平	平	上	去	入	平	平	上	去	入
佳	韮牙切	假	價	甲	媽	麻	馬	罵	帓
花	華	火寡切	化	滑	鰕	遐	哈	下	狎
耶	牙	雅	亞	鴨	沙	蛇	傻	廈	殺
蛙	娃	瓦	凹	乞	查	掌牙切	鮓	乍	札
叉	茶	嗄	岔	刹	瓜	古華切	寡	卦	刮
巴	本麻切	把	罷	八	耙	琶	钯	怕	砙
夸	爬	髁	跨	勛	奈鴉切	拿	那	那	納
抓	儒華切	爪	饟化切	鷄	廬	斜	欹	破	怯
靴	誰華切	耍	舜化切	刷	丹鴉切	胆牙切	打	大	答
鉛鴉切	尿牙切	卡	虐	掐	他	談牙切	坦雅切	炭亞切	塔

◆ 徐氏類音字彙：一百年前的鹽城話 ◆

| 哈 | 和牙切 | 哈 | 賀迓切 | 合 | | 拉 | 來牙切 | 萊雅切 | 拉 | 臘 |

（十四）侵 行

平	平	上	去	入	平	平	上	去	入
侵	狡銀切	謹	晉	汲	欣	行	省	幸	習
因	銀	引	印	一	暈	雲	永	詠	域
闔	貧	品	聘	匹	卿	勤	請	慶	七
命	民	敏	命	密	幽	扁銀切	丙	竝	弼
君	莒雲切	腒	郡	橘	拎	鄰	領	令	力
薰	循	許永切	訓	戌	丁	抵林切	頂	定	的
念斤切	寧	凈	藺	鴂	聽	廷	挺	聽	剔
區量切	羣	稛	去詠切	屈					

（十五）攸 樓

平	平	上	去	入	平	平	上	去	入
攸	由	友	右	約	漏	樓	摟	陋	落
歐	牛	偶	漚	惡	周	輈侯切	走	咒	作
彄	慷侯切	口	扣	客	休	嗅	朽	臭	削
丘	求	搜	鼿	却	樞	賈由切	糾	舅	角
抽	讎	丑	輳	錯	摻	賞愁切	叟	嗽	杓
勾	干樓切	苟	垢	合	娘幽切	牛	鈕	謬	虐
趨	劉	柳	垢	略	齁	侯	吼	后	活
兜	等由切	斗	豆	鐸	偷	頭	敞友切	透	托
䒌	否	否	附媾切	弗	丟	丁尤切	頂友切	定宥切	的

128

梅攸切 梅由切 繆 謬 滅

十一 皆 來

平皆俱一；又，方音荄。皆仝上。階一級，一梯，一台。堦仝上。喈鳥鳴聲。湝衆流之貌。街一衢；又，俗音陔。痎二日一發，瘧也。偕俱也，方音；又，音諧。

上解調一；又，和一；又，一脫；又，音亥，姓也；又，音界。

去戒警一，一嚴。誡告也，命也；又，仝戒。界疆一，一河，方音蓋。斺仝戒。介大也，助也。夰仝上。妎妒也。丰草蔡也。尬行不正也。帎幀也。溉灌一。愾餼也。价善也；又，紹介也；又，仝介。佮仝上。忥無愁貌。丐乞一，本音蓋。屆節一，一期。届仝上，俗寫非是。浖水名。犗牛四歲也。芥一菜；又，荆一，藥名。疥一瘡。愾假主也。魪魚名。玠大圭也，一尺二寸。琾仝上。瘄仝疥。芬仝芥。械器一，槍一。痎二日一發，瘧也，本音皆。尬尷一，行事不正。魀仝上。解一押。鎅手一子，金一子。

入聲劫音，見堅韻入聲。

平癩一病也；又，去聲。

平來一去，往一。萊蓬一；又，地名。騋馬七尺爲一。郲地名。徠山名；又，慰也。䅘小麥也。逨撒一。淶水名。秾一麥二稃曰一，今之小麥也。

上攋搗一。唻囉一，歌聲；又，一嘴。懶憜一。鎉連絲鉤曰一。㭆小船梢木也。

去賴倚一，托一，無一。賚賜也，贈也，予也，送也。癩一疾；又，上平聲。睞目無精不正也。籟三孔籥也，如天一。勑勞一。瀨水流沙上也。

入聲拉音，見纜韻入聲。

平該一當；又，一錢；又，兼也。垓下一，地名。荄草莖，荳一，麥一。街一衢；又，音皆。侅非當也。賅奇也，瞻也，仝侅。挏觸也，手一物。姟多也。佳美也；又，好也；又，音加。姟十兆曰經，十經曰一。

上改更一，一換。改仝上，俗用。忋恃也，仰也。

去蓋覆也；又，語辭。葢盖皆仝上；又，同盇。概大一；又，平斗斛木也。槩仝上。拮挖磨也，一①；又，音骨。槲木名。薤似韭，香草。丐乞也；又，取也；又，音戒。溉灌一。摡滌也，一拭。

入聲蛤音，見歌韻入聲。

平揆挾物也；又，扶也。咳一嗽，小兒笑也；又，音亥。擡觸也，俗云兜一。翟翚一，俗用。

平鞋一襪。孩一童。骸一骨，尸一。偕和同也。諧和也；又，合也。哈聲也，相笑也。頦頤下曰一。慀慣一，心不平也。眩一眼。鞵仝鞋。

上海江一。檕仝上。榼酒一，盛酒器。盆仝上。醢肉醬。醯仝上。蟹蝦一。蠏仝上。醚仝榼。駭驚一；又，去聲。獬一豸，似鹿一角；又，去聲。獬仝上，能別曲直。瀣渤一，海別名也。

去害傷一，殘一。解姓也。懈一怠。駴一怕。愾快也。邂一逅，不期而遇。疢疫病也。亥地支名。眉臥息也。嘿怒聲。儗儗一，痴一也。擬仝上；又，音疑。嘿嗨嘷高聲也，多言也。

入聲合音，見歡韻入聲。

平衰一敗，一弱。痿瘻一。榱椽也。縗齊一，三年之喪用之。襏仝上。趡逼也。夊行遲貌。

上璀玉光也。摧一摔，俗用。

去帥元一；又，音述。淬入水曰一。毳斷毛。焠刀打成入水，以堅之也。

入聲說音，見梭韻入聲。

平獃痴一。呆仝上。膗肥也。瘥仝獃。懡一獃，失志貌。黷大黑貌。

上歹好一；又，醜也。夕仝上，俗寫，本音押。

去代替一；又，時一；又，後一。待等一；又，守也。䇴仝上。貸借一。袋口一。岱仝上。帶束一，冠一，攜一。帶仝上。迨及也。逮仝上。戴頂一，佩一。怠一慢，懈一。殆危也。黛眉一，女眉畫黑也。玳一瑁，用大龜鱗製之。瑇義同上。噯咍一，言不正也。岱一宗，泰山。懛不曉事也。靅一方，山名。大一夫。

入聲答音，見丹韻入聲。

平苔水衣，青一。邰國名；又，姓也。駘駑馬；又，疲鈍也。胎婦孕也。孡仝上。

---

① 原書疑多此線。

第六章 《徐氏類音字彙》下卷

平台三一；又，一衘；又，一鑒。臺樓一，堦一；又，仝台。壼仝上。薹芸一，菜名；又，菜一也。擡一舉；又，二人一物也。抬仝上。嬯遲鈍，一呆。儓田一，庸賤之稱。昊日光也。炱灰一，煤也，俗謂之灰塵。檯木名。

上噫一唸；又，蠻一。紿疑也，欺也，本音殆。畚一酥；又，面大曰一；又，大一一。

去泰康一。太一平。夳太本字。汏淘一，洗濯也。態驕一；又，體一；又，一度。憉奢也。溙漆水貌。酋人名。忕侈也。大一學之道。

入聲突音，見吞韻入聲。

平猜疑一。釵金一子，婦人首飾也。差公一，一遣。㘚䞎二字皆仝上。

平才一學。財一帛，錢一。賦仝上，俗寫。裁一衣，一度。儕等類。纔適也，暫也，將也。柴木一，一草。祡燒一，焚燎以祭天地也；又，仝柴。睰眭一；又，音計，目匪也。豺一狼。犲仝上。䝞仝財。材藥一，棺一。喍哇一，犬鬭貌。

上採取也。彩文一。采仝上。綵一衣，五色。邾地名。倸一花，奼也。保不一人。睬仝上。寀寮一，仝官曰一。跐行貌；又，蹈也。跴足一地；又，仝上。騋騋一。垁地也。扗居也，察也。蹴仝跴。

去菜一果，瓜一。蔡姓也；又，地名；又，大龜也。蹸踐也；又，仝跐。

入聲戳音，見冲韻入聲。

平摑以拳一物。扰仝上。

上揣一摩，一度。

去蠆毒蟲；又，紂王造一盆。嘬盡食之也。㘔人名。膪肥一；又，音在。

入聲出音，見村韻入聲。

平乖不和，背也。乘一巧；又，仝上。獜小犬也，小一一。

上拐一杖。拐一騙，刁一。枴車一。丱羊角也。夬一角；又，音怪，卦名，決也。舺一子船，俗用。

去怪奇一，妖一，莫一。恠仝上。夬卦名；又，音決。浍水也。襘帶所結也。袦大也。壞毁也，本懷去聲。

入聲刮音，見關韻入聲。

平匭一劾，人有力也。

上蒯姓也。㔿一變，俗用，待考。

去快一樂，爽一。塊土一。墤仝上。噲咽也；又，人名。筷箸也，俗云一子，本

◆ 徐氏類音字彙：一百年前的鹽城話 ◆

箭竹。筴仝上。儈牙一，卽今之買賣居中人也。鱠魚一。獪狡一也，擾也。璯人名。劊斷也。刽仝上。澮田中水道也。禬除殃祭也。檜木也。駃仝快。憩休息也。坴深也，靜也。块俗塊字。

入聲窟音，見坤韻入聲

平災一害，一難。灾烖菑皆仝上。菑仌巛亦仝上災。栽一種。哉語辭也一。齋潔也；又，莊也；又，書一。齊斎亝皆仝上；又，吃素曰吃一。㐫俗齋字。淄水名。㦸俗栽字。

上宰古曰一相，官也；又，一殺。者作人字講；又，虛字用。赭一石，赤色。鞁一殺。殺仝上。㷕烹也。載歲也；又，去聲。崽一者，子也，俗云罵人亡人子一。

去再又也。在居也。㝢仝上。載裝一。儎仝上，俗一船。債借一。寨山一，營一。瀸測也；又，音則。篿厭酒具；又，仝醉。

入聲折音，見遮韻入聲。

平搋手一；又，一鑼。摑散失也；又，一扱也。顋頰一。腮仝上。鰓魚一。愢意不合也。

上㸈衣破也。

去賽一會，賭一。塞邊一；又，音十。僿細碎也。潎疾流也。簺行棋相塞曰一。洒滌也；又，仝洗；又，音灑。矖曝一。晒仝上。晬俗晒字。

入聲㲼音，見賒韻入聲。

平㾝熱也，不仝熊。挼挏一，摩拭。蟹鱉屬。髵鬢亂貌。胹乳也。

上嬭乳也；又，乳母。妳仝上。嚲乳也。奶祖母也。乃是也。廼仝上。㚖大也。

去奈一何。耐忍一。鼐大鼎。柰李一，果名；又，仝奈。捺仝上，俗用。褦一襶，不曉事也。瞀視不明也。佴姓也；又，音二。䏣姓也。㕯語助也。瞢埃一，日無光也。漦一沛，水波貌。㳠仝漆。

入聲納音，見南韻入聲。

平睸小視也。賣出售也，本去聲。

平埋一葬，一没。霾風雨沙土也。霾天降黄沙也，仝上。懇慧也。

上買進貨也；又，一賣。哶羊鳴聲。

---

① 原書寫爲"曝"，今據書中所附勘誤表改爲"曝"。

◆ 第六章 《徐氏類音字彙》下卷 ◆

去 賣出貨也；又，一買。邁老—；又，遠行也①。譀—才，自誇，誕也。豲②—䶃，頑惡也。佅—人，東夷之樂也。

入聲目音，見夢韻入聲。

平 壞破也；又，損—，方音。

平 懷—思，—藏，古音回。徊徘—；又，進也。淮—水；又，—城。槐—樹。檴槐之別種。瀤北方水也。懷獸似牛，人目四角。

上 巊裹褢三字仝，山谷不平貌。

去 壞破—。擐㩋仝上。䶃新—，頑惡也。

入聲滑音，見蟈韻入聲

平 哀痛也，泣也。敳理也。娭—次序。埃—塵也；又，下平聲。

平 埃塵—。涯水邊。厓山—。崖仝上。啀—喍，犬爭貌。睚仝上，俗罵人曰—喍。挨延也，推也。捱仝上。唉—氣。欸歎聲。騃無知貌。娾醜貌。睚眥—，忤目相視；又，—眼。巖險—，山—。岩嵒嵓皆仝上；又，音言。

上 矮短小也；又，低也。靄—然，雲集。藹草木叢雜貌。餲味變也。也語辭，俗音。濭雲氣貌。

去 艾蒲—；又，五十歲曰—。碍違—，阻—。礙仝上。愛喜—。曖—昧，不明也。悔恨也。㝵仝碍。愛行貌。瑷美玉也。皚淨也，白也。硋仝碍。呝不平也。噯—氣。哎—呀。隘狹—。瞹目不明貌。嶬險也。闆以木欄人。

入聲厄音，見恩韻入聲。

平 排木—。排安—；又，—列；又，—行。徘—徊。俳優人，唱曲人。牌—票，招—。箄編竹爲渡具也。簰仝箄。椑籍也；又，音卑，斧柯也。箄浮水上，竹—也；又，音悲，迷切小籠也。

上 簿大船。掰分開也。琲珠十貫爲一—。棑仝上。

去 派分—，別—，俗音。𣲖俗派字，本音孤。𣲖派本字。湃澎—，水勢。稗禾別也，稊—也，實小似谷；又，—官，言小也。粺仝稗。

入聲𥔥音，見攀韻入聲。

平 開放—。揩—拭，—抹。㝵大貌。㖤徘—，行惡也。慨慷—，本去聲。唉—嘆。

---

① 原書後文有"老一"二字，今據書中所附勘誤表删去。
② 原書寫爲"新"，今據《康熙字典》改爲"豲"。

133

愾太息也。

上愷—悌，康也，樂也。凱善也；又，一歌。楷—書，正字也。鍇美鉄也。鎧—甲。欬逆氣。塏高燥地。揩磨也。皚美德也。慨慷—。

去慨感—，慷—。嘅難也。勘勤力作也。磕貪也；又，全甜。

入聲渴音，見寬韻入聲。

平歪—斜，不正也。蛙河—，蚌也。

上箉魚—子。搖搖—。

去外內—。孬不好也。姅—甤，姊妹子也，見石墨鐫華。

入聲屋音，見翁韻入聲。

平爸北方人呼父曰—。

上擺搖—。捭兩手—開，襬衣—帶；又，音卑。灞水名。

去敗毀—，興—。拜跪—。憊疲極也。稗—子，似稻。扒扳也，俗用曰琶。懓不和也。湃澎—，水勢。鞴吹火具也。

入聲八音，見班韻入聲。

平聲無字，租歪切音。

上聲無字，饌捭切音。

去丁掮擔—子，俗用。

入聲卓音，見莊韻入聲。

平諧和也。偕全也。孩—子，小兒也。鞋—襪。骸—骨，屍—。韃全鞋。

上聲無字，醒解切音。

去解姓也；又，音害。懈—怠。

入聲屑音，見仙韻入聲。

十二 蕭 毛

平蕭—條，—牆。簫笙—，樂器。箾同上。宵夜也；又，元—。霄雲—，九—；又，日旁氣也。櫹椮，木長貌。瀟風雨聲；又，水聲。瀟水名。捎把也。貂妖—。硝磺。綃生絲。逍—遙。銷—金，—除，—耗，行—，撤—。鮹鮫—；又，海皮—。消—滅；又，不厚也。鴞鴟—，食母鳥。梟同上；又，—首。嘹

第六章 《徐氏類音字彙》下卷

誇語。哮—喘，大怒也。嚚嚚—，誼也；又，自得貌。翛飛聲。魈山—，獨角鬼也。氥全消。磽—薄；又，音磽，不肥地也。枵木根空也，—腹，虛也。獙獙犬黃白色也。歊——，氣上出貌。

平爻卦名。洨水名；又，縣名。淆濁水。餚—饌。殽肴皆同餚。悄怯也。鄗地名。筊管也，長一尺二寸十六管。崤—函，山名。猇虎欲齧人聲也。誵言不恭謹。猇狂病。恔快也。

上小細微曰—。筱小竹也；又，同小。篠筱皆同上小字。曉日出也；又，知也；又，—諭。

去孝順也；又，忠—。效學也；又，—驗。効全上。傚法也，倣也。校學堂曰學—；又，音教，計—，考—；又，—對。笑喜—。咲全上。嘯蹙口出聲也；又，虎—。肖不—。鞘刀—。魈山—，山內木石怪也。恔快也。潲水—，水飛濺也。哮喚也，呼也。庨宮室高貌。洨水名，在南陽。敩教也；又，法也。

入聲削音，見相韻入聲。

平帽冠也，方音，本去聲。

平毛羽—，—骨。芼菜也，—羹。酕—酶，醉也。錨舟中鉄—。茅—草。茆同上。蝥蟊—，毒蟲；又，音謨。髦髮也；又，髮至眉曰—。旄旌—，繫牛尾於杆曰—。渵大水貌。犛貓牛也。氂獸如牛而尾長。

上卯地支名。昴星名。拍持也；又，肉—子，待考。

去冒—瀆，—面。冐全上。帽冠也，本字。帽全上，俗寫。湄水—也。楳本木風車—子。鍣鉄車—子，新字。瑁玉也。媢妬疾也。眊目不明也。貌—像，品—。耄八十九十歲曰—；又，老—。瞀—瞀，煩悶也。耄仝耄。瞀低目解也；又，仝瞀。萺草名。皃仝貌。悄貪也。冃帽本字，或書帽、帽。汓大水也。

入聲沒音，見瞞韻入聲。

平刁放—；又，奸—；又，姓也。雕—弓，—刻。彫全上；又，—琢。剮又仝上。凋—零，半傷。琱治玉也。挏按也，攪也。裔大也，多也。刂斷也。刐仝上，本寫。剚仝上。貂—鼠。鵰猛禽也。裯短衣。悼牛—，人觸也。舼海—子，舟名。颭熱風也。

上屌男子陽物也。屌仝上，俗寫。

去釣—魚。窵—遠；又，深也。調提—，腔—，本音條。訋挐—。銚酒—子，俗

◆ 徐氏類音字彙：一百年前的鹽城話 ◆

用，本音遙，田器。伄—儅，不常也。弔懸—；又，—唁，生曰唁，死曰—。吊仝上，俗寫。甹弔本字。

入聲的音，見丁韵入聲。

平刀—劍。釖割也。魛—子魚。忉憂心貌。

上島海中山。㠀嶋二字皆同上。禱—祝，—告。裯仝上。禂牲馬祭也；又，同上禱字。倒傾—；又，音道。擣擣捯—戳，三字仝。壔堡也，高土也。道路也；又，—理；又，順也。

去道言也；又，治也，引也，仝導。導引也。䆃仝道。到至也。盜—賊，竊也。稻—麥；又，音滔，方音。蹈足—，走也。悼哀也；又，追—；又，傷也。衜衕—，門堂，時用。䆃治粟曰—。幬覆—；又，音桃。燾仝上。

入聲德音，見敦韵入聲。

平泡水名；又，水—。胞尿—。脬仝上。抛—棄，—撇。爬—刮。㳅漬也；又，清也。刨—削。

平庖—廚。袍長衣也。炮—烙，—製。咆—哮，熊虎聲。跑以足爬地也；又，上聲。匏—瓜，瓠也。苞稻生—也。髱脛交也。

上跑急走曰—。孢孕也。

去砲火—，兵器。礮機石也。炮俗同砲。皰天—瘡。㳅漬也；又，—茶。疱火燙—。麭稻菡—也。麭餌也。奔起獲也；又，大也。楰四十斤—，本上平聲。

入聲勃音，見噴韵入聲。

平包—裹；又，姓也；又，—攬，—涵。胞仝—，手足弟兄也。勹衣—。褒揚美也；又，大衣；又，仝褒。襃仝上，俗曰播，非是。笣冬筍也。

上保—守；又，承—；又，呼小人——。飽溫—；又，—餓；又，足也。寶—貝。宝仝上。堡—障。褓襁—，小兒衣也。怉悖也。鴇鳥也；又，賭具押—。葆草盛貌。俅仝保。塛仝堡。凸高也，俗用，本音式。

去抱摟—。鮑—魚；又，姓也。豹虎—。暴—晒，凶—，風—。報—答，—信。曝—晒。暴仝暴。楰四十斤曰—，俗音砲。怉懷—，—怨。爆火製；又，—竹。鉋平木器具。骲—雛。骲仝骲。菢仝上，本作此。曝—眼，新字。趵—跳。瀑疾雨；又，懸水曰—布。曠仝暴。懪越也。

入聲不音，見貴韵入聲。

136

第六章 《徐氏類音字彙》下卷

平昭明也。糟酒—，—魚。遭—逢。招手—，—呼，—待。朝早曰—；又，—夕。妱女字。殭终也；又，音曹。傮终也。釗勉也，見也；又，刓也，遠也。召君—臣。詔告也。醩仝糟。棶—週天也，今作—贄。佋昭通佋。蹧—踏，踐也。

上早—晚。棗果名，—子。枣仝上。蚤仝早。蚤虼—，跳蟲也。蠽仝上。璪玉飾。澡洗—。藻水草名。找尋—，—上。爪手—。抓①搔也。沼池也。

去皁—隸；又，黑色。皂仝上。竈竈灶鍋—，三字仝，子勝父曰跨—。懆煩—，愁不伸也。躁浮—，足—。垗畔也。棹—槳，前曰槳，後曰—。櫂仝棹。唣囉—。肇開也，始也。照映也，明也。炤仝上。窷言卑也。曌曌仝照，唐武后自制十九字，以—爲名。肈仝肇。召上呼下曰—見。詔告也。罩取魚具也。箌箌二字皆仝上。兆吉—；又，夢也。掉—口，搖振也。莜竹器。篠仝上。氉氉—，煩悶也。笊—籬，竹器。造起—；又，音糙。旐旌—，龜蛇畫旗上。趙姓也；又，歸—。箌竹名。狣犬有力也。箹取魚籠也。

入聲酌音，見臧韻入聲。

平臊—臭，胡—。騷動也，擾也，愁也。搔手爬也。慅心動也，憂也；又，勞也。繅抽繭以出絲也。猺獸名。溞淘米聲。燒火—。筲—袋。筲斗—，飯器容五升。艄仝上；又，船—。蒴蒴—。傁愁也。蒴—瓜。儦儦也。髾髮尾也。梢木—。稍—可。捎取也，掠也。艄船—。篍竹枝長也。䬸仝上。杪仝梢。

平韶舜樂名。磬仝上。晁姓也；又，音曹。鼂仝上。紹繼也；又，价—；又，去聲。佋仝上，价—。玿美玉。

上掃担—，—竹。埽棄也，仝上。嫂兄之妻也。媶仝上。少不多也；又，去聲。㪚撹—；又，擊也。

去燥乾—。懆快—，急也。趮走快也。瘙—瘡，皮—。鏉—鉄。噪雀—。譟仝噪。邵高也；又，姓也。劭勸美也；又，仝上。邵春秋晉邑名，與邵別。哨呼—；又，—船，—探。臊肉—。槊木尖。少老—。㑞快性也。紹介—。

入聲索音，見商韻入聲。

平超—等，高也，出也。操—演，—持。憔—心，愁也。鈔錄也，取也，今俗作抄。抄—寫，仝上，俗作。秒耕—，田地。摷拘擎也。漅湖名，出黃金。怊悲

---
① 原書寫爲"抓"，今據書中所附勘誤表改爲"抓"。

也。嘈大聲曰一。謙仝上。昭言也。勦一斬。鏒麥一子。又一手，本音差。

平 曹衆也，輩也；又，姓也。槽馬一；又，一桶。嘈一囋，亂言也。漕浮一。饘食餡也。鐥穿也。潮海水入江曰一；又，一濕。嘲一笑。散䶂一，物未精也。磟銀一，石一。巢一穴，上曰一。窠仝上。朝一廷。蠐螬一，人肚內蟲也。蠾仝曹。淖仝潮。

上 艸一木，本字。草仝上。騲一驢，雌也。炒煎一。熝燋二字皆仝上炒字。懆一忴，心亂也。謰弄言也；又，聲也。慅心迫也。懆不安也。眧目弄人也。吵一鬧，啁一。

去 糙米不熟也。造一次，一府，一作。掉手攪也。愺言行相顧也。鈔錢一。麨皮粗一也。覜普視也，俗曰一見。艄角七也。㷍驚悚貌。眇耕田也。漕水轉曰一。

入聲錯音，見蒼韻入聲。

平 滔水——。叨忝也；又，濫也。饕一餮，貪食也。絛絲一。縚幍縧皆仝上。洮洗濯也，俗音桃。韜一弢。饀一餌。慆悅也，久也，慢也。搯手掊物也。稻一麥，方音，本音到。橐弓衣。夲往來見貌，俗作，本字非。

平 桃一李；又，稱門人也。陶瓦器也；又，姓也。掏一摸。啕嚎一，大哭也。絪絞也。酮酕一，大醉也。淘一米；又，水流也。萄葡一，菓名。檮一杌，惡木。逃一走，一避。迯仝上。濤波一。鼗小鼓，兩旁有耳。咷痛哭也。匋瓦器。匊徜一，行貌。洮洗濯也；又，水名。洮仝上。

上 討追一，要也。

去 套客一；又，一誘；又，衣也。圁圈一。套地曲也；又，葫蘆一；又，仝套。

入聲托音，見湯韻入聲。

平 漂一流，一淌；又，上聲。瀌仝上。飄風一；又，一蕩。縹——，齊貌，本上聲。彯一彩。颮風也。僄輕一，不重也。幖幡也；又，一帶。

平 瓢一瓠。嫖一賭。橐張大貌。

上 摽落也，擊也。瞟一眼。縹帛青白色也。受上下不合。熛①火飛也；又，仝票。藨木零落；又，草名。殍餓死人也。莩仝上。殍俗殍字。

去 票一據。嘌風日暖也。皫白色，一亮。俵一散；又，分也。剽強取也。彯書飾

---

① 原書寫爲"熛"，今據《康熙字典》改爲"熛"。

第六章 《徐氏類音字彙》下卷

也。曤置物風日令乾，一布。

入聲匹音，見闃韻入聲。

平 交一接，相一。焦火燒一，凡苦一皆从焦。燋隹纔全上焦字。膲人有上中下三一。椒花一，榝一。僬明察貌。澆薄也。蕉芭一。鷦一鷯，小鳥也。噍急也；又，音橋，嚼也。咬——，鳥聲；又，音耳。姣一嫩；又，小——。嬌委二字皆全上。澆一水，一灌。淆濠二字皆全上。膠一漆。僥一倖。驕一矜，一傲。醮面一，枯瘦也。燺火燒黑也。蟂水蟲，似蛇四足。鮫一鮹，魚也。梟以頭挂木曰一；又，音消。蛟一龍。郊荒一。茭一草，一瓜。憍矜也，仝驕。

上 剿一滅，殺也。勦勞也。劋剿二字皆全上剿字。徼伺察也。疝一腸病。絞繳一納；又，繩一，二字同。儌憿一幸；又，求也，二字仝。矯強貌；又，直也。撟強也，屈也。皎曒一潔，光明也。疞腹中急痛。皛明也；又，顯也。狡一猾，刁一。攪一擾，亂也。鎐一耳，一刀。恔憭一，快也。挍仝攪。暤明也。

去 醮齋一；又，冠禮也。潐盡也。醋飲酒盡也。潐冰裂，一縫。燋炬火也。教一訓，授也。憍性急也。窌窖也。較一量，比一。覺睡一，本音脚。轎車一。叫呼一。嘄嗷叫皆全叫。校一對，計一；又，音孝。枛木刺也。趭走也。鉸裝也。挍比一；又，口角也。窖①地藏也。嶠山高也；又，平聲。啅大呼也。

入聲吉音，見侵韻入聲。

平 廟一字，庵也，俗音，本去聲。

平 貓捕鼠一也，俗曰毛。猫全上。描一寫，一摹。苗禾一，一蠻。緢旄絲。

上 緲飄一，微也。眇一目小也。藐一視，輕人。邈遠也。蔰草莖細也。秒六十一爲一分。渺一茫；又，大水也。淼大水也。秱微生蟲，西洋新字，一蟲。

去 繆姓也；又，音木；又，音鳥。妙巧也。玅仝上。廟一宇，廊一。庿仝上。

入聲莫音，見忙韻入聲。

平 蒿蒿一；又，苦一，草也。薅一草，除也。揿仝上。

平 毫毛也；又，分一。豪一傑，英一。壕城下池曰一河。濠水名。嗥熊虎聲。號泣也，本音浩。嚎一啕，大哭也。撽秤一繫。貅熊虎聲也。

上 好不壞也；又，好歹；又，去聲。鎬地名，一京。昊春天也。昦仝上。暤光明

---
① 原書寫爲"窖"，今據《康熙字典》改爲"窖"。

也。皜仝上。皡白貌。皓仝上，光明也；又，潔白也。奵軟美貌。皞好白也，明也。忓慾也。怙懼也。滈久雨也。

去號—令，稱—，店—。好喜—。耗消—，—費。秏仝上。胋仝浩。浩廣大貌；又，仝上。顥大也。灝大也；又，遠也。鑵土釜也。姡虛厲也。澔仝浩。淏清貌。灏——，大也。㹱犬聲。

入聲赫音，見亨韻入聲。

平硇—砂，藥名。鐃—鈸，—鈎。撓抓也；又，阻—。掏仝上。猱猴屬。獴—獅狗。憹劣也。恼惚—，心亂也。猫①—山，在齊地。瑙仝硇。饒豐厚也；又，寬恕曰—。橈楫也。

上腦頭—。惱煩—，—悶。恼仝上。譊言相忤也。瑙瑪—，寶物。珤仝上，人佩之，定煩—。屃—毹，毛亂也。

去鬧吵—，熱—。橈曲木也；又，楫也。淖泥也；又，水名；又，澤名。瑙瑪—，寶物。丙不靜也。闹仝鬧。獿狂犬。

入聲聶音，見拈韵入聲。

平麈—戰，—糟。爊—煮。

平敖—遊；又，姓也。熬煎—。遨—遊。廒倉—。厫仝上。獒神—，犬也。俲眾多貌，俗儒字。鰲—魚，龍首魚身。鰲蟹大足也；又，俗音顏。驁駿馬。翱—翔。艘船—木也。摰摰—。呝曲笑②貌，強笑也。聱舟起—。嗸眾口愁也。而語辭。兒—孫；又，音倪。妮—子，女也；又，音倪。鵞不祥之鳥，見則大荒。㳠水名。璈樂器。輀駕—，喪車。聱仝聱，俗音顏。

上咬—嚼。齩齩二字皆仝上。懊—悔，—恨。襖—袴。耳—目；又，虛字。珥珲—彊。餌魚引曰—；又，餃—，食品。爾你也。尔尒二字皆仝上。週進也；又，遐—。輀喪車；又，平聲。媼女老之稱。珥女子也。珥簪—，珠玉，爲耳飾也。洱水名，出弘農郡。

去傲倨—，不屈也。慠憦二字皆仝上。羿古大力人也；又，慢也。鏊釜屬。拗—手，違—。抝曲木也。抪—斛，量也。墺—磁；又，磨也。趴學朝。狪獸名也，其狀如豹。砌石不平貌，通作凹。誀言逆也。頔高大貌。凹低—，不平貌。撒

---
① 原書寫爲"猩"，今據《康熙字典》改爲"猫"。
② 原書寫爲"從"，今據書中所附勘誤表改爲"笑"。

動也。二數目。弎仝上，大寫。貳仝二，大寫。樲小棗，味酸。刵副也。隩深也。澳深也；又，水名；又，通隩。衈殺牲取血以塗祭器也。佴貳也；又，姓也。奧室西南隅曰一神；又，一妙。墺四方土，可居也。渪田一，水也，灌溉田水曰一。沃仝上；又，音握。晁深目也。突深也。

入聲厄音，見恩韵入聲。

平溺小便也，本去聲；又，音逆，沉也。

上鳥一鵲。裊美軟也。傮一佻，輕貌。嫋一娜，一繞；又，長弱貌。亅懸也。繆綢一，相纏結也；又，音木、妙二音。

去尿小便也，方言音雖。屎本字仝上。嬲戲相擾也。

入聲逆音，見甯韵入聲。

平腰一背，一胰。要求也；又，去聲。祱一裙。邀一約，一請。夭少好貌。妖仝上。妖一怪，一魔。紗急戾也。突室東南曰一。祆地反物爲一。祅仝妖。幺山也。吆一喝。哩——，聲也。伕一僑，不伸也。枖木少盛貌。

平遙逍一；又，遠也。謠一言；又，歌一；又，無章曲也。瑤一池；又，美玉也。徭差一，役也。搖一擺，一手。捼仝上。㨄㨄二字皆仝上搖字。慅憂無告也。暚明也。颻颻一。榣樹一。洮水名。嶢——，高貌。猺獏一，野狗也。姚姓也。堯一舜，唐一。垚土象高形；又，仝上。珧江一，蚌屬；又，江一柱，做食品，味極鮮。窯窰窰燒磚瓦一也，三字仝。

上杳一冥；又，遠也。邑遠望也。窅一窩；又，深遠也。窔仝上。殀短命。㫚水一子。眑視貌；又，深遠也。突室東南隅也。突室東南隅。窈一窕，幽靜深遠也。偠細腰貌。拗一嫪，不順也。渻深不測也。

去要討一，欲也。曜星一；又，日光也。耀光一，顯一；又，音約。瞾仝上。爚炫一；又，仝上。鷂猛鳥也；又，音遙。㧖狠戾也。緲繩一子。紗一䙝，小貌。

入聲約音，見秋韻入聲。

平敲一打，扣也，擊也。蹺一蹊，奇也。蹻舉足也。轎夏禹泥行乘一。橇仝上。撬起。磽一确，不平也；又，肥一。墝墩瘠土也，二字皆仝上。趬善走也。趫行輕貌。翹一縫。髐仝翹。窯大也。鍬鍫一鉏，挖土器，鉄一也。

平橋一梁。喬一木，高也；又，一遷；又，姓也。僑旅寓曰一居。蕎一麥。莜——子，細苴也；又，仝上。盇盂也；又，碗曰一。翹仰望也。䩨仝上。樵一夫，打山柴人。憔—悴，人體枯瘦。瞧—看，偷視。僑寄也，寓也。譙—樓，城門上樓以望敵者。

上巧—妙，不拙也。驕嶢—，長貌。悄靜也。愀色變也。𠇗行貌。

去竅孔—，七—。撽旁擊也。翹—翹，不安也。俏俊—，美也。誚—責，本仝譙。哨口不容也；又，音少，防盜船也。峭—厲，嶮也。陗急也；又，仝上。𥼷仝竅。帩縛也。悄憂也。愀容色變也。窈竅皆仝上𥼷字。擎仝撽。

入聲怯音，見千韻入聲。

平尻脊盡骨也。

上考祖—，—試，—賞。攷仝上。拷—打。烤仝上。熇火炕乾燥也。烤仝上。洘多時不雨，水乾也。薧食物乾—。㷯曝也。㗿食新也。祰禱也。

去犒犒賞。靠倚—。搞—打；又，音敲。

入聲客音，見坑韻入聲。

平標—榜，—名。驃馬名。麃舞也。儦行也。臕肥也。鑣馬啣也。瞟視也。㺍惡視也；又，望也。猋犬走也。森仝上。飆暴風從下而上。彪虎文也。滮水流貌。瀌雨雪盛貌。杓星名，北斗柄也；又，音勺。

上表—裏，—親。褾袖也；又，糊也。媸娼婦曰—子。錶鐘—，見新字典。

去鰾魚—。瞟目病也，—天眼。

入聲必音，見幽韻入聲。

平高—低，—下。仒仝上。篙竹—子。皋澤也，岸也。皐進也，趣也；又，仝上。睪仝上。羔—羊。糕—饅。餻仝上。槔汲水機。答仝篙。膏脂—。鼛大鼓也。櫜弓衣。蒿—草，牛吃草也。

上縞—素。杲明也，日出也。皜潔白也。槁木枯—。槀放也。臭大白澤也。攪—擾。稾寫字艸—。稿皋皆仝上。

去告—示，—訴；又，音谷。誥—命，—封。窖地—，方曰—；又，埋—。酵酒—，—黐。鄶國名。姤女名。

入聲革音，見根韻入聲①。

平勞功—，—力。饒—餘，—裕。蕘芻—，草薪也。醪美酒。牢—獄；又，太—，

---

① 原書寫爲"聽"，今改爲"聲"。

第六章 《徐氏類音字彙》下卷

牛也。窂仝上；又，養牛馬圈也。撈攦取也。呼—叨，多言也。魦—魦，不淨也。嬈嬌—，妍媚貌。侰粗大貌。傍仝勞。泙—浪，驚擾貌。嘮—叨，多言也。

上擾煩—，攪—；又，謝食，叨—。繞纏—，圍—。遶仝上。老年大也。恅愺—，心亂也。潦行—，路道深水也。嘹嘷—，寂靜也。

去澇淹—；又，音勞，水名。傍伴—，呆—。癆病也。耢麥—黃。嫪—毒，淫人別名。憦懊—，悔也。繞套—，本音老。

入聲鹿音，見罿韻入聲。

平挑—擔，—撥。刜—剔。恌承—，俗上聲。庣不滿之貌。晀明日晦也。

平調—和；又，音吊。蜩蟬也。條—規，—目，枝—。迢—遙，遠也。笤—帚，掃地物。鰷—鰕。齠—齔，始換齒也。髫髮垂也。条布—子，紙—子。苕植物抽條生花而無莩蕚，可為—帚掃地。岧—嶤，高山。佻儢—，人不和順也。藋茋—，菜名。

上誂戲弄言也。窕身長也。窱窈—，美好也。祧承—，本上平聲。挑仝上，俗寫。眺明也。

去跳—躍。覜聘—，衆來曰—，寡來曰聘。覜仝上。眺眼—；又，望也；又，目正也。篠竹器。粥大也；又，姓也；又，音梅。糶—糴，—賣，糴買也。掉搖也，振也；又，—換。

入聲剔音，見聽韵入聲。

平膋猪—，血也，本去聲。

平寮全官曰仝—。僚仝上。遼遠也。嘹聲音—喨；又，清澈也。鷯鷯—，小鳥也。橑—簷。撩取也。漻寂—，高遠貌。滾水清也。屪男子陽物。屪仝上。佬大貌。鐐腳—；又，魚—。燎庭燭也。寥寂—，空虛。廖人名；又，姓也。膫—牙。暸明也。寮舍也，空也。聊—且，無—。嫽相—，戲也；又，去聲。膋血也。敹穿治鎧甲。撩手—；又，挑弄也；又，—亂也。窖宗廟盛肉竹器。繚細長貌。

上了盡也。瞭目明—也。繚纏—。醪酒清也；又，白—。蓼辛菜；又，音六。爎火—也。寮仝上。憭慧也。漻—洌，水清也。瀏仝上。秒秀也。

去料—事，—理，照料。撩—物也。䉧魚罟。𤊴雞炙也。膋血也。瘵又病止曰—。尥行脛相交曰—。獠夜獵也；又，平聲。禚祭天也。

入聲略音，見亮韵入聲。

· 143 ·

十三 佳 麻

平 佳美也；又，一人；又，音街。家室―。衮仝上，新字。嘉善也，美也。加添也。益也。伽―蓝；又，音茄。迦释―佛。枷刑具。㧎仝上。袈―裟，僧衣。笳胡―，箫也；又，音茄。痂瘡疤也。葭芦―，未秀芦曰―。豭仝上，亦作豝。豥牡豕。傢―伙，什物也。跏屈曲坐也。珈婦人首飾玉器也。

上 假不眞也，虛―；又，借也；又，去聲。賈姓也；又，音古。嘏大福也；又，音古。椵木名。髲取人之髪以益己髪曰―，新字。

去 價―值。駕乘也，―車。架衣―，木―。稼仝上，俗用。嫁―娶。稼―穡，种曰―，收曰穡。斝酒器。犌―車；又，仝駕。𪉸蛮布也。㤎心不安也。

入聲甲音，見間韵入聲。①

平 媽母曰―。罵咒―人；又，去聲。

平 麻桑―；又，―姑。蔴芝―；又，仝上。蟆蝦―。痲―瘋；又，病也；又，痧―。

上 馬牛―。瑪―瑙；又，仝碼。螞―蝗，―蟻。碼―號，―頭。榪小―子，貯溺器。

去 駡咒―。唛―。榪牀頭橫木。禡祭名。骂增益也。傌駡本字。嗎俗駡字；又，―啡，大煙精也。獁水也；又，俗馮字。廌庵也。

入聲帓音，見趨韵入聲抹音。

平 花―艸。苍仝上，俗用。華仝上；又，音划。扒手―，刀―。鏵犁―。

平 華榮―。划―子船。驊―騮，良馬。譁誼―。嘩仝上。找―艸；又，音早。茦兩刀甬也。哗大聲也。㦚心佟也。樺―皮；又，木名；又，―果。

上聲無字，火寡切音。

去 化變―，討―。話談―。華姓也。桦皮可爲索。畫寫―本，或字音。畵畫画三字皆仝畫。

入聲滑音，見瞇韵入聲。

平 鰕魚―。蝦仝上。蝦―腰，曲腰也。

平 遐―邇，―遠也，邇近也。霞雲―。瑕玉―；又，遠也；又，玉名。蝦―蟇。

---

① 原書漏掉，今據書中所附勘誤表增補。

愍歷一，難言。瘕血一，女腹病也。

上哈夷姓。厦屋也，方音洒。閜大開也。閜仝上。嗄大笑也。下對上之稱。夏朝名；又，姓也。

去下下降也。夏炎一，伏天也。暇視也。暇閒一，無事也。罅一隙，孔一也；又，裂也。謼誑也；又，一罰。疜痢疾，肚一也。

入聲狎音，見咸韻入聲。

平耶語辭。邪瑯一，齊邑名；又，音賢。琊瑯一，地名。鴉烏一，鳥名。呀張口貌。椏木杈枝。丫一頭；又，一鬟，使女也。刭自刎。笹張一子，取鱠魚具。埡一柰。爺父曰一，俗曰言。爹父之父曰一，又曰堆。梛一子，木名。了物之歧頭。孲赤子也。夜晝一；又，音燕。

平牙一齒，名邪丢耳；又，象一。芽一荳菜。衙官一門。涯生一；又，水畔也。漄仝上。犽小兒曰小一子。笌竹筍也。枒木名，皮可爲繩履。

上雅文一。瘂瘖一，不能言也。啞仝上，一叭，啞謎；又，小兒學言也。

去亞次也。亜俗亞字。磍地不平也。婭婣一，兩壻相稱。掗強與人物。惡心鬱也。迓迎一。訝嗟一。砑碾一。粑一田，新字。埡一田，仝上，俗寫，本音塢。房大屋也。

入聲鴨音，見安韵入聲。

平沙一土；又，物漏水曰一水。砂硃一；又，仝上義。紗一羅。桬一木，其木最堅。裟袈一，僧衣。沚仝沙。垈又仝沙。挱挓一。鈔銅小鑼也。髿髮垂也。牸一黃牛。痧一麻。帉細絲也。毟毛長也；又，仝裟。洒一埽，本上聲；又，仝灑；又，仝洗。魦一魚。殺斬一，北音，本音煞。

平蛇毒蟲也。

上傻一俏，不仁也。灑一埽，瀟一。洒栗滷仝上灑字。儍仝傻。

去厦賤屋也；又，舍也。庌仝上；又，旁屋也。艸刺也；又，一桶。嗄破一聲。

入聲殺音，見山韵入聲。

平蛙坐魚也；又，名護，穀蟲。哇吐也；又，小啼也。洼水名。窪水坑也；又，仝上。漥仝上。溛污下。窊仝溛。奓大也。媧女一氏。蝸一牛，蟲名。哾小兒言也。娃吴一，美女也。剜一割。騧白馬也；又，人名，季一。搲手一物。抓義仝上。

平娃小孩也；又，女孩。

上瓦磚一，生子曰弄瓦。掗手一物，本平聲。搲仝上。呱語辭。

去凹凸一，俗音，本音二。坳地不平也。垇仝上。宨低一。嗄小兒哭聲。釾一刀，瓦匠用物。奃大也。

入聲乞音，見髻韵入聲。

平查姓也；又，山一，藥名；又，音茶。渣一滓。楂浮木水中。夸誇言也。侉張也。咱我也。樝梶一，形如木瓜，可食。蕚厚脣貌。挓一開，手一。喳鳥聲。槎筏也。相阻也；又，距也。皶人鼻粉刺，俗曰酒刺，又曰酒一。㾂不黏也。蹅散——。憣誕也。

上鮓魚肉一，一蟹。鮺一草；又，仝上。吒哪一，神名。蔗甘一。摣仝上。

去乍忽也。詐欺一；又，僞一；又，一騙。蜡蚅一，蟲名；又，祭名。蚱—螂，蟲名，土鱉也。繨衣多也。榨酒一，油一。筰仝榨。酢仝上。溠溠也。炸火一。炸仝上。砟碑石也。溠水名。柞桑一，木名。柘仝上。蔎衣服一開。奓仝上。怍慚也。昨前一日也。蔗甘一；又，上聲。檟卽今茶也。禧年終祭名。

入聲札音，見簪韵入聲。

平叉一手。扠挾取物也。差錯也。槎筏也；又，音查。杈一枝，木一。嚓一嘴，多言也。艾草也，鬼——；又，音愛。乂夜一，鬼也。瘥病也。

平茶一葉，一酒。搽一粉。查調一，稽一。嵖峉一；又，音乂。刹僧寺，本音察。庨開張屋也；又，縣名。

上嗏一口，惡口。奼美女也。奔大也。

去岔一路，一枝。趷脚一。踷歧道也。衩一襟。吒叱一，發怨聲。咤仝上。汊一河，水分歧也；又，樊一。詫誇也，詑也。姹妊二字皆仝上；又，少女也。夸張也，開也。妊又仝詑；又，少女也。杈木一，本平聲。

入聲剎音，見攙韵入聲。

平瓜一菓。抓引也，弔也。

上寡少也；又，一婦。冎碎一，割也。冎另二字皆仝上冎字。夃孤也，一人曰一。

去卦八一。掛一欠，懸一。挂仝上。罜一碍。誤相誤也。詿仝上。

入聲刮音，見關韻入聲。

平巴姓也。芭一蕉，花名。笆籬一；又，一斗。爬手一。疤一痕。鈀兵器。葩花發嫩蕋。豝犬尾一。扒手一，俗音，本音拜。豝牝豕也。妑女名。

上 把一持，一握。叭喇一，軍中所吹號筒。粑稻一，俗用。粑瓷一，本平聲。𥏲擊也。𧣒牛角相背謂之一。

去 罷一了，一休。霸強一，一王。覇仝上。杷刀一，柄也。欛仝上。䣕刀一。壩閘一。礸仝上。垻①仝上。耙犁一，田器。靶䩞革也。䅉稻名。玐弓中處，弓一也。擺把也。

入聲八音，見班韻入聲。

平 耙犁一，農具。

平 琶琵一，樂器。爬搔一。杷平田器；又，枇一，菓名。笆竹一，取草用。鈀釘一，田器。妑一㚰角。琵琶本字。扒一兒手，俗用，本音拜，拔也。帕手一，手方也，本去聲。

上 鈀短貌，見海篇。

去 怕懼一，恐一。㤅仝上。帊帛二幅曰一。派別水也；又，音排去聲。帊一腹，橫一，其腹也，本音蛮去聲，額首飾。

入聲叭音，見攀韻入聲。

平 夸奢也，大也。誇矜一；又，大言也。姱同上。夸大也。姱好也。

平 爬搔也，方音，本音琶。

上 骻一子骨。侉南蛮北一。

去 跨大步，一馬。胯同上。銙帶一。袴小衫曰一。侉行也。

入聲勧音，見環韻入聲。

平 拿手一物。拏仝上，本字。挐又仝上。挈相牽引也。

上 那一處，一塊。㑻皮寬也。

去 那一事。㧱手不正也。廊廟中隑也。

入聲納音，見南韻入聲。

平 抓手捉也；又，一癢。

上 爪雞一子。

去聲無字，粽化切音。

---

① 原書寫爲"垻"，今據《康熙字典》改爲"垻"。

入聲鵋音，見潺韻入聲。

平廬屋頹貌。

平斜不正也，方音；又，音邪。茄一子，食品，植物，方音前。筘胡一，簫也；又，音加。瘸足一，病也。邪不正氣也。

上欹歪一；又，一頭，不正也。跛仝上。

去跛不正也；又，上聲，仝欹。

入聲怯音，見千韻入聲。

平靴一鞋；又，俗讀雖。

上耍頑一。

去聲無字，訓化切音。

入聲刷音，見刪韻入聲。

平聲無字，當鴉切音。

上打責也。

去大巨也；又，音太；又，音代。汰大濤也。

入聲答音，見丹韻入聲。

平聲無字，看鴉切音。

上卡關一；又，魚一人。

去摩手一人。

入聲掐音，見鉛韻入聲。

平他一你。她仝上，女之一也，俗用，非是，本古姐字。牠仝上，物之一也，俗用，非是，本音沱，牛無角也。

上聲無字，毯雅切音。

去聲無字，炭迓切音。

入聲塔音，見貪韻入聲。

平哈大笑也。鰕魚一，方音。

上哈姓也。

去聲無字，賀迓切音。

入聲合音，見歡韻入聲。

平拉一扯，牽也，本音欠。垃一圾，敗泥草也，新字。

上聲無字，敢雅切音。

去拉—扯；又，平聲。

入聲臘音，見纜韻入聲。

十四 侵 行

平侵—削，—伐。津—梁；又，渡也；又，迷—；又，潤也；又，—貼。精—神，—細，—通。晶水—。腈肥也。旌—表，—旗。睛眼—。浸涵—，冷也。潯水名。潯全上。京—都，—廣，—貨。京全上。金—銀。今古—，俗今字。斤—兩，斧—，全觔。觔—兩。筋—骨。巠水脈。擎舉也。仐本寫今字。沟水名。浸—潤，本去聲。淩全上。巾手—。蜻—蜓，飛蟲也，俗音青。鶄—鵁，鳥名，本音青。矜—憐，—高；又，音芹。稼全上。驚—動；又，—懼；又，怕也。儆利也，筋肉之力也；又，全筋；又，竹筍。荊棘也；又，妻曰—。經—緯，—典。涇水名。襟—裾，衣前曰—，衣後曰—。侵全侵。鯨大魚也；又，—吞。

上謹—慎，—言。井—泉。丼全上。儘—問。警—戒，—察。頸—項。㐱合—。㐱全上。曒明也。漌水清也。緊—急。錦—繡，文—。景光—，—象。槿木—花。瑾美玉也。饉飢—，菜不熟曰—。劤割也。縉織文密貌。殣飢莩也。寢臥也；又，堂室也。

去晉進也；又，朝名。縉—紳，士宦也。圊—桶，婦人用，本音青。靜安—，動—。浸水名；又，水—物。淨潔—。儆樂名。濅溢也。晉①晉本字。疢牛舌病也。穽深坑陷獸也。搢—插。竟窮也，終也；又，究—。覲朝—；又，—見。敬誠—，恭—，奉—。脛足骨也。境—界，—況。唫口急也；又，閉也。逕小路，捷—。徑全上。鏡照面具；又，鑒也。禁查—，—止。監—。椝—木。僅少也。堇土壁也。勁強也，用力也。檠鑿柄也。浸全浸。瀳清也。勤全僅。懃敬也。潛水名。瀳—澻，水流急也。靖停安也；又，全靜。噤口，—不言也。靳固也；又，姓也。凓寒貌。膱送行禮也。賮禮物也。寡衰也。濬全浸。濘全淨。瀧冷寒也。璡石似玉也。竧身端也。競—爭。竟全上。靖安也。盡終也，完也。進—退。

---

① 原書寫爲"晉"，今據書中所附勘誤表改爲"晉"。

◆ 徐氏類音字彙：一百年前的鹽城話 ◆

近遠—。䒶仝上。燼火餘曰—。競又仝競。獍獸名，狀如虎豹而小，始生還食其母，又食人。

入汲—水。伋仝上；又，古人名，孔—。疾病也。嫉—妬。集聚也；又，書—子；又，—場。跡踪—，形—。傻小也。楫舟櫂也。槩仝上。樱似松，有刺。即—刻；又，就也。積堆—，—聚。㞢毒害也。蹟仝跡。迹仝上。脊—背。汲水—子，待考。俶無聲也。汔水出也。洁水名。泬露光也。潗水疾聲。寂—寞，—寥。籍典—，書—。蒺—藜，藥名。喞—噥，聲也。鶺—鴒，鵲名，味美。䀑衆口也。汇水潤也。穷仝寂。濈和也。殛鬼死作—。獥狼子也。鯽—魚，鮒魚也。墼土—，塊土也。潄水淨也。稷黍—；又，社—；又，五谷之長卽稷也，秋種夏熟，穗似芦，米黃。禝稷二字皆仝上稷字。吉—祥。撃手—物。圾危也。塉薄土也。瘠瘦也。楫屋—。及以—文法。殛誅也。極—頂。棘荊—；又，刺木。𣗥仝上，俗寫。勣功也。撠仝撃。瘷氣急病也。級品—，加—。檄—文。覡偽僧曰—。激感—，戟矛屬，兵器。劇戲也，甚也。嚽鼠聲也。伋急行也。忣急本字。伋仝上。念合也。吸呼—；又，入氣也，方音，本音翕。屐門鑰也。笈書箱也。岌高①貌，不安貌。拮—据，手口有所作也；又，音結。桔—槹，水車也。姞女名。佶疾也。瘶仝嫉。𧷎仝積。唧鼠聲。齸危也。琳出美玉地名。屐木—履也。頡—頏，飛上曰—，飛下曰頏。芨白—，藥名。佶壯健貌。㣟倦也。戢敬—也。䰇鬼②死曰—。仂有志力也。輯編—；又，—聚。亼人三合也。俍人衆貌。孔持也。獵犬生三子。

平欣喜也。悕忻訢三字皆仝上。興起也，作也。馨—香。歆羨也。墐赤剛土也。婞女字。洗往來之貌。牲——，衆多也。辛—苦，艱—；又，天干名。新—舊。煋火烈也。鯹魚臭味也。薪草也；又，—脩。腥生肉也。姓古國名。屾二山相合也。莘—野，地名。惺悟也。㮐牀橫木也。銑衆多貌。猩能言獸也。星—斗，—相。騂牲赤色曰—。心—肝，中心也。訫和也。昕日將出也。妡女名。

平行彳亍合，—走，—事；又，音杭；又，音性；又，音恨。桁—條；又，—椸，本音恒。鉶溫器也。刑—罰，典—，—具。形—容，—像。邢姓也。溮漷水也。

---

① 原書寫爲"黃"，今據書中所附勘誤表改爲"高"。
② 原書不清，今據《漢語大字典》寫爲"鬼"。

型土模也。陘楚地名。俐行貌。汭溝水行也。形仝形，舊本作此。䐑今之醋溜魚也。

上 省視也；又，一察；又，音沈。擤手一鼻子。醒醉而蘇也。悻很怒也。惺悟也。惺一悟；又，音心。渻少減也；又，水名。伈恐貌。寁仝惺。

去 幸欣一；又，儌一。興一趣，本音心。行德一，品一。杏桃一，方音，本音沈。臖瘡腫一也。倖徼一。迅疾也。性天一，一情，一命。信不疑也，一實。沁水名。姓名一，氏也。芯香一，俗用。妌仝姓。蕈香一。頣一門。囟仝上。狁一速；又，急也，黃一也。汛潮一；又，洒也。訊問也。釁牲血塗物。舋仝上；又，生端也。夅幸本字。抌振也。

入 習一學，練一。錫銅一。席酒一；又，姓；又，仝蓆。蓆床一。惜愛一。晳明也；又，人名。穴巢一上曰巢，下曰一。坑仝上；又，深貌。舄鞋也。楊木履也；又，仝上。昔前日；又，古時也；又，今一。暮夜也；又，仝上。欯欯氣也。淅汰米也；又，一瀝，雨聲。息消一；又，安一；又，停也。夕晚曰一；又，朝夕。汐潮一，江水入海曰一。膝肐一，本作膝。裼袒一，露身。綌粗葛也。瀉水疾也。澌減也。析分一，破木也。枂仝上。腊乾肉。襲蔭一，一爵。熄火滅也。媳兒一。褶一褌，女腿衣也。隙仇一，暇一；又，孔也。潟鹵地也。汔盡也；又，水涸也。㫺䎃二字皆仝上舄字。咭笑也。檄一文。吸呼一，出氣曰呼，入氣曰一。悉知一，盡一。怸仝上。恖亦仝上。汽仝汔；又，音氣；又，音乙。磶柱下石。肸䖵起也。蟋一蟀，鬭蟲也。覡巫一，女曰巫，男曰一。賑帳也。翕合也。悒仝息。䔉牛一，藥名。榴木死也。晰仝晳。綌絺一，粗葛。殈物死也。虩恐懼貌。闃怨也；又，戾也；又，忿爭也。淅泊水也。隰原一，下平曰一。悐憂也。夕宆一，墓一也；又，長夜曰一。篾籙屬；又，斛也，見《廣雅》。

平 因一由，原一，古音恩。氤一氳，天地合氣也。陰一陽；又，夜也。陰仝上。氜俗寫，仝上。會陰本字。囙俗因字。姻婚一；又，一親。婣䚶二字皆仝上姻字。瘖疾也。櫻一桃。楧一架。摸仝上。嬰一兒；又，音恩。㜩仝上，俗寫，非是。秵禾葉也；又，蘿蔔一子。攖觸也。纓簪一；又，一緯。嚶鳥聲之和也。鸚一鵡，鳥名。瑛石似玉也。音一韻，聲一。殷一實；又，姓也。英一雄，一

---

① 原書寫爲"滅"，今據書中所附勘誤表改爲"減"。

豪。慇—懃，委曲也，亦作殷勤。鷹—鷗，鳥也。膺胸也。湮—没；又，落也；又，音焉。洇仝上。禋享祭也。茵褥也。駰雜毛馬也。瘖—瘂，即不能言病。喑小兒聲。鶯黃—鳥，又名倉庚。瑛玉光也；又，玉—仁寶。裀—褥。愔安和貌。蠅蒼—，本上聲。煐鮮明貌。朠月色也。

平銀金—。迎—迓，歡—，—送。嬴秦國名。瀛—洲。營經—，軍—。螢—火蟲，腐草化生。滛奸—，—慾。瀅仝上；又，久雨也。婬仝淫。狺犬爭也。珢石似玉；又，音艮。塋坟—。吟—詠，—詩。唫仝上。寅同—；又，地支名。誾和悅貌。蠃輪—。瀠水回貌。濚仝瀠。縈繫也。瑩玉名。盈滿也；又，古恩下平聲。銀治金也。猥黃狐也。狀二犬相齧。楹柱也。嚚愚也。滎水名；又，郡名。榮—華；又，音容，方音。崟地高險曰—。垠岸界。夤用財相囑曰—緣。扔助也；又，孤高山也。凝—祥；又，水堅也，聚也。凔仝上；又，—結。溰水名；又，水涯也。濚水回貌，仝瀠。

上引—誘，—導，—進。弘仝上。隱—藏，—匿。憶惻—。抈門挽弓也。穎—川，郡名。尹府也，姓也。懚謹也。浻小水也。璄玉光彩也。鄆地名；又，—畢。影形—。璟仝影。縲縫衣也。嶾山峻貌。蠅蟾—，飛蟲。蝇仝上，俗用。狁獫—，匈奴別名。憖依止也。演水門也。蚓蚯—。漹水名。飲飲食，—酒。縯長也。靷車上駕牛馬具曰—。櫺—栝，柔曲曰—，正方曰栝。檁仝上，正邪曲器。又—長，行也。

去印—信；又，姓也。映照也。暎仝上。應—荅，感—；又，姓也。窨地—；又，地室也。胤子孫相承。酳略飲也。廕庇庥也。蔭仝上，庇—。暆日暉也。穎禾苗茂盛也；又，音彥。霠雲氣也。憖傷也，強—。賸物相贈也。媵從嫁曰—。

入一數之始也。壹專—，仝上。乙天干名。溢滿也，濫也。益損—；又，利—；又，加也。憶思—，念—亦及也。欤夾二字皆仝上亦字。抑反語辭。邑州—，縣名。奕旗也。翌明日也。翼羽—。液津—。泑仝上。浧洫二字皆仝上溢字。苌今之羊桃也。弋射也。杙菓名。黓黑也。逸安也。佚仝上。蜴蜥也，俗名四脚蛇。姚滛—也。清肥澤也。潩水名。汽水涸也，今音氣，水—也。斁厭也。斁仝上。億，十萬曰—。意仝上。嗌哽—也，悲塞也。鳦玄鳥也。易變也；又，換也；又，音意。帟帳也。浥濕也。驛館—，傳舍也；又，駱—，往來不絕。悒憂也；又，不安也。檍梓屬。洪淫放也；又，仝溢。懌悅也。嶧山名。揖作—，

第六章 《徐氏類音字彙》下卷

拜也。曳仝翌。掖脇持也；又，仝腋。腋脇持物也，仝上。暍日無光也。佾舞列也。鎰二十兩曰一。臆胸也。繹尋一；又，抽絲也。嚥吞一。靨溜一；又，口旁之微渦也。譯轉告也，翻一也。翊郡名；又，飛貌；又，輔也。偘勇壯貌。埸田畔也；又，小界曰一。驛軌道也；又，音徒；又，音度。澺水名。

平 量頭一，本去聲。

平 雲一雨。云語也。耘耕一；又，去草也。紜紛一。芸香草。鄖國名。溳水名，出蔡陽。澐江水大波曰一。沄轉流也。秐仝耘。篔竹青皮也，至老不變；又，音均。簣一篙，竹最大。櫄木也。匀均一。妘姓也。囩回也。惲憂也。

上 永一遠，一久。允許也，一約。隕墜也。殞滅也，歿也。狁獫一，古北狄也。枟木名，可作笏。

去 詠吟一。咏仝上。韻音一，一書。韵仝上。熨熨斗，本入聲。孕娠一，本音印。愠含怒也。醖酒也。運時一；又，轉一；又，命一。暈月一，昏一。鄆地名。熨一斗，裁縫司用具。囌鳥聲。泳游也。惲姓也，漢楊一名改姓；又，厚重也。

入 域區域；又，界限也。役使也，差一。疫瘟一，病也。棫柞一，木名。閾門限也。熨一火。惐用心也。淢疾流也。緎仝域，邦一。堿仝上。鬱一悶；又，姓也。欝仝上。埳陶土窟也。奟大力貌。惑水流也。

平 閩一合。緍敞絮也。捪使也。抆仝上。併一命；又，並也。拚仝上，俗音，本音卞。洨水貌。乒一乓，聲也，新字。洴一湃，水聲；又，擊物聲。姘男女私合曰一，俗曰男女一頭。

平 貧一苦，一窮。頻繁也，厭也。蘋淺水處四葉草，黃花。顰感也。凭一據，一證。憑仝上。馮亦仝凭。凭伏也；又，倚也；又，仝上。平太一；又，一安；又，一和。評一論。㶄無舟渡河。獱獺屬。枰棋局也；又，平也。伻价也，僕也。坪地一處。萍漭一，菜可食。泙水名。泍仝上，俗用。瓶缾缾壺一，三字仝。屏一門，一幅，四扇曰一，二扇曰對。併除也；又，仝上。姘妾也。檳一婆，卽一菓也。筕竹名，又[①]曰一筜，戶扇。

上 品一貌；又，一級；又，一評。牝母畜也，方音，本音兵。

去 聘一請，受一，一娶。娉一婷，女子美貌。

[①] 原書寫爲"一"，今據書中所附勘誤表改爲"又"。

◆ **徐氏類音字彙：一百年前的鹽城話** ◆

入匹—配，馬—。疋布—。僻陋—，偏—。闢開—。霹—靂，大雷也。劈刀—物。
擗手—開。澼漂也。癖食不消，瘕—，腹積聚病。

平卿公—。輕—重。欽—敬，古皇—。清—濁，—廉。靑顔色。菁—菜。鯖—魚。
衾被也。傾—覆；又，少時也。親—戚；又，—近；又，父母也。淸冷也。
圊—桶。

平勤—儉，—勞。懃慇—。芹—菜，古入泮曰采—。琴—瑟，樂器，伏羲氏所作，
有五弦、七弦之別。勍強也。鯨—魚；又，俗音京。懃憂也。矜矛柄；又，林
也；又，音京。蕲全芹。漌水名。芩黄—，藥名。黔面黑也。禽飛—，—獸。
擒—捉，—獲。堇黄土曰—坭。尋—找，方音，本音循。揗捉也。情性—；又，
感—；又，恩—。晴好天也，陰—。秦國名；又，姓也。噙口—。擎手舉也。
檠燈架；又，音井。岑山小而高。崟石名；又，地名。鬵甑也；又，音前。姓
仝晴。廑少劣之居。懃憂哀也。琛美玉也；又，音申。

上請邀—，—求，—約。檾—蔴，野蔴也。寢臥也，方音，本音井。裧單衣也。
頃百畝田曰—；又，—刻。頔仝上。潁側出泉也。

去慶吉—。愳仝上。磬樂器。罄空也；又，懸—；又，仝上。窒仝上。淸冷也。
清寒也。齭齒向裏也。倩增也。

入七數目；又，七夕，—巧。柒仝上，大寫。乞求也；又，—化。泣哭—。訖完
也，止也。迄至也。忔喜也。喫進食也。吃仝上。噄仝上，俗吃字。漆幽濕也。
慼居喪哀—。泧仝泣。磬①守夜鼓也。刺針—衣，本音次。感憂也。葺脩補屋
也。咠口舌也。惵心不安也。緝紡—，—獲。集，人衆貌。楫木可爲仗。
徦行貌。湆羹汁也。渻沸貌。漆油—，漆非是。詰問—，責也。戚親—；又，
哭—；又，姓也。嘁階齒也。敄小行貌。柒仝漆。犵—犵，蠻也。桼仝漆。

平命—相，方音，本去聲。
平民國—。岷山名，在蜀。鳴啼也。明白—，光—，文—。明目—也，有別。盟
誓也。銘旌也；又，志也。㨉撫也。瞑日幽也。名—姓，—諱，名士。珉美玉
也。瑉仝上。玟又仝上。眀仝明。朙仝明。瞑俯視也。緡釣魚繩也。洺水名。
矏眉闊謂—。忞自勉強也。

---

① 原書寫爲"罄"，今據《康熙字典》改爲"磬"。

◆ 第六章 《徐氏類音字彙》下卷 ◆

上 敏聰—；又，捷也，速也。刡—剔；又，削也。酩—酊，大醉也。抿—掠。憫
憐—。閩地名；又，音名。茗茶也；又，杯—。皿器—。愍傷也，恤也。吻—
口，唇邊曰—。閔姓也。潤水流貌。冥幽—。螟—蛉，食苗心蟲；又，桑蟲也。
旻秋天曰—天。瞑合目曰—目。脗口合也。暝晦日也。泯沒也；又，盡也；又，
水貌。滆泥合也；又，仝上。僶勉也。黽仝上。僶勉也。澠—池；又，音成。
蓂—莢，堯階瑞草。佲仝酩。㹂小豕也。豩小豚也。懲聰也。忟和也。榠—櫨，
形如木瓜，可食。溟小雨——也。跟獸蹄甲也。

去 命天—，—①令，—相。

入 密祕—，稠—。蜜—蜂。覓尋—。覛仝上。否不見也。幎簾也；又，死人蓋面
布也。宓安也。謐仝上。貘白豕黑頭。冪巾覆物也。覔仝覓。樒沉香樹，出交
州。泌水貌。恥自愧也。醓飲—。汨—羅，江名；又，音骨。滵仝上。塓塗也。
瀎水淺貌。汩潛藏也。溢水溢貌。滵水流貌。

平 豳國名。賓—客。賔仝上。彬文質相等。斌仝上。份仝彬，今作新字，音分。
濱水名。豩豕亂羣也。枌木分也。愱心伏也。牝畜母也。冫仝冰。冰水結爲—。
冰仝上。髕膝蓋骨也。臏古人名，孫—；又，仝上。檳—榔，藥名。梹仝上，
俗用。兵軍人也。汃西極之水也。邠地名。鑌利鐵也。繽—紛。嬪—妃。殯—
殮，—葬。玢文彩之狀。彬文盛貌。仌冰本字。

上 丙天干名。稟—告，—命，—帖。禀仝上，—本字。餅燒—，食物。炳光明也。
昺仝上。邴地名；又，姓也。怲憂也。秉十六斛也；又，執也。秉仝上。抦執
也。絣覆也。鉼仝絣。

去 竝比也；又，偕也。並合也，皆也。併合也。并仝上。并仝上，俗寫。倂倂本
字；又，音拼。柄權—，木—。棟仝上。偋相也，導也。擯仝上。髩髪也。鬢仝
上。汱仝並。病疾—。寎多寐也。庰廁房也。笄竹名，又曰—筜，戶扇也。

入 弼輔—，左曰輔，右曰—。必—定，—然。逼勒—，—迫。偪仝上。璧玉也；
又，完—；又，—謝。囚閉也。壁墻—。襞—摺；又，叠衣也。辟法也；又，
音譬。蹕跛—。泌水流貌；又，音秘。苾香草也。㵒渹渢灂皆泉沸也。篳—門，
竹門也。奰行不止也。礔硋䨧别名。佖有威儀也。漼去滓也。泡仝上；又，溢

---

① 原書疑少了一個替代符號，今補上。

155

也。洎涕也。碧石青美者，曰一；又，一綠。鼻一孔，一祖；又，始也。滗滗也；又，仝洚。筆一墨。笔全上。湢浴室也。怭慢也。皕二百也。瑾青白之玉管也。煏火一，乾物。愊鬱結也。韠禮服也。珌佩刀下飾也。畢完也；又，姓也。觱羌人吹以驚馬。䉳分一也，又云分契。

平 君古國主也，一臣，家一。均一匀，平一。軍將一；又，一人；又，一界。鈞大也；又，三十斤也；又，一鑒；又，一長。囷倉一，廩之圓者曰一。囜仝上。麇鹿之總名。筠竹青皮也；又，音云。妁女始妝也。悃勞倦也。皸手足裂皮，俗曰村。

上 胭腸中脂也。窘窮迫也。笋竹一，本音，又作筍，俗音損。

去 郡一邑。珺美玉也。竣畢也，告一。俊一俏，千人曰一。儁全上。寯才一也。鵕錦雞也。儁慧也。逡一巡，却退貌。駿良馬也。夋行——也。浚大水也。濬水名。浚深也。峻高也，大也。畯田一，勸農官也。餕食餘也。晙明也。蕈香木也；又，土蕈也。墔高也，險也。㙵仝峻。

入 橘菓名。殈死也。獝狂一；又，惡鬼名。䳚鳥名。鶌鳩一，山雀。卒兵一；又，終也。聿遂也；又，惟也；又，筆也。屈短——。屈短毛狗也。蹫跛貌。趣赸一。趣卒走也。扚以杖一人。㶉出也。倅百人爲一。譎詭一，欺詐也。謫欺詐也，不正也。譎死曰一，通作卒。狖獸走。矞以錐有所穿也。

平 拎手一物。擇仝上。衑衘一，穤稻晒白而無雜色也。

平 隣一居。鄰仝上。鱗一甲。鈴一鐺，銅一。倰欺一也。𠱥眾聲也；又，眾鳥也。妗女巧慧也。麒麟一，仁獸也；又，牝曰一。麐仝上。怜了慧也。棱去也。泠水名。淩水名，與凌別。瀮水清貌。蛉螟一，蟲也。靈神一，一敏。霝霯二字皆同靈。林樹一，眾木也。齡年也。翎一毛。澪水名。獜健也。霝一巫，以玉事神。陵邱一。零一碎。零仝上。欞窗一。櫺仝上。聆聽也。呤呤一，小語。窊室深也。𤢪一羊。舲仝上。玲一瓏。璘玉文也。磷水在石間。粼水聲。霖甘一，時雨。凌一霄；又，冰一；又，姓也。綾道也；又，俗用上平。眇一矖，日光也。菱一角。綾一羅。軨車轄頭也。琳一琅，玉名。苓茯一，藥名。淋一漓，大雨；又，一濁，病也。泠一汀，雨後路也，單行也。朎一朧，月光也。伶一俐；又，一人，今唱戲人。羚大羊。廩仝上。囹一圄，獄名。臨到也，蒞一。崚嶒一，山貌。跉一竮，獨行曰一竮。秢穗熟也。坽峻岸也。鸗鵊一，鳥名；

又，仝鴒。鴒仝上，小鳥。靦面瘦淺也。獜良犬也。狑玁二字皆仝上。柃木名；又，一檔。澿水在石澗中響。

上 領一袖，引一。廩倉一；又，一生。稟㐭二字皆仝上。凛一冽，寒也。凛凄清也。嶺岡一，山一。衿下裳曰一。懔畏也，敬也。檩屋上橫木。

去 令法一，命一，訓令。令仝上。另別也，各也。潾一水，本音林。𥹥穤稻，晒一。

入 力一氣，一量。栗一子，菓名。荔一枝，菓名，俗用。㮚仝上栗，俗用。慄戰一，恐懼貌。櫟梂一，不生火木。太立本字。立𥪒也，仝上。溧水名，在丹陽。冽水凝合貌。粒籽一，顆一。曆明時節也。歷一代，經一。麻仝曆。律一例，六一。綟大繩。㡥長衣貌。瓅玓一，明珠。笠斗篷也；又，簦一。瀝滴一。霹靂一，大雷也。鶒知雨鳥。躒足踐①也。悷憂悶也。癧瘰一，瘤病也。礫瓦一，小石。捩去滓汁曰一。茘白芷也。櫪槽一，養馬所。醶下酒也。躒踐也。繑汲水繩也。礰打草田器。酈地名；又，姓也；又，音離。㵺一冽，寒貌。㰏野棗酸者曰一子。㑦廟主。厯俗用，歷字。

平 薰香草。焄香氣。勳元一，功一。勛仝上。勲仝上。曛日入餘光。燻一烝，火一。熏仝上。醺醉一一。纁淺絳也。獯一鬻，北狄名。壎一篪，樂器。塤仝壎；又，音宣。

平 循一規；又，依也。徇周徧也。旬十日一一。眴動目私視也；又，仝旬。恂謹也；又，信也。洵渦中水。郇地名。尋求也；又，一找；又，八尺曰一。燖仝上。樳木名，高千丈。撏取也。憛仝恂。荀姓名。詢咨也。揗拒也。潯水厓也。珣玉名。潘水流貌。巡一察，一查，一士。馴善也。灥三泉也。狥仝徇，或用，實非是。

上聲無字，許永切音。

去 訓教一，一令。遜一順，謙一。巽卦名。噀噴水也。潠仝上。殉從也，生人一葬。愻順也。

入 戌地支名。恤孤一，憐一。怵狂也，怒②也。越踰也。䬦飛也。吷吹也。颭小風。洫水一。血精一，骨一；又，音雪。卹憐一。侐寂也，靜也。𧾷不能行也。

平 丁人丁也；又，天干名；又，古音眞。叮一嚀；又，俗曰一噹，聲也。玎一玲，

① 原書寫爲"轉聲"，今據書中所附勘誤表改爲"足踐"。
② 原書寫爲"怨"，今據書中所附勘誤表改爲"怒"。

◆ 徐氏類音字彙：一百年前的鹽城話 ◆

玉聲也。仃伶—，獨行貌。圢仝上；又，伶—。釘鉃—。酊酩—大醉。靪—鞋底。奵女名。趵跉—。矴海船木矴，本代椿也。

上頂頭—，極—。朾板門也。鼎爐—，—鬲，—力。鼎鼒鼐鼑皆仝上鼎字。濎—濘，水貌。

去定安也，—準①。錠鋉—。睖見也。訂—盟；又，均也；又，—書；又，拜—。矴碇—。眐目不動也。仃恨也。碇仝矴。

入的—確，—當。皥仝上。弔射也，通也。笛簫—，樂器。箈七孔—也，仝上。茤蓮肉。狄夷—，北—。靮馬韁也。覿見也。旳明也。商本也。滴—水。滴仝滴；又，水注也。荻蘆—。嫡—親。敵閗也。扚用水—出。廸惠也，—吉。糴—糶，入米也，俗音疊。澗蕩也。苖羊蹄草也，苖、苗別。鏑—鑷。埊堞也。曜——，聲也。囚動也。樀戶簷也。

平寧安—，—可。嚀叮—。凝聚也；又，結也；又，音銀。紉以線貫針。濘汀—，小水也。秂禾欲結也。寗俗寫，寧字。

上濘泥—。聹耳中垢也。薴憂也。

去藺姓也。甯姓也。吝—惜。佞口才也。怗鄙—，慳—。磷薄石也。

入鴋鵝聲也。匿隱—。逆順—，忤—。惄慨也。睨日近也。怒飢也，憂也。溺人入於水。焫仝上。休仝溺，仝弱。

平聽耳—；又，去聲。廳—房。所仝上。听仝聽。聴仝聽，俗用。桯碓—。鞓皮帶。䗴長骨。汀水際平地。

平廷朝—。亭—台。淳水止曰—。停住也，—止。婷娉—，美貌。庭家—，門—。霆雷—。蜓蜻—。莛草莖也。娗容也。

上挺—直。梃杖也；又，勁直之貌。艇—腰。頲頭直也。珽玉笏也。眐目—出也。涏洢—，小水；又，波直貌。項直也。

去聽耳—。听同上，小寫。聴仝上，帖寫。

入剔—刷。揚挑—，仝剔。捌仝上。惕怵—，恐懼貌。踢足—物也。趯跳貌；又，鈎—。滌洗—。倜—儻，卓異也。俶仝上。逖遠也。愵仝惕。摘拓樹果也；又，音則。

---
① 原書寫爲"準"，今據書中所附勘誤表改爲"凖"。

158

平羣成—，—黨。群仝上。駣仝上。裙腰—，下裳也。帬裠二字皆仝裙。唇嘴—。
脣仝上。脤仝上。窘羣居也。羣同羣。滍水涯也。

上稇束也，滿也。窘—迫，俗音迥。

去聲無字，去詠切音。

入屈寃—，受—。詘辭塞也，枉曲也。掘—井，—挖。蛐蛐—，秋天閒蟲。崛—
起，—強。倔梗戾貌；又，仝上。倔仝倔。屈物短毛曰—。絀不伸也。窟將出
穴貌。怵憂心也。

十五 攸 樓

平攸—長；又，同也；又，所也。悠遠也，思也。滺水流貌。幽—暗；又，—雅；
又，深遠也。憂—愁。優—人，和有餘也。懮愁也。泑水黑色也。櫌鉏柄也。
滰深也。汷行水也；又，仝攸。優遊暇也。耰覆種也。麀牝鹿也。呦鹿鳴聲。
漫深澤貌。嚘語未定。颮風——。懮心思也。吿小聲也。怮含怒不言。慐愁也。
悠仝悠。

平由原—，從也。尤過也；又，姓也；又，效—。訧過也，罪也。卣盛賜鬯也。
油—酒。郵—政；又，地名；又，—驛。尢仝尤。牰牛大力也。繇仝郵。遊—
玩，遨—。游浮行，魚—。游仝上，俗寫。斿旐旗未垂。蝣蜉—，蟲名，朝生
夕死。柚梓屬。甹木生枝也。疣贅肉曰—。蝤仝蝣。猶似也；又，—豫，—疑。
猷謀—，嘉—。蕕臭草。楢柞—，木名。柚—橙，木名。浟水流貌。尤—豫不
定。肬贅肉。輶車—子。洒浮水行也。釉通作油。偤侍也。

上友朋—。㕛仝上。有—無。酉地支名。丣仝上。羑—里，商獄名。浟水名。
莠良；又，惡草。庮屋朽也。稑穀不成也。

去右左—。宥寬—。又再也。祐神助也。佑護—，保—；又，仝上。囿苑有墻也；
又，圍—。幼小也；又，老幼。釉—水缸。侑佐也，相助也；又，耦也。誘引
也。姷仝侑。袖衣袖也。鼬野鼠也。柚橘也。牖窗—。盄小甌也。囲仝囿。鶒
仝誘。

入聲約音，見秧韵入聲。

平漏洩—，本去聲。

◆ 徐氏類音字彙：一百年前的鹽城話 ◆

平樓—台。婁星名；又，姓也。娄仝上。蔞仝上。僂傴—，身向前也。髏骷—，死人首也。顱仝髏。䁖箳囊也。凄小雨不絕。嘍—囉；又，多言。螻—蛄，卽土狗子。纑絲也。鏤雕刻。㺒犽—，猪也。揉—擦。廔屋麗—也。踩踐踏。瞜䁻—，貪財之貌。熡火焱也。柔溫—，不強也；又，—弱。慺悦也。糯—觓，胡羊。楼仝樓。

上摟—抱。汨水温也。簍篾—。縷絲—。㷸以火屈伸木也。嘍啛—，多言也。甋瓸—，瓶属。蔞瓜—，蒿—。乳小貌；又，乳子也。縠乳子也。縠仝上。塿小阜也。夥多也。㹈柔復也。

去陋醜—，鄙—。漏洩—。廇仝上。瘻痔—。瘦仝上。欯—歌，小兒凶惡。耨芸田器。獳犬怒也。輮車輞；又，踐也。

入聲落音，見襄韵入聲。

平歐歎也；又，姓也。謳—歌。甌—碟，瓶—。摳手—人。敺—逐。漚水泡土；又，去聲。慪恪也。鷗水鳥也，水鳬。爐爇也。眍—眼。副割也，剡也。塸沙堆。殴—辱；又，擊也，本上聲。毆仝上。

平牛—馬，方音，本鈕下平聲。

上偶忽然也。嘔吐也。欣仝上。歐仝欣。耦並耕也；又，雙曰—。藕—菱。

去漚—田，水—物也。澫冬月積草水中以取魚曰—。

入聲惡音，見鉚韵入聲。

平周徧也，全也；又，姓也。週全也，迴也；又，仝上。賙—濟。州—縣。舟船也。洲水中可居者曰—；又，亞—。譸—張，虚言也。鄒姓也；又，音宙。鄹魯邑名。陬正月爲—。緅青赤色。驺仁獸。鯫白魚；又，上聲。徆—徸，行貌。掫夜擊柝。洀水文也。啁匝也，或作周。侜仝譸。

上走行—。肘—臂；又，手—。帚笤—，箕—，少康作。帋仝上。拎扶持也；又，歪也。

去咒—罵，—語。宙宇—，往來古今曰—。胄甲—，世—。籀周史—，宣王名作大篆。皺眉—；又，面—，紋也。驟馬疾走也。㤮衣不伸也。縐衣不伸也。紂桀—，古夏桀，商—。晝—夜；又，日間也。奏—章。䉿仝上。㑇行也。怞憂恐也。㵮水名。瀵水流急也；又，音巨。縐—紗，洋—。

入聲作音，見臧韵入聲。

160

平 彄環一，鈕一。摳手一物。眍一眼，目深也。曉仝上。芤草名。篝吳人養鹽竹器曰一。

上 口嘴也，一舌。叴同上。可僅一，應辭。坷行人不利曰坎一。 船着沙不能行也。

去 扣繫也，一扎。叩一首，一問。寇古司一；又，賊一。敂同上。滱水名。滱水名。蔻荳一，藥名。簆織布梭一。怐悑一，自容人也。

平 休罷一，息也；又，善也，慶也。咻謹也；又，口痛唫聲。貅貔一，獸名。庥庇一。脩一身，一補，一鍊。修同上，一金。羞一恥。饈珍一，好味。烋廢也。浟水去貌。

平 嗅口一物，本去声。

上 朽壞也；又，彌也。殠同上。滫米泔也；又，东人謂溲曰一尿也。

去 臭臭氣，壞也。嗅口一物，一鼻。潹水一。齅同嗅。糗一糧。秀俊一，莠禾一也；又，良一。綉紋一，錦一。繡同上。袖衣一，領一。宿星一，大星曰一；又，音速。鏥鐵上一。銹同上。鷲大鵰也，黑色。岫山孔。琇美石也，似玉。

入聲削音，見相韵入聲。

平 丘孔聖名；又，尼丘，山名。邱地名；又，姓也。蚯一蚓。婜女子也。湫水名；又，北人呼水池曰一。秋四季名，一景，春一。姊女字。烁秋本字。炔俗秋字。鰌一魚。鰍同上。楸梓也。沑水也。鞦打一韆。鶖鵊一，小鳥。北丘本字，土之高也。坵塊也；又，一圩，山田曰一，水田曰圩。犰一狳，獸名，蛇尾豕目，見人則佯死。

平 求乞也，一教，要一。裘皮服，輕一；又，姓也。毬同上。毬皮一，踢一。耗同上。球美玉也，玉磬也。逑聚合也。賕非理求財也。酋夷長名；又，熟酒名。尿男卵也。捄曲貌；又，長貌。鈆弓牙也。虬一龍，本龍子也。叫同上。梂棠一子，山櫨果。渞水源也。湭浮行水上也。俅冠飾也。泅浮行水上也。朹病寒，室鼻也。鼽同上。頄追也。仇匹也，讎也，姓也。銶獨頭斧。趥足不伸也。璆美玉爲磬。毬終也。逑水名。汓浮行水上也。囚一犯，一籠。冰手足凍貌。屖女陰也。扴正也。妺匹也。慦怨仇也；又，上聲。策小龍也。

---

① 原書空一格，今補上一個替代符號。

◆ 徐氏類音字彙：一百年前的鹽城話 ◆

上㨃手—也。餽獼也。愁怨也，仇也。俗毀也。

去齁—鼻，斜—。

入聲却音，見鎗韵入聲。

平柩棺—，本去聲。樛—木，木枝下曲也。𪊧拈—，取也。䦤同上，俗寫。鳩喚雨鳥也。揫手—物也。揪手—取。摎—轇。牡大牝爲—。啾—唧，小聲。湫水名。䯻女子梳—。鬆俗䯻字。柩同柩。摎縛殺也。赳武貌；又，上聲。糺—察；又，上聲。

上糺督也；又，—察。九數目。玖黑色；又，大寫九字。久遠也；又，長—。乆同上，俗寫。赳武貌。灸—炙，療病也。韭—菜，名豐本。酒茶—，杜康作。糾同糺；又，蔓延也。妁守貞不移女子。槔同酒。

去舅甥—；又，—①姑。救—護。究追—，考—；又，—竟。疚久病也。廄馬房。廐同上。愁悅也。湕地濕。䆒同究。窘窮也，深也。咎責也。舊不新也；又，故—。臼杵—，碓—。就成—。櫹物縮也。㾐縮也。捄同救。

入聲角音，見江韵入聲。

平抽—提，拔—。搊板木不正。篘酱油—。瘳病愈也。熻烟—人。搊手—也。惆—悵，失意也；又，音愁。

平讎寃—。讐同上。讐同上。雔同上，俗用。酬醻酧—謝，—應，三字同。躊—躇。㕞耕田器名。紬—緞。綢同上，俗用，本—繆，纏繇也。裯被也；又，衣袂也。幬帳也。儔侣也，衆也。疇田—，種麻田曰—；又，誰也。鯈大魚也。稠厚也。懤怒也，毒也。犨—牛。篝—嗜，恩匹也，仇也。燽明也。鄯地名。稠—密，厚不稀也。篝籤也；又，茶—也。惆—悵，本音抽。鬏髮多也。愁憂—。圳田畔水溝曰—。滺腹中有水氣也；又，憂貌。篝通作篝。

上丑地支名；又，小—。醜好—，—陋。俞姓也。啾惡口也。

去輳輻—，—聚也，輻車輪中直木。揍投—，插—。湊水會也。凑—巧。腠膚理。簇齊也，衝也。䕽草相次也；又，同上。臭香—；又，音秀。㳘同湊。蔟太—，正月名，言萬物始—；又，音族。

入聲錯音，見蒼韵入聲。

---

① 原書空一格，今補上一個替代符號。

平掺—檢，一尋。搜同上。廖匿也。廋同上。醙黍酒也。酸同上，俗用。潃久泔也。溲溺也，小便也。浚同上。颼風——。鎪刻鐵曰—。收—取，—藏。蒐田獵也。艘舟之總也。嗖驚鳥聲。獀秋獵也。獶同上。攸縣名，在長沙。餿飯變味也。餹同上。揫搜—，取也。涑洗手也。

上叟長老之稱。夋同上。籔十六斗曰—。藪大澤也。搜抖—。首頭也；又，饅—；又，叩—。瞍瞽目。膄同上，目無精也。漱澣也。手—足。守—候，待也。狩巡—，冬獵爲—。嗾嗽嗾三字同，使犬聲。傁同叟。

去嗽咳—。咪趁鳥聲。漱—口，滌也。瘦不肥也。腹同上。嗖驅鳥聲。簉副也，齊如妾也。涑瀊口也。受承—。授傳—。綬印—，組—。謏口—。售賣物出手曰—。槱棺也。瘐痩二字皆同瘦。瘷仝嗽。揫搜下取也。獸鳥—，禽—。獸同上。壽年大曰—。壽同上。嗖口—也，口誨也。揫抖—，舉也。籔十六斗曰—。

平勾—引；又，曲也；又，同鈎。鈎—鎘。鉤同上。溝—河，—渠。褠單衣也；又，—被。笱曲竹，捕魚—也。哥呼兄曰—。歌—唱，—舞；又，音官。篝食籠也。構軍衣也。恕楷也，法也。泃水聲。句—踐，人名，本音巨；又，同勾。

上苟—且。狗犬也。猗本狗也。枸—杞，藥名。耇老人面凍如梨色。

去垢灰—，污—。姤同上。姤男女相遇也。媾再婚也。搆結也，牽也。寁夜也。逅邂—，不期而遇也。泃水名。獒獸名，似犬食猴。遘遇也。覯同上；又，視也。構成也，架屋也。构同構；又，楮木也。彀弓滿也。够—了，多矣。冓交積材也。彀取牛乳也。購視也；又，同覯。詬恥也；又，巧言也。雊雌雄鳴。个枚也，一數也。箇個皆同上个字。彀手—物。够豕鳴也。

入合升—。葛—簾；又，瓜—；又，姓也。鴿鳥名。割刀—。駶驢馬—脚。渴水名；又，波勢也。

平牛—馬。芉—藤，藥名。繆綢—，纏綿也；又，音妙；又，音木。哞—呢，小兒聲。汼水名。

上鈕—扣；又，姓也。紐纏—，—結。扭手—，揪也；又，捏也。忸—怩；又，愧狃也。惡心愧也。杻梓木也，手械也。菲蒤藿之實。

去謬詐也，妄言也；又，誤也。忸—呢，愧狃也。衄鼻出血也。䶊同上。

---

① 原書寫爲"呤"，今據《康熙字典》改爲"咪"。

◆ **徐氏類音字彙：一百年前的鹽城話** ◆

入聲虐音，見娘韵入聲。

平 趥急走也。灂水聲也。

平 劉姓也。刘同上，俗用。畱存一。榴石一，果名。榴同上，俗用。遛逗一；又，進也。旒冕一，古冠也。鎏冕飾也，通作旒。瘤肉一，病也。鏐上美金也。瀏一冰，手足凍貌。琉石之有光也；又，璧一也。禷立秋祭名。流水一，漂一。㳅㵧二字皆同上流字。硫一磺，藥名。磂同上，俗寫。騮驊一，馬也。鎏一金；又，美金也。鎦同上。懰怨也。榴俗榴字。瀏水清貌。䀢臥視也。畱同留。

上 柳一樹；又，楊一，垂曰一，立曰楊。橮同上。栁桺皆同上。綹十縷爲一。

去 塯地一一爲一条也。嘈盛飯瓦器。溜一水。馏地名。鎦瓦一。磂梁州謂斧曰一。遛疾走也。徟行相待也。

入聲略音，見亮韵入聲。

平 齁一子，一鮎，鼻息也。

平 侯一父；又，姓也。疾①同上。俟又同上。猴猿一。猴同上。眸目盲也。喉咽一。餱乾食。鍭古箭鏃。欨一歐，氣出貌。賕一賕，貪財之貌。楱②一桃。瘊疣小者曰一子。

上 吼一叫，怒聲。吽同上。犼獅一，獸名，似犬食人。呴短極醜貌。牳牛鳴也。

去 后古太一；又，後也；又，一土。郈姓也；又，邑名。後前一。逅仝上，本古文後字，今時用。厚一重，一薄。垕同上。候守一，酬一，拜一，五日曰一，見釋典。鱟海魚。堠③舉火台也。嗥吐也。洉沾濡。

入聲活音，見歡韵入聲。

平 兜一肚。兠同上。挧一攏，一攬。呇一答，輕言。毭毛布也；又，音間。鬪仝上。篼竹器，糞一。

上 斗升一。斗本斗字。斝俗斗字。蚪蝌一，蟲名。抖一擻，一擞。陡一然。阧高一，吽比也。鈄姓也。

去 豆祭器，古食肉器也，今時用一麥之豆。荳一麥；又，衆一之名；又，一蔻，藥名。䇺又仝豆。逗一遛。竇穴也，空也；又，姓也；又，疑一。寶仝上，俗用。

---

① 原書寫爲"俟"，今據《漢語大字典》改爲"疾"。
② 原書寫爲"楱"，今據《漢語大字典》改爲"楱"。
③ 原書寫爲"堠"，今據《漢語大字典》改爲"堠"。

酘—酒。鬭爭—。鬪仝上。閗仝上，俗寫。狟犬吠聲也。㴄水也。濱仝上。讀句一，本音獨。

入聲鐸音，見當韵入聲。

平偷盜也。豆—麥，方音。

平頭首也；又，饅—。投—遞；又，湊也。毀鯀擊也。亠仝頭。

上聲①無字，帑②友切音。

去透—徹，通也。

入聲托音，見湯韵入聲。

平芣—苢，草名；又，音浮。不問辭。吥吸也。

平否不然也。缶瓦器。坏——之土。姏好色貌。殕敗也，腐也。抔手掬物也。裒聚也；又，减也。

上否不也，本平聲。缹同缶。痞腹内病結也。

去聲無字，附媾切音。

入聲弗音，見分韵入聲。

平丟失也。

平聲無字，丁尤切音。

上聲無字，頂有切音。

去聲無字，定宥切音。

入聲的音，見丁韵入聲。

平聲無字，面攸切音。

上繆綢—，纏綿也；又，音妙；又，音木。

去謬詐也；又，妄言也，俗音岰。

入聲滅音，見麵韵入聲。

---

① 原書寫爲"聽"，今據書中所附勘誤表改爲"聲"。
② 原書寫爲"怒"，今據書中所附勘誤表改爲"帑"。

第七章 《徐氏類音字彙》重編

《徐氏類音字彙》記載了約壹百年前鹽城方言，較爲準確地反映了當時的語音情況，并記載了豐富的方言詞彙和流行於鹽城及其周邊的方言字。根據《徐氏類音字彙》的編排和鹽城及其周邊方言的現代音，附錄將該書反映的鹽城方言音系概括爲拾捌個聲母：p pʰ m f, t tʰ n l, ts tsʰ s, tɕ tɕʰ ɕ, k kʰ x, ø；肆拾柒個韻母：ɿ, i, u , y, a ia ua, ɛ iɛ uɛ, ɔ iɔ, ɯ iɯ, ã iã uã, æ iæ uæ, õ, ĩ iĩ uĩ yĩ, in ən uən yn; oŋ ioŋ, aʔ iaʔ uaʔ, æʔ iæʔ uæʔ, ɔʔ iɔʔ, əʔ iəʔ uəʔ yəʔ, oʔ, ɿʔ iɿʔ, iʔ；伍個聲調：陰平、陽平、上聲、去聲、入聲。其中肆拾柒個韻母和《徐氏類音字彙》拾伍個韻部的對應關係如下：

一東宏：oŋ oʔ, ioŋ iɔʔ；二江陽：ã aʔ, iã iaʔ, uã uaʔ；三眞文：ən əʔ, uən uəʔ；四删咸：æ æʔ, iæ iæʔ, uæ uæʔ；五端桓：õ oʔ；六先廉：ĩ ɿʔ, iĩ iɿʔ, yĩ yɿʔ；七支虞：ɿ, i, y；八灰微：ĩ ɿʔ, uĩ；九歌摩：õ oʔ；十蘇胡：u；十一皆來：ɛ iɛ uɛ；十二蕭毛：ɔ iɔ；十三佳麻：a ia ua；十四侵行：in iʔ iəʔ, yn yəʔ；十五攸樓：ɯ iɯ。

下文的同音字彙以肆拾柒個韻母的先後順序排列，每個韻母按照拾捌個聲母的先後順序排列，每個音節按照陰平、陽平、上聲、去聲、入聲的順序排列。

另，本同音字彙根據原書中所附的勘誤表和編輯的需要進行了必要的校勘。

ɿ

ts [陰平]支（派，宗~，支付）資（~本，~財）貲（仝上）眥（比量，又毀也）姿（～色，丰～，又態也）恣（肆也）孳（大也）楮（柱下根也，古用木今用石）淄（水名，又黑色也）賀（商人曰～商）緇（黑～～）諮（歎也，謀也，又～文）諮（仝諮，又～議，又問也）茲（此也）滋（～潤，～澤）澬（仝上）觜（星名，二十八宿之一，又仝嘴）錙（～銖，八兩也）鎡（～基，田器也）嗞（嗟也）孜（勤也，猶也）齊（衣下縫也）孳（生意也）緇（黑色）禔（福也安也，又音提）戠（殽～）眥（目厓也，本音寄）觜（布也）輜（車也，又重也）髭（口上鬚也）鼒（鼎上蓋也）粢（稷也）汥（水分流也）趑（～趄，行不前也）枝（～葉）胔（腐肉曰～）枿（穗生也）肢（人之手，足～曰，又腰～）脂（～膏，又胭～）赪（脛～）卮（酒器，又春～酒）栀（栀子花，又染黃色，又果名）漬（浸也，有漚也）淄（水名，如漆）之（往也，又虛字，又收尾，文也）知（～覚，又去聲）毭（輕毛）菑（～畲，治田一歲曰～，治田三歲曰畲）芝（～蘭）胝（皮厚也）跖（踐也）槒（木立死也）齍（黍稷也）齜（～牙）疐（定也）业（出也，是也，往也）婇（婦人不媚貌） [上聲]茈（針～）趾（足也）阯（基～，仝址）坁（水中高地，又止也）址（仝阯）芷（白～，葉名）旨（聖～，甘～）旨（仝上）助（仝旨）梓（木也，又喬～，又仝梓）梓（仝上，君稱后曰～童）姊（姐也，又～妹）沚（水名，在長沙）沚（渚也）指（手～，～導，～甲）紙（做～，～筆）咫（仝上）只（起語辭）俟（儲也）咫（～尺，八尺曰～）阯（仝上）涘（水多未退也）濖（水名）軹（軟～）滓（渣～）子（兒～）仔（～細）籽（紅～）峙（立也）瀆（漚也）祇（祭地也）疻（殴傷也）秄（壅禾，本也）籽（～粒）止（停～）枳（～梗，藥名）汜（水名）毪（獸毛多也）砥（平也）穦（曲枝果也）苧（麻母也，又仝籽）紫（青～，又～微星名）帋（止也）梠（木也）祇（是也，～有，又音其）秭（萬億曰～，又六萬四千斤也）恉（又仝旨）笫（牀也） [去聲]自（由也，從也，又～己，自然）字（文字）至（到也，又極也）志（～氣，心～）誌（銘也記也，又兼～）識（仝上，本音十）牸（～牛，

167

◆ 徐氏類音字彙：一百年前的鹽城話 ◆

雌也）輊（軒車，後低曰～）觶（酒器）痣（黑點）置（立～，安～）忮（害也）躓（蹶也仆也）哲（小口也）浬（濕也）澂（仝上）智智慧（明～，又～慧，三字仝）箈（今之涼蓆也）贄（～見，俗云見面禮也）憏（怒也）憤（忿戾也，又仝上）制（造也，又大也）製（～作，又炒藥也）幟（旗幟官）淛（江名，又仝浙）治（平也，又音池）摯（握持也，又解也）痔（～瘺，病也）稺（幼禾也，又音刺）鷙（猛鳥）致（～至，又到也，～意）庤（住也）緻（精～，又密也，又僄～）茝（遠～，藥名）彘（豕也，本音刺）擿（碍不動也）稚（幼子也，又音刺）滯（積也，又停～，又音次）値（又施也）知（明～，又音之）諟（言緩也）疐（不行貌）誌（銘也）雉（野雞，又音刺）摯（刺也）這（～裏，又音占）寘（置也）寘（仝上）侹（會物也）姪（妒也）寺（～院，方音本音士）袘（羅衫前襟）

tsʰ [陰平]雌（母也，又～雄）疵（病也）癡（～獃，～愚）痴（仝上）魑（～魅，鬼也）覗（～嘴，不招來食也）瘀（小腸也）瘟（俗癡字）欸（笑也）嗤（仝上）差（參差不齊貌）玼（潔也，玉色鮮也）鷀（～鴉，惡鳥）絺（細葛）眵（眼～，又眼昏）笞（杖也，小板也）榕（仝上）泚（水清也）字（～畫，方音本音自）瞝（仝眵）黐（膠粘也）蚩（侮也，又黃帝誅～尤）媸（醜也，淫也）螭（～虎，又如龍無角物）促（俗癡字）嫷（女字）篪（管樂，蘇成公所作，又仝笆篪）笆篪（二字仝上） [陽平]辭（言～，～退，推～）辤（仝上）辝（亦仝上）詞（～訟）祠（～堂）慈（～悲，又嚴～，又母曰～）徛（行也）箬（水中魚衣）薋（涎也，又順流也）渚（水中高地，又至也）糍（～粑）餈（仝上）茨（～菇，水生食品）磁（～器，山之陽產鐵山之陰必有磁石礦物也）礠（仝上）治（～家，又攻理也，音志）馳（～驅）柯（鎌柄也）坻（小沚曰～）濨（澗水名）跐（～躓，行不進也）踖（仝上）匙（茶～，鑰～）持（操～，把～）遲（～早，～延）遲（仝上）墀（坍～，階上地也）趍（奔～）稺（幼禾也，又幼～也）剚（～魚）瓷（瓦器也）池（～

第七章 《徐氏類音字彙》重編

沼，～塘）籭箎箈（壎～，樂器）值（措也，遇也，又仝直）徥（～～，行貌）箷（衣架也）　[上聲]齒（牙也，又序～）恥（羞～）耻（仝上）跐（蹈也，又踐也）侈（奢也，又張大也）此（彼～，如～）庛（具也）豸（獬～，能別曲直，神羊也）泚（汗出也）茝（香草）峛（崺～）絘（績麻也）伬（～～，小也）厼（義仝此）沶（行貌）　[去聲]翅（羽～，魚～，又音志）滯（～滶，不通也）懘（仝上）賜（賞～）刺（刀～）茦（木針）璶（劍鼻，玉飾也）瘛（瘋病）稺稚（凡人物幼小皆曰～，二字仝又音池）束（芒～）杘（門～，杘～，又門側）厠（坑～）廁（仝上）雉（野雞也）褫（奪也）次（～序，第二也）庛（耕具也）偫（待也）洩（舒散也，又音屑）漇（水名）

s　[陰平]司（主守曰～，又公～，又～法，又～官）思（～想，心～，去聲）偲（詳勉也）絲（～綢）私（不公也）斯（此也）漇（水名）滪（水名）泂（水名）廝（～役，又仝厮）緦（～麻，三月服）颸（涼風也）獅（獸中王也，又～象）師（～徒，又～旅，又一萬二千五百人爲～）褷（衣～破也）澌（水名）狮（本作獅，通作師）蝍（螺～）鰤（～魚）鷥（鷺～，白鳥）詩（～文）施（佈～，～捨，又姓也）撕（～扯）篩（竹器，去粗取細俗曰搋）玨（石似玉）禠（～～，神不安也）祐（福也，又音池，又音其）箷（利竹也）屍（～骸，仝尸）蓍（筮也）釃（以筐去糟也）邾（國名）尸（仝屍，又陳也）鳲（～鳩，谷鳥）獄（辨獄官也）嘶（聲也，冷～～）燍（大焦臭也）蓍（～草也）廝（使也，仝厮）慚（惺～，心怯也）楒（相思樹也）　[陽平]時（～刻，當～）蒔（～蘿，香料也）鰣（～魚）榯（木立也）阺（落也，又音氏）漦（涎沫也）塒（雞棲于～）　[上聲]使（～用，又教也）矢（箭也，直也正也）史（～籍，鑑～，又姓也）死（～活，亡也）夶夾（二字皆仝上）始（初也，又～終）屎（糞也，又尿～）菌（仝上又音士）駛（馬疾行也）竢（待也，又仝俟）　[去聲]氏（姓也）矢（箭也，直也，又上聲）豕（猪也）舓（以舌取物）舐舐舐（皆仝上）亖（仝四）洍（文水

◆ 徐氏類音字彙：一百年前的鹽城話 ◆

也）涘（水涯也）渚（水中小渚）弛（弓去弦，又遺棄也）侍（～側，又伏～）恃（矜～，怙～，又賴也）視（看也，～察）諡（加稱死人名）屎（糞也）駛（馬行疾也，又仝駛）澨（水邊土人所止者）試（～驗，～考）寺（～院，又庭～，又讀志）嗣（～裔，後～，哲～）勢（～力，形～）仕（～宦，做官也）祀（祭祀）俟（待也）屎（仝土）世（～界，又三十年為一世）卋（仝上）丗（仝上俗用）誓（盟～）事（行～，又～務）剚（仝事）貰（貸賒也）柹（～餅，又果名）狧（獸名，如狐白尾耳長）噬（挈也，又～嗑）幓（巾也）筮（卜人曰～）示（告～）逝（往也，亡也）是（非～，不差也）諟（正～，又仝上）弒（下殺上也）恓（同息也）豺（獸，如狐，出則有兵患）士（儒者曰～，又四民之首）卌（四十併也）市（鎮～，街～）汜（水名）四（數名）肆（放～，又仝四大寫）泗（水名）巳（地支名）侈（奢～）禠（仝祀）眂（仝視）眎（仝上）筄（竹名，出南方，長百丈粗三丈）嗜（好也）駟（四馬曰～）伺（～候）峙（峻～，又讀志）笥（竹箱也）悋（恃～也，仝恃，無母曰～）袘（仝祀）笑（俗矢字）秮（耒～）兕（犀牛也）似（相～）姒（大～，後妃）豉（豆～，仝敊俗音池）汭（水也）佴（次也，又音耐，姓也）㡆（～翳，面衣）蒔（立也，更也）竢（仝俟）飼（以食～人）牭（牛四歲也）飤（仝飼）謚（笑也，又音一）食（飯也，又音十）哆（張口也）

ᵢ
p [陰平]屄（女子陰名，俗音，本音卑）羓（俗用，仝上非是）　[上聲]比（並校也，～賽）妣（考～，母喪曰～）妽（仝上）彼（你也，又～此）沘（水名）帗（殘帛也，無）夶（並也）鄙（都～，又～陋）啚（～嗇，非圖）夁（仝上）佊（邪也）　[去聲]祕（～法，～授）秘（密也，仝上）庇（～護，～廕）芘（草木～廕）篦（～子，去髮垢也）笓（仝上）眤（直視也）痞（腸中結病）詖（言不止也）毖（勞也，告也）髲（首飾）畁（庇～）匕（～首刺王僚）嬖（便～，賤而得幸也，又壞人也）媲（配也）襬（裙也）洷（水名）柲（戟

170

柄）費（魯邑名，本音廢）

p^h [陰平]批（～評，～判）披（～掛，又～剃，又開也）劈（～削，刀拆也）剃（仝上）搊（手打～子）坯（磚瓦未燒曰～）坏（仝坯）邳（地名，下～）鈹（兵器劍如刀）翍（張羽貌）紕（衣壞也）砒（～霜，～硝）磇（仝上）錍（～頭）仳（壞也）吡（叱聲）姂（不肖也）劕（薄切）屁（穴也）毞（取虾魚器）悂（怒也，憂也）筂（取虾器）抷（披也） [陽平]皮（～肉，～膚）鉳（箭也）疲（倦也，～困）羆（～盧，帽也）琵（～琶，樂器）鼙（仝上）枇（～杷，果名，又木也）柴（仝上）脾（～胃，又上聲）貔（～貅，猛獸）毘（明也，厚也）羆（熊～）裨（補也，副也，又姓也）埤（厚也增也）粃（～糠）蚍（蜉～，大蟻）丕（大也）伾（走貌）椑（木名） [上聲]痞（氣不通也）胚（血～，婦孕一月也）駓（雜色馬）嚭（大也，又古人名）紕（仝上）髀（臀也）膞（股外也）啡（器破未離曰～）伓（有力也）狉（獸名，～犴牢獄）俾（益也，使也，從也）崥（仝上）圮（毀也）悱（～悒，自容人也）否（塞也隔也，又音比，不善也，又音缶，不然也）裨（～益義，仝俾，本音卑）脾（肝～） [去聲]屁（氣下泄也，放～）㞎寱（仝上）呯（喘聲）譬（諭也，猶曉也）辟（～如，又音必）

t [陰平]低（高～）伍（仝上俗用）頤（～頭，垂也）衣（大也，又上聲，又去聲）喧（～聲，小語）磾（黑石名，又人名，金日～，又仝堤） [上聲]抵（～押，～敵，～抗）詆（謗也）底（～下，上曰蓋下曰～）㡳（仝上）牴（觸也）舐（仝上）㡳（又仝底）邸（客～，舘舍也）弤（剛弓也）氐（大也至也，又根也）靯（鞋～）柢（大根曰～）樀（楠也，檐也）砥（平也，均也，又～柱，又磨石也，細曰～） [去聲]弟（兄～，又音剃）第（次～，科～）苐（仝第，弟作第非）蒂（根～，上無曰～下無曰根）帝（皇～）禘（王者大祭名）棣（棠～，果名，又木名，又比兄弟也，又通弟）柢（根也）泜（水名）睇（目小是也）渧（滴水）踶（踊也）蔕（仝蒂）娣（妻妹）締（結～）地（天～）諦（審也）螮（寒蟬也）薑

◆ 徐氏類音字彙：一百年前的鹽城話 ◆

（蠹～，盆垈，仝地）淬（汁～也，本音子）踶（一足行也）懟（高也）惿（心不安也，又興上仝）苐（仝茅）悌（善兄弟也，又音剃）

tʰ [陰平]梯（階～） [陽平]提（手～物也，又～攜）騠（良馬）騞（仝上）蹄（～爪）啼（～哭，～叫）嗁（仝上）褆（衣名）偍（～嫷，心怯也）浾（研米搥也）稊（～稗，似穀實小）題（～目）鵜（～鶘，食魚鳥）隄（～防）堤（堆～）埞（仝上）爹（南楚謂父考曰父～） [上聲]體（身～，～諒）躰体軆（皆仝上）醍（赤色酒也）涕（淚也，又去聲）孩（小兒也） [去聲]屟（履中薦也）屧（仝上）屜（桌抽～）嚏（噴～，鼻塞）嚔（仝上）替（代也，～當）屜（鞍～）剃（～頭，披～）髢（仝上）棣（整物釵也）禘（即禊祓也）褅（仝上）褅（補也）擠（摘髮也）洟（鼻液）薙（除草也）遞（傳～）遰（仝上）涕（淚也）悌（善兄弟也）弟（愷～也，義仝悌）

n [陽平]倪（小兒也，又姓也）柅（止車木）郳（國名）淣（水邊也）尼（～山，又～姑）峊（～丘，山名）泥（土也）堄（～牆，用手塗也）坭（仝泥）堄（女牆也）妮（呼婢曰～）蜺（丘，山名）怩（心柔密也）呢（～喃燕語也，言不了也）輗（車前橫木）麛（鹿子）霓（虹～）怩（怊～，慙色）埿（俗泥字）帨（國巾也）兒（呼子曰～，又讀而）妮（婦人惡貌） [上聲]伱（汝也）伲（仝上）你（仝上）旎（旖～，隨風也）禰（祖～，又音眺）惗（智多少劣）𨳒（仝𨳒）瀰（水滿也）眤（斜視也）膩（細～，油～）殢（滯也，又音替）詗（言不通也，又音尼）帺（珠稀）懫（性快也）

l [陰平]痢（～疾，病也，又去聲） [陽平]黎（～明，早也）犁（～耙）犂𤛿科（三字仝犁）梨（～藕，菓名）棃（仝上）蔾（衆也）莉（仝上）剓（剝也，劃也）剺（仝上）嫠（寡婦，無夫人也）貏（獸名）鱺（鰻～，魚名）驪（純黑馬也）狸（狐～，靈獸也）貍（仝上）瓈（玻～，寶名，仝璃）箖（竹爲障也）氂（毫～，又捐，～厘，仝上）篱（笊～，竹器）籬（竹～笆，又仝笊）璃（琉～，玻瓈）漓（淋～，雨聲）氂（牛尾也）鸝（黃～，鳥名）蘺（江～，草名）

藜（仝篱）桋（土夆也，白帽也）黎（涎沫也）醨（薄酒也）悷（憂也）㦬（多端也）嚟（多言也）樆（野梨也）藜（蒺~子，藥名，有三角）離（分~，~別）藜（~藿，野又東棊）　[上聲]里（鄉~，二十五家爲~）李（桃~菓，又姓也，又門人曰桃~）禮（文~，~樂）礼（仝上）醴（美酒也）理（天~，敘~）俚（鄙俗言也）娌（妯~）鯉（~魚）蠡（蚌蟲）澧（水名，又同作醴）裏（~外，表~）裡（仝裏）悝（悲也，憂也）艃（江中大船也）　[去聲]吏（官~）利（名~，~害）俐（伶~，聰明也）例（條~，律~，規~）麗（美~，光彩也）隸（皂~，~字）曞（日光盛也）捩（琵琶撥也）㭚（仝上）濿（履石，渡水也）荔（~枝，菓名）栃（果名）唳（鶴~，鳥鳴也）厲（嚴~，害也）勵（激~，勉~）癘（疾~）泐（水不利也）沴（仝上）礪（磨刀石也）憪（惡~，又恐也）疠（~疾，病也）劙（割破也）詈（罵~）儷（伉~，夫婦曰伉，並也耦也）涖（臨也）苙（仝上）巁（巍也，又高也）剢（~帛，餘也）攦（拆也撕也）

tɕ [陰平]稽（~考，~首，~查，~類，~核）璣（鏡名，又不圓小珠也）畸（零田也）齎（送也，又特遣人來也）賫（仝上）基（仝基）韲（~菜）齏（仝上）惎（疾恚也）躋（登也）隮（仝上）雞（~鴨名德禽）鷄（仝上）刏（切也）幾（~微，~希）磯（石激水處，又名采石~）丌（薦物之具）禨（祥也）朩（木之曲頭止不能上也）機（杼~，又~謀）鎡（鋤也）譏（~誚，~笑）箕（簸~，又星名）萁（荳茇）鐖（鉤逆芒也）饑（~餓）飢（仝上）姬（女子美稱，又姓也）肌（~膚）畿（~甸，又邦~）羈（馬絡頭）羁（仝上，又~遲）基（根~，住~，~業）乩（扶~，~卜）笄（簪也）筓（仝上）嗘（~~聲也）羇（旅寓也）奚（~姦，將男作女）笄（仝上，又上聲）鵋（音雞，嗶~，羽毛爲布）　[上聲]机（欓~，茶~，又俗機字）几（仝上）幾（~個，又平聲）己（自~）麂（鹿屬）汜（水涯也）掎（立正也）笸（取虮物也）蟣（虱~）虮（仝上）擠（擁~）衸（行也）穖（禾穖~也）紀（綱~，十二年为一~）

◆ 徐氏類音字彙：一百年前的鹽城話 ◆

[去聲]霽（雨止也）祭（~祀）際（時~，遭~）霽（聲也）穄（黍~）忌（毒也）㱂（飲食氣逆不得息曰~，與无別）妓（娼也，又歌~，又~女也，漢武帝置營~以待軍士无家室者）濟（水涯也）㲉（係也，盡也）眥（目厓也）眦（仝上）泲（水名）濟（救~，賑~，又通也，又水也）記（誌也）驥（良馬名）覬（貪也）蒕（獸名，居~）穧（刈禾，把數也）冀（~望，又地名）計（~策，~數，會~）悸（心動也）繸（帶~，腰也，又弔死也）芰（四角曰~，二角曰菱）季（末也，又四~，又孟仲季）憇（仝偈）泊（及也，又肉汁，又潤也）忌（~諱，~妒，禁~，週~）寄（~托，~信，~存）薊（州名，又姓也）覬（~覦，非分希望也）概（取也拭也）浨（水名）既（~然）曁（及也，又音吉）技（~藝，能也巧也）伎（~倆，巧也）墍（泥飾汙也）繼（續也，又承~）鑑（仝上）惎（教也）髻（鬆~，又音結）偈（佛語）痵（心動也）禝（繫也）㧱（害也）畁（舉也）嚌（~~，小聲）垍（堅土也，又陶器）

tɕʰ [陰平]期（日~，~約）欺（~詐）朞（週年也）妻（夫~，~妾）攲（不正也）僛（醉舞貌）㒱（參差也）淒（~涼）悽（~慘）萋（~~，草多貌）凄（雨雪起貌）棲（鳥宿處曰~）蹊（蹊~）肌（仝期）倛（古之像神以逐疫者曰~）栖（鳥宿處，俗作棲，本古西字）　[陽平]奇（希~，~異，~怪）奇（俗奇字）齊（~整，又國名）臍（肚~）蠐（~蟠，蟲也）薺（荸~）錡（斧也）萁（豆也）琦（玉名）其（虛字）麒（~麟，牡曰~牝曰麟）騎（~馬）旗（~旛，旌~）旂（仝上）愭（敬也）懠（怒也）㵫（水名）猉（汝南小犬也）旗（仝旗）琪（玉名）淇（水名）蜞（小蟹，蟛~）俟（複姓也，万~也，又音士）岐（~山）祈（求也）帆（姓也）祁（姓也，又大也）祇（神~，地曰~）粸（餅屬）芪（黃~，補藥也）棋碁碁櫀（四字仝，皆象~也）琪（玉~，五采）獜（犬生三子，一獿二獅三~也）徛（舉足以渡也）疷（病也）畿（地方千里曰~）鄿（州名，又~艾，又~蛇）圻（仝畿，又界也，又也，千里曰~）藄（極也，又蒼艾色也）耆（六十歲曰~）頎（長貌）

174

◆ 第七章 《徐氏類音字彙》重編 ◆

忮（敬也）騏（馬黑青色）歧（岔路也，又兩穗麥也）碕（曲岸頭）崎（～嶇，不平路也）畸（口一隻也）㐱（參差也）埼（曲岸頭，仝碕）　[上聲]豈（～敢）起（興～，又發起，又～造）屺（山名）玘（玉名）杞（枸～，植物）圮（毀也）𥂶（器也）芑（白苗嘉穀也）啓（教道也，又開也）啟啓（二字皆仝上啓字）綮（有衣之戟）綺（細綾也）魢（即魛魚也）　[去聲]氣（志～，生～，～象）炁（仝上）器（～皿，～具）噐（仝上）棄（拋～，廢～）弃（仝上）汽（水气也）气（息也，又雲～也）契（～據，～券）憩（息也）憇（仝上）企（望也）砌（～墙，壘～）鱭（魛魚）嚌（嘗食）齂（豕息也）栔（仝契）暣（日氣也）栔（刻也）砌（仝砌，俗用）愾（太息也）

[陰平]羲（伏～）曦（日光也）犧（～牲，祭宗廟之牲也）稀（勻也）豨（豕也）俙（依～，又仿佛）浠（水名）汷（～～，齊貌，又讀自）獬（豕也）希（少也散也，又幾～）稀（～稠，又少也）郗（姓也）欷（戲～，泣也）晞（乾也）薪（草也）盆（小盆也）睎（望也，慕也，通作希）唏（～笑）欮欮（～哈，～也，仝唏）僖（樂也）禧（福也吉也）嘻（戲也，又噫～）醯（醋也）憘（喜也）熙（雍～）恓（～惶）西（東～）犀（～牛，角生鼻端，印度～一角，非洲產者二角，曰分水～，中國用為藥）棲（難～，遊息止也）栖（碎米）嘶（馬鳴也）撕（手～破，俗讀斯）廝（痛也）蒜（～蕊，草藥名）兮（歌辭）熹（朱～，古人名，又炙也，也盛）爔（毀也）犀（遲也）徆（行也）暿（仝炙也）　[陽平]奚（何也）嫇（宮奴）溪（～澗，山夾水）徯（待也）攜（提～，又持也）攜（仝上）携（仝上）鸂（～鶒，水鳥也）傒（江右人曰～）奚（獻跡也）嵇（山名，姓也，俗讀宜）谿（～谷，山有水曰～，無水曰谷，又通溪）　[上聲]喜（～悅，～樂）嬉（妹～，又戲也，又音西）狶（楚人呼豬聲）熹（朱～，人名）洗（～泥，～滌）徙（遷移也）洒（～水也，又音灑，又仝洗）蹝（草履也）屣（仝上）璽（玉～，印也）壐（仝上，又害也）枲（蔴也）葸（畏懼也）𧿁（臥

徐氏類音字彙：一百年前的鹽城話

息聲也）蓰（五倍曰～）夔（小也） ［去聲］餼（生牲也，又讀氣，方音）戲（頑～，唱～）繫（絡～，縛也）係（俱～，關～）系（宗派世～）細（粗～，微～）憙（悅也）盻（恨視也，与盼別）禊（祓～，祭名）屭（贔～，用力也）嚊（喘息聲也）㾊（怒～也）壻（女之夫也，又讀序，方言）幯（殘帛也）洍（水名，又音信）

∅ ［陰平］伊（彼也，姓也）咿（～唔，又讀書聲）吚（呻也）沂（水名）醫（～生，治病人也）衣（～服，上曰～）猗（歎美辭）猗（語辭，又音阿，美盛貌）依（～從，遵也）漪（水名）堅（塵埃）毉（仝醫）瑿（琥珀，千年曰～，可造黑玉鏡）擬（摹～，揣度）殔（歸也）妷（女字）、（仝伊） ［陽平］宜（皆也，相～）宐（合理也，又仝上）㠣（本音奚，姓也，方音宜）多（仝宜）匜（洗手器）儀（禮～，敬～，賀～）儀（俗儀字）忔（喜貌）夷（～狄）澑（～霜雪也）𣲙（冰室）胰（腰～）峓（嵎～，山名）沂（水名）眙（盱～，舉目貌）頤（期～，百歲也，又養也）訑（～～，詎入也）崺（崎～，石危貌）恞（悅也）移（遷～，動～）秜迻（二字皆同上移字）珆（石似玉也）遺（～留，～書）貽（遺也，～誤，～害）彝（彛～，宗廟器，又法也）彞（仝上）㐽（花名）飴（餹也）酏（薄粥也）袲（衣服貌）洟（鼻液也）㳕（仝㳕）㾕（～㾾，戶扃也）疑（惑～，猜～，嫌～）踦（～踞，其形如箕也）誼（正也，世～，友～）詡（仝上）徲（行平易也）栘（棠棣也）痍（傷也）懿（賢也，又音義）怡（和悅也）詒（贈言也）胆（仝胰）眙（盱～，縣名）咦（笑也）箷（衣架也）椸（仝上）蟻（螞～，螻～，本去聲）螘（仝上）夸（本夷字） ［上聲］擬（議也，又揣度也）以（用也，又爲也，又所～）目（仝上）旖（旗～，～旎）已（止也）矣（語已辭）椅（～桌）倚（～賴，～靠）掎（偏引）苡（～苡，米可食）苢（仝上）扆（戶牖間曰～）顗（謹北也，樂也）悕（哀也）攺（作已字用）筊（竹筍也）䝇（仝以） ［去聲］義（仁～，講義）义（才～，又俊～，又仝上）裔（後～，又嗣也，又姓也）瞖（眼中雲～，疾也）翳（蔽也障也）意（心～，生～）帤（直衿曰～）

第七章 《徐氏類音字彙》重編

庚（倉也）曳（引也，徐也，又音舍）擬（揣度也）漍（松香曰~）
寱（睡語也）㝱（仝寱）易（不難也，又交~）薏（~苡，六谷米也）毅（妄怒也，卓立也，又剛~）藝（手~，六~）刈（割也）
埶（種也，又仝藝）誼（善也，又人所宜也）異（奇~，又不同也）异（仝上）劓（割鼻也）瘞（~塚也，又埋牲曰~）詣（造也，至也）羿（射師，又姓也）忍（怒也）瀷（溶~，水貌）肄（~業，習也）饐（味變也）㩉（水磨也）殪（瓜~也，又死也）議（商~，~論）悥（習也，明也）噫（歎也）瞖（陰風也）泄（去也，今吐瀉之~）蓺（種也）医（盛弓矢器）揖（推手曰揖，引手曰~）殪（物凋死也）袣（衣袖也）㜪（婦人病胎）饐（貪也）跇（述也，跳也）乂（芟草也，又仝刈）㦤（恭也）

u

p [陰平]逋（~逃）晡（申時也）餔（喂~子食也）姑（俗音稱父姊妹，本音孤） [上聲]捕（~捉）補（脩~，賠~）賻（仝上，又財相酬也）圃（菜園也，又音普）團（仝上俗用）哺（食在口也，鳥喂子食也） [去聲]步（走也，~履，少字缺點）哺（食在口也，老鳥喂子也）餔（仝上，又音逋，又音捕）布（~疋，又仝佈）沛（地名）佈（擺~，宣~）埠（船~頭，又仝步）怖（懼也）部（總也，又財政~，又書部）簿（帳~，緣~）抪（~散）疿（痞病）囲（~地種菜也）走（仝步）簿（牘也）

pʰ [陰平]鋪（~設，布也）誧（大也）呼（外息也，又音乎） [陽平]蒲（~艾，蒼~）菩（~薩，普也）蒱（~摴，古博戲也）葡（~萄，果名）匍（~匐，手足幷行） [上聲]普（遍也，又大也）暜（仝上）譜（族~，又~諜）潽（水也）溥（周遍也）浦（水邊小口，別通也）脯（胸~）酺（飲酒作樂） [去聲]舖（店~，床~）潎（人~水，俗用，本音拼，水聲也）

f [陰平]夫（大~，又~妻）呋袄（亦仝上）粰（粉餌）敷（~衍，又陳也，又音孚）麩（麥~子）敇（仝上）伕（女~，婿也，又役曰~）枹（击鼓杖也）柎（小木栱也）稃（米皮也）膚（皮~，又

◆ 徐氏類音字彙：一百年前的鹽城話 ◆

音孚）　［陽平］孚（信也，又卦名）巫（覡男曰覡女曰～）俘（～虜，因戰獲人曰～）誣（害也）扶（～持）苍（姓也）涓（水名）濴（水名）肤（望也）符（信也，又兵～，又～咒）浮（～沉）莩（～萍菜）桴（筏也，又棟也，又全枹）鳧（水鳥）芙（～蓉花）怤（心明也）琈（～筍，玉采色）孵（凡伏卵初生曰～）蚨（青～，蟲名，母子不離）鈇（斫刀）苤（～苢，車前草也）荴（萑～，草也）𦬆（花發也）无（亡也）蜉（～蝣，蟲名，朝生夕死）䟿（～斌）榑（日出～桑）鄜（地名）涪（～城，又水名）呼（口吹也）枹（擎鼓杖也）殕（物敗生白曰～）薉（～苴，草名）姀（貪也）姇（美也）垺（郭也）膚（皮～，又音夫，又布也）　［上聲］甫（大也，台～）簠（～簋，盛黍稷祭器，外方內圓，容一斗二升）府（藏也，又古～縣，又尊～）俯（～伏，～仰）俛（仝上，又與勉仝）滏（水名）盙（仝簠）秠（黑稻，又再生禾也）腑（～臟，六～）脯（肉也）撫（古巡～，官名，又～養）捬（仝撫）黼（～黻，白與黑相次文曰～）斧（刀～）晡（明也）釜（鍋也）弣（弓中央曰～，腐朽也，又荁～）拊（擊也，又拍也，又仝撫）柎（花萼之房曰～，又仝桴）俌（輔也）輔（～佐）團（樹園曰～，又俗圃字）䐳（仝腐）　［去聲］父（父母，又嚴也）富（～貴，豐～）傅（師～）付（支～，取也）副（二也，又正～）赴（至也，又～任）仆（伏也）訃（喪事～聞）賦（～稅，古詩～）附（從也，又寄也）坿（仝附）駙（～馬，古諸侯婿也）仅（手持）賻（喪助錢曰～）婦（夫～，又～女）媍（仝上）負（辜～，又勝～，又擔荷也）衭（衣齊也）祔（合食於先祖，又合葬曰～）愪（怒也）鮒（小魚也）咐（心～也）胕（心膺也）咐（囑～，吩～）阜（物～盛也，又高厚也）帗（帛也）

t　［陰平］都（大也，又～督，又姓也）闍（城之台曰～）　［上聲］覩（見也）睹（仝上）賭（～博）堵（～閉，又牆也）杜（絕也，又姓也，俗讀去聲）晵（旦明也）𡑞（閉也，又塞也，俗堵字）肚（～腹，俗音本去聲）　［去聲］度（丈尺也，又止也，又六十分爲一～）杜（絕也，又姓也，本上聲）肚（～腹，～肺）妒（忌～，又嫉～）

178

第七章 《徐氏類音字彙》重編

渡（～河）涂（仝上）鍍（～金）蠹（～魚，書蟲）妒（女子無子曰～）斁（敗也，又音亦）砣（地名）秅（仝上）啑（～食）

t^h [陰平]圖（～書，～謀，又～畫）屠（～戶，～戮）途（路～，程～）塗（～抹，又糊～）峹（～山）徒（師～）荼（苦菜，又～蘼花）醛（～醵，酒名）酴（～醾，酒名）涂（水名，又十二月爲～月）酥（～酥，酒名）梌（木名）稌（禾穗）稌（稻名，豊年多黍多～）瑹（美玉）[上聲]土（泥也，又五行之末也）吐（口～，又去聲）兔（～子，曰明視小獸善跑）兎（仝上）吐（嘔～，酒醉打～子）菟（～絲，草名，生苴田中，又藥名）堍（橋畔也）

l [陰平]路（～道，俗音本去聲）露（雨～，又～水，俗音本去聲）[陽平]如（似也，又～何）洳（水名，又下濕之地也）儒（學者之稱）襦（短衣）醹（厚酒）薷（香～，草名）䝙（食虎豹獸也）濡（沾～，滯也）盧（飯器也，又姓也）鑪（銅～，又火～也）爐（仝上香～）罏（瓦～）壚（酒～，泥～）臚（傳～）獹（韓～，駿犬）瓐（碧玉也）絨（絲也）筎（竹～，竹去皮曰～）蘆（～柴，～荻，～葦）鱸（～魚，松江四鰓）顱（頭骨）艫（舳～，方長船也）攎（手～物也）玈（度也）纑（布縷也）嵐（㟨～，山名，又音藍）嚅（囁～，欲言不言）轤（轆～，井上車水具也）壚（呼豬聲，～～）挐（牽引也）懦（鴑弱人也）茹（茅草根，又去聲）籚（大曰～小曰籃）黸（墨甚）偄（仝儒）[上聲]乳（育也，胸～）汝（你也，又水名）女（仝上）魯（鈍也，國名，又姓也）㦨（～憐，又心惑）鹵（仝上）滷（鹼～，塩～）澛（仝上）胊（魚敗也）擵（動搖也）擄（掠也）擩（染也）櫓（進船具也，又音暖）湑（酒厚也）塶（沙也）荳（豆名）擼（動也）嚕（～囌，多言也）磠（砂也）壚（西方鹹地）[去聲]孺（稚子也，又～人）茹（茅根也）袽（緼絮）挐（引也）路（～途，道～）露（雨～）鷺（～鸶，鳥名）潞（～州，又水名）輅（大車也）賂（賄～，又遺也）簵（美竹也，可爲箭）璐（美玉也）

ts [陰平]朱（赤色，又姓也）洙（～泗，水名）潴（水～子，卽水點也）

179

潴（水停曰～，又仝上）珠（珍～）猪（豕也）豬（仝猪）豬（仝上）硃（～砂）誅（～斬，又責也）株（根～，木上曰林木下曰～）茱（～萸，藥名）蛛（蜘～）狖（獧獸，名狀如狐）徣（月行也，又通諸）侏（～儒，短小也）邾（國名）諸（衆也，又語辭）檠（揭～，有所表識也）銖（錙～，二十四～爲一兩）租（～籽，賃～，～借）徂（往也）烛（仝諸）䄫（殺也，又戈名）　　[上聲]主（～客，家～）、（仝主）宝（神～，通作主）祖（～宗，先～）衵（仝上）拄（木撐也）煮（煎～）渚（州～，小淵曰～）俎（～豆，禮器）咮（～～，呼雞聲）祐（宗廟主祏）殂（死也）阻（～止，～隔）組（印綬也）濐（止也，遮也）砫（宗廟宝石，亦作砫）麆（仝麆）　[去聲]住（居～）柱（梁～）駐（馬立也）著（明也，又～作）註（～解，集～）蛀（～蟲）泞（澄也）澍（時雨也，又音素）狘（黃犬，黑頭也）炷（燈炬盡也）注（～意，又水灌～也）逌（俟也，止也）拄（止～）鑄（鎔～，～冶）宁（門屛之間）箸節（仝上）䳱（飛舉也）跓（止足也）貯（財～）助（扶～，幫～）胙（祭肉也）祚（福～）阼（主人所立階也）貯（盛～）詛（盟～也）柠（棺衣也）竚（久立也，又企也）佇（望也）紵（～絲）苧（～蔴）

tsʰ [陰平]初（始也）粗（精～，～魯，～细）怚（～心）芻（刈草也，養牛马草）糳（米不精也）閦（阿～，佛名）觕（牛角也）麤麤麤（～鹵，大畧也，三字仝）麄麤（二字皆仝初）犆（大也，物不精也）　[陽平]除（消～，去也）厨（～屋）廚（仝上）躇（躊～）蹰（仝上）滁（～州，地名）儲（副也，古太子曰～君，又～蓄）鋤（～頭，農具）鉏（仝上）蜍（蟾～，三足物也）徂（往也）幮（床帳）耡（～田）雛（小鳥也）雛（仝上）揟（拘也）篨（籧～，今蘆蕟也）蒭（束草也）　[上聲]楚（清～，又古國名）楮（木也，皮可爲紙）杵（～臼，又砧～，又兵器）處（居～，又去聲）處（仝上俗寫）处（仝上）暑（炎天曰～）憷（痛～）滀（水名）漆（水名）黍（～稷，谷名）秝（仝上）鼠（老～）杼（織布梭也）褚（棉絮裝衣曰～，又姓也）礎（柱下石也）措（辦，又去聲）　[去聲]

處（何～）措（舍置也，又無～）厝（仝上，又音綽）醋（醬～）錯（仝措，又音綽）

s　[陰平]蘇（暢也，又江～，又～州，又姓也）疎（～淡，又～忽，又～遠）疎疏（二字皆仝上，又親～）樞（木～星也，又門戶～鈕）樗（木名，臭椿也）廝（廡～，酒名）瑹（～班比笥也，或作荼）芟（刈草也，又音山）梳（～篦）抗橵（二字皆仝上）酥（酪～，酒名，又～潤）穌（舒悅也，又～醒，又耶～，通蘇）甦（～醒，死復生也）殠（爛也）痹（～痳，手足不知疼痛也）殊（絕也，別也，異也）蒢（香～，草名）殳（兵器，又姓也）書（～寫，文～）舒（～展，又放也）紓（緩也）輸（～贏，服～）姝（美色也）檽（～櫟，木名）㰚（～秋，待考）姝（女也）毺（仝上）欇（～木，可染緋）洙（水名，出泰水）嚦（嚕～，言多也）　[上聲]數（～錢，又去聲）数（仝上俗用）　[去聲]素（白色，又平～）數（～目，計～，又下平聲）數（仝上）訴（～說也，告也，又～狀）愬（仝上，又譖也）愫（誠也）塑（～像）堟（仝上）澍（溝也）蔬（董～）嗉（受食曰～，雞鴨～）漱（～口，本音受，方音素）樕（木未飾也）戍（兵也，又守邊也）儵（向也）捒（暗取物也）豎（未冠者曰～子）澍（時雨也）溯（水逆流而上也）泝遡遊（三字皆仝上溯字）豎（立也，橫～）尌（仝上）樹（～木）樹（仝上）恕（寬～，又推己及人曰～）庶（～民，眾也，俗用）庻（本庶字）署（公～，官舍曰～）曙（曉也）墅（別～，田盧也）竪（立也）佇（立也）僽（神名，又姓也）箊（籠屬）

k　[陰平]沽（賣也，又～酒，又水名）孤（～單，～苦）姑（～娘，父之姊妹曰～）辜（～負，無～）辠（仝上）辜（又仝上）觚（～酒器）菇（～蘑，～茨）瓜（王瓜也）鴣（鷓～，鳥名）箍（～桶）筛（仝上）泒（水名）呱（小兒哭聲）嚄（仝上）奈（大貌）悎（怯也）柧（～棱，四方曰～，八方曰棱）笟（竹器，古吹器，今之喪喜事大吹也，唐改銅角，即其遺也）菰（～蔣也，其米謂之胡）苽（仝上）觚（仝觚）　[上聲]古（今～，上～）估（值～）鼓（鑼～）

◆ **徐氏類音字彙：一百年前的鹽城話** ◆

皷（仝上）股（～肱，屁～）瞽（瞎子，目無精也）牯（～牛，公牛也）罟（網也）賈（居貨曰～，又音假）賈（仝上）蓇（蕾～，草～子花）鹽（塩池也）蠱（～惑，又蛇～，又水～病）羖（牝～，黑羊牝者曰～）羖（仝上）瀘（水～病也，又蠱名）詁（～訓，通今古之典故也）眖（有目無精）　[去聲]固（堅～）故（物舊也，又亡也，又典～）僱（～工，傭也）鋦（～鑄，刀～，又禁～也，俗曰庫非）顧（視也，念也，又姓也）顧（仝上，又照～，又主～）堌（地名，又古坎也）

kʰ [陰平]枯（稿也，又乾～）刳（剖也）郆（東地）骷（～髏，死人首骨也）　[上聲]苦（甜～，辛～，孤～）楛（濫惡也，又音戶，木名）　[去聲]庫（倉～，又府～，又姓也）絝（股衣也）褲袴（裙～，又仝上）

x [陰平]呼（～喚，又鳴～，又音鋪）乎（虛字之～）嘑（仝呼）滹（～沱，水名）恗（仝上）歔（出氣息也，出曰～）幠（覆也，死人覆衾也）笷（～籠，劍室）戱（怯也）　[陽平]胡（北人曰～人，又何也，又姓也，從古肉）湖（江～）壺（～瓶，茶酒～）壼（俗壺字）瓳（仝上）衚（～衕，巷口也）瑚（～璉，又珊～）糊（麵～）麱䴹䎂秴黐（五字皆仝上糊字）鬍（～鬚）ت（俗鬍字）蝴（～蝶）猢（～猻，猿屬）楜（～椒）葫（大蒜也，又瓜也）餬（封～，口也）瓠（匏～也，瓜類，又音護）弧（木弓也，又懸～，男壽也）狐（～狸，靈獸）煳（焦也，俗用）　[上聲]虎（猛虎）琥（～珀，茯苓千年化～珀）蔰（～莉，花名，又～荁）滸（水涯也，又水～）浒（～澎，舟中～斗）岵（～岠，山無草木）蝴（蟲名，蒼蠅～）汻（仝滸）火（水～）箎（竹名，高百丈）戶（門～，二～爲門，又俗音互）　[去聲]戶（門～，俗音本上聲）扈（跋～，又從后曰～，又姓也）瓠（～子，可食似瓜）護（救～，庇～，～封，保～）冱（閉塞也）互（～換，～鄉）帍（婦人巾）滹（澎也）摅（擁障也）鰗（魚～簺）槴（書具，又魚～）戽（～斗，舟中澆水用）瓠（～子，瓜屬）簄（～簺）沍（寒凝也，仝冱）祜（福也）怙（～恃，

第七章 《徐氏類音字彙》重編

父死曰～)

∅ [陰平]烏（黑色）嗚（～呼，歎聲）鄔（地名，又姓也）杇（鏝也）污（～濁，又～穢，又～池）汙（仝上）剭（除水草～刀也）蔦（～蘆，柴也）洿（～池，窊下之地也）弙（滿弓有所向也）㥰（俗污字）歍（歐～，吐逆聲）隖（小障也，本安古切）塢嶋（二字皆仝上隖字） [陽平]吳（姓也，又古國名）吴（仝上）毋（禁止辭）無（亡也，又沒也）橆（仝上）无（無也，又卦名）吾（我也）悟（仝上）珸（琨～，劍名）鋙（仝上）鋘（刀室也）璑（三采石也）澞（水名）㹳（如猿善啼）禑（福也）祦（仝上）梧（～桐）蜈（～蚣，毒蟲也）蕪（荒～）珸（玉名，又美石，又琨～）齬（齟～，齒不齊也，又意見不合也）浯（江名，水名）唔（吱～，言語不明也）亡（無也，又音王） [上聲]午（地支名，日中也）忤（～逆，～慢）仵（～作，檢尸人也）舞（歌～，又手～）儛（仝上，又朝～，山名）珷（～玞，石次玉）碔（仝珷）旿（明也）娒（～媚）斌（仝上）伍（五人為～，又行～也，又仝五）廡（廂廊也）潕（清也）儛（水名）潕（仝上）武（文～）珷（仝上）憮（爱也）侮（戲也，又～弄）甒（～甄，瓶屬）鵡（鸚～，鳥名）五（數目）幠（覆也）隖（小障也，俗讀鳥）塢（仝隖，又去聲）嶋（仝上）庌（仝廡）憮（撫也）澙（水～也，又大水也） [去聲]悟（省～，覺～）寤（释典，悟字）誤（訛～，謬也錯也）悞（失～，欺～，義仝上）晤（面～，又日反照也）孜（勉力也）寤（～寐，夢也）惡（不好也，憎也，又～嫌）務（專力也，又事～）瞀（仝上）霧（雲～，雨～）婺（女星也）鶩（野鳧也）噁（人病打～心）羮（大也）懊（倉卒錯～戊天干名）悟（迎也）帣（髮巾曰～）帊（手巾也）鶩（馬直騁曰馳，亂走曰～）隖塢埡堊（四字仝皆小障也）寠（鳥抱卵也）窹窹窹（三字仝灶，名也，茶～，用也）

　　　　　　　　　　　　　　y

n [上聲]女（男～，又音汝） [去聲]潊（溠也）

l [陰平]閭（門～，～閻）驢（～馬）馿（仝上）蔞（～蒿，本音婁）

183

◆ **徐氏類音字彙：一百年前的鹽城話** ◆

廬（茅～，草舍）厛（居也）慮（憂也）　［上聲］呂（律～，又姓也）侶（伴～）旅（衆也，又～舘，又師～）膂（～力）祣（祭山川名，通作旅）縷（敝衣也）褸（襤～）寠（貧也，又無禮居也）履（鞋也）姇（醜貌）㣚（仝履）悎（慢也）鋁（近類礦物質，輕光澤如銀不銹）穭（禾野生曰～，又仝旅，又去聲）　［去聲］慮（思～，憂～）鑢（～錫）嚧（呼豬聲）屢（頻數也，又疾也）屦（俗寫仝上）濾（洗也，又水也）鋁（新發明礦物，鉄質別種無毒，可作食具，又上聲）

tɕ　［陰平］居（～住，又姓，古音具）車（～輦，黄帝始造）椐（木名）琚（瓊～，玉名）䃣（貯也）裾（襟～，衣後曰～）鶋（雞～，海鳥）拘（～束，～提）俱（皆也）眗（左右視也，又與明仝）駒（馬名）苴（萵～，菜名）奭（目邪也，左右視人）据（拮～，俗云人手中不足）疽（癰～）蛆（蜘～，蜈蚣也，又音區）娵（～訾，星次名，又音鄒）雎（～鳩，鳥名）狙（猿也）趄（趑～，行不進也）砠（土戴石爲～）齟（～齬，齒不正而參差出入也）苴（麻也）頜（～嚼）咀（仝上）菹（～草）沮（水名）岨（～蟲）蠩（仝上）伹（拙也）㝢（舍也，又仝居）挶（人相依～也）㴐（水名）　［上聲］舉（～動，又薦～，又選）挙（仝上俗用）莒（～父，地名）欅（木名）踽（獨行）履（鞋也履也）柜（大葉柳也）寠（貧～）佢（俗字，廣東人他曰～，卽渠字）筥（筐～，方曰筐，圓曰～）莒（仝舉）屦（女子陰名）舉（舉本字）椇（果名）簴（養蠶竹器）［去聲］具（備～，器～）倨（～傲，不遜也）句（詞章之句）懼（恐～，又怕也）愳（仝上）惧（仝上俗用）鉅（大也，又大剛也）澽（乾也）岨（丘也，本音主）怐（慢也）昇（仝具）苣（萵～，菜名）苣（火把也）憜（憨也）巨（大也）鋸（刀～）踞（蹲～，足坐也）颶（海中大風）拒（抗也）昍（明也）眗（左右視也，又仝瞿）據（憑～）遽（窘也，急卒也）詎（止也，未知也）距（抗也）駏（～馬，獸名）聚（積～）洰（水中物多也）炬（束蘆燒之）秬（黑黍）埧（堤塘，俗塘字）堅（土積也）岠（吳～，山名）

· 184 ·

第七章 《徐氏類音字彙》重編

tɕʰ [陰平]嶇（崎～，山路不平）敺（～逐）區（～域，又隱匿也）軀（身～）驅（馳～）袪（禳也）祛（袖口也）抾（摸弄也）趨（急行也）覷（～眼，又去聲）蛆（～蟲）胠（與袪仝）　[陽平]徐（緩也，又姓也）璩（環屬）蘧（自得也，又姓也）瞿（視也，姓也）劬（～勞）蕖（芙～，荷花）渠（溝也）渠（仝上，又磲～，美玉也）趣（使也，又走顧也）趄（仝上）衢（街～，通行曰街，四達曰～）俆（與徐仝，又音書）懅（怯也）璖（耳環）　[上聲]娶（嫁～）取（～討，～與）　[去聲]趣（～向，情～）覷（視也，又上平聲）覰（仝上）去（往也，又來去）厺（仝上）

ɕ [陰平]胥（皆也，姓也）湑（露也）需（待也，索也要也）須（斯～，又～臾，一晝夜三十須臾，見釋典）鬚（髯～）籪（魚籃倒～）帤（大巾也）綏（安也）浽（小雨也）荽（胡～，又俗云芫～）嘘（吹～）虛（～空，不實也）虗（仝上）憷（心～，怯也）袖（敝衣也）盱（張目也）諝（待也）耑（待也）顐頾頿（三字仝立而待也）歔（歛～，悲泣也）煦（吹也）煦（仝上）吁（疑怪聲，又嘆聲）旴（日始出也）諝（有才智也）稰（糧也）墟（大丘也）偦（有才智也）壎（墙外短垣）姁（美貌）湏（俗寫須字，非是本音未）笤（有蓋，飯籃也）　[上聲]醑（美酒）諝（有才智也）惰（仝上）珝（玉名，又人名）許（可也，允～）詡（大言也，又人名）栩（柔也）煦（和也）　[去聲]壻（女夫曰～，有才智也）偦（仝上俗用）婿（仝上）序（次也，又～言）嶼（山在水中）絮（綿也）叙（談～，又説也）敘（仝上）遂（順～，又～意，本音碎）慸（心～，又音歲）潋（水名，仝澳）緒（統～）穗（稻麥也，又音歲）澳（水名）汻（溝也）杼（姓也）穟（禾秀也，又音歲）彗（～字，又星名）篲（掃竹也）隧（墓道也）燧（取火之木，又音歲）鐆（取火鏡也）鐩（仝上）襚（死人衣也，又音歲）䑇（堪～，魚名）墅（東西牆也）慯（憂也）敍（次第也）。

∅ [陰平]淤（～泥）埓（水～泥，仝上）迂（～闊，又遠也）璵（璠～，寶也，又美玉）歟（語辭）紆（曲也）與（煞脚字，又上聲）齀（燕飲也）飫（食多也）飳餰（二字皆仝上）餘（～積，多也，又下平）芋（～頭，實根，大葉根，十二子爲衛，應月之數也）　[陽平]虞（蔬～，又姓也，死人六七曰～）庾（倉～，露積，又姓也）漁（～翁，～樵）畬（葘～，耕三歲曰～）餘（～積，又多也）渝（水也）愚（懵也）濊漁（二字皆仝漁）髃（肩前骨）瑜（玉名，美玉也）愉（樂也，又仝愉）禺（番～，地名）隅（物角曰～）嵎（～峓，日出處）娛（歡也）旟（旗之一種，又揚也）璵（～璠，美玉）腢（仝髃）妤（婕～，女官）盂（酒～，水～）愉（悅也）於（卽也，又虛字）扲（仝上）予（我也）竽（樂器，三十六簧）澳（汙也）杅（浴器）騻（馬官，又駒～）腴（膏～，肥也）圩（～岸）雩（求雨處）㳊（水名）邘（國名）萸（木名，茱～，又藥名）瘀（血壅也）歈（巴～，歌也）澞（山夾水）懊（慾也，憂也）覦（覬～，欲得也）逾（過也，又越也）踰（仝逾）窬（穿～，挖壁洞，小竊也）揄（引也，揚也）舁（對舉也）輂（土～車也）輿（車也）伃（倢～，婦官也）㝢（人不能立曰～）魚（～蝦，又方音吳）余（我也，又四月爲～）　[上聲]雨（～雪）與（許也，又交～）敔（樂器，形如伏虎）齬（齟～，意見不合也）語（言～，又告也）宇（～宙，四方上下曰～，往古來今曰宙）羽（毛～，鳥翼也）禹（姓也，又夏～王）瑀（玉也）圉（囹～，獄也囚也）圉（掌馬者曰～人）瘐（病也）予（賜也，又音于）与（又仝與，昪非是）㝢（屋邊也，又仝禹）俁（～～，獨行貌）　[去聲]御（治也，又～車）禦（抵也禁也）遇（逢也，相～）寓（存也，客～）䀣庽（二字皆仝寓寄也）嫗（老婦之稱）豫（遊～，作事不空）墅（高平陸也）楀（木偶）俣（容貌大也）飫（飽也）預（先也，又～備）芋（～頭，又上平聲）蕷（果名）裕（寬～，豐～，饒～）諭（告也，曉～，～單，又堂）愈（勝也，好也）譽（名～）馭（使馬）禺（獸名，猴屬）誉（俗譽字）忬（喜也）忬（先也，安也）罦（䍀～，面衣）玉（金～，又音育）舁（對舉也）

a

p [陰平]巴（姓也）芭（～蕉，花名）笆（籬～，又～斗）爬（手～）疤（～痕）鈀（兵器）葩（花發嫩蕋）妑（犬尾～）扒（手～，俗音本音拜）豝（牝豕也）妃（女名）　［上聲］把（～持，～握）叭（喇～，軍中所吹號筒）䄔（稻，俗用）粑（饌～，本平聲）𢪊（擊也）朳（牛角相背謂之～）　［去聲］罷（～了，～休）霸（強～，～王）覇（仝上）杷（刀～，柄也）欛（仝上）鈀（刀～）壩（閘～）垻（仝上）耙（犁～，田器）靶（轡革也）𥝫（稻名）弝（弓中處弓～也）擺（把也）

pʰ [陰平]耙（犁～，農具）　［陽平］琶（琵～，樂器）爬（搔～）杷（平田器，又枇～，菓名）笆（竹～，取草用）鈀（釘～，田器）妑（～妑角）䯻（琶本字）扒（～兒手，俗用本音，拜拔也）帕（手～，手方也，本去聲）　［上聲］㞎（短貌，見海篇）　［去聲］怕（懼～，恐～）帊（仝上）帕（帛二幅曰～）派（別水也，又音排，去聲）帕（～腹，橫～，其腹也，本音蛮，去聲額，首飾）

m [陰平]媽（母曰～）罵（咒～人，又去聲）　［陽平］麻（桑～，又～姑）蔴（芝～，又仝上）蟆（蝦～）痳（～瘋，又病也，又疹～）　［上聲］馬（牛～）瑪（～瑙，又仝碼）螞（～蝗，～蟻）碼（～號，～頭）榪（小～子，貯溺器）　［去聲］罵（咒～，唕～）榪（牀頭橫木）禡（祭名）禡（增益也）傌（罵本字）嗎（俗罵字，又～啡，大煙精也）溤（水也，又俗馮字）㡯（庵也）

t ［上聲］打（責也）　［去聲］大（巨也，又音太，又音代）汏（大濤也）

tʰ [陰平]他（～你）她（仝上，女之～也，俗用非是，本古姐字）牠（仝上，物之～也，俗用非是，本音沱，牛無角也）

n [陽平]拿（手～物）拏（仝上本字）挐（又仝上）挐（相牽引也）　［上聲］那（～處，～塊）㑞（皮寬也）　［去聲］那（～事）捆（手不正也）

l [陰平]拉（～扯，牽也，本音欠）垃（～圾，敗泥草也，新字）　［去

聲]拉（～扯，又平聲）

ts　[陰平]查（姓也，又山～，藥名，又音茶）渣（～滓）楂（浮木水中）奓（誇言也）偖（張也）咱（我也）樝（榠～形，如木瓜，可食用）䐹（厚唇貌）挓（～開，手～）喳（鳥聲）槎（筏也）柤（阻也，又距也）皻（人鼻粉刺俗曰酒刺，又曰酒～）䊭（不黏也）蹅（散～～）慴（誕也）　[上聲]鮓（魚肉～蟹）吒（哪～，神名）蔗（甘～）厏（仝上）　[去聲]乍（忽也）詐（欺～，又僞～，又～騙）蜡（～蟲名，又祭名）虘（～螂，蟲名，土鼈也）縒（衣多也）醡（酒～，油～）笮（仝醡）酢（仝上）溠（溼也）炸（火～）煠（仝上）砟（碑石也）溠（水名）柞（桑～，木名）柘（仝上）蓛（衣服～開）奓（仝上）怍（慚也）昨（前一日也）蔗（甘～，又上聲）禣（年終祭名）

tsʰ　[陰平]叉（～手）扠（挾取物也）差（錯也）槎（筏也，又音查）喿（～嘴，多言也）艾（草也，鬼～，～又音愛）乂（夜～，鬼也）瘥（病也）　[陽平]茶（～葉，～酒）搽（～粉）查（調～，稽～）佘（窒～，又音乂）剎（僧寺，本音察）厏（開張屋也，又縣名）　[上聲]奼（美女也）奼（大也）　[去聲]岔（～路，～枝）踳（歧道也）衩（～襟）吒（叱～，發怨聲）咤（仝上）汊（～河，水分歧也，又樊～）詫（誇也，誑也）奼妊（二字皆仝上，又少女也）侈（張也，開也）姹（又仝詫，又少女也）

s　[陰平]沙（～土，又物漏水曰～水）砂（硃～，又仝上義）紗（～羅）桬（～木，其木最堅）裟（袈～，僧衣）坴（又仝沙）抄（挓～）鈔（銅小鑼也）鬖（髮垂也）挲（～黃牛）痧（～麻）紗（細絲也）毟（毛長也，又仝裟）洒（～埽，本上聲，又仝灑，又仝洗）鯊（～魚）殺（斬～，北音本音煞）　[陽平]蛇（毒蟲也）　[上聲]傻（～俏，不仁也）灑（～埽，瀟～）洒粟滷（仝上灑字）傻（仝傻）　[去聲]廈（賤屋也，又舍也）庌（仝上，又旁屋也）㓾（刺也，又～桶）嗄（破～聲）

kʰ [陰平]卡（關～，又魚～人） [去聲]虜（手～人）

x [陰平]哈（大笑也）鰕（魚～，方音） [上聲]哈（姓也）

ia

tɕ [陰平]佳（美也，又～人，又音街）家（室～）嘉（善也美也）加（添也，益也）伽（～蓝，又音茄）迦（释～佛）枷（刑具）耞（仝上）袈（～裟，僧衣）笳（胡～，蕭也，又音茄）疷（疮疤）葭（芦～，未秀芦曰～）葭（仝上，亦作笳）豭（牡豕）傢（～伙什物也）跏（屈曲坐也）珈（婦人首飾玉器也） [上聲]假（不真也，虛～，又借也，又去聲）賈（姓也，又音古）嘏（大福也，又音古）椵（木名） [去聲]價（～值）駕（乘也，～車）架（衣～，木～）榢（仝上俗用）嫁（～娶）稼（～稽锺曰～，收曰稽）斝（酒器）挌（～車也，又同駕）帴（蛮布也）愅（心不安也）

tɕʰ [陰平]廬（屋頹貌） [陽平]斜（不正也，方音又音邪）茄（～子，食品）櫸（物方音前）笳（胡～簫也，又音加）瘸（足～病也）邪（不正气也） [上聲]攲（歪～，又～頭，不正也）跛（仝上） [去聲]跛（不正也，又上聲，仝攲）

ɕ [陰平]鰕（魚～）蝦（仝上）猳（～腰，曲腰也） [陽平]遐（～邇，～遠也，邇近也）霞（雲～）瑕（玉～，又遠也，又玉名）蝦（～蟇）㖊（歷～難言）瘕（血～，女腹病也） [上聲]哈（夷姓）廈（屋也，方音洒）閜（大開也）閜（仝上）嗬（大笑也）下（對上之稱）夏（朝名，又姓也） [去聲]下（下降也）夏（炎～，伏天也）暇（視也）暇（閒～，無事也）罅（～隙，孔～也，又裂也）謼（誑也，又～罰）疒（痼疾，肚～也）

ø [陰平]耶（語辭）邪（琅～，齊邑名，又音賢）琊（琅～，地名）鴉（鳥～，鳥名）呀（張口貌）椏（木杈枝）丫（～頭，又～鬟使女也）刐（自剔）笍（張～子，取鱔魚具）窚（～柰）爺（父曰～，俗曰言）爹（父之父曰～，又曰堆）枒（～子，木名）孲（赤子也）夜（晝～，又音燕） [陽平]牙（～齒名，邪丢耳，又象～）芽（～苣菜）衙（官～門）涯（生～，又水畔也）崖（仝上）伢（小兒曰

徐氏類音字彙：一百年前的鹽城話

小~子）筊（竹筍也）枒（木名，皮可爲繩履）　[上聲]雅（文~）瘂（瘖~，不能言也）啞（仝上，~叭，啞謎，又小兒學言也）[去聲]亞（次也）亜（俗亞字）砑（地不平也）婭（娰~，兩壻相稱）挜（強與人物）悎（心鬱也）迓（迎~）誀（嗟~）砑（碾~）埡（~田，仝上俗寫，本音塢）序（大屋也）

ua

ts　[陰平]抓（手捉也，又~癢）　[上聲]爪（雞~子）

s　[陰平]靴（~鞋，又俗讀雖）　[上聲]耍（頑~）

k　[陰平]瓜（~菓）抓（引也，弔也）　[上聲]寡（少也，又~婦）剐（碎~，割也）冎呙（二字皆仝上剐字）冎（孤也，一人曰~）[去聲]卦（八~）掛（~欠，懸~）挂（仝上）罣（~碍）誤（相誤也）詿（仝上）

kʰ　[陰平]夸（奢也，大也）誇（矜~，又大言也）咵（同上）夸（大也）姱（好也）　[陽平]爬（搔也，方音本音琶）　[上聲]骻（~子骨）侉（南蠻北~）　[去聲]跨（大步~馬）胯（同上）銙（帶~）袴（小衫曰~）垮（行也）

x　[陰平]花（~艸）苍（仝上俗用）華（仝上，又音划）扒（手~，刀~）鏵（犁~）　[陽平]華（榮~）划（~子船）驊（~騮，良馬）譁（喧~）嘩（仝上）找（~艸，又音早）苿（兩刀甬也）吴（大聲也）懻（心侉也）樺（~皮，又木名，又~果）　[去聲]化（變~，討~）話（談~）華（姓也）枠（皮可爲索）畫（寫~本或字音）畵畫画（三字皆仝畫）

ø　[陰平]蛙（坐魚也，又名護，一穀蟲）哇（吐也，又小啼也）洼（水名）窪（水坑也，又仝上）漥（仝上）㳿（污下）窊（仝漥）奯（大也）媧（女~氏）蝸（~牛，蟲名）呪（小兒言也）娃（吳~美女也）剜（~割）騧（白馬也，又人名季~）搲（手~物）抓（義仝上）　[陽平]娃（小孩音也，又女孩）　[上聲]瓦（磚~，生子曰弄瓦）搲（手~物，本平聲）挖（仝上）呱（語辭）　[去聲]凹（凸~，俗音本音二）坳（地不平也）均（仝上）窊（低~）喎（小兒哭聲）

瓯（～刀，瓦匠用物）夳（大也）

ε

p [陰平]爸（北方人呼父曰～） [上聲]擺（搖～）捭（兩手～開）襬（衣～帶，又音卑）灞（水名） [去聲]敗（毁～，興～）拜（跪～）稗（～子，似稻）扒（扳也，俗用曰琶）湃（澎～，水勢）鞴（吹火具也）

pʰ [陽平]棑（木～）排（安～，又～列，又～行）徘（～徊）俳（優人，唱曲人）牌（～票，招～）箄（編竹爲渡具也）簰（仝箄）椑（籍也，又音卑，斧柯也）箄（浮水上竹～也，又音悲，迷切籠也） [上聲]簰（大船）掔（分開也）琲（珠十貫爲一～）韮（仝上） [去聲]派（分～，別～，俗音）泒（俗派字，本音孤）辰（派本字）湃（澎～，水勢）稗（禾別也，稊～也，實小，似穀，又～官，言小也）粺（仝稗）

m [陽平]埋（～葬，～没）霾（風雨沙土也）䨪（天降黄沙也，仝上）懇（慧也） [上聲]買（進貨也，又～賣）哶（羊鳴聲） [去聲]賣（出貨也，又～買）邁（老～，又遠行也）講（才自誇誕也）佅（～人，東夷之樂也）

t [陰平]獃（痴～）呆（仝上）腍（肥也）疾（仝獃）懛（～獃，失志貌）黮（大黑貌） [上聲]歹（好～，又醜也）歺（仝上俗寫，本音押） [去聲]代（替～，又時～，又後～）待（等～，又守也）诗（仝上）貸（借～）袋（口～）份（仝上）帶（束～，冠～，携～）帶（仝上）迨（及也）逮（仝上）戴（頂～，佩～）怠（～慢，懈～）殆（危也）黛（眉～，女眉畫黑也）玳（～瑁，用大龜鱗製之）瑇（義同上）呤（吟～，言不正也）岱（～宗，泰山）襶（不曉事也）帒（～方，山名）大（～夫）

tʰ [陰平]苔（水衣青～）邰（國名，又姓也）駘（駑馬，又疲鈍也）胎（婦孕也）孡（仝上） [陽平]台（三～，又～銜，又～鑒）臺（樓～，堦～，又仝台）壼（仝上）薹（芸～，菜名，又菜～也）擡（～舉，又二人～物也）抬（仝上）嬯（遲鈍，～呆）儓（田～，庸賤之稱）

昊（日光也）炱（灰～煤也，俗謂之灰塵）檯（木名）　　[上聲]噫（～唸，又蠻～）紿（疑也，欺也，本音殆）　　[去聲]泰（康～）太（～平）夳（太本字）汰（淘～，洗濯也）態（驕～，又體～，又～度）懡（奢也）溙（水貌）卤（人名，忕也）大（～學之道）

n　[陰平]㷉（熱也，不仝熊）捼（揌～，摩拭）蠕（鱉屬）髳（鬢亂貌）腝（乳也）　　[上聲]嬭（乳也，～又乳母）妳（仝上）囡（乳也）奶（祖母也）乃（是也）廼（仝上）孑（大也）　　[去聲]奈（～何）耐（忍～）鼐（大鼎）柰（李～，果名，又仝奈）㮏（仝上俗用）褦（～襶，不曉事也）眣（視不明也）佴（姓也）㖡（語助也）皆（埃～，日無光也）漮（～沛，水波貌）㳿（仝漮）眲（小視也）賣（出售也，本去聲）

l　[陰平]瘌（～病也，又去聲）　　[陽平]來（～去，往～）萊（蓬～，又地名）騋（馬七尺為～）郲（地名）徠（山名，又慰也）麳（小麥也）逨（撒～）淶（水名）䅘（一麥二稃曰～，今之小麥也）　　[上聲]攋（捔～）倈（囉～，歌聲，又～嘴）懶（儤～）釖（連絲鈎曰～）枽（船梢木也）　　[去聲]賴（倚～，托～，無～）賚（賜也贈也予也送也）癩（～疾，又上平聲）睞（目無精不正也）籟（三孔籥也，如天～）勑（勞～）瀨（水流沙上也）

ts　[陰平]災（～害，～難）灾烖葘（皆仝上）甾巛巜（亦仝上災）栽（～種）哉（語辭也～）齋（潔也，莊也，又書～）齊斋亝（皆仝上，又吃素曰吃～仌，俗齋字）㴉（水名）𥳑（俗栽字）　　[上聲]宰（古曰～，相官也，又～殺）者（作人字講，又虛字用）赭（～石，赤色）毅（仝上）𤊛（烹也）載（歲也，又去聲）崽（～者，子也，俗云罵人亡人～子）　　[去聲]再（又也）在（居也）洅（仝上）載（裝～）儎（仝上，俗～船）債（借～）寨（山～，營～）瀸（測也，又音則）鳟（厭酒具，又仝醉）

tsʰ　[陰平]猜（疑～）差（公～，～遣）㸰（仝上）　　[陽平]才（～學）財（～帛，錢～）𧶇（仝上俗寫）裁（～衣，～度）儕（等類）纔（適也，暫也，將也）柴（木～，～草）紫（燒～，焚燎以祭天地

◆ 第七章 《徐氏類音字彙》重編 ◆

也，又仝柴）睞（睚～，又音計，目厓也）豺（～狼）犲（仝上）
眥（仝財）材（藥～，棺～）喍（哇～，犬鬬貌） ［上聲］採（取
也）彩（文～）采（仝上）綵（～衣，五色）埰（地名）保（～花，
姦也）保（不～人）睬（仝上）寀（寮～，仝官，曰～）跐（行貌，
又蹈也）蹝（足～地，又仝上）虀（～）採（地也）抂（居也，察
也）躧（仝跐） ［去聲］菜（～果，瓜～）蔡（姓也，又地名，又
大龜也）躧（踐也，又仝跐）

s ［陰平］摋（手～，又～鑼）摌（散失也，又～扱也）顋（頰～）腮
（仝上）鰓（魚～）愢（意不合也） ［上聲］褼（衣破也） ［去聲］
賽（～會，賭～）塞（邊～，又音十）僿（細碎也）漺（急流也）
簺（行棋相塞曰～）洒（滌也，又仝洗，又音灑）曬（曝～）晒（仝
上）瞘（俗晒字）

k ［陰平］該（～當，又～錢，又兼也）垓（下～，地名）荄（草莖，
荳～，麥～）街（～衢，又音皆）侅（非當也）賅（奇贍也，仝侅）
搄（觸也，手～物）胲（多也）佳（美也，又好也，又音加）絯（十
兆曰經，十經曰～） ［上聲］改（更～，～換）㐞（恃也，仰也） ［去
聲］蓋（覆也，又語辭）葢盖（皆仝上，又同盍）概（大～，又平斗
斛木也）槩（仝上）扴（刮磨也，又音骨）槪（木名）薤（似韭香
草）丐（乞也，又取也，又音戒）溉（灌～）摡（滌也，～拭）

kʰ ［陰平］開（放～）揩（～拭，～抹）奎（大貌）佧（徘～，行惡也）
慨（慷～，本去聲）嘅（～嘆）愾（太息也） ［上聲］愷（～悌，
康也，樂也）凱（善也，又～歌）楷（～書，正字也）鍇（美鉄也）
鎧（～甲）欬（逆氣）塏（高燥地）揩（磨也）暟（美德也）慨
（慷～） ［去聲］慨（感～，慷～）嘅（難也）勘（勤力作也）嗑
（貪也，又仝甜）

x ［陰平］搋（挾物也，又扶也）咳（～嗽，小兒笑也，又音亥）搳（觸
也，俗云兜～） ［陽平］鞋（～襪）孩（～童）骸（～骨，尸～）
偕（和同也）諧（和也，又合也）咍（聲也，相笑也）頦（頤下曰～）
慀（慣～，心不平也）眩（～眼）鞵（仝鞋） ［上聲］海（江～）

· 193 ·

徐氏類音字彙：一百年前的鹽城話

槩（仝上）榼（酒〜，盛酒器）盇（仝上）醢（肉醬）醯（仝上）蟹（蝦〜）蠏（仝上）醘（仝榼）駭（驚〜，又去聲）獬（〜豸，似鹿，一角，又去聲）獬（仝上，能別曲直）澥（渤〜海，別名也）[去聲]害（傷〜，殘〜）解（姓也）懈（〜怠）駭（〜怕）愒（快也）邂（〜逅，不期而遇）疫（疫病也）亥（地支名）眉（臥息也）嚇（怒聲）儗（儓〜，痴〜也）擬（仝上，又音疑）嘊喍嘅（高聲也，多言也）

ø [陰平]哀（痛也，哭也）敱（理也）竢（〜次序）埃（〜塵也，又下平聲） [陽平]埃（塵〜）涯（水邊）厓（山〜）崖（仝上）喑（〜喍，犬爭貌）啀（仝上，俗罵人曰〜喍）挨（延也，推也）捱（仝上）唉（〜氣）欸（歎聲）騃（無知貌）娭（醜貌）睚（眥〜，忤目相視，又〜眼）巖（險〜，山〜）岩嵒峊（皆仝上，又音言） [上聲]矮（短小也，又低也）靄（〜然，雲集）藹（草木叢雜貌）餲（味變也）也（語辭，俗音）靄（雲氣貌） [去聲]艾（蒲〜，又五十歲曰〜）碍（違〜，阻〜）礙（仝上）愛（喜〜）曖（〜昧，不明也）悁（恨也）㝷（仝碍）爰（行貌）瑷（美玉也）皚（淨也，白也）硋（仝碍）呃（不平也）噯（〜氣）哎（〜呀）隘（狹〜）曖（目不明貌）嶒（險也）閡（以木欄人）

iɛ

tɕ [陰平]皆（俱〜，又方音苳）皆（仝上）階（〜級，〜梯，〜台）堦（仝上）喈（鳥鳴聲）湝（衆流之貌）街（〜衢，又俗音陔）痎（二日一發瘧也）偕（俱也，方音又音諧） [上聲]解（調〜，又和〜，又〜脫，又音亥姓也，又音界） [去聲]戒（警〜，〜嚴）誡（告也，命也，又仝戒）界（疆〜，〜河，方音蓋）齐（仝戒）介（大也，助也）夰（仝上）妎（妒也）芥（草蔡也）尬（行不正也）帉（幘也）溉（灌〜）械（餙也）价（善也，又紹介也，又仝介）僁（仝上）忥（無愁貌）丐（乞〜，本音蓋）屆（節〜，〜期）届（仝上俗寫非是）減（水名）犗（牛四歲也）芥（〜菜，又荊〜，藥名）疥（〜瘡）慨（假主也）鮙（魚名）玠（大圭也，一尺二寸）琾（仝

上）瘯（仝疥）械（器～，槍～）痎（二日一發瘧也，本音皆）尬（尷～，行事不正）勊（仝上）解（～押）

ç　[陽平]諧（和也）偕（仝也）孩（～子，小兒也）鞋（～襪）骸（～骨，屍～）鞵（仝鞋）[去聲]解（姓也，有音害）懈（～怠）

uɛ

ts　[去聲]丁（搹擔～子，俗用）

tsʰ　[陰平]攃（以拳～物）　　[上聲]揣（～摩，～度）　　[去聲]蠆（毒蟲，又紂王造～盆）嘬（盡食之也）蠤（人名）膪（肥～，又音在）

s　[陰平]衰（～敗，～弱）痿（瘘～）榱（椽也）縗（齊～，三年之喪用之）裵（仝上）趡（逼也）夊（行遲貌）　[上聲]璀（玉光也　[去聲]帥（元～，又音述）淬（入水曰～）毸（斷毛）焠（刀打成入水以堅之也）

k　[陰平]乖（不和背也夒（小犬也，小～～）　　[上聲]枴（～杖）拐（～騙，刁～）　栞（車～）丫（羊角也）夬（～角，又音怪，卦名決也）拐（～子船，俗用）　[去聲]怪（奇～，妖～，莫～）恠（仝上）夬（卦名，又音決）浧（水也）繪（帶所結也）叏（大也）壞（毀也，本懷，去聲）

kʰ　[陰平]俐（～劦，人有力也）　　[上聲]蒯（～姓也）　　[去聲]快（～樂，～爽）塊（土～）墤（仝上）噲（咽也，又人名）箇（著也，俗云～子，本箭竹）筷（仝上）儈（牙～，即今之賣居中人也）膾（魚～）獪（狡～也，擾也）瑻（人名）劊（斷也）刱（仝上）澮（田中水道也）襘（除殃祭也）檜（木也）駃（仝快）𠈌（休怠也）圦（深也，靜也）块（俗塊字）

x　[陰平]壞（破也，又損～，方音）　　[陽平]懷（～思，～藏，古音回）徊（徘～，又進也）淮（～水，又～城）槐（～樹）櫰（槐之別種）瀤（北方水也）㹕（獸，似牛人目四角）　　[上聲]巋𡸣（二字仝山，谷不平貌）　　[去聲]壞（破～）瓌㻩（仝上）話（頑惡也）

ø　[陰平]歪（～斜，不正也）　　[上聲]箉（～魚，～子）搵（搖～）　　[去聲]外（～外）孬（不好也）䚯（～胜，姊妹子也，見石墨鐫華）

ɔ

p　[陰平]包（～裏，又姓也，又～攬，～涵）胞（仝～，手足弟兄也）勹（衣～）襃（揚美也，又大衣，又仝襃）褒（仝上俗曰播非是）笣（冬筍也）　[上聲]保（～守，又承～，又呼小人～～）飽（溫～，又～餓，又足也）寶（～貝）宝（仝上）堡（～障）緥（襁～，小兒衣也）怉（悖也）鴇（鳥也，又賭具，押～）葆（草盛貌）保（仝保）堢（仝堡）凸（高也，俗用本音忒）　[去聲]抱（摟～）鮑（～魚，又姓也）豹（虎～）暴（～晒，凶～，風～）報（～答，～信）曝（～晒）暴（仝暴）枹（四十斤曰～，俗音砲）怉（懷～，～怨）爆（火製，又～竹）鉋（平木器具）鴇（～雞）鴇（仝鴇）菢（仝上，本作此）趵（～跳）瀑（疾雨，又懸水曰～布）曝（仝暴）𤺄（越也）

pʰ　[陰平]泡（水名，又水～）胞（尿～）脬（仝上）拋（～棄，～撇）䏬（～刮）刨（～削）　[陽平]庖（～廚）袍（長衣也）炮（～烙，～製）咆（～哮，熊虎聲）跑（以足爬地也，又上聲）匏（～瓜，瓠也）苞（稻生～也）㧍（脛交也）　[上聲]跑（急走曰～）孢（孕也）　[去聲]砲（火～，兵器）礮（機石也）炮（俗同砲）皰（天～瘡）疱（火燙～）麭（稻菌，～也）麭（餌也）枹（四十斤～，本上平聲）

m　[陰平]帽（冠也，方音本去聲）　[陽平]毛（羽～，～骨）芼（菜也，～羮）酕（～醄，醉也）錨（舟中鉄～）茅（～草）茆（同上）蝥（螯～，毒蟲，又音謨）髦（髮也，又髮至眉曰～）旄（旌～，繫牛尾于杆曰～）浝（大水貌）犛（貓牛也）犛（獸如牛而尾長）　[上聲]卯（地支名）昴（星名）扣（持也，又肉～子，待考）　[去聲]冒（～瀆，～面）帽（冠也，本字）帽（仝上俗寫）湄（水～也）槆（本木風車～子）鉚（鉄車～子，新字）瑁（玉也）媢（妬疾也）眊（目不明也）貌（～像，品～）耄（八十九十歲曰～，又老～）氆（～毦，煩悶也）耗（仝耄）瞀（低目解也，又仝毦）萺（草名）皃（仝貌）冐（貪也）冃（帽本字，或書帽帽）㵸（大水也）

t [陰平]刀（～劍）釖（割也）魛（～子魚）忉（憂心貌） [上聲]島（海中山）隝嶋（二字皆同上）禱（～祝，～告）祷（仝上）裯（牲馬祭也，又同上禱字）倒（傾～，又音道）搗擣捯（～戮，三字仝）壔（堡也，高土也）道（～理也，又順也） [去聲]道（言也，又治也，引也，仝導）導（引也）尊（仝道）到（至也）盜（～賊，竊也）稻（～麥，又音滔，方音）蹈（足～，走也）悼（哀也，又追～，又傷也）衜（衕～，門堂）叀（治粟曰～）幬（覆～，又音桃）燾（仝上）

th [陰平]滔（水～～）叨（忝也，又濫也）饕（～餮，貪食也）絛（絲～）縚幍縧（皆仝上）洮（洗濯也，俗音桃）韜（～晷）饀（～餌）慆（悅也，久也，慢也）搯（手搯物也）稻（～麥，方音本音到）櫜（弓衣）夲（往來，見貌，俗作本字非） [陽平]桃（～李，又稱門人也）陶（瓦器也，又姓也）掏（～摸）咷（嚎～大哭也）綯（絞也）醄（酕～，大醉）淘（～米，又水流也）萄（葡～，菓名）檮（～杌，惡木）逃（～走，～避）迯（仝上）濤（波～）鼗（小鼓兩旁又耳）咷（痛苦也）匋（瓦器）徛（徸～，行貌）洮（洗濯也，又水名） [上聲]討（追～，要也） [去聲]套（客～，又～誘惑，又衣也）套（地曲也，又葫蘆～，仝套）

n [陰平]硇（～砂，藥名）鐃（～鈸，～鈎）撓（抓也，又阻～）挠（仝上）猱（猴屬）獿（～獅狗）傑（劣也）恢（悩～，心亂也）猲（～山，在齊地）泃（仝硇）饒（豐厚也，又寬恕曰～，橈楫也） [上聲]腦（頭～）惱（煩～，～悶）恼（仝上）瑙（瑪～，寶物）璎（仝上，人佩之定煩～）屁（氄毛，亂也） [去聲]鬧（吵～，熱～）橈（曲木也，又楫也）淖（泥也，又水名，又澤名）恧（不靜也）闹（仝鬧）猱（狂犬）

l [陽平]勞（功～，～力）饒（～餘，～裕）蕘（～甸，草，薪也，醪美酒）牢（～獄，又太～牛也）窂（仝上，又養牛馬圈也）撈（摟取也）哰（～叨，多言也）簝（～䅶，不淨也）嬈（嬌～，妍媚貌）佬（粗大貌）傯（仝勞）泧（～浪，驚擾貌）嘮（～叨多言也） [上聲]擾（煩～，攪～，又謝食，叨～）繞（纏～，圍～）遶（仝上）老（年大也）恅（惇～，心亂也）潦（行～，路道深水也）嘹（嘽～，寂靜也） [去聲]澇（淹～，又音勞，水名）勞（伴～，呆～）癆（病也）耮（麥～黃）嫪（～毒，淫人別名）憦（懊～，悔也）繞（套～，本音老）

ts [陰平]昭（明也）糟（酒～，～魚）遭（～逢）招（手～，～呼，～待）朝（早曰～，又～夕）妱（女字）殂（終也，义音曹）傮（终也）剑（勉也，見也，又刓也，遠也）召（君～臣）詔（告也）醩（仝糟）棘（　週天也，今作～贅）佋（昭通佋）蹧（～踏，踐也） [上聲]早（～晚）棗（果名，～子）枣（仝上）旱（仝早）蚤（虼～，跳蟲也）蚤（仝上）璪（玉飾）澡（洗～）藻（水草名）找（尋～，～上）爪（手～）抓（搔也）沼（池也）　[去聲]皁（～隸，又黑色）皂（仝上）竈竃灶（過～，三字仝，子勝父曰跨～）懆（煩～，愁不伸也）躁（浮～，足～）垗（畔也）棹（～槳，前曰槳後曰～）櫂（仝棹）啅（囉～）肇（開也始也）照（映也，明也）炤（仝上）㸚（言卑也）曌曌（仝照，唐武后自制十九字，以～爲名）肁（仝肇）召（上呼下曰～見）詔（告也）罩（取魚具也）趙（字皆仝上）兆（吉～，又夢也）掉（～口，搖振也）莜（竹器）蓧（仝上）氉（毦～，煩悶也）笊（～篱，竹器）造（起～，又音糙）旐（旌～，龜蛇畫旗上）趙（姓也，又歸）箌（竹名）猇（犬有力也）箌（取魚籠也）

tsʰ [陰平]超（～等，高也出也）操（～演，～持）懆（～心，愁也）鈔（錄也，取也，今俗作抄）抄（～寫，仝上俗作）耖（耕～，田地）摷（拘擎也）潮（湖名，出黃金）怊（悲也）嘄（大聲曰～）謿（仝上）詔（言也）勦（～斬）麨（麥～子）叉（～手，本音差） [陽平]曹（衆也，輩也，又姓也）槽（馬～，又～桶）嘈（～囋，亂言也）漕（浮～）饆（食餡也）鏪（穿也）潮（海水入江曰，又～濕）嘲（～笑）斢（物未精也）磭（銀～，石～）巢（～穴，上曰～）窠（仝上）朝（～廷）螬（蠐～，人肚內蟲也）驫（仝曹）淳（仝

198

潮) [上聲]艸（～木本字）草（仝上）騲（～驢，雌也）炒（煎～）熻熮（二字皆仝上炒字）憛（～恅，心亂也）謿（弄言也，又聲也）懆（心迫也）慅（不安也）眧（目弄人也）吵（～鬧，嚩～） [去聲]糙（米不熟也）造（～次，～府，～作）撡（手攪也）愮（言行相顧也）鈔（錢～）皻（皮粗～也）覢（普視也，俗曰～見）艄（角七也）㐌（驚悚貌）耖（耕田也）漕（水轉曰～）

s [陰平]臊（～臭，胡～）騷（動也，擾也，愁也）搔（手爬也）慅（心動也，憂也，又勞也）繅（抽繭以出絲也）獟（獸名）潲（淘米聲）燒（火～）捎（～袋）筲（斗～，飯器，容五升）艄（仝上，又船～）䅹（䅹～）愁（愁也）莦（～瓜）傛（驕也）髾（發尾也）梢（木～）稍（～可）捎（取也掠也）艄（船～）䈰（竹枝長也）弰（仝上）杪（仝梢） [陽平]韶（舜樂名）磬（仝上）晁（姓也，又音曹）鼂（仝上）紹（繼也，又价～，又去聲）佋（仝上，价～）珆（美玉） [上聲]掃（担～，～竹）埽（棄也，仝上）嫂（兄之妻也）少（不多也，又去聲） [去聲]燥（乾～）傛（快～，急也）趮（走快也）瘙（～癢，皮～）鎍（～鉄）噪（雀～）譟（仝噪）卲（高也，又姓也）劭（勸美也，又仝上）邵（春秋晉邑名，與卲别）哨（呼～，又～船，～探）䏂（肉～）槊（木尖）少（老～）愮（快性也）紹（介～）

k [陰平]高（～低，～下）仚（仝上）篙（竹～子）皋（責也，岸也）臯（進也，趣也，又仝上）睪（仝上）羔（～羊）糕（～饅）橰（汲水機）篓（仝篙）膏（脂～）鼛（大鼓也）櫜（弓衣）蒿（～草，牛吃草也） [上聲]縞（～素）杲（明也，日出也）皜（潔白也）槁（木枯～）夰（放也）臭（大白澤也）攪（～擾）稁（寫字艸也）稿菒（皆仝上） [去聲]告（～示，～訴，又音谷）誥（～命，～封）窖（地～，方曰～，又埋～）醑（酒～，～齩）郜（國名）姞（女名）

kʰ [陰平]尻（脊盡骨也） [上聲]考（祖，～試，～賞）攷（仝上）拷（～打）敌（仝上）熇（火坑乾燥也）烤（仝上）㟏（多時不雨，

◆ 徐氏類音字彙：一百年前的鹽城話 ◆

水乾也）薨（食物乾～）暵（曝也）㗖（食新也）祮（禱也）　[去聲]犒（犒賞）靠（倚～）搞（～打，又音敲）

x　[陰平]蒿（茼～，又苦～草也）薅（～草，除也）揌（仝上）　[陽平]毫（毛也，又分～）豪（～傑，英～）壕（城下池曰～河）濠（水名）嗥（熊虎聲）號（泣也，本音浩）嚎（～啕大哭也）𢒎（秤～繩）猇（熊虎聲也）　[上聲]好（不壞也，又好歹，又去聲）鎬（地名，～京）昊（春天也）昦（仝上）暭（光明也）晧（仝上）皞（白貌）皓（仝上，光明也，又潔白也）姡（軟美貌）皡（好白也，明也）㚪（慾也）悎（懼也）滈（久雨也）　[去聲]號（～令，稱～，店～）好（喜～）耗（消～，～費）秏（仝上）胯（仝浩）浩（廣大貌，又仝上）顥（大也）灝（大也，又遠也）鄗（土釜也）婋（虛厲也）澔（仝浩）淏（清貌）灏（～～，大也）獋（犬聲）

ø　[陰平]鏖（～戰，～糟）熬（～煮）　[陽平]敖（～遊，又姓也）熬（煎～）遨（～遊）廒（倉～）廙（仝上）獒（神～，犬也）俹（衆多貌，俗儒字）鰲（～魚，龍首魚身）螯（蟹大足也，又俗音顏）驁（駿馬）翶（～翔）艭（船～木也）𢪏（擊～）唲（曲笑貌，強笑也）艐（舟起～）嗷（衆口愁也）而（語辭）兒（～孫，又音倪）婗（～子女也，又音倪）鷾（不祥之鳥，見則大荒）激（水名）琁（樂器）輀（駕～喪車）顤（仝鰲，俗音顏）　[上聲]咬（～嚼）齩齩（二字皆仝上）懊（～悔，～恨）袄（～袡）耳（～目，又虛字）鉺（犁～䥯）餌（魚引曰～，又餃～，食品）爾（你也）尔尒（二字皆仝上）邇（進也，又遐～）輀（喪車，又平聲）媼（女老之稱）珥（女子也）洱（水名，出弘農郡）　[去聲]傲（倨～不屈也）慠憝（二字皆仝上）鏊（釜屬）拗（～手，逮～）柪（曲木也）㧢（～斛量也）墺（～磝，又磨也）卾（學朝）狪（獸名也，其狀如豹）砐（石不平貌，通作凹）詏（言逆也）顤（高大貌）凹（低～不平貌）捯（動也）二（數目）弍（仝上大寫）貳（仝二大寫）樲（小棗，味酸）佴（副也）隩（深也）澳（深也，又水名，又通隩）衈（殺牲取血以塗祭器也）佴（貳也，又姓也）奥（室西南隅曰～

◆ 第七章 《徐氏類音字彙》重編 ◆

神，又～妙）壒（四方土可居也）渂（田～水也，灌溉田水曰～）沃（仝上又音握）䀗（深目也）突（深也）

ci

p [陰平]標（～榜，～名）驫（馬名）麃（舞也）儦（行也）膘（肥也）鑣（馬啣也）䁈（視也）䁵（惡視也，又望也）猋（犬走也）猋（仝上）颮（暴風從下而上）彪（虎文也）滮（水流貌）麃（雨雪盛貌）杓（星名，北斗，柄也，又音勺） [上聲]表（～裏，～親）裱（娼婦曰～子）錶（鐘～，見新字典） [去聲]鰾（魚～）瞟（目病也，～天眼）

pʰ [陰平]漂（～流，～淌，又上聲）嘌（仝上）飄（風～，又～蕩）縹（～～，齊貌，本上聲）彯（～彩）颩（風也）僄（輕～，不重也）幖（幡也，又～帶） [陽平]瓢（～瓠）嫖（～賭）𢘍（張大貌） [上聲]摽（落也，擊也）瞟（～眼）縹（帛青白色也）受（上下不合）藨（木零落，又草名）殍（餓死人也）莩（仝上）殕（俗殍字） [去聲]票（～據）暽（風日暖也）皫（白色～亮）俵（～散，又分也）勡（強取也）彯（書飾也）曝（置物風日令乾～布）

m [陰平]廟（～宇，庵也，俗音本去聲） [陽平]貓（捕鼠～也，俗曰毛）猫（仝上）描（～寫，～摹）苗（禾～，～蠻）緢（旄絲） [上聲]緲（飄～，微也）眇（一目小也）藐（～視，輕人）邈（遠也）𦸝（草莖細也）秒（六十～爲一分）淼（～茫，又大水也）渺（大水也） [去聲]繆（姓也，又音木，又音鳥）妙（巧也）玅（仝上）廟（～宇，廊～）庙（仝上）

t [陰平]刁（放～，又奸～，又姓也）雕（～弓，～刻）彫（仝上，又～琢）鯛（又仝上）凋（～零，半傷）琱（治玉也）挑（按也，攪也）奝（大也，多也）刂（斷也）刕（仝上本寫）𠛎（仝上）貂（～鼠）鵰（猛禽也）裯（短衣）牤（牛～人觸也）舠（海～子，舟名）颮（熱風也） [上聲]屌（男子陽物也） [去聲]釣（～魚）窵（～遠，又深也）調（提～，腔～，本音條）銱（筓～）銱（酒～子，俗用，本晉遙田器）佻（～儻，不常也）弔（懸～，又～唁生曰，

徐氏類音字彙：一百年前的鹽城話

唁死曰～）吊（仝上俗寫）弔（弔本字）

tʰ [陰平]挑（～擔，～撥）俶（～剔）桃（承～，俗上聲）庣（不滿之貌）旫（日晦也）　[陽平]調（～和，又音吊）蜩（蟬也）條（～規，～目，枝～）迢（～遙，遠也）筶（～篅，掃地也）鰷（～鰕）齠（～齔，始換齒也）髫（髮垂也）条（布～子，紙～子）苕（植物抽條生花而無荸薺，可爲～幕掃）岧（高山）佻（僞～，人不和順也）藋（菜名）　[上聲]誂（戲弄言也）䠷（身長也）窕（窈～，美好也）挑（承～，本上平聲）挑（仝上俗寫）朓（明也）　[去聲]跳（～躍）頫（聘～，衆來曰～，寡來曰聘）覜（仝上）眺（眼～，又望也，又目正也）篨（竹器）嬥（大也，又姓也，又音梅）糶（～糴，～賣糴買也）掉（搖也，振也，又～換）

n [陰平]溺（小便也，本去聲，又音逆，沉也）　[上聲]鳥（～鵲）嬝（美軟也）偢（～佻輕貌）嫋（～娜，～繞，久長弱貌）⼁（懸也）繆（綢～，相纏結也，又音木妙二音）　[去聲]尿（小便也，方言音雖）屌（本字仝上）嬲（戲相擾也）

l [陰平]膋（猪～血也，本去聲）　[陽平]寮（仝官曰仝～）僚（仝上）遼（遠也）嘹（聲音～喨，又清澈也）鷯（鷦～，小鳥也）橑（～簷）撩（取也）漻（寂～，高遠貌）潦（水清也）屪（男子陽物）屪（仝上）佬（大貌）鐐（脚～，又魚～）燎（庭燭也）廖（寂～，空虛）廖（人名，又姓也）髎（～牙）瞭（明也）寮（舍也，空也）聊（～且，無～）嫽（相～戲也，又去聲）膋（血也）𨰻（穿治鎧甲）撩（手～，又挑弄也，又～亂也）簝（宗廟盛肉竹器）𡎺（細長貌）　[上聲]了（盡也）瞭（目明～也）繚（纏～）醪（酒清也，又白～～）蓼（辛荣，又音六）燎（火～也）寮（仝上）憭（慧也）瀠（～洌，水清也）漻（仝上）秒（秀也）　[去聲]料（～事，～理，照料）撩（～物也）罺（魚罟）膋（血也）療（又病止曰～）尥（行脛相交曰～）獠（夜獵也，又平聲）橑（祭天也）

tɕ [陰平]交（～接，相～）焦（火燒～，凡苦～皆从焦）僬僬儦（同上焦字）膲（人有上中下三～）椒（花～，糊～）僬（明察貌）濈

202

♦ 第七章 《徐氏類音字彙》重編 ♦

（薄也）蕉（芭～）鷦（～鵝，小鳥也）噍（急也，又音橋，嚼也）咬（～～，鳥聲，又音耳）姣（～嫩，又小～～）嬌姣（二字皆仝上）澆（～水，～灌）潚（仝上）膠（～漆）僥（～倖）驕（～矜，～傲）燋（火燒黑也）蟜（水蟲，似蛇四足）鮫（～鮹，魚也）梟（以頭挂木曰～，又音消）蛟（～龍）郊（荒～）茭（～草，～瓜）憍（～矜也，仝驕）　[上聲]剿（～滅，殺也）勦（勞也）勡剿（二字仝仝上剿字）徼（伺察也）疝（～腸病）絞縊（～納，又繾～，二字同）儌憿（～幸，又求也，二字仝）矯（強貌，又直也）撟（強也，屈也）皎皦（～潔，光明也）疔（腹中急痛）晶（明也，又顯也）狡（～猾，刁～）攪（～擾，亂也）鐎（～耳，～刀）佼（憭～，快也）挍（仝攪）暞（明也）　[去聲]醮（齋～，又冠禮也）潐（盡也）釂（飲酒盡也）澕（冰裂～縫）燋（炬火也）教（～訓，授也）憿（性急也）較（～量，比～）覺（睡～，本音脚）轎（車～）叫（呼～）噭噪（皆仝叫）校（～對，計～，又音孝）朻（木刺也）趐（走也）鉸（裝也）挍（比～，又口角也）嶠（山高也，又平聲）謞（大呼也）

$tç^h$ [陰平]敲（～打，扣也，擊也）磽（～墝，奇也）蹻（舉足也）橇（夏禹泥行乘～）樵（仝上）撬（～起）磽（～硞不平也，又肥～）墝墽（瘠土也，二字皆仝上）趬（善走也）趒（行輕貌）幧（～縫）幧（全幧）窯（大也）鍬鍫（～鉏，挖土器，鉄～也）　[陽平]橋（～梁）喬（～木，高也，又～遷，又姓也）僑（旅寓曰～居）蕎（～麥）菽（～～子，細荳也，又仝上）盉（盂也，又碗曰～）翹（仰望也）翹（仝上）樵（～夫，打山柴人）憔（～悴，入體枯瘦）瞧（～看，偸視也）僑（寄也，寓也）譙（～樓，城門上樓以望敲者）　[上聲]巧（～妙，不拙也，皦～長貌）悄（靜也）愀（色變也）趭（行貌）　[去聲]竅（孔～，七～）撽（旁擊也）骹（～骯，不安也）俏（俊～，美也）誚（～責，本仝譙）哨（口不容也，又音少，防盜船也）峭（～屬險也）陗（急也，又仝上）藂（仝竅）峭（縛也）悄（憂也）愀（容色變也）窌竅（皆仝上殁字）擎（仝撽）

· 203 ·

◆ 徐氏類音字彙：一百年前的鹽城話 ◆

ç [陰平]蕭（～條，～牆）簫（笙～，樂器）箾（同上）宵（夜也，又元～）霄（雲～，九～，又日旁氣也）櫹（～椮，木長貌）瀟（風雨聲，又水聲）潚（水名）捎（把也）魈（妖～）硝（～磺）綃（生絲）逍（～遙）銷（～金，～除，～耗，行～，撤～）鮹（鮫～，又海皮～）消（滅～，又不厚也）鴞（鵂～，食母鳥）梟（同上，又～首）嘐（誇語）哮（～喘，大怒也）嚻（囂～，誼也，又自得貌）翛（飛聲）魈（山～，獨角鬼也）氠（仝消）磽（～薄，又音敲，不肥地也）枵（木根空也，～腹，虛也）獮獢（犬黃白色也）歊（～～，氣上出貌）　[陽平]爻（卦名）洨（水名，又縣名）淆（濁水）餚（～饌）殽肴（皆同餚）惆（怯也）鄗（地名）筊（管也，長一尺二寸，十六管）崤（～函，山名）猇（虎欲齧，人聲也）誵（言不恭謹）痟（狂病）恔（快也）　[上聲]小（細微曰～）筱（小竹也，又同小）篠筱（皆同上小字）曉（日出也，又知也，又～諭）[去聲]孝（順也，又忠～）效（學也，又～驗）効（仝上）傚（法也，倣也）校（學堂曰，學～，又音教，計～，考～，又～對）笑（喜～）咲（仝上）嘯（蹙口出聲也，又虎～）肖（不～）鞘（刀～）魈（山～，山内木石怪也）恔（快也）潲（水～，水飛漲也）哮（喚也呼也）庨（宮室高貌）淆（水名，在南陽）敎（教也，又法也）

Ø [陰平]腰（～背，～胰）要（求也，又去聲）褜（～裙）邀（～約，～請）夭（少好貌）妖（仝上）妖（～怪，～魔）紗（急戾也）窔（室東南曰～）祅（地反物爲～）祆（仝妖）幺（山也）吆（～喝）喓（～～聲也）偠（～僑，不伸也）枖（木少盛貌）　[陽平]遙（逍～，又遠也）謠（～言，～又歌～，無章曲也）瑤（～池，又美玉也）徭（差～役也）搖（～擺，～手）搖揢（二字皆仝上搖字）愮（憂無告也）曜（明也）飆（飄～）榣（樹～）洮（水名）嶢（高貌）猺（獏～，野狗也）姚（姓也）堯（～舜，唐～）垚（土象高形，又仝上）珧（江～，蚌屬，又江～柱，做食品味極鮮）窰窑窯（燒磚瓦～也，三字仝）　[上聲]杳（～冥，又遠也）㫕（遠望也）窅（～窵，又深遠也）𥦗（仝上）殀（短命）㳺（水～子）䁝（視貌，

第七章 《徐氏類音字彙》重編

又深遠也）突（室西南隅也）窔（室東南隅）窈（～窕幽靜深遠也）要（細腰貌）窈（～嫽，不順也）湆（深不測也）　[去聲]要（討～，欲也）曜（星～，又日光也）耀（光～，顯～，又音約）罾（仝上）燿（炫～，又仝上）鷂（猛鳥也，又音遙）拗（狠戾也）繇（繩～子）紗（～冞，小貌）

ɯ

f [陰平]苤（～苣，草名，又音浮）不（問辭）吥（吸也）　[陽平]否（不然也）缶（瓦器）坯（一～之土）姀（好色貌）踣（敗也，腐也）抔（手掬物也）裒（聚也，又減也）否（不也，本平聲）缹（同缶）痞（腹內病結也）

t [陰平]兜（～肚）兠（同上）挽（～攏，～攬）呥（～答，輕言）甌（仝上）篼（竹器，糞～）　[上聲]斗（升～）㪷（俗斗字）蚪（蝌～，蟲名）抖（～擻，～擻）陡（～然）阧（高～）斣（比也）鈄（姓也）　[去聲]豆（祭器，古食肉器也，今時用，～麥之豆）荳（～麥，又裳～之名，又～蔲，藥名）梪（又仝豆）逗（～遛）竇（穴也，空也，又姓也，又疑～）荳（仝上俗用）酘（～酒）鬥（爭～）鬭（仝上）閗（仝上俗寫）狗（犬吠聲也）凟（水也）濱（仝上）讀（句～，本音獨）

tʰ [陰平]偷（盜也）豆（～麥，方音）　[陽平]頭（首也，又饅～）投（～逩，又湊也）毂（縣擊也）亠（仝頭）　[去聲]透（～徹，通也）

l [陰平]漏（洩～，本去聲）　[陽平]樓（～台）婁（星名，又姓也）娄（仝上）嘦（仝上）僂（偏～，身向前也）髏（骷～，死人首也）顱（仝髏）簍（篼囊也）漊（小雨不絕）嘍（～囉也，又多言）螻（～蟈，即土狗子）縷（絲也）鏤（雕刻）獶（犺～，猪也）揉（～擦）廔（屋麗，～也）蹂（踐踏）賕（賕～，貪才之貌）熡（火焱也）柔（溫～，不強也，又～弱也）慺（悅也）羺（～羖，胡羊）楼（仝樓）　[上聲]摟（～抱）泒（水溫也）簍（蒐～）縷（絲～）煣（以火屈伸木也）嘍（嘽～，多言也）瓾（瓴～，瓶屬）蔞（瓜～，蒿～）

乳（小貌，又乳子也）𪗉（乳子也）𪗉（仝上）塿（小阜也）夥（多也）楺（柔復也）　[去聲]陋（醜～，鄙～）漏（洩～）廡（仝上）瘺（痔～）瘻（仝上）歈（歈小兒，凶惡）耨（芸田器）獳（犬怒也）輮（車輞，又踐）

ts　[陰平]周（徧也，全也，又姓也）週（全也，迴也，又仝上）賙（～濟）州（～縣）舟（船也）洲（～，水中可居者曰～，又亞）譸（～張，虛言也）鄒（～姓也，又音宙）鄹（魯邑名）陬（正月爲～）緅（青赤色）騶（仁獸）鯫（自魚，又上聲）㤽（～偉行貌）掫（夜擊柝）洀（水文也）淍（匝也，或作周）侜（仝譸）　[上聲]走（～行）肘（～臂，又手～）箒（～笤，～箕，～少康作）帚（仝上）掫（扶持也，又歪也）　[去聲]咒（～罵，～語）宙（字～，來古今曰～）胄（甲～，世～）籀（周史～宣王名作大篆）皺（眉～，又面～紋也）驟（馬疾走也）㤺（～衣，不伸也）裧（衣不伸也）紂（桀～，古夏桀商～）晝（～夜，又日間也）奏（～章）洀（行也）怞（憂恐也）㴒（水名）㵰（水流急也，又音巨）縐（～紗，洋～）

tsʰ　[陰平]抽（～提，拔～）㧣（板木不正）篘（醬油～）瘳（病愈也）㷀（烟～人）搊（手～也）惆（～悵失意也，音愁）　[陽平]讎（寃～）讐（同上）讐（同上）雠（同上俗用）酬醻酧（～謝，～應，三字同）躊（～躇）耰（耕田器名）紬（～緞）綢（同上）綢（同上俗用，本～繆，纏緜也）裯（被也，又衣袂也）幬（帳也）儔（侶也，衆也）疇（田～，種麻田曰～，誰也）鱃（大魚也）稠（厚也）愺（怒也，毒也）犨（～牛）簒恩（匹也，仇也）燾（明也）鄩（地名）稠（～密，厚，不稀也）籌（籤也，又茶～也）惆（～悵，本音抽）鬏（髮多也）愁（憂～）圳（田畔水溝曰～）漱（腹中，又水汽也，又憂貌）簹（通作籌）　[上聲]丑（地支名，又小～）醜（好～，～陋）俞（姓也）啾（惡口也）　[去聲]輳（輻～，～聚也，輻車輪中直木）揍（投～，插～）湊（水會也）凑（～巧）腠（膚理）篍（齊也，衝也）蓫（草相次也，又同上）臭（香～，又音秀

第七章 《徐氏類音字彙》重編

濈（仝凑）蔟（太～，正月名，言萬物始～，又音族）

s [陰平]捜（～檢，～尋）搜（同上）廖（匿也）廋（同上）醙（同上俗用）滫（久泔也）溲（溺也，小便也）浚（同上）颼（風～～）鎪（刻鐵曰～）收（～取，～藏）蒐（田獵也）艘（舟之總也）嗖（驚鳥聲）獀（秋獵也）傁（縣名，在長沙）餿（飯變味也）饈（同上）摗（摟～，取也）涑（洗手也）　[上聲]叟（長老之稱）籔（十六斗曰～）　藪（大澤也）摉（抖～）首（頭也，又饅～，叩～）瞍（瞽目）膄（同上，目無精也）漱（澣也）手（～足）守（～候，待也）狩（巡～，冬獵為～）嗾㖡嗾（三字同，使犬聲）傁（同叟）[去聲]嗽（咳～）吁（趁鳥聲）漱（～口，滌也）瘦（不肥也）膄（同上）嗖（驅鳥聲）箞（副也，齊也，如妾也）涑（盪口也）受（承～）授（傳～）綬（印～，組～）誩（口～）售（賣物出手曰～）槥（棺也）瘶瘦（二字皆同瘦）瘷（仝嗽）摗（摟下取也）籔（十六斗曰～）

k [陰平]勾（～引，又曲也，又同鉤）鉤（～鍚）鈎（同上）溝（～河，～渠）褠（單衣也，又～被）笱（曲竹，捕魚～也）哥（呼兄曰～）歌（～唱，～舞，又音官）篝（食籠也）幬（軍衣也）矩（楷也，法也）泃（水聲）句（～踐，人名，本音巨，又同勾）　[上聲]苟（～且）狗（犬也）猗（本狗也）枸（～杞，藥名）耇（老人面凍如梨色）　[去聲]垢（灰～，污～）均（同上）姤（男女相遇也）媾（再婚也）搆（結也，牽也）逅（邂～，不期而遇）泃（水名）㺃（獸名，似犬食猴）遘（遇也）覯（同上，又視也）構（成也，架屋也）构（同構，又楮木也）彀（弓滿也）够（～了，多矣）冓（交積材也）縠（取牛乳也）購（視也，又同覯）訽（恥也，又巧言也）雊（雌雄鳴）个（枚也，一數也）箇個（皆同上个字）彀（手～物）豞（豕鳴也）

kʰ [陰平]彄（環～，鈕～）摳（手～物）眍（～眼，目深也）曉（仝上）芤（草名）籃（吳人養器，竹器曰～）　[上聲]口（嘴也，～舌）叩（同上）可（僅～，應辭）坷（行人不利曰坎～）渮（船着

◆ 徐氏類音字彙：一百年前的鹽城話 ◆

沙不能行也）　[去聲]扣（繫也，～扎）叩（～首，～問）寇（古司～，又賊～）敂（同上）滱（水名）㵠（水名）蔻（荳～，藥名）簆（織布梭～）姁（悼～，自容人也）

x　[陰平]齁（～子，～䶴，鼻息也）　[陽平]侯（～父，姓也）候（又同上）猴（猿～）猴（同上）睺（目盲也）喉（咽～）餱（乾食）鍭（古箭鏃）㕌（～㱁，氣出貌）䁜（～瞜，貪財之貌）瘊（疣小者曰～子）　[上聲]吼（～叫，怒聲）呴（同上）犼（獅～，獸名，似犬食人）䧆（短極醜貌）呴（牛鳴也）　[去聲]后（古太～，又後也，～土）郈（姓也，又邑名）後（前～）逅（仝上本古文後字，今時用）厚（～重，～薄）垕（同上）候（守～，酬～，拜～，五日曰～，見釋典）鯸（海魚）堠（舉火台也）㖁（吐也，洉沽濡）

ø　[陰平]歐（歎也，又姓也）謳（～歌）甌（～碟，瓶～）摳（手～人）漚（水泡土，又去聲）慪（恪也）鷗（水鳥也，水鳧）熰（炙也）瞘（～眼）剾（割也，刳也）塸（沙堆）殴（～辱，又擊也，本上聲）毆（仝上）　[陽平]牛（～馬，方音本鈕，下平聲）　[上聲]（偶忽然也）嘔（吐也）欧（仝上）歐耦（～並，耕也，又雙曰～）藕（～菱）　[去聲]漚（～田，水～物也）㵝（～，冬月積草水中以取魚曰～）

iɯ

m　[上聲]繆（綢～，纏綿也，又音妙，又音木）　[去聲]謬（詐也，又妄言也，俗音岰）

n　[陽平]牛（～馬）芉（～藤，藥名）繆（綢～，纏綿也，又音妙，又音木）䛘（～眤，小兒聲）汼（水名）　[上聲]鈕（～扣，又姓也）紐（纏～，～結）扭（手～，揪也，又捏也）忸（～怩，又愧狃也）惡（心愧也）杻（梓木也，手械也）蒩（䔧藋，之寶）　[去聲]謬（詐也，妄言也，又誤也）忸（～眤，愧狃也）衄（鼻出血也）朒（同上）

t　[陰平]丟（失也）

l　[陰平]𨓈（急走也）瀏（水聲也）　[陽平]劉（姓也）刘（同上俗用）

第七章 《徐氏類音字彙》重編

榴（石~，果名）榴（同上，俗用）遛（逗~，又進也）旒（冕~，古冠也）璗（冕飾也，通作旒）瘤（肉~，病也）鏐（上美金也）瀏（~冰，手足凍貌）珋（石之有光也，又璧~也）璙（立秋，祭名）流（水~，漂~）㴇㶞（二字皆同上流字）硫（~磺，藥名）磂（同上俗寫）騮（驊~，馬也）鎏（~金，又美金也）鎦（同上）懰（怨也）橊（俗榴字）瀏（水清貌）留　[上聲]柳（~樹，又楊~垂曰~，立曰楊）橮（同上）桺（同上）綹（十縷爲~）　[去聲]坥（地一~爲一也）𤮕（盛飯瓦器）溜（~水）窌（地名）鰡（瓦~）磂（梁州謂斧曰~）遛（疾走也）𨓴（行相待也）

tɕ [陰平]樞（棺~本，去聲）樛（~木，木枝下曲也）揂（拈~，取也）鳩（喚雨鳥也）揫（手~物也）揪（手~取）輖（~輈）牰（大牡爲~）啾（~唧，小聲）湫（水名）䯰（女子梳~）鬏（俗䯰字）柾（同樞）摎（縛殺也）赳（武貌，又上聲）糺（~察，又上聲）　[上聲]糾（督也，又~察）九（數目）玖（黑色，又大寫九字）久（遠也，又長~）乆（同上俗寫）赳（武貌）灸（炙療病也）韭（~菜，名豐本）酒（茶~，杜康作）㪎（守貞不移女子）䣺（同酒）　[去聲]舅（甥~，又~姑）救（~護）究（追~，考~，又~竟）疚（久病也）廐（馬房）廏（同上）愗（悅也）湆（地濕）窑（同究）窘（窮也，深也）咎（責也）舊（不新也，又故~）臼（杵~，碓~）就（成~）檣（物縮也）㿖（縮也）殺（同救）

tɕʰ [陰平]丘（孔聖名，又尼丘，山名）邱（地名，又姓也）蚯（~蚓）妶（女子也）湫（水名，又北人呼水池曰~）秋（四季名，~景，春~）姀（女字）𥠻（秋本字）龝（俗秋字）鰌（~魚）鰍（同上）楸（梓也）沋（水也）鞦（打~韆）鷲（鶖~，小鳥）北（丘本字，土之高也）坵（塊也，又~圩，山田曰~水田曰圩）犰（~狳，獸名，蛇尾豕目，見人則佯死）　[陽平]求（乞也，~教，要~）裘（皮服輕~，又姓也）毬（同上）毱（皮~，踢~）（同上）球（美玉也，玉磬也）逑（聚合也）賕（非理，求財也）酋（夷長名，又熟酒名）尿（男卵也）捄（曲貌，又長貌）銶（弓牙也）虬（~

◆ 徐氏類音字彙：一百年前的鹽城話 ◆

龍，本龍子也）梂（棠～子，山樝果）湭（水源也）湭（浮行水上也）俅（冠飾也）泅（浮行水上也）鼽（病塞窒鼻也）齅（同上）馗（追也）仇（匹也，雔也，姓也）銶（獨頭斧）赳（足不伸也）璆（美玉為磬）殏（終也）逑（水名）汓（浮行水上也）囚（～犯，～籠）球（手足凍貌）屌（女陰也）扏（正也）妺（匹也）慾（怨仇也，又上聲）𥴊（小龍也）　[上聲]揂（手～也）餸（彌也）慾（怨也，仇也）俏（毀也去）

¢ [陰平]休（罷～，息也，又善也慶也）咻（謹也，又口痛唸聲）貅（貔～，獸名）庥（庇～）脩（～身，～補，～練）修（同上，～金）羞（～恥）饈（珍～，好味）㫗（廢也）渐（水去貌）　[陽平]嗅（口～物，本去声）　[上聲]朽（壞也，又彌也）殠（同上）滫（～米，泔也，又东人謂溲曰～，尿也）　[去聲]臭（臭氣壞也）嗅（口～物，～鼻）溴（水～）糔（～糧）秀（俊～）莠（～禾也，又良～）綉（紋～，錦～）繡（同上）袖（衣～，領～）宿（星～，大星曰～，又音速）鏥（鐵上～）銹（同上）鷲（大鵬也，黑色）岫（山孔）琇（美石也，似玉）

∅ [陰平]攸（～長，又同也，又所也）悠（遠也，思也）滺（水流貌）幽（～暗，又～雅，又深遠也）憂（～愁）優（～人，和有餘也）懮（愁也）泑（水黑色也）欕（鉏柄也）瀀（深也）汥（行水也，又仝攸）優（遊暇也）穮（覆種也）麀（牝鹿也）呦（鹿鳴聲）漫（深澤貌）嚘（語未定）飈（風～～）慢（心思也）呇（小聲也）怮（含怒不言）戜（愁也）悠（仝悠）　[陽平]由（原～，從也）尤（過也，又姓也，又效～）訧（過也罪也）卣（盛賜鬯也）油（～酒）郵（～政，又地名，又～驛）冘（仝尤）牰（牛大力也）䣋（仝郵）遊（～玩，遨～）游（浮行，魚～）游（仝上俗寫）斿（旌旗，末垂）蝣（蜉～，蟲名，朝生夕死）柚（梓屬）疣（贅肉曰～）蝤（仝蝤）猶（似也，又～豫，～疑）猷（謀～，嘉～）蕕（臭草）楢（柞～，木名）柚（～橙，木名）㳑（水流貌）犹（～豫不定）肬（贅肉）輶（車～子）㳕（浮水行也）釉（通作油）偤（侍也）　[上

210

聲]友（朋～）乆（仝上）有（～無）酉（地支名）卯（仝上）羑（水名）莠（良～，又惡草也）庮（屋朽也）秀（谷不成也）　[去聲]右（左～）宥（寬～）又（再也）祐（神助也）佑（護～，保～，～又仝上）囿（苑有墙也，又園～）幼（小也，又老幼）釉（～水缸）侑（佐也，相助也，又耦也）誘（引也）婑（仝侑）褎（衣袖也）鼬（野鼠也）柚（橘也）牖（窗～）盙（小甌也）圃（仝囿）䅏（仝誘）

ã

p　[陰平]邦（～國）帮（鞋～）幇（仝帮，助也，又黨也）挷（助也）梆（～柝）搒（船相聯也）埲（河～，垎～）浜（安船溝也）垹（冢口穴也）　[上聲]綁（捆～，～縛）榜（～文，～示）榵（仝上）髈（～腿）　[去聲]傍（依也）棒（棍～）棓棓（皆仝棒）稖（～頭，玉黍也，俗寫）磅（十二兩為一～）塝（地畔也）梽（又仝棒）

pʰ　[陰平]乓（乒～，聲也，見新字典）　[陽平]龐（姓也）傍（～側，～邊）逄（姓也）徬（仝上）徨（～徨）㿱（薄也）膀（～胱）滂（沱大雨）漨（仝上）螃（～蟹）胮（～脹）旁（側也，與傍通）塝（地畔也）榜（書帖也）　[上聲]髈（～腿）覵（視物貌）踭（肉～）[去聲]胖（肥～）腩（仝上）

m　[陽平]忙（慌～）厐（母總，又大也厚也）芒（稻～，麥～）茫（渺～）妄（女字）鋩（鋒～，利也）尨（犬也）笀（仝芒茓）怅（～然，無以應也）汒（谷名）牦（白黑雜毛牛）盲（目無眸子，本音蒙）硭（～硝，藥名）邙（山名）𡸷（塘～，山貌）秥秜（禾也，二字皆仝芒）蝱（虫名）䀑（仰視貌，又仝盲）泷（水名）　[上聲]莽（卤～）蟒（大蛇也）漭（大水也）　[去聲]𥭥（屋簀也）

f　[陰平]方（～向，～正）芳（～草，～菲）祊（祭名）坊（牌～，糟～，油～）枋（木可作車）匚（受物之器）忛（忌也）淓（水名）霚（霧～，雪貌）舫（併船也）牥（良牛日行二百里）　[陽平]妨（害也）房（～屋，～間）防（隄～，謹～）魴（魚名）埅（仝防）[上聲]紡（～績）訪（～察，拜～）彷（～彿）仿（效也）倣（～紙）舫（船也，又船帥也）髣（～髴，又依稀也）眆（～眛，微見

◆ 徐氏類音字彙：一百年前的鹽城話 ◆

也，又與仿彷倣仝）放（依也，本去聲）昉（適也，言適當其時也）
[去聲]放（捨也縱也，又開放）

t [陰平]當（承～，又～然，又去聲）澢（水也）噹（叮～，響聲）
襠（褲～）簹（箮～，竹名）鐺（鈴～）儅（止也，芑仝當）璫（充
耳珠也）檔（枔～） [上聲]黨（鄉～，又類也，又去聲）党（仝
上，又羣也）攩（打也攔也）欓（橫木） [去聲]簜（大竹也）碭
（山名）蕩（飄～，湖～）當（典～）盪（陸地行舟，又滌也）
儻（倘～，不常也）湯（水名，在河內）宕（通也，又仝蕩）壋
（高田）璗（美金白色曰～）惕（放也）懷（放也）憽（愳動也）擋
（摒～也）

tʰ [陰平]湯（～水，又姓也）撻（手推物也）鏜（～～，鑼聲）鼞（鼓
聲）盪（滌也，俗音本音蕩） [陽平]唐（姓也，又荒～，又大言
也，又～朝）塘（池～）傏（～儉，不遜也）唐（哃～，大言不中）
搪（～宕，抵～）膛（胸～）溏（溪也）溏（池也）螗（蜩～，蟬
退）堂（庭～）棠（海～花）螳（～螂，虫名）糖（人面赤色）糖
（紅白～，～果）餹（仝上）彖（豕也）撐（距也）梼（仝棠）餳
（仝糖） [上聲]倘（～或）淌（流～）盪（滌器也）帑（～銀，
又仝孥）儻（直～）戃（倜～，卓異也）躺（身仰也）钂（軍器，
又犂～） [去聲]燙（水火～人，又熨物也）摥（音燙，排～）趟
（音燙，走次也，時用本音敞）

n [陰平]齉（～鼻，本去聲） [陽平]囊（被～，又～橐，有底曰～，
無底曰橐） [上聲]曩（～食）攮（推也）攮（刺也撞也） [去聲]
齉（～鼻）瀼（濁水）儾（緩也，～市）壤（塵也）

l [陰平]㲄（毛亂也）㩗（物自來取之曰～）㑌（困也）瀼（露多）
禳（～解，除災） [陽平]郎（兒～）廊（廂～，～廟）琅（～琊，
山名）榔（梹～，又～頭）螂（螳～，蟲名）狼（犲～，貪獸也）
稂（～莠，又惡草也）䖷（～䖷，不實也）硠（砳～，响聲）浪（滄～，
水名，又去聲）骯（骯～，股骨）痕（死物軟也）癆（病危喉中）
瘻（～聲）寋（寠～，空也）㺢（貪貌）琅（～玕）莨（草名）蓈

212

第七章 《徐氏類音字彙》重編

（仝上）莨（毒藥名）瓤（瓜～）穰（～草，禾莖）蘘（藥名）峎（嶏～，山名）崀（仝上）痕（高也器也）桹（桄～，屑如麪可食）閬（高大貌，又去聲）　［上聲］朗（明～，～照）䄉（敝衣曰～，又棉花～）壤（柔土也）爙（火貌）䁆（仝朗）朙（明也）　［去聲］讓（謙～）浪（波～）晾（晒～）㙒（～蕩，渠名）閬（高門，又平聲）埌（墦～塚也）

ts　［陰平］臧（善也，姓也）贓（貪～，～物）張（大也，開～，又姓）章（文～，～程，又姓）獐（～兔，獸也）麞（仝上）嫜（雍也）牂（仝贓）璋（圭～，弄～，生男也）樟（～木，香木也）漳（水名，地名）慞（～，惶恐也）鷞（～雞）嫜（姑～）彰（昭也明也）榳（木板盛物也）䯢（不潔也）徸（～惶，行不正也）　［上聲］長（生～，尊～）掌（手～，～握）仉（姓也，孟母～氏）鞝（皮～，鞋～）氶（仝上）漲（～落，～潮）㲿（仝漲）　［去聲］丈（～尺，～夫）杖（梃～，拐～）仗（倚～）漲（泛～）瘴（～氣，山川厲氣成疾）脹（膨～）賬（～目，～簿）帳（帷～，又仝上）葬（埋～）臟（五～，～腑）藏（～經，又讀長）扙（傷也，打也）障（保～，圍～）塲（沙坵高起貌）䯢（骯～，體胖）塟（仝葬）

tsʰ　［陰平］蒼（～天，又上～，又青色）滄（～浪，～海）鶬（～鶊，鳥名）倉（～卒，又姓也））螬（～蠅，飛蟲）傖（悽～）瑲（玉聲）昌（～盛）菖（～蒲）猖（～狂）娼（～妓，嫖子）倡（～優，女樂，又和也，又仝猖）蜛（蟲名）琩（玉名，耳璫）閶（～闔，又城門名）悵（～～無知貌）膓（皮傷也）傖（吳人謂中州人曰～）鏘（鑼聲～～）淐（水也）幨（衣披不帶）　［陽平］藏（隱～）常（平～，又尋～，又倍尋曰～）長（～短）嘗嚐甞（皆仝）場（～基，～圃）場塲（皆仝上塲字）腸（肝～）瀸（沒也）瀺（仝上）償（～還，賠～）嫦（～娥，月中女仙）徜（～徉，自得貌，又徘徊也）　［上聲］敞（高也，又豁也）廠（～房）氅（鶴～，又鳥羽也）僘（寬也）昶（明也）唱（導也）㨻（磨滌也）　［去聲］唱（歌～）暢（～快，舒～）鬯（酒器）悵（惆～）㨻（磨～，方音）惝（大

波也，俗用流淌字）倡（～首，提～）賬（望恨也）

s [陰平]商（～議，～賈）謪（仝上）裳（衣～，上曰衣下曰裳）觴（酒杯也）傷（悲～，損～）墒（～溝，田中行水道）暘（田也）喪（～葬，死人曰～）瘡（憂病也）桑（～木，蠶～）殤（夭亡也）滴（水名）潒（水流貌）　[上聲]賞（～賜，～玩，獎～）顙（～額，稽～）嗓（喉嚨，～子）搡（推～）磉（石～碑）繈（破衣也）扄（戶耳也）鎟（鼓篋也）上（升也，自下而～也，又去聲）　[去聲]上（～下，在上之～，尊也崇也）尚（加也，又和～）喪（～失，又平聲）怏（憂也）

k [陰平]岡（高～，山～）肛（糞門也）疘（仝上）剛（～強，～直）綱（～常，～領，三～）鋼（～刀，～鐵）䪞（仝上，俗用）豇（豇豆）扛（抬～，又去聲）杠（橋也）罡（天～，星宿也）玾（玉之精也）笒（竹名，又筏也）堈（高～，又仝缸）缸（～甕）瓨瓨鋼（皆仝上）甄（又仝釭）釭（燈也，又音工）江（～湖，又姓也，又讀姜）崗崮（皆俗岡字）矼（石橋也）䀠（羊目～瞳，毒物也）　[上聲]港（溝～）滿港（皆仝上港字）　[去聲]槓（木～）摃（古皇～也）爛（～刀）挵（填～）摃（挑～）扛（仝上）壙（高十埂也）矼（高低不平）虹（霓本音洪，又音絳，方音扛）

kʰ [陰平]康（安～，～寗）糠（躴～）糠穅（二字仝，皆谷皮也）漮（水虛也）歀（虛也空也）嵻康（二字仝，又～峴，山名也）康（～寔，虛也）瓩（仝上，又屋空也，凡物空曰～寔）　[陽平]夯（用力以肩舉物，俗用，本杭上聲）　[上聲]慷（～慨）忼（仝上）　[去聲]亢（高也過也，又音岡）炕（火～，乾～）伉（～儷，配耦也）抗（～拒，抵～）硫（～硜，石聲）矻（不平也）囥（藏也）匟（坐床，又仝上）犺（健犬）

x [陰平]項（頸～，本音向）　[陽平]杭（～州城，又姓也，～連紙）行（牙～，排～）航（舟也）衖（樂人也）貥（大貝也）統（針～衣）吭（氣～～）頏（頡～，飛上曰頡，飛下曰～）　[上聲]夯（以肩舉物）欣（貪貌）　[去聲]項（頸～，方音）巷（街～，陋～）

◆ 第七章 《徐氏類音字彙》重編 ◆

衖巷（二字皆仝上）筇（晒衣竿）䈰（仝上）行（剛強貌）妧（女性急戾，又音坑，美女也）

ø　[陽平]昂（高～，軒～）咉（應辭）茚（菖蒲也）䪴（～頭）姎（女人自稱曰～）卬（舉目視也）　[上聲]快（～咽）醠（濁酒也）　[去聲]唴（～～聲也）誩（言也）䞮（日無光也）盎（豐原盈溢之意）枊（繫馬柱也）

iã

n　[陰平]娘（姨～，俗音）　[陽平]娘（～子，少女也，又爺～）孃（母也）釀（酒～，實去聲）　[上聲]仰（俯～，～望）　[去聲]釀（～酒，～事）曩（前日也）

l　[陰平]亮（明～，光也，本去聲）　[陽平]良（～善，～民）涼（冷也，薄也，又炎～）涼（仝涼）梁（棟～，又姓也）樑（仝上，俗寫屋～）量（思～，斗～）哏（良工也）㐲（仝上，良本字）粱（稻～）樑（仝上）颺（北風也）綡（～冠）醠（醬水）粮（～稅，米～）糧（仝上）踉（薄也）惊（悲也）稂（惡草似禾）　[上聲]兩（分～，又一也）两兩（二字皆俗兩字，又來上聲）倆（伎也巧也）魎（魍～，魖鬼）輛（車數也）𣖾（松脂也）　[去聲]亮（明～）諒（小信也，又原～，又見～，又通良）量（度～，分～）喨（响～）踉（～蹌，行貌）哴（嘹～，啼也）悢（悲也）晾（晒暴也）𥧔（仝亮）俍（遠也）

tɕ　[陰平]江（姓也，又～湖，本音岡）姜（姓也）薑（生～，通神明）疆（～界，封～）壃畺𤺺（皆仝上）畕（比田也）橿（柄也，又強盛也）凁（凍～也）繮（～繩）韁（仝上）蠺（～蠶）僵（仆也）將（～來，～軍）漿（水～，～汁）殭（死而不朽曰～）礓（小石砂也）笒（筏也，又竹名）　[上聲]講（宣～，～話）獎（助也，又褒～，又～勵）奬（仝上，又～賞）蔣（姓也，又～菰屬）耩（耕也）　[去聲]降（減級也，又升～）絳（赤色）洚（大水也）傋（扚～不服）匠（工～）醬（～醋）㹡（獞～，犬不服牽也，又牛～）匞（匠本字）將（大～）

tɕʰ　[陰平]鎗（刀～）鏘（玉聲）腔（～調）椌（樂器也）羌（西戎～

◆ 徐氏類音字彙：一百年前的鹽城話 ◆

人）傖（仆～）瑲（～～，文玉聲也）謚（語經也）嗆（喉中作～）羟（羊一隻曰一～）骯（尻骨）蹡（行不正貌）戕（～殺，～灰）斨（方斧）鏗（鍋～，俗用）槍（抵也，又仝鎗）羌（仝羌）蹡（足步聲也，又音卯）戧（～換，古創字）　[陽平]詳（～察，參～）痒（病也或作癢）墻（～壁）廧（仝上）檣（船帆柱也）祥（吉～，又作詳）羊（仝祥，本牛羊）庠（～序，學舍也，又古～生）攩（扶持貌）薔（～薇，花名）嬙（～妃，古婦官也）翔（翱～，鳥回飛也）強（剛～，又～壯，又上聲）彊（仝上）牆（仝墻）唐（仝上）洋（水名，又音羊）搒（力拒也，又上聲）　[上聲]搶（劫～，～奪）搣（仝上）鏹（金別名）襁（～褓，小兒衣）強（勉～，不自然）搒（勉力也）磢（瓦石洗物）墏（基也）　[去聲]謚（語經也）傶（惡也）擤（扶～，又倚也）蹡（跟～，行不正也）筬（籐～）謽（詞不屈也）強（設罟於道以掩物）弱（弓有力也）嗴（秦晉謂小兒泣不止曰～）將（扶也）

c [陰平]相（～交，又去聲）湘（～江）廂（城～，～廊，～房）箱（～籠，又仝廂）鑲（～嵌）香（～臭）瘍（～痕，疾也）麞（麞）驤（馬也）襄（成也助也贊也）鄉（～黨，一萬二千五百家曰～）燴（火坑也）瓖（馬帶飾）勷（勷～，點主執事稱助～）　[陽平]降（～服，又音匠，又古音紅、杭）　[上聲]享（～受）饗（仝享，又～堂，又～祭）亯（俗享字）餉（～稅，兵～）嚮（卽向字，又～應）響響响（三字皆嚮）鱨（～魚）恦（念也）愓（憂也）晑（明也）曏（不久也）項（頸～，又姓也）想（思～）　[去聲]向（方～，趨～）晌（～午）相（～面視也，又宰～）像（～貌，形～）象（獸名，獅～）曏（往時也）鐌（未筓首飾）

ø [陰平]秧（～苗，小禾也）央（～請）殃（災～，禍也）鴦（鴛～，雄曰鴛，雌曰～）狹（貉屬）泱（水深廣貌）鞅（馬頸組也，實上聲）佒（體不伸也）姎（女人自稱我也）　[陽平]陽（陰～，太～）楊（～柳，立枝爲～）揚（舉也，～波，又稱說也）颺（飛～，飄～）暘（日出光也）洋（江～，又～～得意）彰（美善也）氜（俗陽字）

216

第七章 《徐氏類音字彙》重編

易（陽本字）瘍（頭瘍也）盱（美目也）禓（道上祭也）羊（牛～，又作祥用）佯（～～不保）徉（～～自得貌）煬（火盛貌）痒（病也）崵（首～，山名）　［上聲］養（～育）癢（痛～）攁（動也）懩（心所欲也）勷（勉也）仰（舉首向上也，又～望）　［去聲］樣（模～）攘（～手，又全樣）盎（盆也）樣（木長也）恙（病也）漾（水動也）怏（情不足滿又恨也）䟦（行不崀也）悵（恨也）貙（獸名，能食虎豹）

uã

ts　［陰平］莊（端～，村～，田～）庄（仝上，俗寫，本音彭）粧（～奩，～飾）裝（～載，～脩）樁（木～）妝（女～，文飾）䲁（青～，鳥名）鵬（仝上）淙（水出貌）漴（深水立～也）莊（俗莊字）　［上聲］奘（～大）　［去聲］壯（強～）狀（古～元，又～詞）覯（遇也，～見）撞（湊數，挱～）戇（愚也，又音貢）泩（米入甑也）漴漴（二字皆仝疾下也）

tsʰ　［陰平］窗（本作囪，在牆曰牖，在戶曰～，助戶明也）牕（仝上）窻（俗窗字）瘡（～瘢）摐（撞也）　［陽平］床（～榻）牀（仝上）幢（～旛）䭮（～食，吃也）噇（仝上）霧（大雨～～）　［上聲］闖（～禍，又猛～，本丑禁切）　［去聲］創（～造）剏（仝上）靚（視不明也）輚（車～，樹木也）戧（古仝創，今作～，換用）

s　［陰平］霜（～雪，露結爲～）孀（寡婦也）雙（成對也）雙靁双（皆俗雙字）樔（船羽也）驦（驌～，良馬）艭（船也）　［上聲］爽（～快）漺（清～，～水）塽（高～）慡（性明也）

k　［陰平］光（～明，候～，～顧）胱（膀～，水腑也）洸（水湧也，又怒貌）桄（～桔，又機之橫木也）横（床橫木）咣（能言也）觥（酒器，本音拱）姯（女色妍麗也）垙（陌也）珖（玉名）　［上聲］廣（大也博也）　［去聲］誆（欺～）纊（彩色也）横（桌邊～）樻（讀書床也）櫎（仝上）曠（目無色也）惩（詐也）

kʰ　［陰平］匡（正也，又地名）筐（～筥，又柳～）誑（～騙）眶（眼～）䦥（門週木也）骾（䯏股骨）框（棺門也）洭（水名，出桂陽縣）

217

◆ 徐氏類音字彙：一百年前的鹽城話 ◆

勋（題紅執事曰～勳，又迫遽之貌） [陽平]狂（猖～）抂（～攘，亂貌）洭（水貌）瘈（熱病也） [上聲]俇（扇～也）怳（失意貌） [去聲]況（～乎，語辭）貺（賜也）框（門～）壙（墻～）曠（～野）胿（腹中寬也）纊（繒～帛屬）廣（廣也大也）懭（仝上）曠（仝曠）礦（～物，金玉未成器曰，又開～，俗用本音拱）鑛（礦本字，未鍊金）

x [陰平]荒（荒蕪）巟（壙也）肓（膏～）豄（仝上）㳦（水廣也）慌（～忙）恍（仝上）騜（馬奔也）鎤（～～，鐘聲）沆（水廣也）巿（巾也） [陽平]皇（～帝，三～，黃顏色，又姓也，又讀王）凰（雌鳥王也）遑（急也）媓（娥～，堯女也）徨（彷～）芒（草木妄生也）蝗（～蟲）煌（輝～）隍（城池也，又城～神也）鰉（～魚）瘟（瘟～，病也）鍠（鐘鼓聲，又鎖～，俗用）湟（水名）橫（～牛）磺（硝～）艎（船～板）戇（蛋～）蟥（螞～）鵹（～鵲）惶（～恐）篁（竹名，堅而促節，又可作笛）簀（仝上）璜（玉半璧也）璜（殿也基也）潢（積水也）喤（聲也，又唱二～也） [上聲]謊（說～，虛言也）恍（～忽）愰（～懭，心不定）滉（水深廣貌） [去聲]幌（酒～子）㷀旍（二字皆仝上）晃（明～）熀（火～）晄（明也）榥（讀書牀也）

Ø [陰平]汪（～洋）眶（淚～～，目欲泣也）尩（弱也，又短小也）尫尣（二字皆仝上，又疾病人也）汪（牛～塘，本去聲） [陽平]王（君～，又姓也）亡（死也，又讀無）忘（～却，未計也）㝩（屋棟，～磚）黃（～白，～瓜） [上聲]往（去也，又～來）枉（寃～，又曲就曰～，又屈也，又勞而無功曰～）輞（車～）網（～罟，魚～）誷（誣言也）惘（～然失志也）汪（大水也）瀇（～瀁，水深廣貌）潤（水名）瀇（池不流曰～）魍（～魎，磺鬼也）罔（無功也，又不直也）䁘（光美也）輞（仝輞）迬（往也）徍（俗往字） [去聲]望（仰～，朔～，初一日曰朔，十五日曰望，又看也，又觀望也）旺（興～，盛～）妄（罔也誣也）誺（仝上）潢（池不流也）望（仝望）

218

æ

p　[陰平]班（～輩，又戲～）斑（～點）扳（引也，又攑也）頒（～賜，～發）盼（仝上）玢（仝班）攽（分也）螌（～蝥，食黃豆毒蟲）斒（～爛，色不純也）　[上聲]版（～串，～籍）板（木～）舨（小舟也）鈑（金也）　[去聲]扮（打～，裝～）辦（～事）办（仝上俗用）瓣（花～）辧（判也，雨～子）絆（絆也）

pʰ　[陰平]攀（自下援上曰～）伦（仝上，俗字）眅（多白眼也，又反目貌）　[陽平]溿（～河，步渡水也）片（瓦～）跘（仝䠒）　[去聲]盼（顧～，又～望，又目明也）盻（仝上，俗寫非是）襻（鈕～）絆（～倒）

m　[陰平]趰（走不快也）　[陽平]蠻（～夷，～橫，～野）蛮（仝上）穮（赤～，稻名）　[上聲]矕（目美貌，又視也）　[去聲]慢（急～，又忤～，又輕～）趦（走遲也）縵（寬心也）漫（水漲也，散～，又音茂）僈（舒遲也）漫（大水也）

f　[陰平]番（重也更也，又～邦）販（～眼）翻（翩～，又～異）旙（旗～）拚（飛也）幡（心變動也）濿（大波也）潘（米汁也）颿（篷～）帆（仝上，又下平聲）　[陽平]煩（～惱）燔（炙也）蘩（野艾也）璠（美玉）帆（篷～）颿（仝上）笲（竹器，盛棗栗具，又音卞）繁（多也，～盛，～華）樊（姓也）礬（～石，明～）墦（塚也）膰（祭餘肉也）蕃（草茂也，又多也）藩（屏～）凡（皆也，大概也）秜（稻名也）璠（璵～，魯之寶玉也）　[上聲]反（～正，～叛）返（往～，又～悔）仮（仝上）佊（仝反）坂（坡～，山坡也）畈（平疇也）阪（仝坂）　[去聲]飯（食也，粥～）範（模～，楷式也）笵（仝上）犯（～罪，忤～）乏（少也）泛（水～漲）汎（普博也）汛（浮～，又眾也）范（姓也）㲊（胃口欲吐）販（賣～）梵（誦經聲也）繁（泉眼～水）仉（輕薄也）娩（產～）奿（女子慧而員也）恦（惡心也）渢（浮貌）

t　[陰平]丹（～青，～砂）矸（白石也）耼（人名，老～）耽（仝上，耳大垂也）襌（～衣）單（孤～）单（仝單）湉（湮也）眈（虎

◆ 徐氏類音字彙：一百年前的鹽城話 ◆

視～～，又視近志遠）擔（扁～，又挑也）襜（仝上）鄲（邯～，地名）癉（火～，毒也）簞（竹器，盛飯用）殫（盡也，竭也）勯（力竭也）箪（竹名）匰（奉木主器）儋（負荷也）眈（日晚色）躭（音丹，徐視也）　[上聲]担（～掃，又去聲）膽（肝～）胆（仝上俗用）䃭（石～，藥名）刐（割也）亶（誠也又信也）撣（提持也）　[去聲]旦（元～，又天明時也）担（挑～，又平聲）疸（黃病也）石（十斗曰～，又三十斤爲鈞，四鈞爲石，又音碩，俗音十）但（語辭）淡（濃～，清～，～薄）憺（鹹～，又無味也，又仝上）啖（少味也）庝（小舍也）憻（安也）蛋（鳥卵）彈（～丸）弤弓弹（皆仝彈）誕（壽～）憚（忌～，懼也）呾（優人小～也）嘽（鳥日夜鳴也）笪（姓也，又擊也，又答也）澹（沙渚也）僤（篤也）襢（衣不束也）妲（蘇～己，本音答）

t^h [陰平]貪（～婪，好也）湠（没也，又水名）灘（沙～，海～）攤（佈也，～餅）癱（殘病，～子）潬（俗灘字）蜑（卵也，音本音旦）坍（～塌，地土崩也）飲（欲得也）　[陽平]談（言～，又姓也）罎（酒～，～罐）壜甔（仝上罎字）痰（～疾）墰（地名）箈（刷馬篦也）癉（病也）鐔（劍鼻）覃（深廣貌）譚（大也，又姓也）潭（深水爲～）澹（淡水貌，又恬靜）彈（手～琴也）倓（靜也，又不疑也）簟（篋～）檀（木名，又～香）壇（～場）坛（仝上）繵（繩也）惔（燔也，謂用灼物也）郯（音談，邑名國名）　[上聲]坦（平，又墠也）袒（～服）毯（氊～）毲（仝上）啖（食也吃也）莢（草名）昍（明也）醓（肉醬也）肬（肉汁滓也）倓（～然，不疑也）璮（玉石）窞（坎中小坎也）髧（垂髮也）菼（菌～，荷草也）啗（食也，仝啖）坢（地平而長）忐（～忑，心虛也）愖（～忒，心不寧也）　[去聲]嘆（嗟～）歎（仝上，～息）探（～望，～花，又偵探）炭（火～，煤～）毯（少文采）淡（水廣貌）僋（～俕，癡貌）撢（探也）趃（跢～，不能行也）

n [陽平]南（離方，～北，又方音奴）楠（木名）枏（仝上）喃（呢～燕語）呥（仝上）蝻（蝗～，害禾蟲）男（～女，～兒）湳（地名）

· 220 ·

第七章 《徐氏類音字彙》重編

難（艱～，～易，又去聲）娚（語聲） [上聲]胬（～泥）揇（溺也）戁（恭也，悚懼也）赧（～顏，慚愧面赤貌） [去聲]難（患～，又困～，又阤也）攤（手佈也，又音貪）攣（仝上）

l [陰平]纜（繩也） [陽平]蘭（芝～，～花）藍（顏色，青～）籃（竹～）攔（～攩，遮～）襤（～衫，古衣也）欄（～杆，柵～）襤（襤褸破衣也）斕（䌁～，色不純也）尟（～尟，少也）籣（盛弓弩器）瀾（波～）䦨（殘也，更～）儖（伽～，又～傝）壈（日不到也）襕（裙也）惏（貪也）嵐（山名，又州名）婪（貪也） [上聲]覧（視也）覽（仝上）欖（橄～，果名）攬（承～）懶（～惰）嬾（仝上）燣（～火）爤（火亂）懢（悲愁貌） [去聲]爛（燦～）濫（溢也，又～賤）爛（敗也）纜（繩也）賧（貪也）爁（仝上）臄（熟也）灆（不固也）漤（如水滴下也，又仝濫）漫（仝濫）

ts [陰平]簪（～鐶，本音針）磛（山險貌）劗（刀～）孱（仁謹也）嶃（～岩，山尖鋭貌）嶄（仝上）臢（腌～，俗用）鏨（釘著物也）撍（剁也）灸（鋭也） [上聲]斬（殺也）醆（酒器）盞（碗～）琖（小玉杯也）趱（～路）喒（我也）拵（刑具，～子）儧（聚也） [去聲]贊（助也，又～成）禶（祝也）讃（稱～，又～詞）鏨（鉄～子）譖（愬也）瓚（宗廟玉器）鄼（地名）涔（江岸上地名）湛（露盛貌，又姓也）跕（立也，俗用本音帖）綻（破～）蘸（以物沾水曰～）暫（不久也，～懸～）棧（～房，積貨，客～）賺（～哄）濺（水～開，又音見）偔（～然，齊整貌）䂒（仝站）囋（嘈～，大聲）嶘（尤高也）

tsʰ [陰平]攙（～扶，凡儳从此）鰺（～魚）劖（抄也，拌也）叅叁（俗參字）篸（竹籤也）驂（駕三馬也）參（～謀，又相竭也，又～贊，又音生）鰺（～魚）湌（吞食也，飯也）餐（仝上）魦（尟～） [陽平]饞（貪食也）鑱（犁～）毚（狡兔）殘（～害，廢也）蠶（～蛾，～桑）蚕（仝上）戔（賊也）䜛（～言）揱（暫也）慙（～愧）慚（仝上）玃（禽獸，食餘也）欃（檀木，別名）豻（禽獸，食魚）憯（快也）叟（多也） [上聲]鏟（～朾）穇（～稗）慘（痛也毒也）剗

◆ 徐氏類音字彙：一百年前的鹽城話 ◆

（~削）剗（仝上）孱（~雜錯亂也）昆（太陽~土）產（~業，~出）傋（全德也）憯（痛也）驏（馬無鞍也）虥（磨粟也）黲（深青黑色也）鏟（仝鏟）弗（燔肉器）滻（水名） ［去聲］懺（~悔，經~，祝~）識（仝上）燦（~爛）粲（好米也）攃（插也）姕（~妻，二妾爲~）璨（玉光也）澯（清也）朁（發語辭也）溑（清貌）摻（~~，棄手也）攙（仝摻）

s ［陰平］山（~川）衫（衣~）汕（波~）杉（木名）三（數目~，才~綱）叁（仝上俗用大寫）參（仝三，又音餐，又音稱，又音生）芟（刈草也）毛（~郎神）䅟（禾肥也）潸（涕流貌）摻（執也，又鼓曲也）刪（~削，~除，俗音門）珊（~瑚）穇（~子，生水田內俗曰舛）穇（仝上）卅（三十也）姗（好也）彡（毛長也）（屋山墻） ［上聲］傘（雨~，蓋也）繖（仝上，見晉書）散（放也，又去聲）馓（油麨~子）糁（米粒也）橵（分離也，又仝散）揱（芟除也）撕（仝上）汕（魚遊水也，又舒散也）橵（蓋也，又仝傘）傘（俗傘字） ［去聲］訕（謗毀也）剹（刈也）疝（~氣，病也）散（派~，佈~）潵（水~也）栅（欄也，又音尺）釤（~子刀）倓（儳~，癡貌）彭（相接物也）

k ［陰平］干（天干，~戈，~涉）乾（~燥，本音錢）乾（仝上俗寫）甘（~雨霖，又甜也）坩（心服也）柑（紅~，菓名）疳（~瘡）犴（獸名）肝（心~）㽍（和也）忓（極也）玕（求也）旵（甘本字）泔（米汁也）犴（野狗似狐而小出北地，仝豻）頇（頇~，大面也） ［上聲］趕（追~）赶（仝上）竿（竹~）篍（仝上，又箭~）桿（~柄，又仝上）澉（~䀎，無味也）稈（禾莖）杆（欄~）桿（仝上）擀（伸手~物）敢（豈~，不~）橄（~欖，青菓）感（~激，~應）盰（目多白也）䅽（仝稈）灨（水名也） ［去聲］幹（能~，~事）斡（仝上，又旋轉）榦（枝~，又本根曰~）紺（赤色）䛄（口開也）旰（日晚也）䘓（布袋）淦（水名，又水入船中也）泠（仝上）灨（取水也）贛（縣名，章貢二水合爲名）贛（仝贛灨，又音貢）

222

第七章 《徐氏類音字彙》重編

kʰ [陰平]鉛（～錫）䬳（鳥～食，本音千）刊（～刻，用刋非）戡（殺也）龕（音堪，神～）堪（音鉛，可也，又何～）慳（～悋）　[上聲]宎（牖也，又門～也）窞（坎中小坎也）澉（濁也）𠮷（張口也）坎（卦名，又河～也）埳（～井，又仝坎）欿（～項，錢財也）塹（坑也，又遶城水也）歀（仝欸，本音科，上聲）勘（查～，本去聲）侃（剛直也，又古侃字）　[去聲]嵌（鑲～）矙（視也）闞（視也，又姓也）掔（厚也固也）敇（物相直也）瞰（俯視也）瞷（仝上）㢑（小戶也）勘（看也，俗用上聲，查～）看（觀也）䀩（仝上）䩟（仝上）拑（仝嵌）

x [陰平]酣（酒～，～戰，～睡）䯝（仝上憨（愚也，又音陷）蚶（蚌屬）汵（聲轉也）䴺（麥～，本去聲）蔊（～菜，本去聲）　[陽平]鹹（～淡）醎（仝上）銜（官～，台～，又讀咸）啣（口～物也）咁（仝上）含（包也容也）唅（仝含，方音和）哈（～嗍，㤙氣）梒（～桃，櫻桃也）函（花～，包～，海～）凾（仝上）圅（函本字）涵（～泳，水澤多也，又容也）浛（涵本字）韓（姓也，又方音和）垾（仝上，見元草書）寒（～冷，方音和）澴（仝上）蠕（～蠦）邯（～鄲，地名）菡（～萏，花欲開也，與刊別）邗（～江，～洞）浛（沈也）　[上聲]喊（～叫）壏（地之土堅也）撼（搖也）罕（希～，少也）頷（點頭也）暵（曝也）憾（恨也，俗讀夥）琀（贈喪之物珠玉曰～）　[去聲]䴺（麥～，～麨）蔊（～菜）浛（～田漢（河～，又滿～，又朝，又好～，汗人液也，方音歡，淌～也）翰（右～林，又～墨）汕（乾也，又通汗）旱（乾～）捍（抵也）撼（搖～）悍（性勇急也）桿（木也）浛（水和泥～物）瀚（～海）焊（火乾）熯（仝上）扞（拒也）餡（食物中實在雜味曰～心，本音陷，俗音旱）

ø [陰平]安（平～，～居，又音豌）淹（沒也，水～物也，又音夜）庵（寺院也）菴（仝上）諳（練也，又記也）鵪（～鶉，鳥名）鞍（～韂）荌（～荳，又草也）侒（仝安，又晏也）俺（淨也）　[陽平]顏（～色，容～）䶄（俗用，蟹～，本音而）　[上聲]眼（～目

◆ **徐氏類音字彙：一百年前的鹽城話** ◆

俺（我也）揞（手蓋物也）陪（瞑目也）罨（覆蓋）　[去聲]晏（晚也，又早～）雁（鴻～，大曰鴻，小曰～）鴈（仝上）鷃（鴽鳥曰～，田鼠所化）桉（仝案，古碗字）案（仝上）曅（日出無雲也）曮（仝上）旰（仝晏）按（～擦，～捺）黯（不明也）腤（煮魚肉）暗（仝黯）晻（仝上）泞（浸潤之水也）岸（道～，又階也）偐（偽物也）妟（女字）犴（野犬似狐，亭獄曰～）豻（仝上）

iæ̃

tɕ [陰平]間（中～，世～，～塞）姦（～淫）奸（仝上）奸（～佞，～刁）艱（～苦，～難）監（～牢，又皆聲）萠（蘭也）尲（尬也）瞷（視也）　[上聲]鐧（兵器）揀（～選）簡（～帖，～畧）緘（書～，信封曰～，又平聲）械（篋也，又信封曰～）鹻（石～，～氣）碱（仝上）減（加～，少也）糡塗也　[去聲]鑑（鏡也，照也）鍳（仝上）間（～隔，～斷）瞷（視也）諫（勸也，幾～）檻（欄也）監（視也，又～察，又前～生）澗（溪～，山夾水也）艦（兵船，又大船也）鑒（仝鑒鑑）

ɕ [陰平]咸（皆也正也）嫺（靜也雅也）嫻（仝上）閒（～暇，又清～）閑（仝上）鷴（白～，鳥名）岘（山名）函（書信曰～，俗曰寒）凾（水入船也）肣（俗函字）緘（～封）　[上聲]僩（威嚴也）賺（豆半生也）　[去聲]陷（～害，坑～）闞（門～）梟痕（二字仝皆門限也，又仝上）馅（點内～心也）俠（以權力輔人也，～客又豪～，俗音入聲）悎（憂困也）限（～止，～期）

uæ̃

ts [陰平]潺（水流貌）潆（仝上）跧（～腰）　[上聲]僝（見也）　[去聲]饌（餚～）賺（～取，～錢）僎（具也，又音尊）撰（猶事也，選也擇也）譔（仝上）譔（仝撰，作造也，又音選，義仝）

tsʰ [陰平]賺（～錢，方音本音僝湛）　[去聲]創（～造，～脩）截（車～也樹立也，方音）

s [陰平]刪（～削）扂（門關也）檆（車～，門～子）閂（仝扂）拴（揀也，又俗用，～縛也）栓（木釘）跧（～趕人也）　[上聲]挊

（芟除也，又～草）　[去聲]涮（水洗也）疝（～氣病也，本山去聲）汕（魚游水貌）訕（～謗）狦（獸似狼）

k　[陰平]關（～隘，～閉）関（仝上）綸（系，貫杼也）菅（麥～，又音姦）絲（仝上）鰥（老無妻曰～，又～魚也）　[去聲]掼（丟～）慣（習也，又習～）殨（瀾也）丱（兩角）擐（貫也）

kʰ　[陽平]環（玉～）環（仝上）圜（～堵）圜（～繞也，又大～，天名）鐶（耳～，門～）寰（塵～）姁（訟也）

x　[陽平]還（賞～，又姓也，又音患）鬟（挽髮也，又了～）擐（貫甲衣，本去聲）獧（仝還）澴（水名，又波流轉貌）　[去聲]幻（～術，變～，刁～）叚（仝上）宦（士～，官也）患（～難，憂也害也禍也，疾病也）豢（芻～，草食曰芻牛羊也，食曰～犬豕也）

ø　[陰平]彎（～曲）弯（仝上）灣（水曲也）湾（仝上）圐（義仝上）澴（水勢迴旋）漨（水深廣貌）　[陽平]頑（～耍）瘝（手足麻痹也）　[上聲]晚（不早也，晏也）挽（～扶，～回，柳～）綰（繫也，～釘）輓（慰死詞也，～聯）娩（媚也，順也，又音免，產子也）　[去聲]萬（十千曰～，又姓也）蒬（小蒜頭也）蔓（草大蔓也）蔓（仝上，～草難除）贎（～工，又貨也）万（仝萬，又昔木～俟，複姓也）獌（狼屬也）

õ

p　[陰平]波（～浪，～濤）菠（～菜）玻（～璃）裒（人名，又聚也）褒（～貶，又獎飾也，又大裾也，又～揚，本音包，時音波，又俗裒字）裦（仝上，褒本字）嶓（～塚，山名）般（～件）搬（～弄）泼（波本字）簄（捕魚工具，其門能入而不能出）　[上聲]跛（足～，行不正也）簸（篩～）播（～揚，～弄）　[去聲]半（平～，分也）伴（侶～，又夥～，同～）秜（物相和也）絆（～馬索，俗用爿，去聲）籫（～箕，用物）姅（婦人污也）料（量物分半）

pʰ　[陰平]潘（姓也）拚（～命，又棄也）挤（仝上，又手和也）瀕（水貌）磻（～磎，地名呂望釣處）坡（坡坂也）陂（～坂澤障）　[陽平]嘙（～問，～駁）嚩（仝上盤仝）掔（手～弄也）磐（大石也）

225

◆ **徐氏類音字彙：一百年前的鹽城話** ◆

槃（木器）柈（仝上）盤（棒～，～查，又～費）鞶（大帶也）蹣（～膝）媻（～娘）婆（仝上）瘢（瘡痕也）獖（狐犬也）蟠（～桃，～繞）捊（掬也）搬（仝擎，又音波）澩（洄也）皤（人老白也）　［上聲］頗（甚也，又偏也，又～好）鄱（～陽，湖名）洕（水貌）剖（分～）叵（～耐）叵（不可也）岥（～岮，本平聲）坢（平坦也）奔（大也）　［去聲］判（～斷）叛（反～）泮（～池，～水）畔（田界河邊）頖（宮～）沜（水釋）破（碎也）赺（行也）沴（水流也，又仝泮）溿（水涯也）胖（半也，分也，～合謂合其半以成夫婦也）

m　［陰平］磨（碓～，又去聲，又音模）　［陽平］摩（揣～，又研究也）模（規～，又～範，又法也）蟊（食苗根蟲）蛑（仝上）矛（～盾，兵器）墁（塗～也）泖（圧也）眸（目瞳子也）矜（仝矛）䃺（磨本字）攗（仝摩）謀（～事，參～，機～）譕（謀也）瞀（仝上）牟（姓也，又地名）麰（大麥也）侮（師古曰～）鍪（釜也）摹（～擬）魔（妖～）侔（均也等也）蘑（～荷，菜名）帽（女人衣巾）惇（貪愛也）蘑（～菇，口～）髍（身枯也）毷（毛布也）饅（糕～，～首，諸葛亮作）瞞（～昧，又目不明也）鰻（～魚）愗（仝謀）縵（繪無文也）襫（～襠）曼（長也，又音萬）橒（朽也，塗也）墁（仝上）鏝（仝上，又飾墙也）憫（忘也）謾（且也，欺也，又音慢）蹒（～跚，跛行也，又踰也）橅（仝模）墲（小隴也）墲（墓地也）磨（～研，～琢）螯（蟹～，毒蟲）顊（～頇，大面也）　［上聲］滿（足也，又盈也）麼（怎～，甚～）氼（仝上，又細小也）某（～處，～人）母（父～，又慈也）拇（手大指也）䟦（足大指也）姆（與母義仝，又夫嫂曰～，又女師也）姆（仝上）畞（田～）晦（仝上）牡（公畜也，又牝～，又～丹）姥（老母也）丘（孔聖名，本音秋）痗（口邊白～）豞（牝豕也）牝（仝牡）犐（仝上）　［去聲］磨（碓～）暮（朝～，又日晚也）慕（思～，又羨～）戀（美也，勉也）募（～化，～緣）墓（坟～）愗（愚貌）楙（木盛也）楸（冬桃也）漫（水淹也）㵵㵳（仝上漫字）溝（仝漫）貿（～易）賀（仝

上）茂（～盛）袤（南北曰～）幔（帳～）慲（勉也）蔓（～菜，又音萬，草名）

t [陰平]端（～正，又東帛十～也）祔（酒～，俗用本音舛）䚷（角～，獸名，又樂名）簖籅（盛穀器）剬（斷平也）多（～少）夛（仝上）
[上聲]短（長～）踹（足踢也）剸（刲～，又音專）挓（仝短）躲（藏～，閃～）蝉（仝上）㨎（動也）惴（揣度也）跺（行也）䃐（厚也）朶（花～）䤲（仝上）穄（禾垂也）埵（射～也）媠（量也） [去聲]緞（綢～）段（～落，兩～，又仝上）碫（～礪）鍛（冶金也）煅（～煉）籪（漁人打～）斷（決～）斷（仝上）断（仝上俗寫）舵（船～） 柁柂（二字皆仝上）剁（刀～，斫～）墯（～落，墜也）惰（怠～，懶～）垛（射～，又堂塾也）垜（仝上，又錢～）炧（燭餘也）椴（木名，似白楊）

tʰ [陰平]拖（～拉）扡（曳也，又仝上）湍（水急也）猯（野豕也） [陽平]沱（滂～，大雨也）洍（仝上）跎（蹉～）佗（彼～，又誰也）它（仝上，又蛇也）駝（駱～，負重獸也）狏（獸名，或作狪）鮀（吹沙小魚，又人名）砣（碾～，輪石也）碻（仝上）鉈（秤～）鍦（仝上）粑（～粉）陀（彌～，又不平也）紽（絲數也）迆（逶～，衺行也，又音宜）鼉（～魚，有四足也）馱（韋～，佛名，又負物曰～）酡（酥容也）詑（欺也，又自得也）疺（～腰）駝疺（二字皆仝疺字）湍（水急也）煓（火盛貌）猯（野豬）團（～圓）粿（米～，食品）饓（仝上）揣（手～聚也）摶（仝上）慱（憂也勞也）漰（沙石）隨（水流貌）沱（仝上）漙（露多貌） [上聲]疃（～場）髧（髮垂也）妥（～當，順～）挼（兩手～下）掮（手～物）撱（長也，又草～）種（禾穗也，又音瑞）湝（水名）堶（小兒飛瓦戲也）拕（引也）楕（物長曰～）瘓（四體麻痹不仁） [去聲]橢（木器牛車載重）唾（津～）彖（斷也）襐（黑衣也）漆（水名）

n [陰平]穤（～稻，粘米也）稬（仝上）暔（城下田也） [陽平]奴（～僕，又女使也）伮（戮力也）孥（妻子也）娜（婀～，女美貌）挪（～掇，～借）儺（逐疫人也）那（姓也）駑（～駘下乘也）帑

徐氏類音字彙：一百年前的鹽城話

（仝孥，又音倘）䎊（黏～，多也）南（江～，方音）籔（鳥籠也）砮（石可爲矢鏃）砮（仝上）　　[上聲]努（～力）弩（弓～）艪（行舟具，俗音本音魯）暖（和～，日～）㬉（仝上）煖（仝上）晼（溫～也，又仝上）煗（火～也）澳（湯也，濯也）稬（黏稻曰～，俗作糯稬）餪（女嫁三日餉食曰～）娜（美貌，又舒遲也）艝艣樐（三字仝艪）　　[去聲]怒（忿～）糯（～米，俗用）穤（仝上俗用）稬（糯本字）愞（愚～，～弱，慵～）愞（仝上）

1　[陰平]螺（～蜘）覼（～縷，委曲也）覶（仝上俗用）　　[陽平]欒（姓也，又木名）攣（拘～）鸞（～鳳）鑾（～輿，～駕）巒（峯～）挼（手～取）䋆（～帶）圝（～團）婪（貪～）嵐（草得風也）臠㨡（祭名）壖（～垣）惏（貪～）嵐（太～山出良馬，又音藍）羅（絲～，又罟也，又姓也）蘿（～蔔名，萊菔可食）籮（筐～）鑼（～鼓）欏（～木，出湖廣）囉（～唕，嘍～）氌（氆～，毹毛）儸（健而無得）騾（～馬）蠃（仝上）螺（～蜘）蠃（仝上）穤（草子）膫（手指～也）邏（地名，罹憂也，遭也，又音梨）㽅（盛土草器也）岚（仝嵐）攞（揀也）　　[上聲]卵（蛋也）輭（～硬，～弱）輭（仝上）阮（姓也）恨（弱貌）蓏（草實無核曰～）灑（裂帛也）㮋（～棗，又音而）檽（仝上）倮（赤體也）愞（弱也）攞（裂也）㝐（聚也）贏（小有財也）虜（～獲，又～掠）擄（仝上，又抄～）刵（擊也）䴸（～麪，麥粥）嚧（呼豬聲也）裸（赤體也，仝倮）　　[去聲]亂（反～，紊～，胡～）乱（仝上）孌（不拘也）躒（～跦）謳（言語煩～）砢（磊～，衆石也，俗用堆）

ts　[陰平]專（一也，獨也）顓（制也）耑（物初生也，又代專）磚（～瓦）甎（仝上）䯢（骨～，見五音集韻）鑽（穿也，又去聲）鑚（仝上）銼（似釜，大口）矬（短也，又鹽場名）　　[上聲]左（～右）纉（繼也）鐏（戈戟）纂（～要，～集，又音串）昝（姓也）轉（～動，～移）嗹（～聲）ナ（左本字）佐（助也）㢟（行不正也）　　[去聲]篆（～字）傳（經傅，又音船）瑑（圭貌）鑽（鉄～，匠人用）挰（手動也，又持也）捴（仝上）塇（耕合也）佐（輔～）做（作

228

第七章 《徐氏類音字彙》重編

事，又～工）坐（行～）坒（仝坐）座（～位，～落）袏（衣包也）䞨（拜失容也，又音乍）

ts^h [陰平]穿（～貫）川（山～，～流）巛（急行也）穿（仝穿）蹉（～跎，失時也）瑳（玉色鮮白也，又仝磋）搓（～撚，～繩）磋（切～）䑟（舟名）䰞（塩也，又塩曰，～司）剒（折傷也）矬（～矮，本音坐，平聲，短也）釧（車釟～）莝（斬芻也）嵯（～峨，岩貌）搓（仝上）䞨（拜失容也）巛（川本字）洤（水名）[陽平]傳（～授，又～遞，又音坐）椽（屋～子）攢（～聚）篅（盛谷器）掾（陳～，馳逐也，本音願，官也）舡（吳舟名，又音岡，又俗船字）船（舟也）舩舼艚（三字皆仝船）[上聲]舛（～錯）喘（～氣）黪（黑色）歺（殘也）穇（～稵，本音三）僢（人相背也）䅟（仝穇，俗用）筅（以竹貫物，俗用音多）[去聲]篡（～位，又～逆，又奪取也）竄（逃～，又匿也）爨（炊～）串（穿也，又～誘，又仝）釧（釵～，鐲也）攛（奪也，逆也）擉（擲也）爨（炊～）挫（折～）剉（仝上）銼（鋼～）洤（水也）篡（編～，又～脩）剒（折傷也）錯（～置也，俗音非是，本音綽，又音措）

s [陰平]梭（織布～）桫（～欏樹）蓑（～草，～衣）簑（仝上）莎（～草）莏（仝上）唆（～訟，挑～，～使）娑（～婆）髿（仝上）傞（醉舞也）趖（急行也）笭（仝梭）葰（草木盛貌）狻（獅子也，又～猊，野馬，日可走五百里）酸（～澀，～鹹）痠（瘷～）娞（女字）娎（少美也，又女字）[上聲]所（～以，又公～）鎖（封～）鏁（仝上）瑣（～碎，又玉屑也）削（刀～開）嗩（～吶）鏁（傄～，健而無得）霰（小雨～～）惢（心疑也）璅（瑣本字）（屏石也，又仝瑣）[去聲]䊒（䴷～，麥粥）筭（～盤，長六寸許，歷數者从竹从弄言常弄乓不誤也）算（仝上）蒜（葱～）臊（脂不淨也）笇（仝筭）

k [陰平]歌（～唱，方音勾）戈（干～）鍋（釜也，～灶）過（～期，逾也，本音貫）渦（水名）官（宦也，又做～）觀（～看，又去聲）滒（多汁也）倌（店使堂～也，又清～人）涺（水名）疕（禿瘡也）

棺（～柩，～椁，冠帽也，又衣～）帼（首飾也）哥（兄也，又方音勾）鍋（仝鍋）堝（烹煉金銀沙～）　[上聲]管（～笛，又～理，又筆～）筦（仝上管，見詩周頌）裈（～袴）輨（車具）輵（車～頭）淉（水也又去聲）盌（盤也）館（舍～，茶～）舘（仝上）脘（胃～，人氣顙～）脘（仝上）綶（緾～）果（花～，又～然）菓（～品，水～也）倮（赤體也，又人謂～蟲之長）裹（包～）錁（～角，又音課）斡（轉也，運也）餜（米食，～餅）粿粿（二字皆仝上）蜾（～蠃，蜂類）惈（敢勇也，又仝果）感（～謝，又～應，又音敢，筧仝筦）　[去聲]過（經～，义罪～，又往也）淉（仝裸，又灌祭也）瓘（玉名也）灌（澆～，～溉）貫（～串，又通也）觀（庵也，又上平聲）鸛（～鳥）箇（一枚也）個（仝上）个（俗用仝上）盉（淨也）罐（磁～）鑵（錫～）鐹（魚～穿物）衙（～衙，屋大門堂也）祼（仝灌淉）丱（束髮兩角）盥（洗也濯也）

k^h　[陰平]寬（～窄，～宏，～大）科（～甲，又～條，又司法～）蝌（～蚪，蝦蟇子也）顆（～粒，个也）棵（～數）稞（根～）窠（穴曰～，猪～）犐（無角牛）笴（箭幹也）珂（玉～，石次玉）軻（孟～，本音母）苛（～刻，～罰，俗音）柯（斧柄也）堁（塵起貌）　[上聲]欬（～式，又～待，又錢～也）款（仝上，又音坎，本字）可（～否）坷（坎～不平也）舸（大船爲～）岢（～嵐，山名）欵（～仝款）渮（水名）榼（椏斜也）裸（赤身也，又音卵）瘰（瘡～）薖（草生曰～，木生曰果）听（擊也打也）滒（船着沙不能行）　[去聲]看（觀也）課（功～，又國～，又～誦）騍（牝馬）錁（～錠，又紙～）

x　[陰平]歡（～喜，～迎）懽（仝上）讙（譁也，又音宣）獾（獸名，野豚）驩（良馬，又～兜，人名）呵（～氣，～笑）犴（野豚）訶（大言也，又怒也）炣（～蒸，又音可）嗬（人打～氣）奲（始也，化也）貛（～狗，又野豕）　[陽平]和（～合，又平～，又和尚）何（曷也，～如）荷（～花）河（江～）盉（調味器也）禾（～苗）韓（姓也，方音又讀鹹）秎（棺頭）滸（水深貌）囷（牽船人聲也）

第七章 《徐氏類音字彙》重編

啝（順也，小兒啼也）妠（雅容也，又女字）㝅（小兒啼）恕（俗和字）柸（棺頭也）苛（政煩也，又小草細也，俗讀寬，～罰，～刻）　[上聲]火（水～，方音本音虎）伙（倮～）夥（～計，又～伴，又多也）踝䯒（二字皆仝上）濄（弄水也）憾（恨也，方音本音罕）　[去聲]賀（慶～，恭～）貨（～物）禍（～患，災也）䄏（仝上）殢（仝上）抲（負～）喚（叫～）嗳（～呼，仝上）漶（漫～，不分別貌）囚（進船聲）愌（怑不順也）檛（盛油塗車物也）換（兌～，更～）奂（大也）焕（光明貌）瑍（玉文彩，又同焕）渙（水名）賄（踠～，小有財）㧦（擔也）敆（會和也，併也）浣（洗衣垢也，又音玩）姡（詐也）荷（擔也，又音何）

Ø　[陰平]婠（領～）豌（～豆）剜（刻削也）窩（～巢）萵（～苣，菜名）倭（～奴，國名）涹（濁也）䀩（目不明瞳枯也）渦（水旋流也）疴（病也痛也）屙（～屎）樠（樹枝～）緺（～綬）唩（説話～聲）窫堝（二字皆仝窩）弇（小口器曰～口，本音奄）阿（～諛，太～，～彌）岸（岸埭，又音晏）痾（病也）妸（女師也）䳕（仝上）屙（仝屙）　[陽平]桓（盤～，又威武貌）鵝（～鴨名，家禽）完（全也，～畢）丸（～丹，俗凡字）凡（本丸字，彈～）紈（索也）哦（吟～）娥（嫦～，又姣～）萑（～葦，草名）莪（蓼～，又菜名）俄（～頃，～延）峨（～嵋，山名）䳘（仝鵝）蛾（飛～，蠶～）譌（～詐，～舛）瓛（仝桓，又音獻，桓圭也）奓（奢～也）譌（仝䛲）芄（～蘭莞也）囮（鳥媒也）袉（衣盛飾貌）垣（～墻）㟙（仝上）豠（豕逸也）　[上聲]我（吾也，你～）妸（美好也）婐（女侍也）婉（美也，又～轉）賄（～賄，小有財貌，又小財也）捥（手～）碗（盆～，～盞）椀盌椀䀝（皆碗字）琬（圭也，～琰，美玉名）宛（～然）涴（～演，水曲流貌）塸（仝碗）　[去聲]餓（飢～）卧（睡也）臥（仝上）涴（泥作物也）緩（～急遲也）偡（徐行也）骰（～膝）腕（手～）悗（駭恨也）睕（目開貌）睆（明浄也）莞（～爾，小笑貌）玩（～賞，～味）瓯（仝上）浣（月分上中下三～）澣（仝上，洗濯也）妧（好貌）忨（貪

也）浜（仝浣）瀚（取水也）

ĩ

p [陰平]悲（慈～，～傷，又泣也）碑（石～）卑（低也，又尊～，～微）埤（汚下）桮（～棬，酒器）杯（酒～，仝桮）盃（仝上）陂（水畜曰～，又音坡）笓（取魚竹器）箄（仝上，又音必）痺（益也，俗讀痞）庳（下也，又國名，又去聲）稗（～苢，豇～，俗上聲）痺（冕也）猵（獺屬）邊（傍～，又姓也）籩（～豆，禮器）蝙（～蝠）鞭（兵器，又牛～，～撻）編（～脩，～纂）緶（縫衣也）楄（方木也）鯾（～魚）鯿（仝上）屄（女子陰名，俗音比，平聲）萹（竹草名）睏（唾聲）边（俗邊字）　[上聲]貶（褒～）匾（圓～，～對，～額）扁（仝上）糒（～食）褊（小衣，又～窄）貶（仝貶）藊（～苢，又平聲）稨稨（二字皆仝上藊字）揙（搏也，擊也）摳（～擔）愊（急也）匕（～首，劍名，本音篇，上聲，又音比，俗音貶）　[去聲]卞（姓也，又便蛋，又～子）汴（～洲，宋都）忭（喜樂也）弁（大冠也，又皮～）窆（下棺也）變（～化，更～）变（仝上俗用）汳（水名，又仝汴）獑（獸名，如狐有翼）辯（急流也）渊（水貌）辨（分～，～別）辯（舌～，巧口也）便（方～，順～，大小～）遍（普～，週～）徧（仝上）悖（逆也）背（腰～，違～）備（具也，完～）瓣（水波也）鶣（～鵲，良醫，又上聲）辮（絲～，～帶）昇（明也）奰（壯大也，又迫也）俾（使也，從也）婢（奴～）萆（～母，藥名）偝（仝背）溲（小便也）褙（～心，衣也）備俻（俗用備字）焙（火～，炙也）輩（班～）軰（仝輩）伾（劣也）瞲（閉目也）汫（導水使平也）被（～褥，又語辭，～打，～竊）狽（狼～，獸也，相附而行）蔽（遮掩物也）弊（～端，～病）獘（仝上）臂（肩～，脊～）閉（～塞，關～）陛（階也，稱君曰～，下古用此）痺（喉～，病也）幣（～帛，又銀～，又紙～）避（迴～，又躲～）棓（五～子，染黑）倍（加～）㚃（～㚃，作力貌）貝（寶～）粊（～糪，食壞也）薜（～荔，俗名，木饅頭）髲（偽髮也，俗曰假髮）敗（賠也，又墊也）誖（乖

也，亂也）帔（裙也，又霞～）獘（敗衣也）徴（壞衣服貌）

p^h [陰平]篇（文章曰～）偏（不正也）編（简～）翩（～翻，疾飛也）蹁（～躚，旋行貌，行不正也）犏（牝牛與犛牛合生曰～牛）瘺（半枯病）卞（姓也，方音又音背）篕（捕魚具） [陽平]裵（長衣，又姓也）培（栽～，～植）陪（～臣，～伴）賠（～補，～償）掊（聚歛）駢（聯也，二馬並駕也）骿（益也）輧（輜～，車衣也）骭（骨相連也）便（～宜）諀（巧言也）諞（仝上）峊（仝培） [上聲]俖（不可也）琣（珠玉百枚） [去聲]配（～合，對也）轡（鞍～，～頭）沛（顛～）吥（～啐）譬（～喻）佩（帶也）邶（～鄘，國名）珮（玉～）枝（木生枝）旆（旗尾也）㴿（舟行也）刷（削也）旆（仝旆）嶏（崩聲，又毁也）帗（大布也）怖（怒也）滭（水暴，至聲）派（別水也）片（～面，又刀切～）遍（～地，又音卞）徧（仝上）湓（仝上）騙（誆～，又躍上馬）俏（棄也）娫（女名）弁（皮～，古大冠也，又音卞）

m [陰平]麵（粟磨～，切～，又去聲）麪（仝上，皆俗音）麫（仝上麵俗用） [陽平]梅（～花）眉（～毛）槑（仝梅）楳（仝上）彌（大也，又弓滿也）弥（仝上）迷（～惑，亂也）醚（醉～）埋（塵也）棉（～花）枂（木名，可爲布，又仝棉）幭（車蓋也）恛（仝棉）沬（浴尸曰～）麛（鹿子也）弭（止也）嵋（峨～，山名）郿（地名）㤞（心惑也）渼（壞也）煤（～炭，～油）媒（～妁，～婆）醾（酒也）枚（青～，果名，又個也）湄（水草之交也）鶜（～鴨，綉鳥也）瑂（玉名）侎（安也）咪（羊鳴也）哶（仝上）糜（粥也，又～彌）靡（奢侈也）楣（門上橫木）醿（酴～，酒名）醾（仝上）瘼（病也）殩（腐也坏也）溁（仝上）懜（心～，又荒～）霉（久雨也，又時～天）黴（久雨，物青黑色也）縻（繫也，又牛靷也） 玫（～瑰石珠也，又花名）宀（深屋也）祩（神也）蘪（茶～，花名）鋂（子母環）珻（玉名）蘪（～蕪，香草根曰芎藭也）䢔（邪行也）眠（睡也）綿（～纒）䀫（仝眉）坶（壇垺也）塺（塵也）塴（平地也） [上聲]美（好也，～貌，又嘉也）浼（汚也，又流

◆ **徐氏類音字彙：一百年前的鹽城話** ◆

也，又以事託人）每（～日）莓（仝上）米（～麥）免（少也，又去也）敉（撫也，安也）渼（水名）蛑（～虫）眯（草入目中也）乜（姓也）冕（冠也）絻（喪冠也，又仝冕）洣（水名）禰（親廟也，生曰父死曰考，入廟曰～，又曰祧）勉（～強，勸～，～勵）娩（分～，生子也）挽（仝上）浼（～尖）沔（水名）䀕（邪視也）酶（飲酒有度）㤿（思也）澠（～池，縣名，又水名）羙（仝美）［去聲］妹（姊～）袂（衣也袖也）謎（啞～，猜～）昧（昏～，不明）媚（嫵～，諂～）眛（目不明也）瑁（玳～，玉石有文）寐（寤～，臥息也）魅（魑～，鬼也）沬（水名，又地名）倄（背也）痗（病也）眲（遠視也，又音勿，瞑也）面（頭～，又臉也）靣（俗寫仝上）粎（米～）麵䴹（仝䴹，俗寫）

f ［陰平］非（是～）飛（翔也，高～）蜚（蝗子也）緋（紛～，又絳色）霏（雰～，雪～）妃（嬪～）扉（柴～，門也）毳（細毛）騑（馬行也，驂馬也）淝（水名）啡（嗎～，大煙之精，藥物也）［陽平］肥（～胖，～瘦）腓（足腿肚也）淝（合～，縣名）𪃍（鳥如梟人面一足）痱（小腫也）疿（仝上）［上聲］菲（薄也）匪（非也，土～，習不正行爲也）榧（～子，果名）棐（仝上）誹（～謗）悱（欲言不能）憤（仝悱）篚（竹器圓曰～）翡（～翠，寶玉）斐（大也）斐（文貌）吠（犬聲，又去聲）［去聲］廢（與～，又殘～，又～棄）費（使～，又盤～，又姓也）肺（肚～）蘩（蘆～）枌（削木片曰～）柿（仝上，又音市）吠（犬聲）芾（木盛，又音弗）櫝（木皮）刜（刖足曰～）痱（暑天人所生～子）癈（瘋疾也）簸（籩簇也）翽（獸名，～～）簸（仝簸）

t ［陰平］堆（～積，～堤）胎（疍～，不快也）顛（～狂，～倒）傎（仝上）嵟（仝上）滇（池名）庉（屋傾曰～）磓（聚石也，又音罪，又仝碓）硾（仝上）爹（父之父曰～～）傎（～倒，仝顛）巔（山～）塠垖崒洎厜𡷻（六字皆仝堆，高池圍也）癲（瘋～）掂（手～物也）敁（～敠，以手稱物）［上聲］典（～故，～當）點（～滴，～畫）点（仝上）捵（撐～）奠（仝典）蒧（草名，人名）

◆ 第七章 《徐氏類音字彙》重編 ◆

助（著力也，又纍也）譈（譴言） ［去聲］隊（～伍，衛～）憝（怨～）兌（～換）涗（清水也）碓（礪～）譈（怨也）駾（突也）憝（怨也，惡也）憞（仝上）淀（淺水也）澱（湖～，波之樣者曰～，仝淀）店（商～，～舖）玷（玉病也）電（閃～，雷鞭也）佃（～田人也，本音田）鈿（金華也，音田）埝（下也，又地名）淟（濡也）敟（茂也）簟（竹～，拜～，又竹蓆也）薱（支物不平也）靛（～花，藍～）甸（五百里曰～）殿（宮～，～試）牪（牛食草也）墊（堂基也）殿（殿本字）沰（水名）坫（屏也，又土～）趆（足～，又足長短不齊）對（相～，又雙也）對對（仝上對字）砃（器具，兩楹反爵）墊（下也，又～欹）墊（仝上）

tʰ ［陰平］推（～轉）天（～地，天名大圓）靝（仝上）添（增也）忝（仝上，本添字）添（俗添字，本音沰）祅（關中謂天曰～） ［陽平］田（田地，～房）窴（塞也滿也）嗔（仝上）塡（仝上）塡（～補，仝上）畇（困窮貌）甜（味甘也）恬（安也）搷（擊也）隕（墜也）庙（平也）窟（穴也）沺（水勢廣大貌）沾（水名，又音占）甛（美也）菾（～菜）畋（～獵取，禽獸也，～平田也）陙（地名）滇（～泫，大水）魋（人名） 頽（傾～，～敗）眒（人生三月而徹～然後能有見）癲（下潰病）磌（石落聲）磌（俗寫仝上）穦（仝頽）

［上聲］腿（～足）忝（～在，～教）悿（仝上）悿（～弱也，心感也）腆（善也，厚也）靦（面慚也）覥（憗也）睓（明也）諂（言不定也）沴（陰陽氣亂曰～）殄（絕也）淟（恭也）舔（舌取食曰～）餂舔（仝上）湉（垢濁也，又汨沒也） ［去聲］退（進～，～後）蛻（蛇～殼）毻（鳥～毛）甩（～鎖俗用）餂（以舌取物）䛥（仝上）䗖（蛇～）䗖䗁（二字皆仝上）捵（～燈杖也）桋（吹火筩）栝（仝上）梛（門押也）

ts ［陰平］遮（掩也，～蓋）旃（旗之，一種旗，曲柄也）栴（～檀香木）氊（毛～）氈（仝上）毡（仝氈）氍（仝上，毛蓆也）添（益也，俗音天） 痁（瘧疾，病也）詹（多言也，又姓也，與占通）襜（整也）瞻（視也） 邅（迍～，行不進也） 饘（厚粥～口）占（～

235

◆ 徐氏類音字彙：一百年前的鹽城話 ◆

卜，文上聲）馢（通帛爲～，仝旆）鸇（食雀鳥）粘（～黏）沾（～沐，又濡也）驙（馬載重難行）鱣（魚類）輾（～轉，又上聲）婰（～妎，喜笑也）幨（～帷）壋（蔽也）鉆（～鈰，多也）爹（吳人呼父）譫（病人妄言曰～語，本之廉切）　[上聲]展（～放，又舒～）搌（～拭，挏也）輾（～轉）跈（履也）蔵（畢也）颭（風動物曰～）㞡（展本字）　[去聲]戰（鬭也，爭～）佔（謀～，侵～，又音占）顫（身寒冷，～也）

tsʰ [陰平]車（輦也，又音居，又音叉，方音川）蜌（～螯，蛤屬而小）硨（～渠，石次玉）　[陽平]廛（市～總房也）纏（～繞）躔（日月～度）瀍（水名）蟬（腹鳴蟲也）嬋（～娟，色態可愛也）禪（參～，～院）蟾（～蜍，又三足～）儃（態也）壥（俗廛字）澶（～淵，水在宋地）　[上聲]扯（拉～）哆（大口貌）撦（手～篷也）幝（寬大貌）諂（卑屈也）欼（浴巾也）　[去聲]麨（～麵，粉～）䦒（窺視貌）闡（明也，開也）幝（車弊貌）

s [陰平]賒（～欠）奢（～侈）些（早～，又～徽，又音喜）　[陽平]蛇（龍～，又毒蟲）佘（姓也）　[上聲]捨（施～，又棄也，又拋也）舍（仝上，本去聲）善（本音慈～，俗音扇）閃（～電，雷鞭也，又躲～）陝（地名）洅（水動貌）挕（疾動貌）晱（電也）睒（暫視貌）　[去聲]舍（莊～，又上聲）麝（～香）射（～箭，又注～，又音十）社（土神也，又～稷，又春秋～）赦（天～，又免）赦（仝上）扇（～子，舜作五明～）箑（仝上）庫（姓也）笘（折竹箠也）煽（熾盛也）贍（足也）善（～惡，方音本上聲）禪（封～，又～位）禮（祭天也）單（姓也，又音丹）苫（屋蓋草曰～房）

ĩ

n [陰平]拈（手～，拾也）舲（～船）　[陽平]年（～歲）鮎（～魚）黏（粘～）秊（年本字）姩（美女字）　[上聲]碾（石～）輦（舉也）輂（車～）趁（追～）撚（手～）齞（語露齒也）淰（渳～，垢濁也）淰（濁也，又水流也）瀄（渳緲水也）㚾（他也）伱（仝上）

236

◆ 第七章 《徐氏類音字彙》重編 ◆

你（仝上俗寫）餒（飢～）埝（地名）戾（柔皮也）撚（仝撚） [去聲]念（思～，更讀也，又讀唸字）銋（～船緝内（～外，从入伍从人）芮（草生貌，又姓也）汭（水曲流也）

1 [陰平]楝（～樹，苦樹也，本音累）　[陽平]廉（～恥，清～）濂（～溪）鐮（～刀）簾（～幔）簾（～箔，門～）連（～合，接也）濂（澤名）溓（仝濂）濂（薄也）穅（稻不黏，又青稻白米）蓮（～花）漣（水名又水文）鰱（～子魚）璉（瑚～，宗廟俎豆器）奩（粧～）奩匲（二字皆仝奩）憐（可～，～惜）帘（酒家望子）籢（鏡匣也）聯（～對）臁（～瘡）臁（仝上）壘（軍～營墙也，本去聲）漣（泣下也）蘆（草葉似艾）雷（～電）鶼（似雀而細）然（是也）燃（～火）羸（敗也）縺（～結不解也）獩（猠～，獸名，愛其類聚殺其一可致百）　[上聲]臉（～面）染（～色）冉（弱也，又～～，又姓也）苒（荏～，柔弱也）髯（上曰髯下曰～）姌（長好貌）妠（仝姌）姈（婦人齊整貌）灁（水名）惹（亂也，又音若）悇呥（二字皆仝上惹字）笢（竹弱貌）冄（弱也）磊（～落，衆石也）奩（大也）沫（～陽，縣名又水名）　[去聲]練（操～，習～，團～，教～）煉（火～）楝（～樹，苦樹也）楝（火赤～，蛇名）鍊（冶金也）彙（～聚，會也，又音惠）淚（目液也）淚泪（二字皆仝上淚字）瀲（水溢貌）濑（酒祭地也）蒫（草名）纝（黑繒也）孌（美好也）戀（貪～）恋（仝上俗寫）斂（聚也收也）婪（貪～，乖～）殮（殯～）
殓（仝上）類（同～）䉫（仝上）累（有～，負～）傫（姓也）瞵（眼轉視也）嗾（鳥鳴也）

tɕ [陰平]堅（～固）煎（～炒）牋（～牒）戔（淺小意也）箋（～紙尖（細～，頂～）濺（泉時出時涸）兼（～並）搛（手～物）兼（～葭，荻之別名）縑（～絲）嗟（～嘆）罝（兔網也）籛（彭祖，姓～名鏗）查（大口貌，又音邪）开（平貌）湔（水名，又手浣）　[上聲]剪（刀～）翦（齊～～）揃（切也斷也）髯（剔治髮也）戩（盡也）戬（仝上）揃（仝剪）洊（洞也，又寶也）揃（剪也）葉（～禾，十把也，又小束）蹇（跛也，難也，忠貞也）梘（～槽）檢（～

查，~點）姐（~妹）繭（~蠶）撿（~束，拘~）倨（驕也）筧（以竹通水也，見石函記）儉（~省，勤~）趼（久行傷足曰~，本音妍）僴（进也）姊（姐本字）囝（閩人儿曰~）戩（仝戩）蹇（仝蹇，納~以开四聪）　［去聲］見（看~）賤（~貴）濺（水~滾也）踐（~踏）餞（~行，又~蜜）箭（弓~）嘐（鳥鳴也）犍（犁~，又~屋）薦（草~）僭（~越）漸（漸~進）歉（欠也）薦（引~，舉~）荐（仝上）洊（聚也，又仝上）瀳（又仝上）湕（水名）建（~造）健（壯也，又~順）譖（不信也，與僭通，本音湛）俴（迹也）劍（辟邪符也）劍（刀~）鍵（鎖簧也，本音乾）峇（房屋也，俗寫）借（假~，~貸）韉（馬鞍也）毽（踢~子）睍（目见也）楗（车~子）

$tɕ^h$ ［陰平］千（十百曰~）仟（千人之長曰~，又仝千）牽（~連）愆（過也罪也）搴（拔取也）挛（仝牽）褰（揭衣涉水）攐（摳衣也）傔（多智慧也）遷（移也）迁（~延）籖（紙~，果~）辛（仝愆）攙（插也）扦（仝上，關卡，~兒手）籖（求~）韉（鞦~）謙（~讓，~和）剹（刀~，　僉皆也，衆言也）撐（挽也）汧（水也）汧（水也，升三里田爲~）圲（仝升）奷（女字）愆（仝愆）阡（~陌，田間水道也，東西曰~，南北曰陌）騫（虧少也，又姓）　［陽平］前（~後）錢（銀~）伶（~侏，樂人）劗（仝前）乾乹乾（~坤，又音干）諓（言不實也）譾（言利美也）湔（~胡，藥名）虔（~誠，恭也）鉗（鉄~，拎也）拑（~口不敢復言）箝（鎖項也，又~蘆，六張曰~）箝（仝上）黔（黑色，蚙蚷）潛（藏也，游也）潜（仝上俗寫）嬪（女星，屬南斗）撋（手~毛）捷（以肩擧物）　［上聲］淺（不深也）遣（差~，消~）繾（~綣，不相離也）齦（露齒）譴（問也責也）墠（小坵也）忴（怒也）浅（仝淺）犗（牛狠不從引也）　［去聲］欠（赊~，~账）芡（~芡實，俗云雞頭米也）倩（妹~，又美也）縴（拉~，作繩解，本惡絮也）塹（坑~，深~）槧（~草，農具）箐（竹弩曰~）筲（~竹）茜（染絳色草）歉（道~，荒~）伣（仝欠）俔（恐懼貌）慊（恨也，意不滿也）

第七章 《徐氏類音字彙》重編

ȵ [陰平]先（～生，又～後）仙（神～）仚僊（二字皆仝上仙字）暹（日光升也）纖（細也，～微）孅孅（二字皆仝上纖字）奾（女字）些（少也，又音兮）尖玅（二字皆仝上些字）殱（盡也）鮮（腥～，艷～）癬（仝上）躚（蹮～，又舞貌）躚（仝上）枮（板～，木鍬屬）掀（～揭）軒（雅室，方音，又音宣）秈（稉曰～，俗音宣）妠（喜笑貌）袄（胡神名）襳（長帶，又音三）鱻（新魚，又仝鮮）摻（女素手，又音三也）莶（～草名） [陽平]賢（聖～）臤臤（二字皆仝上賢字）弦（弓～）絃（絲～）嫌（～疑）邪（不正也，又～術）筄（箭筯～也）芎（草木～盛也）弢（弦本字）慈（急也）慊（疑也，或作嫌，又音千） [上聲]跣（赤足也）銑（金有光也）筅（～箒）笅（仝上）尟（少也，又仝鮮）尠（仝上）鮮（少也）憲（～法）顯（光～，明～）顕（仝上俗用）蜆（～子，小蚌屬，可食）蠉（蟓～）玁（～狁，古狄也）憲（仝憲）膁（肥也）峴（～山，在襄陽府）險（奸～，危～）嶮（仝上）洗（洒足也，又音喜）毨（生也，又理也）閃（雷～，～躱，方音）憸（意難也）獫（犬長喙也，又仝玁）祿（祭餘肉也）且（苟～，又語辭）寫（盡也，又書～）冩（仝上俗用） [去聲]線（絨～）綫（仝上）謝（酬～，領～）榭（台～，台有屋曰～）淛（凋零）瀉（吐～）卸（脫～）羡（美也慕也）羨（仝上）霰（雪粒也）現（～露，出～）湖（水名）瓛（桓圭也）獻（貢～）献（仝上）縣（邑名，又州～）晛（日氣又明也）

∅ [陰平]烟（～火）煙（仝上，又旱水～紙～）菸（本音於時用水旱紙～本臭草）咽（～喉）胭（～脂，赤色）臙（仝上）絪（婦人飾唇，仝胭）䗖（仝上）醃（鹽～物）腌（～臢，又仝上）鰋（～魚）焉（何也）嫣（美笑也）鄢（地名）煚（仝烟）蔫（物不鮮也）燕（古國名，又～山，本音彥）淹（水～没，漫也）閹（～官，古太監曰～官）鷃（～鶉，鳥名）安（平～，方音）荌（～荳，方音）鞍（馬～也，本音安）菴（廟也，方音）庵（仝上）戭（大貌） [陽平]言（～語，～詞）嚴（威～，又父曰～）鹽（油～）塩（仝上）

239

◆ 徐氏類音字彙：一百年前的鹽城話 ◆

筵（～席，又竹席也）蜒（～蚰，蟲名）涎（～沫，口中液）溮（仝上）簷（大簫也）癌（婦人乳～症也）妍（嬿～，美好）研（磨也）挳（摩～）簷（屋～，俗用）巖（山～）嵒嵓嵅（皆仝上巖字）閻（～浮，～王）漾（口液也）深濕浾（皆仝上）炎（～熱）沿（～途，循也）爺（父也，方音本讀耶）延（遷～，遲～，又～長）埏（地際也）檐（仝檐，曲屋周閣也）櫩（屋～）次（仝涎）　　［上聲］演（～習，操～，又～說）偃（仆也，息也）渰（雲雨貌）弇（蓋也，又音豌）奄（閉也，又仝上）揜（遮～）掩（仝上揜字）稴（禾不實也）夼（物上大下小曰～）渷（水名）黶（面黑子）愜（～惼，性狹也）庵（～蘆，柰也）啽（手進食也）罨（網也，又音業）梛（木名，樹大十圍）兗（古～州）琰（玉之美也）奄（止也，又人死曰～氣）𤈷（仝上）剡（銳利也，又斬也）𢥈（安也）广（棟頭曰～）晻（日無光也）闇（閉門也，又晦也）衍（敷～，蕃～，又茂盛也）儼（～然，恭也）扊（～扅，戶扃也）襺（褾也）冶（鎔～，鍊也）厴（螺蓋也，俗用）樞（積木爲障）稴（稻不齊也）埯（土覆物也）𠅥（身向前也）䁙（眼～）趝（走也）屢（瘡疤也）鋣（劍名）㟄（山岩兩相合也）堰（壅也，又去聲）旖（旗也）㩻（三刃爲～）鋻（戟也，又仝上）也（語辭，又音矮）野（郊外）墅（仝上，又作埜，本古文）椰（木名）　　［去聲］燕（～雀，又平聲）讌（合飲也）醼（仝上）彥（美也大也）悍（粗俗也，剛猛也）諺（俗語也）咽（鳥夜鳴曰～）宴（～客，酒～）厭（足也，～倦，～惡）驗（效～，又試～）譣（仝上）䤩（味苦也）嚥（吞～）猣（逐虎犬也）硯（～台，筆～）艷（美～）豔（仝上）焰（火～）燄歚爓（皆仝焰）灔（瀲波～貌）黤（濡黑也）靨（面黑痣也）岸（崖～，方音本安去聲）壓（捺也，又鎮～，本音鴨）魘（夢驚也）暗（昏～，方音又音雁）旍（旗也）鷰（～雀，俗用）哯（闚～，又平聲）㘱（嘲～）豔（仝艷）夜（～晚，晝～）亱（俗夜字）掾（古官名）讞（議罪曰～）

◆ 第七章 《徐氏類音字彙》重編 ◆

uĩ

l [去聲]鋭（鋒～，利也）汭（水名）芮（～～，草生貌，又姓也）

ts [陰平]追（～逐，～討）錐（～子）騅（鳥～，馬名）嶉（山高貌）觜（鳥角，又音支，宿名）㞕（大也）棳（木節）睢（仰視也） [上聲]嘴（口也）檇（米～） [去聲]墜（～落）隊（～伍，又音對）縋（繩懸也）贅（招～，累～）膇（下腫也）惴（恐懼之貌）最（尤也，勝也）醉（酒～）罪（～過，～犯）皋（仝上）圌（仝上）檇（～李，地名）憝（怨也恨也）錣（千金捶）磜（礚～，又仝墜）懟（怨也）硾（擣也，又鎮也）叕（野外習禮也）

tsʰ [陰平]吹（口～，～噓）颭（仝上，風～）炊（～爨）崔（姓也）催（～促）鑺（茶～，見俗用雜字）漼（急行也）懏（～傷，也殘） [陽平]槌捶（擂也）鎚（兵器）錘（稱～）椎（棒～）搥（手～物）摧（折也，挫也）沝（二水也）漼（水深，聲也） [上聲]萃（聚也）悴（憔～，又去聲）璀（珠玉光也）瘁（病也）倅（副也）崒（聚積也）棒（木朽也）錊（小釘也）漼（深也）濢濢（皆新水也，又清也） [去聲]翠啐（咄也，滅火器也）晬（目清明也）毳（柔毛也）膬（物易斷也）脆（仝膬）橇橾（重檇）淬（滅火器也）澤（下濕也）粹（純也，不雜也）璀（～璨，玉光也，又珠垂貌）邃（～古，深遠也）悴（憔～，本上聲）萃（會～，又上聲）倅（副也，又上聲）

s [陰平]雖（～然）浽（小雨）綏（安也）妥（安也）濉（水名）夊（行遲貌）蕤（五月律名）靴（～鞋，又耍，平聲）衰（行遲貌）濊（仝浽）荽（胡～，香菜也，俗曰芫～）屎（便也，俗音）涙濠（皆仝上屎字，本鳥平聲） [陽平]誰（何也）隨（跟～，從也，又～時）隋（國名，本音段）髓（骨中脂也，又音損）㵒（滑也）瀡（仝上）鎚（～餅）皋（衍也，四討也）垂（上～下也） [上聲]水（～火，南人又讀史）蘂（仝上）綏（纓也） [去聲]歲（年～）歲（仝上）岁（仝上俗寫）晬（生子一歲也，又音醉）祟（鬼作～）繐（紗～）埣（土不黏也）涗（沸灰汁也）㒦（屋深夜也）瘁（灰集屋也）遂（田間小溝也）璲（瑞玉名也）濊（水多貌）疯（腫病，～

241

蠥）穗（禾成秀也）穟稼采（皆仝上穗）睡（眠也）睟（清和貌）稅（糧～，～所）瑞（祥～，～氣）帨（佩巾也，今之手帕，又設～女週也）楼（小木可食）啐（～罵，吐～，又～人）濸（仝遂）誶（誚也，又多言也）遂（順～，猶成也，～意，又音序）檖（深赤色）碎（破～，零～）

k [陰平]規（～矩，～則）槻（仝上）歸（回～）鬶（仝上）珪（美玉也）閨（～閫）龜（甲蟲之長）雉（子～鳥）邽（地名）鄢（地名）媯（姓也）皈（～依）瑰（玫～，圓好珠也）圭（玉～，上方下圓） [上聲]癸（天干名）鬼（～神）詭（～譎，欺詐言也）軌（車道也）簋（簠～，祭器，簋内圓外方也）晷（日影也）祪（毁廟之主曰～）宄（姦～，外爲盜内爲～）媿（閑體行～～也）悔（悔也）漸（水貌）佹（重累也）宄（牛也） [去聲]貴（～賤，重富～）桂（丹～）櫃（廚也）跪（～拜）撅（揭衣也）鱖（～魚）瑰（玫～，花名）劊（～子手，殺人人也）檜（樹名）庪（毁也）獮（獾～，小獸善捕鼠）

kʰ [陰平]盔（帽也，又～甲）窺（小視）闚（仝上）骺（肩骨）虧（～累，～負，～空，又壞也）跪（～拜，俗音本音貴） [陽平]魁（～首，～元，又星名）奎（仝上）傀（～偉，又～儡，木偶也）暌（～偉，相隔也）葵（～花，向日～）騤（馬行也）恢（大也）悝（大也，又憂也）櫆（～師，北斗星名）睽（目少精也）逵（通衢也）馗（鍾～，判官，唐進士也）頄（仝上）夔（獸名，又姓也）犪（～牛，出西屬，肉有數千斤）桂（鋤柄也）愧（悸也，心動也） [上聲]揆（度也）傀（～儡，木人也）跬（半步也）蹞（仝上） [去聲]匱（匣也）饋（～送，～餉）餽（仝上）簣（土籠）蕢（草器）憒（亂也）愧（羞～，慚～）壝（累土也）虧（～弱，虛～，本平聲）櫃（廚也，又音桂）

x [陰平]灰（～塵，～糞）恢（～復，又大也）麾（旗蓋）揮（指～，又奮也，又～毫）煇（～煌）輝（光～）洇（流水貌）虫（鱗介總名，俗音從非是）暉（日光也）猦（獌～，獸名，人形人首虎爪，

第七章 《徐氏類音字彙》重編

食人腦，出舌丈餘）翬（大飛，又人名）虺（又音卉，古人名，又小蛇，又病也）撝（仝揮）隳（毀也）屍（相擊也）㕢（仝上）楎（～椸，衣架也）徽（美也，又～州）幃（香袋也）微（幡也）撝（仝撝）猥（獸如犬形，見人則笑，其行如風，見則大風）　[陽平] 回（～轉，來也，又退也）囘（仝上）洄（水～旋）迴（仝上）茴（～香，香料也）徊（徘～，不進也）蛔（腹中長蟲）恛（昏亂貌）檓（大椒也）　[上聲] 毀（～敗，壞也）悔（～恨，懊～）燬（火焚坏也）瘣（病也）毇（仝悔）卉（草之總名，又去聲）　[去聲] 賄（～賂，私贈也）會（合也聚也）慧（智～）誨（教也）喙（鳥口）憓（覺悟）璯（玉飾冠縫）瘣（木病，無枝也）譓（多謀）穢（不潔也，汗也）蕙（蘭也）諱（名～，隱也）惠（恩～）卉（花草總名）恚（怒也）晦（月盡也，三十日也）繪（畫也）潰（滌囘也，俗作湏用）燴（再煮爛也）嘒（小聲）嚖（和也）殨（爛也）瘁（困極也）僡（愛也，順也）膾（美肉也）靧（洗面也，又上聲）潰（亂也，逃散也）檜（木名）澮（田間水道也）嬒（不悅也）憓（察也）㥯（明也）暳（衆星也，卽小星也）檜（小棺也）湏（水波紋也）滃（～氣，青黑色）篲（掃竹也，又妖星名）虫（鱗介總名，蟲與虫別）匯（音惠，～兑）滙（仝上匯字）

∅ [陰平] 威（～儀，～嚴）偎（愛也）煨（火～，燒也）飀（風～，小也）痿（～困，疲也）隈（沒也，囘淵也）隈（水曲也，凡物之曲處曰～）渨（沒也）誽（呼人也）椳（門樞也）喴（小兒啼也）喂（恐也）墈（決塘也）楲（～窬，褻器，今恭桶也）倭（遠也，又音阿，～奴，國名）微（古音細也，又音遠）　[陽平] 微（精～，又～細，又～末）爲（～作）為（仝上，又音未）薇（薔～花，紫～星，又仝微）溦（小雨也）溦（仝上）韋（姓也，俗音本上聲）違（～背，～逆，～命）圍（～繞）闈（庭～，門內也）幃（桌～，～幔）禕（衣也）危（～險，不安也，又姓也）𢼸（仝微）潿（水名）潿（不流濁也）桅（～杆，船～）峞（山名）帷（～幄，又帳也）唯（專辭也）惟（獨也）隗（姓也，又人名，高也）濰（水名）嵬

◆ 徐氏類音字彙：一百年前的鹽城話 ◆

（崔～，山名）巍（高大之貌）暐（呼聲）壝（卽圩田，又堆～，本音位）𢁾（與爲仝）維（～持，又四～，禮義廉恥）犩（卽犩牛也，出蜀中，牛肉重數千斤）　［上聲］委（～曲，～任，～員）諉（推～）煒（～煌）韙（是也，美也）韡（仝上）尾（首～）寪（屋也）暐（日光也）樟（木可屈爲杆）痿（枯死也）瘻（仝上）浘（泉底水）偉（奇～，又大也，又去聲）箷（竹名）葦（蘆～，地名，又姓也）蔿（仝上，又草也）摢（～欠）煒（恨也）猥（犬聲，又鄙也）亹（不倦意）僞（詐也，虛～）媦（美也，順也）暐（光盛貌）僞（仝僞，又音未）洧（水名）萎（音委，枯也）　［去聲］魏（國名，又姓也）位（坐～）衛（護～，保～，～生，又姓也）尉（校～，侍～）熨（仝上）僞（假也）偽（仝僞）胃（脾～）腪（仝上）慰（安～，撫～）叡（深明也）蔚（茂也）謂（言也，稱～）渭（水名）畏（懼也）穢（污～，不潔也）磈（崇積）緯（帽～）未（～必，方音面）味（滋～）喟（歎聲）殨（殘～，死～）罻（鳥網）梾（五～子，染黑用，又樂名）餧（～食）喂（怨也，俗用，～食之～）愇（怫～，心不安也）熨（仝尉）懲（言不慧也）

yĩ

tɕ　［陰平］娟（嬋～，美好）鵑（杜～，鳥名，又花名）涓（水～，小流貌）睊（側目視也）蠲（～免）捐（～助，關～）姢（仝娟）悁（忿也）獧（疾跳也，狂～乎）　［上聲］捲（收～）餋（春～，食品）錈（刀～口）桊（博也）呟（聲也）睊（～罵）　［去聲］卷（書～，文～）倦（困～）券（仝上，與券別）絹（綢～）圈（目圈也）眷（親～，内～）棬（欄也）捲（囊也）埢（冢土也）淃（水回旋貌）睠（回顧也）狷（狂～，疾也，又猶豫也）獧（仝上）縓（繾～，不相離也）桊（拘牛鼻物）傍倦（皆仝倦）菌（土蕈，方音～，子可食，本音窘）

tɕʰ　［陰平］圈（～套，～點）棬（桮～，木盂也）圈（仝圈，椅～）　［陽平］權（～柄，～衡，從～）拳（～頭）惓（謹也）顴（～骨）鬈（鬢髮，美也）姾（女字）𩤻（囊有底曰～）跧（匍匐也）悛（謹也）

· 244 ·

第七章 《徐氏類音字彙》重編

ç 全（上从入，完～，～備，又姓也）仝（仝上）痊（手屈病也）全（俗寫字，從入不從人）泉（～水，水從地孔泛上）湶口（二字皆仝上泉字）痊（病除也）筌（取魚竹器）牷（祭用全牛曰～）權（宜也，平也，重也）卷（曲也）匡（箕也）栓（木釘也）棬（曲卷也）詮（具也，平也，擇言也）踡（足不伸貌） [上聲]犬（狗也）甽（～畎，又流注處也，又～夷）畎（仝上）汱（水落貌） [去聲]勸（～勉，～說，解～）棬（穿牛鼻具）棬（鷹犬所繫）券（疲也，文～，與卷不同）

c [陰平]宣（布也，～揚）瑄（玉名）喧（嚷衆聲也）暄（日暖也）諠（忘也）咺（哭泣不止也）軒（雅室也）嬛（輕麗也）昍（日氣也）烜（晒也，又仝上）秈（～米，本音仙）愃（恨也，忘也）萱（～花，佩之可以忘憂）蘐蕿蕙（皆仝上萱）揎（引也，又手發衣也）捫（引也，～釘）趡（～趚）諼（詐也，又忘也）壎（篪～，樂器）塤（仝上）掀（手高舉也）譁（謹也，又音歡）愃（快也）騵（青黑色馬也，又音捐） 亘（求布也，揚布也）仚（輕舉貌不實也，入从仙）吅（喧本字）昍（明也） [陽平]玄（黑色）玄（仝上，聖諱少一點）泫（淵深廣貌）懸（～掛，又暫～，又～欠）璇（～璣，玉衡）璿（仝上）撚（～掛，又引也）漩（囘泉也）淀（仝上）儇（還反也）鉉（鼎耳）銜（自今也）狥（獸似豹，少文）眩（目無常主也）姁（女牢也）旋（～繞，又去聲）翾（盤～，鳥小飛也） [上聲]選（擇也，又～舉）癬（癩～，俗音）僎（具也，本音饌）渲（小水也）選（口含水噴也） [去聲]絢（彩色）鏇（銅～，酒器）旋（～繞，又平聲）揱（手轉也）楥（履法也，俗作楦）楦（鞋子，俗用）飆（～風名，羊角風）券（文～，又音卷，从刀不从力）翼（～網）鉉（鼎～，又平聲）眩（目無常主也，又平聲）抅（擊也）

ø [陰平]淵（深水曰～）寃（～枉，～屈）鴛（～鶯，～雄鶯雌也）鳶（鳥名，黃～）帑（幡也）窓（枉也，仝寃）渁渕渂渁濻灅灡（皆仝淵） [陽平]元（首也大也，又乾～，又音玄）圓（方～）園（仝上）園（田~，~圃）袁（姓也）表（仝上，俗寫）員（官~，人~，又音云）貆豲（豕屬，乾山獸如牛三足）原（~由，~因，~宥，~諒）源（水~，流~）嫄（姜~，後稷母也）騵（馬白服也）榬（犂~）猿（~猴）猨（大猴，能笑）轅（軒~，又~門）爰（引也，又法之首也）媛（嬋~，美女也）鶢（~鶋，海鳥也）瑗（大孔璧也）援（引也）芫（~荽，俗用本胡荽）刓（圜削也）緣（~薄，因~，~分）櫞（香~）黿（大鱉也）京（俗原字）愿（測量也）櫞（似甘蔗，皮核皆可食）湲（潺~，水流貌）杬（大樹也，味苦澀）圜（大體也，又通環，又通圓） ［上聲］遠（~近） ［去聲］院（寺~，~墻）苑（~囿）怨（~恨）願（情~，自~，善也）愿（仝上）衏（道者，樂人）掾（緣也）窞（寃屈也）瑗（玉名）夗（臥轉貌）婉（婉也，仝婉）恕（仝怨）

in

p ［陰平］豳（國名）賓（~客）賓（仝上）彬（文質相等）斌（仝上）份（仝彬，今作新字，音分）濱（水名）豩（豕亂羣也）枌（木分也）牝（畜母也）冫（仝冰）氷（水結爲~）冰（仝上）髕（膝蓋骨也）臏（古人名，孫~，又仝上）檳（~榔，藥名）梹（仝上俗用）兵（軍人也）汃（西極之水也）邠（地名）鑌（利鐵也）繽（~紛）嬪（~妃）殯（~殮，~葬）玢（文彩之狀）彬（文盛貌）仌（冰本字） ［上聲］丙（天干名）稟（~告，~命，~帖）禀（仝上，~本字）餅（燒~，食物）炳（光明也）昞（仝上）邴（地名，又姓也）怲（憂也）秉（十六斛也，又執也）抦（執也）鞞（覆也）鞞（仝鞞） ［去聲］竝（此也，偕也）並（合也，皆也）併（合也）幷（仝上）并（仝上俗寫）倂（倂本字又音拼）柄（權~，木~）棅（仝上）擯（仝上）髩（髮也） （仝上）竝（仝並）病（疾~）痛（多寐也）庰（廁房也）筭（竹名，又曰~籰，戶扇也）

pʰ ［陰平］抨（使也）拼（仝上）拚（~命，又並也）拚（仝上，俗音本音卞）泙（水貌）乒（~乓聲也，新字）泏（~滂，水聲，又擊物聲）姘（男女私合曰~，俗曰男女~頭） ［陽平］貧（~苦，~

◆ 第七章 《徐氏類音字彙》重編 ◆

窮）頻（繁也，厭也）蘋（淺水處，四葉草黃花）顰（感也）憑（～據，～證）凭（仝上）凴（亦仝憑）凭（伏也，又倚也，又仝上）平（太～，又～安，又～和）評（～論）泙（無舟渡河）玶（獺屬）枰（棋局也，又平也）伻（价也，僕也）坪（地～處）萍（薸～，菜可食）泙（水名）洴（仝上俗用）瓶缾（壺～，二字仝）屏（～門，～幅，四扇曰～，二扇曰對）併（除也，又仝上）姘（妾也）棜（～婆，卽～菓也）笄（竹名，又曰～筆戶扇）　[上聲]品（～貌，又～級，又～評）牝（母畜也，方音本音兵）　[去聲]聘（～請，受～，～娶）娉（～婷，女子美貌）

m　[陰平]命（～相，方音本去聲）　[陽平]民（國～）岷（山名，在蜀）鳴（啼也）明（白～，光～，文～）明（目～，也有別）盟（誓也）銘（旌也，又志也）㨉（撫也）瞑（日幽也）名（～姓，～諱，名士）珉（美玉也）瑉（仝上）玟（又仝上）䣱（仝明）䣱（仝明）瞑（俯視也）緡（釣魚繩也）洺（水名）䁕（眉闊謂～）忞（自勉強也）　[上聲]敏（聰～，又捷也速也）剚（～剝，又削也）酩（～酊大醉也）抿（～掠）憫（憐～）閩（地名，又音名）茗（茶也，又杯～）皿（器～）愍（傷也，恤也）吻（～口，唇邊曰～）閔（姓也）潤（水流貌）冥（幽～）螟（～蛉，食苗心蟲，又桑蟲也）旻（秋天曰～天）瞑（合目曰～目）脗（口合也）暝（晦日也）泯（沒也，又盡也，又水貌）涽（泥合也，又仝上）黽（仝上）僶（勉也）澠（～池，又音成）蓂（～莢，堯階瑞草）嫇（仝酩）㹠（小豕也）豰（小豚也）䀻（聰也）旼（和也）榠（～櫨，形如木瓜可食）溟（小雨～～也）䟤（獸蹄甲也）　[去聲]命（天～，～令，～相）

t　[陰平]丁（人丁也，又天干名，又古音真）叮（～嚀，又俗曰～噹，聲也）玎（～玲，玉聲也）仃（伶～，獨行貌）打（仝上，又彾～）釘（鉄～）酊（酩～大醉）靪（～鞋底）奵（女名）趼（䟓～）矴（海船木矴本代椿也）　[上聲]頂（頭～，極～）打（振門也）鼎（爐～，～鼐，～力）鼎（仝上）濎（～濘，水貌）　[去聲]定（安也，～準）錠（鍪～）矴（見也）訂（～盟，又均也，又～書，又

◆ **徐氏類音字彙：一百年前的鹽城話** ◆

拜~）矴（碰~）忊（恨也）碇（仝矴）

t^h [陰平]聽（耳~，又去聲）廳（~房）厛（仝上）听（仝聽）聴（仝聽，俗用）桯（碓~）鞓（皮帶）骶（長骨）汀（水際平地） [陽平]廷（朝~）亭（~台）渟（水止曰~）停（住也，~止）婷（娉~，美貌）庭（家~，門~）霆（雷~）蜓（蜻~）莛（草莖也）娗（容也） [上聲]挺（~直）梃（杖也，又勁直之貌）艇（~腰）頲（頭直也）珽（玉笏也）浧（洺~，小水，又波直貌）頂（直也） [去聲]聽（耳~）听（同上小寫）聴（仝上，帖寫）

n [陽平]寧（安~，~可）嚀（叮~）凝（聚也，又結也，又音銀）紉（以線貫針）秂（禾欲結也） [上聲]濘（泥~）狔（憂也） [去聲]藺（姓也）甯（姓也）吝（~惜）佞（口才也）悋（鄙~，慳~）磷（薄石也）

l [陰平]拎（手~物）撂（仝上）䆉（䆉，稉稻晒白而無雜色也） [陽平]隣（~居）鄰（仝上）鱗（~甲）鈴（~鐺，銅~）倰（欺~也）皿（眾聲也，又眾鳥也）姈（女巧慧也）麒（麟~，仁獸也，又牝曰~）麐（仝上）怜（了慧也）崚（去也）泠（水名）凌（水名，與淩別）潾（水清貌）蛉（螟~，蟲也）靈（神~，~敏）霛霊（二字皆同靈）林（樹~，眾木也）齡（年也）翎（~毛）澪（水名）獜（健也）霝（~巫，以玉事神）陵（邱~）零（~碎）零（仝上）櫺（窗~）櫺（仝上）聆（聽也）呤（呤~，小語）寍（室深也）羚（~羊）鈴（仝上）玲（~瓏）璘（玉文也）磷（水在石間）粦（水聲）霖（甘~，時雨）凌（~霄，又冰~，又姓也）衜（道也，又俗用，上平）昤（~曨，日光也）菱（~角）綾（~羅）軨（車轄頭也）琳（~琅，玉名）苓（茯~，藥名）淋（~漓，大雨，又~濁病也）泠（~仃，雨後路也，單行也）朧（~朧，月光也）伶（~俐，又~人，今唱戲人）羚（大羊）鸘（仝上）囹（~圄，獄名）臨（到也，蒞~）崚（嶒~，山貌）跉（~趽，獨行曰~趽）秢（穗熟也）坽（峻岸也）鷯（鷯~，鳥名，有仝鴒）鴒（仝上，小鳥）顲（面瘦，淺也）獜（良犬也）姈孁（二字皆仝上）柃（木名，又~

◆ 第七章 《徐氏類音字彙》重編 ◆

檔）潵（水在石澗中響） [上聲]領（～袖，引～）廩（倉～，又～生）亩（仝上）凜（～冽，寒也）凛（淒清也）嶺（岡～，山～）衿（下裳曰～）懍（畏也，敬也）檁（屋上橫木） [去聲]令（法～，命～，訓令）令（仝上）另（別也，各也）潾（～水，本音林）瓴（糯稻曬～）

tɕ [陰平]侵（～削，～伐）津（～梁，又渡也，又迷～，又潤也，又～貼）精（～神，～細，～通，晶水～）腈（肥也）旌（～表，～旗）睛（眼～）浸（涵～，冷也）淃（水名）漩（仝上）京（～都，～廣，～貨）亰（仝上）金（～銀）斤（～兩，斧～，仝勌）勌（～兩）筋（～骨）巠（水脈）擎（舉也，今本寫）泃（水名）浸（潤，本去聲）浸（仝上）巾（手～）蜻（～蜓，飛蟲也，俗音青）鶄（～鶌，鳥名，本昔青）矜（～憐，～高，又音芹）驚（～動，又～懼，又～怕也）憸（利也）筋（肉之力也，又仝筋，又竹筍也）荊（棘也，又妻曰～）經（～緯，～典）涇（水名）襟（～裾，衣前曰～衣後曰～）侵（仝侵）鯨（大魚也，又～吞） [上聲]謹（～慎，～言）井（～泉）丼（仝上）儘（～問）警（～戒，～察）頸（～項）畟（合～）乑（仝上）暻（明也）瀳（水清也）緊（～急）錦（～繡，文～）景（光～，～象）槿（木～花）瑾（美玉也）饉（飢～，菜不熟曰～）剄（割也）密（織文密貌）殣（飢莩也）寢（臥也，又堂室也） [去聲]晉（進也，又朝名）縉（～紳，士宦也）圊（～桶，婦人用，本音青）靜（安～，動～）浸（水名，又水～物）淨（潔～）儆（樂名）湆（盜也）晋（晉本字）疧（牛舌病也）穽（深坑陷獸也）搢（～插）竟（窮也，終也，又究～）覲（朝～，又～見）敬（誠～，恭～，奉～）脛（足骨也）境（～界，～況）唫（口急也，又閉也）徑（小路）捷（～徑，仝上）鏡（照面具，又鑒也）禁（查～，～止，監～）徑（～木）僅（少也）坅（土壁也）勁（強也，用力也）檠（鑿柄也）浸（仝浸）潃（清也）勤（仝僅）儆（敬也）漕（水名）瀶（～濆，水流急也）埩（停安也，又仝靜）噤（口～，不言也）靳（固也，又姓也）濝（寒貌）黂（禮

249

◆ **徐氏類音字彙：一百年前的鹽城話** ◆

物也）寖（衰也）濅（仝浸）瀞（仝淨）瀧（冷寒也）瑾（石似玉也）竧（身端也）競（～爭）竸（仝上）靖（安也）盡（終也，完也）進（～退）近（遠～）觐（仝上）燼（火餘曰～）鏡（又仝競）獍（獸名，狀如虎豹，而小始生還食其母又食人）

tɕʰ [陰平]卿（公～）輕（～重）欽（～敬，古皇～）清（～濁，～廉）青（顏色）菁（～菜）鯖（～魚）衾（被也）傾（～覆，又少時也）親（～戚，又～近，又父母也）凊（～冷也）圊（～桶） [陽平]勤（～儉，～勞）懃（慇～）芹（～菜，古入泮曰采～）琴（～瑟，樂器伏羲氏所作，有五弦七弦之別）劤（強也）鰷（～魚，又俗音京）惸（憂也）矜（矛柄，又憐也，又音京）靳（仝芹）溓（水名）芩（黃藥名）黚（面黑也）禽（飛～，獸～）擒（～捉，獲）墐（黃土曰～坭）尋（～找，方音本音循）捡（捉也）情（性～，又感～，又恩～）晴（好天也，陰～）秦（～國名，又姓也）噙（口～）擎（手舉也）檠（燈架，又音井）岑（山小而高）𥐟（石名，又地名）甇（甑也，又音前）婧（仝晴）廎（少劣之居）懃（憂哀也）琛（美玉也，又音申）   [上聲]請（邀～，求～約）蔋（～蘇，野蘇也）寢（臥也，方音本音井）褧（單衣也）頃（百畝田曰～，又～刻）頎（仝上）濮（側出泉也）   [去聲]慶（吉～）㥧（仝上）磬（樂器）罄（空也，又懸～，又仝上）窒（仝上）凊（冷也）凊（寒也）䶝（齒向裏也）倩（婿也）

ɕ [陰平]欣（喜也）俽忻訢（三字皆仝上）興（起也，作也）馨（～香）歆（羨也）焮（赤剛土也）婞（女字）洗（往來之貌）甡（～～，衆多也）辛（～苦，艱～，又天干名）新（～舊）焀（火烈也）鯹（魚臭味也）薪（草也，又～脩）腥（生肉也）姺（古國名）屾（二山相合也）莘（～野，地名）惺（悟也）榓（牀橫木也）甡（衆多貌）猩（能言獸也）星（～斗，～相）騂（牲赤色曰～）心（～肝，中心也）誟（和也）昕（日將出也）妡（女名）   [陽平]行（彳亍合，～走，～事，又音杭，又音性，又音恨）桁（～條，又～桴，本音恒）鋞（溫器也）刑（～罰，典～，～具）形（～容，～像）

250

◆ 第七章 《徐氏類音字彙》重編 ◆

邢（姓也）滎（溴水也）型（土模也）陘（楚地名）俐（行貌）洐（溝水行也）鮨（今之醋溜魚也）　[上聲]省（視也，又～察，又音沈）擤（手～鼻子）醒（醉而蘇也）悻（很怒也）惺（悟也）惺（～悟，又音心）渻（少減也，又水名）伈（恐貌）懼（仝惺）　[去聲]幸（欣～，又傲～）興（～趣，本音心）行（德～，品～）杏（桃～，方音本音沈）倖（徼～）迅（疾也）性（～情，～命）信（不疑也，～實）沁（水名）姓（名，～氏也）牪（仝姓）蕈（香～）顖（～門）囟（仝上）狥（～速，又急也，黃～也）汛（潮～，又洒也）訊（問也）釁（牲血塗物）衅（仝上，又生端也）夆（幸本字）抙（振也）

∅ [陰平]因（～由，原～，古音恩）氤（～氳，天地和氣也）陰（～陽，又夜也）𠂺（俗寫仝上）侌（陰本字）囙（俗因字）姻（婚～，又～親）婣𡛷（二字皆仝上姻字）瘖（疾也）櫻（～桃）楧（～架）搰（仝上）嬰（～兒，又音恩）稠（禾葉也，又蘿蔔～子）攖（觸也）纓（簪～，又～緯）嚶（鳥聲之和也）鸚（～鵡，鳥名）瓔（石似玉也）音（～韻，聲～）殷（～實，又姓也）英（～雄，～豪）慇（～懃，委曲也，亦作殷勤）鷹（～鶻，鳥也）膺（胸也）湮（～沒，又落也，又音焉）洇（仝上）禋（享祭也）茵（褥也）駰（雜毛馬也）瘖（～瘂，即不能言病）啽（小兒聲）鶯（黃～鳥，又名倉庚）瑛（玉光也，又玉～仁寶）裀（～褥）愔（安和貌）蠅（蒼～，本上聲）𤾉（鮮明貌）朕（月色也）　[陽平]銀（金～）迎（～迓，歡～，～送）嬴（秦國名）瀛（～洲）營（經～，軍～）螢（～火蟲，腐草化生）滛（奸～，～慾）濸（仝上，又久雨也）婬（仝淫）狺（犬爭也）琅（石似玉，又音艮）塋（坟～）吟（～詠，～詩）唫（仝上）寅（同～，又地支名）誾（和悅貌）贏（輸～）瀠（水回貌）濴（仝瀠）縈（繫也）瑩（玉名）盈（滿也，又古恩，下平聲）鎣（治金也）猊（黃狐也）狀（二犬相齧）楹（柱也）嚚（愚也）榮（水名，又郡名）榮（～華，又音容方音）嵤（地高險曰～）垠（岸界）夤（用財相囑曰～緣）犾（助也，又孤高山也）凝（～

◆ 徐氏類音字彙：一百年前的鹽城話 ◆

祥，又水堅也，聚也）巺（仝上，又～結）泿（水名，又水涯也）濴（水回貌，仝瀠） [上聲]引（～誘，～導，～進）弘（仝上）隱（～藏，～匿）隱（惻～）挏（門挽弓也）潁（～川，郡名）尹（府也，姓也）愿（謹也）洢（小水也）璄（玉光彩也）郢（地名，又～畢）影（形～）瘿（仝影）繧（縫衣也）巘（山峻貌）蠅（蛤～，飛蟲）蝿（仝上俗用）狁（玁～，匈奴別名）憖（依止也）濵（水門也）蚓（蚯～）濦（水名）飲（飲食，～酒）繎（長也）靷（車上駕牛馬具曰～）檃（～栝，柔曲曰～，正方曰栝）檼（仝上，正邪曲器）廴（～長行也） [去聲]印（～信，又姓也）映（照也）暎（仝上）應（～荅，感～，又姓也）窨（地～，又地室也）胤（子孫相承）酳（略飲也）廕（庇廕也）蔭（仝上，庇～）穏（禾苗茂盛也，又音彥）霒（雲氣也）憖（傷也，強也）賸（物相贈也）媵（從嫁曰～）

ən

p [陰平]賁（勇也，又姓也）奔（～走）犇（牛～）渀（仝奔，水流也）犇虇（二字皆仝奔）驣（馬走也）錛（鉄～）畚（～斗）挷（手亂也）泍（水急也）泙（仝上）浜（安船溝也）坋（冢口穴也） [上聲]本（根～，基～，書～）畚（～斗，盛土器，以草索爲之）体（性不慧也）笨（人肥大曰～伯）泍（水急也）夲（俗用本字，本音叨） [去聲]逩（投～）悙（性不慧也）

pʰ [陰平]噴（～吐）歕噴（仝上，～出，又～桶，軍火也）匉（～訇，大聲也） [陽平]盆（～缽，～缸）嗌（吐也）歕（吹氣也，又～散也）濆（水名，又水涌也）坋（冢口穴也）瓫（仝盆）浜（安船溝也） [上聲]呠（渍也）体（劣也，又粗貌俗，代體字） [去聲]馞（～香）昲（日未明貌）笨（竹裏也，又粗率也，又音本，肥大也）

m [陰平]瞞（暗也，～声）懣（煩也） [陽平]門（～戶，俗寫）捫（～摸）璊（赤色玉）亹（山絕水也，又仝亶） [上聲]們（你～）矕（暗也） [去聲]悶（憂也）璺（物破未分曰～，又音問）橣（仝

悶，木棍也，又音鈍）懣（煩也）

f [陰平]分（～別，又每刻十五～，每時六十分，又十二粟爲一～，十二分爲一銖）吩（～咐）紛（～紜，糾～）芬（～芳香草）棼（亂也）帉（拭物巾也）盼（日光）魵（～～，毛落也）氛氲（祥氣也，二字同）汾（水名）饙（飯也）玢（園名）岎（香也）翂（仝帉）份（時用，一件曰一～，本古彬字） [陽平]焚（～燒，～化）墳（～墓）坟（仝上）蚡（虫名又人名）蕡（香草）幩（馬飾也）坋（丘高起貌） [上聲]粉（～碎，又脂～，又麨～）憤（動也） [去聲]分（守～，～兩）忿（～怒）糞（灰～，又屎也）湓（水名）𡔷（～箕，掃除也）奮（發～，～振）債（僵也，覆敗也）憤（心求通而未得）塨（埽除也）份（每一件曰～）奞（鳥張羽毛自～欲飛）濆（水厓也）

t [陰平]敦（～厚，～篤，～請）惇（信也）墩（土～子）犉（～牛，雄牛也）登（升也，～高）豋（禮器，與登別）䥖（孟也，又醬油～）燈（～火，～籠）灯（仝上，俗用）涽（食而復吐之，又音翬）蹬（足～）𣅗（立貌）橙（几屬，又音成，果名，又仝橧）椮（木名）𤼞（登本字）噸（十六石八十斤曰一～） [上聲]等（羣也，又～候）戥（秤～）𩇯（零～）盹（瞌睡打～，俗用）坉（水不流也）沌（不了也） [去聲]頓（～首）盾（戈～）楯（仝上）鄧（姓也）櫈（桌～）扽（引也，手～物）𡃡（言不快也）暾（日出始也）涽（食已而復吐之）㨧（負荷也）禈（～袄）囤（～窩）鈍（魯～，又刀不利也）镫（鞍～，脚～）鐙（仝上）𢂿（布貯曰～）蹬（蹭～）捆（推也）𠊏（仙去也）㷭（灰～～）遯（逃～）遁（仝上）燉（火上～物）潡（大水也）暾（日始出）揗（手摩也）沌（混～）隥（階～）瞪（眼～，直視）磴（築墻聲）

tʰ [陰平]吞（～噬，鯨～，～併）暾（日初出貌）捪（～摸）氳（益也）瘏（病，善食也） [陽平]豚（豕也，又雞～）臀（～錄，～清，～寫）騰（～雲，飛～）𩨞（飛也）滕（姓也）籘（葛～，～柳）𤺺（仝滕）漨（波浪也）屯（～兵，～田）蟺（～蛇，似龍）臋（～坐，

253

徐氏類音字彙：一百年前的鹽城話

在兩股上端部位也，又物之底曰～）臋（仝臀）狖（牝豕）魨（河～魚）飩（餛～，吃食）瘀（痛也）癊（仝上）疼（仝瘀）莙（菜似莧，可食）窀（～歺，長埋曰窀）腞（仝豚）𢄐（布貯曰～）　[上聲]䵴（昏迷也，俗云～氣，本去聲）啎（癡貌）伅（倱～，不開通貌）庉（樓墙也，又屯聚之處）汆（人在水上也，又水推物也，俗用烹）　[去聲]褪（～褲退衣也）遯（退後也，又讀楯）遁（仝上，本音楯）

n　[陰平]嫩（不老也，本去聲）　[陽平]能（熊屬，又拔～又～，又音耐，姓也）瀧（水名）　[上聲]冷（涼也，方音）　[去聲]嫩（老～，乂嬈）㜷（仝上）嫩（弱小也，又仝上）

l　[陰平]楞（四方木也，又床～）　[陽平]人（～物）𡆥（仝上）仁（～義，又桃～杏～，又～慈）芢（苡～，六谷米）仍（因也，又依也）儿（又仝人）壬（天干名）礽（福也就也，又作仍）任（保也，又當也，又去聲）淪（水波也）秜（禾名）楞（～嚴咒）倫（～常，五～）綸（經～，又粗絲也，又音關）輪（車～）淪（沉～）崙（崑～，山名）圇（囫～）棱（柧～，四方曰，八方曰柧）㯬（梗屬）瘺（指病）掄（擇也）稜（烏～，稱名）獰（猙～，惡犬）餁（～餵，強食也）侖（昆～，天形也）忎（仁愛也又親也）　[上聲]忍（～耐，又～讓）冷（涼也）牣（滿也）稔（豐～，谷熟也）䄷（禾束也）衽（席也）飪（～饖，新熟麥爲食品）腍（仝上）荏（～苒，柔弱貌）棯（果名，又音念）屻（山高形）刃（枕巾也）䎓（言稍甚也）㣼（仝忍）　[去聲]認（～識，又承～，又～可）刃（鋒刀）靭（堅柔難斷）　（仝上）仞（八尺曰～，又上聲）訒（言不易發也）踜（～蹬，馬病也）賃（租～）恁（憑～）筎（單席也）任（～意，又委～，又上～做官）牣（滿也）妊（孕也）姙（仝上）論（議～，又平聲）倰（欺也）䠄（～蹬，困病貌）惗（欲知之貌）餁（烹調生熟之節也）閏（～月，三年一～，五年再～，方音）潤（浸～，又～澤，方音）

ts　[陰平]眞（～假，～實）貞（卦名，又～節）禎（～祥）嫃（女子）楨（木名）珍（～珠，～重）層（重屋也）事（競也）橧（～巢，

◆ 第七章 《徐氏類音字彙》重編 ◆

古夏居也）榛（～松，刺人樹）椹（～板）斟（～酌，～酒）斜（仝上）箴（規戒也，又程子四～）針（～線）鍼（仝上）帪（馬兜也）璡（石次玉也）瑱（玉充耳，又音田，又音店，又音正）碪（擣衣石也，又做～，又铁～）砧（仝上）徵（證也，歛也，又音止）甄（陶也，又姓也）增（～減）繒（帛屬）矰（仝上）徎（行不正也）瑱（仝瑱）葴（茅～）瞋（張目也，又怒也）爭（～鬭，～訟，～奪）争（俗爭字）綪（急絃之聲）怔（懼貌）湛（坐立不移也）罾（～網，魚～）征（～伐，～收，又上伐下也，又姓也行也）蒸（～嘗）烝（～薰）鉦（鐃～）箏（樂器，又風～）颩（風～）揁（引也）睜（眼～開）溱（～洧，水名）臻（至也）蓁（美盛貌）楨（剛木也）猙（～獰，怪狀，又獸名，一角五尾也）憎（惡也）延（行也）正（孟春月也，本去聲）鏳（～吰，鐘鼓之聲）嗔（怒也）偵（～探，～査）偟（仝上）珎（俗珍字）曾（音眞，姓也，又音成）

[上聲]整（齊～，～頓，～破）枕（～蓆）疹（痘～）診（～脉）袗（單衣）怎（～麼，語辭）疢疢癥（皆仝疹）稹（禾稠也）拯（救也）軫（～星，又動也轉也）畛（～陌，又致也告也）聄（告也，又聽也）鬒（髮黑而順也）紾（戾也，轉也，又紐也）朕（天子自稱曰～）姫（愼也，不同姬）拯（救助也）整（仝整）昪（鳥新羽初飛也） [去聲]鎮（～市，～壓，～守）鎭（仝上）陣（戰也，又～排列也）振（奮也，～遠）震（雷～，又卦名）賑（～濟）政（考～，行～，又國～）證（驗～，見～，中證）証（仝上，又對～，～據）譄（張開也）正（端～，平～，公～，反～）症（病～）甑（鍋～）鄭（國名，又姓也）掙（苦～，又音撑）贈（封～，～送）諍（～諫也）澄（倰～）娠（孕也）侲（童子也）旌墜（仝陣）

ts^h [陰平]稱（～呼，又去聲，又～量）撑（～船，～持）檉（河柳）蟶（～蚶，鮮物）赬（赤色）崢（山峻貌）浾（棠聚汁，檉斜柱）瞠（～目，直視也）盯䁾瞪矃瞠（五字皆仝瞠）稱（俗稱字）捏（舉也）振（觸也撞也）偵（探伺也）偁（稱本字）憆（又仝瞠） [陽平]陳（新～，又布也，又姓也）成（～敗，～就，又姓也）誠（實也，又至～，又～篤）城（～池）郕（國名）宸（天子宮名）麠（又塵）晨（清～，早也）沉（浮～，～重）賑（仝晨）程（路～，章～，又十髮爲～，十～爲分，十分爲寸，又姓也）臣（君～）沉（没也）忱（誠也信也）諶忱（二字皆仝上）寔（仝宸）澄（清也靜也）澂（仝上）瀓（又仝上）珵（美玉）宬（貯書室也）塵（灰～，～埃）乘（～馬，～舟，俗乘字）乘（本字又音盛）乗（仝上）承（～蒙，～愛，～受，奉～）丞（～相）沈（没也，又仝沉，又音省）愖（仝諶）岑（入山之深也）懲（～戒）曾（何～，未曾）橙（～子，果名）辰（星名，又時～，又地支名）呈（公～，又～祥，又平也）瘎（腹病也）橳（積柴，水中令魚止息）穦（禾欲秀也）岑（山小而高）壥（仝塵）乑（仝承）朕（目精也，俗曰瞳子）涔（潰也，又水名）裎（裸～露身也）坅（坎也）筳（筵也，又音聽，又竹名）
[上聲] 騁（馳也）逞（放也）徎（徑行也）蜃（大蛤）涅（沙～，又仝澄）脤（祭社肉）祳（仝脤）鳩（毒鳥）壬（善也） [去聲] 稱（相～）秤（斗～）賸（餘也）疢（～疾）蹭（蹭～，失勢貌）趁（趕也）趂（仝上）

s [陰平] 參（星名，～商，又音渗）糁（仝上俗寫）傪（又仝上）參（仝上）生（～死，又師～，又生育，又～熟）僧（和尚～道）森（木多貌，又～嚴）笙（～簧，樂器）牲（三牲，祭禮，又～口）珄（金色）滲（毛羽出生）狌（本作猩，能言獸）甡（死更生也）槮（草木茂也，又俗森字）槮（木長也）身（～體，又脩～）甥姓（外～，又姧～，姊妹子也，二字仝）升（～斗，～降）昇（～騰，～仙）申（奉申，又～鳴，又地支名）伸（～縮，～屈）升（登也）泩（出水爲～）姺（女字）罧（星名，今多用參）深（～淺，～奧）珅（玉名）陞（高～，登也）呻（～吟）紳（縉～，士宦也，又大帶也）聲（～音）声（仝上俗寫）娠（婦人帶～子）泩（水漲也）屒（仝身）簩（洞簫也，舜始作） [陽平] 神（鬼～，精～，本音晨）繩（～繐）绳（仝上）渑（水不流也）澠（水名）蹲（踞也，俗音本音存） [上聲] 省（～城，儉～，又音醒）眚（惡神，又目中翳也）審（承～，～問）沈（姓也，又音成）嬸（～母，叔母曰～母）矧（況也）哂（微笑也）磣（物雜砂也）諗（謀告也）杏（桃～，俗音信）渻（少減也）省（省本字）　［去聲］聖（～賢）盛（茂～，又音成）愼（謹～）渗（～漏）渗（塞貌）瘆（塞～）壣（～物器）晟（明也）葚（桑樹枣）椹（仝上）甚（過也）勝（～敗，又過也加也）抻（物～長也）腎（～脾，男子陽名）讖（符～，將來驗也）

k　［陰平］根（～本，～基）跟（足後也，又～隨）垠（仝上）更（～改，又～換，又～次）羹（仝上）庚（年～，又天干名）耕（～耘，又～種）畊（仝上）鶊（鶬～，鳥名）埂（小坑也）羹（～湯）賡（續也，又～歌）稉（秈稻）秔（仝上）粳（秈米）齦（舌～，齒～）　［上聲］埂（岸～，俗用）暅（日高也）耿（介也光也憂也）梗（～直，桔～）哽（～咽）㪻（仝耿）蓂（草莖名，又菜名）㨃（推也）哽（巧言也）悻（恨也）愱（憂也）　［去聲］艮（止也，又卦名）亘（～吉通憂也，又編也）更（亦也尤也，又～甚）珢（玉起跡曰～）

kʰ　［陰平］坑（～阱，～害）阬（仝上）鏗（～鏘）劥（勍～，人有力也）硜（～石堅確也）娙（美女也）　［上聲］肯（允～）墾（開～）懇（～求）㥗（仝上）䶖（嘴～物）狠（仝上）齦（齒根肉也，又仝上）　［去聲］掯（捺～，勒～）

x　［陰平］亨（～通，又卦名）哼（～哈）胻（胖也，又～瓜）　［陽平］痕（～跡，記也）衡（權～）恒（久也，～長）恆（仝上）姮（娥～，女字）珩（玉石）洐（溝水行也）桁（急行也）莖（草梗，又音景）䟁（足後也）桁（屋橫木也）　［上聲］狠（惡也，又凶～）很（仝上）　［去聲］恨（怨～，痛～）骱（～骶骨）行（道～）荇（～蓴菜）㗅（利害聲）

∅　［陰平］恩（～惠，又～愛）　［上聲］㹑（呼牛聲）　［去聲］硬（軟～，強～）

uən

l　［陰平］閏（～月，本去聲）　［去聲］潤（浸～，～澤）閏（歲之餘

257

也，三年一～，五年再～)

ts [陰平]尊（～長，又～卑，又仝樽）樽（酒～，杯也）罇墫甒（仝上樽）遵（依也，～命，～從）肫（懇誠也）諄（詳語貌）銜（～衍，又眞也，又純～不雜也，又正也）澊（水名，又讀村，又音存）　[上聲]準（允～，較～）准（許也，又仝上）撙（栽柳也）僔（恭敬也）譐（聚語也）埻（壘土也）笲（器，古曰～，今用莦）　[去聲]挼（推擠也）燇（火也）俊（仁～，～俏，千人曰～）峻（大也，又山名）瞵（赤目也）

tsʰ [陰平]村（莊～）邨（仝上）椿（～樹，又～萱，比父母也）春（歲之首也）皴（～裂，又音親）杶（木似樗可爲琴）櫄（仝杶）　[陽平]存（留～，～亡）蹲（～踞，俗音神）湷（不厓也）唇（口～也）　[上聲]忖（～度）蠢（愚～，～頑）惷（仝上）膪（肥～）喘（吹也）　[去聲]寸（尺～，十二秒爲分，十分爲～）襯（襯衣，～衫）賰（賠～）櫬（棺也）齔（齔～，男八歲曰～女七歲曰齠）

s [陰平]孫（子～，又姓也）猻（猢～，猴也）蓀（香草名）飧（晚飯也，又饗～）搎（捫～猶摸也）摌（也）　[陽平]淳（厚也清也）醇（～醪，美酒）純（～粹，全也一也絲也，又不雜）鶉（鵪～，鳥名）蓴（浮萍菜生水中）蒓（仝上）奄（大也）惷（憂也）　[上聲]損（～益，～失，～傷）笋（竹～，俗音本君，下平聲）筍（仝上朴）榫（～橛入竅也）隼（禽也，方言本君，下平聲）髓（骨～，又音隨）䯝（仝上）　[去聲]順（～逆，～遂，妥也）舜（堯～）瞬（～息，轉～，目動也）瞚（仝上）

k [陰平]裩（～褲，俗云昆）幝禈（皆仝上）　[上聲]袞（～衣，又華～）衮（仝上）滚（水洗貌）硍（石～）捪（轉也）硍（鐘聲）悃（亂也）鯀（人名伯～，又魚名也）丨（上下通也）滾濦（二字皆仝滚，俗寫）睔（目大也）穮（～麥，俗用本音拱）　[去聲]棍（～棒）刲（～削）捲（轉也）賥（圓也，又～菜）

kʰ [陰平]坤（乾～，又～爲地卦名）髠（人名）昆（～弟，又同也，又～蟲）晜（仝上）蜫（兄之別名，又仝昆）堃（仝坤）崑（崑崙

◆ 第七章 《徐氏類音字彙》重編 ◆

山名）琨（玉名）錕（～鋙，劍名）悃（亂也）瑻（美石也，又昔貫）蜫（蟲之總名）鵾（～鶏，大雞）裩（短褲也）褌幝（二字皆仝上）鯤（海中大魚化爲鳥曰～）　［上聲］捆（～扎，～綁）綑（織～，～束）梱（門橛也）閫（閫～，又仝上）壼（宮中巷也，讀胡非）悃（～幅，至誠也）稇（禾成熟也）　［去聲］困（不舒也，又窮～）睴（日光也）稛（禾成熟覆也）廩（倉也）梱（門橛也，又上聲）閫（閫～，又上聲）涃（水名）

x　［陰平］昏（晨～，又夜也，又～暗）惛（心不明也）婚（～姻）殙（眼～）葷（～蔬，～素）惛（不憭也，晤闇也）涽（～～未定貌）闇（古叩～，又守宮門之吏曰～人）　［陽平］渾（不清也，～濁）婫（妻曰～家）魂（～魄）餛（～飩食物）忶（心悶也）琿（美玉）棔（犁轅也）　［上聲］㥃（悶～，～亂）混（～沌，清濁未分）倱（～伅，不開通貌）蔨蘊（二字皆仝蓄也）夻（大也高也）㯻（大束也）惲（重厚也）　［去聲］溷（亂也，又濁也）鯶（～子魚）諢（謬言）膃（肥也）黁（黑～）圂（仝溷，厠也）

∅　［陰平］溫（～暖，又和也，又～飽）薀（水草）緼（紼也）縕（仝上）瘟（～疫，病也）豱（豕名）氲（氤～，元氣交密之狀）昷（日出溫也）文（～采，～武，北音）　［陽平］文（～采，又北音上平今讀下平）紋（～綉，又～銀）雯（雲盛貌）聞（聽也，又耳～）蚊（～蟲）妏（女字）玟（青赤色）　［上聲］抆（揩拭也）刎（自殺也）穩（安～，又～妥，又～稳）䯲（坐也）䰟（仝上）𨅏（行步，～重）吻（口～）刎（斷也）韞（包藏也）韫（仝上）　［去聲］問（～答）紊（～亂）汶（水名）璺（器破未離也）璺（仝上，俗讀悶）搵（～揑按物也）

yn

tɕ　［陰平］君（古國主也，～臣，家～）均（～匀，平～）軍（將～，又～人，又～界）鈞（大也，又三十斤也，又～鑒，又～長）囷（倉～，廪之圓者曰～）䐃（仝上）麏（鹿之總名）箘（竹青皮也，又音云）㚴（女始妝也）悃（勞倦也）皸（手足裂皮，俗曰村）　［上聲］膕

◆ 徐氏類音字彙：一百年前的鹽城話 ◆

（腸中脂也）窘（窮迫也）笋（竹～，本音又作筍，俗音損） ［去聲］郡（～邑）珺（美玉也）竣（畢也，告～）俊（～俏，千人曰～）儁（仝上）寯（才～也）鵔（錦雞也）儁（慧也）逡（～巡，却退貌）駿（良馬也）夋（行～～也）浚（大水也）濬（水名）浚（深也）峻（高也，大也）畯（田～，勸農官也）餕（食餘也）晙（明也）莙（香木也，又土蕈也）陖（高也，險也）埈（仝峻）

tɕʰ ［陰平］羣（成～，～黨）群（仝上）頵（仝上）裙（腰～，下裳也）帬帮（二字皆仝裙）唇（嘴～）脣（仝上）脈（仝上）宭（羣居也）漘（水涯也）　［上聲］稛（束也，滿也）窘（～迫，俗音迥）

ɕ ［陰平］薰（香草）焄（香氣）勳（元～，功～）勛（仝上）勋（仝上）曛（日入餘光）燻（～烝，火～）熏（仝上）醺（醉～～）纁（淺絳也）獯（～鬻，北狄名）壎（～篪，樂器）塤（仝壎，又音宣）　［陽平］循（～規，又依也）徇（周徧也）旬（十日一～）眴（動目私視也，又仝旬）恂（謹也，又信也）洵（渦中水）郇（地名）尋（求也，又～找，又八尺曰～）燅（仝上）桪（木名，高千丈）撏（取也）荀（姓名）詢（咨也）揗（拒也）潯（水厓也）珣（玉名）潡（水流貌）巡（～察，～查，～士）馴（善也）蠱（三泉也）狥（仝徇，或用寶非是）　［去聲］訓（教～，～令）遜（～順，謙～）巽（卦名）噀（仝上）潠（仝上）殉（從也，生人～葬）愻（順也）

∅ ［陰平］暈（頭～，本去聲）　［陽平］雲（～雨）云（語也）耘（耕～，又去草也）紜（紛～）芸（香草）鄖（國名）溳（水名，出蔡陽）澐（江水大波曰～）沄（轉流也）秐（仝耘）篔（竹青皮也，至老不變，又音均）簣（～簹，竹最大）橒（木也）勻（均也）妘（姓也）圓（回也）惲（憂也）　［上聲］永（～遠，～久）允（許也，～約）隕（墜也）殞（滅也，歿也）獷（獫～，古北狄也）枮（木名，可作笏）　［去聲］詠（吟～）咏（仝上）韻（音～，～書）韵（仝上）熨（熨斗，本入聲）孕（娠～，本音印）慍（含怒也）醞（酒也）運（時～，又轉～，又命～）暈（月～，昏～）鄆（地名）熅

◆ 第七章 《徐氏類音字彙》重編 ◆

（～斗，裁縫司用具）嘣（鳥聲）泳（游也）惲（姓也，漢楊～名改姓，又厚重也）

oŋ

p [陰平]崩（～裂）伻（彈也）繃（～布，小兒衣也）弸（弓滿也）痭（～痛，～脹）絣（繩直也）埄（地名，又射埒也，又音朋）堋（仝上）漰（～渤，水擊聲） [上聲]祊（急也）拼（大力也）詳（説也） [去聲]蚌迸（～跳）赾（仝上）

pʰ [陰平]烹（～羹，～調）烽（灰～）匉（～訇，大聲）閛（關門聲也）澎（物擊水聲）捧（仝烽）氽（俗曰打～～，人在水上月曰～，本音吞，上聲）軯（虛脹也）怦（心急也）恲（腹痛也）捊（打也） [陽平]朋（～友，同類也）彭（姓也，盛也）蓬（禦亂草又～～盛貌）篷（～帆，舟車帳也）艂（仝上）蟛（～蜞，小蟹）棚（～棧，馬棚）髼（～鬆）倗（死人，胖也）朎（仝上）膨（～脹）塳（灰～）堋（射埒）澎（物擊水聲，又縣名）猒（犬也）芃（草盛也）棚（禾密也）鬅（～鬙，髮亂貌，或作髼）庄（平也，俗寫莊，依此非）鵬（大～鳥，～飛九萬里）笷（織竹編箬以覆船也，船笷是也） [上聲]捧（手～托也）埲（煙塵雜起）泙（水也） [去聲]拼（～擦）熢（蹈也）姘（男女私合曰～）硼（磕～）碰（仝上）

m [陰平]夢（魂～，方音本去聲） [陽平]蒙（承～，愚～）濛（～淞小雨）朦（～朧，月未明也）幪（遮～，蓋也）艨（～艟，載船）擝（手～，蓋物也）醾（～酒）萌（～芽，初出芽也）瞢（目不明也）盲（～瞎，又音忙）矇（仝上）甍（寐言也）蝱（小飛蟲，～蟲也）蕄（仝萌）甿氓（民也，二字同）甍檬（屋棟也，二字同）夣（草可爲帚）曚（～朧，日未明也）惛憎（日月無光也，又～～無知貌，又不明也，又心亂也，又悶也） [上聲]蜢（蚱蜢，蝗類）蠓（小飛蟲也）氼（人入水吃～子，俗用，本溺字，又仝休）猛（勇～）繈（稠～，又稀～） [去聲]孟（長也，又～仲季，又姓也）夢（魂也，有～寐）夣夣梦（皆仝夢）

f [陰平]風（雨～，～光，～俗）丰（～姿美也）妦（～嬸好貌）夆

◆ 徐氏類音字彙：一百年前的鹽城話 ◆

（相忤也）烽（～火）蜂（蜜～，蟲名）瘋（～癲，～狂）楓（樹名，厚葉弱枝善搖）葑（菜名）封（～贈，～鎖，～閉）豐（滿也，～稔，～收）藰（香木）峯（山尖曰～）豐（大屋也）鋒（刀～，～利）酆（姓也，又～都城）渱（深泥也）犎（野牛也，領肉攏起）　[陽平]馮（姓也，又依～，又音平）逢（遇也，～迎，又音旁，姓也）縫（彌～，裁～）捀（全上）灃（水名）渢（水聲）　[上聲]諷（～誦，譏～）捧（手拱也，又朋，上聲）　[去聲]奉（供～，～侍，～俸，～祿）鳳（雄鳥王也，非梧不棲）唪（大笑也）

t [陰平]東冬涷（水名又暴雨也）崠（山名）倲（～然：行貌）悚（愚也）苳（麥～：藥名）䗖（～～：鼓聲）埬（地名）　[上聲]董懂澢（物墮水聲）腖（肥也）硔（石墮聲）讄（多言也）埦（禽獸踐處）　[去聲]動洞棟凍（冰也，又凍餒）窬（穴也，不通之～）胴（大腸也）崬（山脊也）蝀（蟬～虹也）鼕（～～：鼓聲）洞（冷也）峒（～蠻苗類）湩（乳汁也）恫（呻吟也）筒（～簫）

tʰ [陰平]通（～達，～同貫通）蓪（～，草藥名）鼟（鼓聲）侗（～幂，外國服）恫（痛也）痌（瘡潰也）狪（～～，獸名，如豚有珠）　[陽平]同（合～，共也）侗（無知貌）銅（～鐵）童（兒～）僮（～僕）艟（艨～，戰船也）犝（野熊也）澒（汪～，水深貌）筒（通也）疼（痛也，又音豚）桐（禾盛貌）桐（梧～）瞳（目中～人）潼（～關）橦（花木名，可績布，出永昌）蕫（～蒿，食菜）茼（全上）忡（憂也）眮（目眶也）箽（竹筒）曈（日欲明）胴（全上）穜（稑～，稻名，先種后熟曰～）衕（衚～，巷也）彤（赤也，又～華宮）峒（崆～，山名）佟（姓也）痌（痛也，又音通）疼（屋響聲）肩（全上）鶇（～渠，似山雞）噇（喫貌）㛂（女名，又齊貌）筒（竹名，細小無節長丈餘）　[上聲]統（總～，共也）桶（木～，槽～）捅（移也，又引也，進前也）筒（香～，俗用，以竹爲之，本音同）躴（軂～，身不端也）桐（㰒～，直行貌）籦（箸～，義全桶）　[去聲]痛（疼～）慟（悲～）㤉（全上）

n [陽平]農（～民，種田人也）濃（～厚不淡也）莀（全農）噥（唧～，

◆ 第七章 《徐氏類音字彙》重編 ◆

多言而聲細也）醲（美酒）膿（～血）饢（強食也）襛（厚衣也）黷（黑～～）儂（我也）鬞（毛多髮亂也）憹（悅也）灩（濃本字）穠（華木稠多）　［上聲］鬞（里之總名）　［去聲］弄（戲～，又巷也）卡（仝上）挊（搬～）齈（多涕鼻，臭疾也）癑（痛也，又～血也）齈（仝上）恽（愚也）漭（水名）

1　［陰平］礱（磨～，又去聲）　［陽平］龍（蛟～，又姓也）朧（朦～，朎～）籠（～罩）篭（仝上）嚨（喉～）瓏（玲～，玉聲）龒（仝龍）窿（天形也）戎（～狄，又元～）戏（仝戎，兵也）曨（曚～，日未明也）櫳（養獸所也）聾（～耳，重聽也）鞚（馬～頭）懬（戾，狠也）躘（～踵，潦倒貌）瀧（水名）儱（～偅，又上聲）櫳（房遠窗也）蘢（水紅草）茸（草生茸～貌，又上聲）絨（～線）娀（有娀氏）瀧（高下水也）狨（似猴而大赤色長尾）癃（曲腰～背也）毲（～毯）羘（羊～）毣（～毛）氄（仝上）駥（馬高八尺曰～）罐（大聲）隆（興～，盛也）　［上聲］隴（郡名，又丘～）壟（～坵）寵（窟～）攏（挼～）籠（箱～）櫳（梳～）沉（～～，水貌）漋（仝隴）茸（鹿茸，藥名）儱（～偅，不遇貌）冗（雜也，又撥～）宂（仝上）埪（地名）氄（皆鳥細毛也）衕（巷也，方音本同巷）　［去聲］礱（磨～，本平聲）龓（行不正也）

ts　［陰平］宗（～族，祖～）終（畢也，又始～）中（不偏曰～，又～正）淙（水聲）鐘（～鼓，～錶）蹱（行不正也）妐（夫之兄也）螽（蝗也，多子）踪（～跡）浺（水也）鬃（～毛，馬頸毛）鍾（酒～，茶～，又量名，六斛四斗）淙（水聲）妕（女字）偅（儱～，潦倒貌，與躘踵仝）忠（～厚，信也）樅（～樹，無枝）椶（仝上）騣騌騘（馬冠也，卽馬鬃也）忪（心動不定）衷（～曲，～腸）倧（古之神人）蔽（～芽）鉵（美铁也）公（志及眾也）　［上聲］冢（大也，～宰）塚（坟～也，冢俗寫）種（籽～，又音仲）煄（火燒起）腫（～毒）瘇（仝上）豖（仝冢）歱（眾立也）徸（相迹也）怱（傯～，不暇也）偬（仝上）憁（～恫，不得意貌）踵（躘也，弓腰走也）褈（仝種）總（統共也）緫揔摠（皆仝總）　［去聲］縱（～橫，～放）粽（～子，

◆ 徐氏類音字彙：一百年前的鹽城話 ◆

名角黍，楚屈原典）糉（仝上）蹤（跳也）綜（機提也）種（栽～）仲（伯～，孟仲季）眾（多也，聚～）偅（儱～，又平聲）訟（爭也，又方音讀宋）重（沉～，輕～，貴～）氪（心氣也）

tsʰ [陰平]沖（和深也，一飛～天）冲（仝上，俗用）忡（憂也）种（稚也，又姓也）衝（～突）憧（心不定也）舂（～碓）聰（～明）蔥（～蒜）葱（仝上）匆（～忙）驄（馬青白色）驄（仝上）沖（～融，水深廣貌）璁（～瑢，佩玉行貌）浺（水聲，又山下泉）充（滿也，又～當）蒽（急速也）踏（脚踏）捀（挩也）琮（美玉，外八角中圓）淙（水聲）瑽（石似玉，又音總，美玉也）衝（通道也）惷（愚～）徸（行貌）憧（意不定也）囪（烟～，在墙曰牖，在戶曰～）　[陽平]蟲（蚊～）從（依～，又由也）叢（聚也）崇（高也）崈（仝上）潨（水會也）淙（水聲）漎（小水入大水曰～）种（稚也，又姓）重（～叠）褈（～複）䭇（食貪食也）从（從本字）叢（仝從）徖（安也）從（步緩也）虫（俗用蟲字，本音會）　[上聲]寵（～愛）聳（山高貌）䶈（高處貌，又入聲）　[去聲]趟（趕走也）抌（跳也，見正字通）揰（推擊也）𢒉（不請自來也）𦩎（功人也）銃（鎗也，又斧穿也）

s [陰平]松（～柏）崧（～，山高大貌）淞（江名，今作松）嵩（中嶽嵩山）娀（女名）蚣（～蜥，虫名）漎（水聲）繒（素白也）倯（隴石也，地方懶曰～）鬆（蓬～，不緊也）彸（姓也）徖（姓也）㣎（小行恐貌）枀（仝松）　[陽平]䏈（腎水，俗用新字）　[上聲]竦（敬也）䇸（高也）悚（～懼畏也）㦂（仝䇸）慫（～慂勸也）　[去聲]宋（國名，朝名，又姓）訟（高郵方音，興訟，本音頌）梭（仝送）送（迎～）㤨（仝宋）

k [陰平]龔（姓也）公（～道，～平無私也）工（～匠，～業，～廠）攻（專治，又～書）弓（～箭）躬（身也，又鞠～）忷（心急也）憤（心動也）宮（宮殿）蚣（蜈～，毒虫）恭（～敬）龔（仝上，恭本字）笻（無節竹名）供（～奉，又去聲）功（～德，～勞）龔（仝恭）肱（股～，又～臂也，俗讀紅）酐（縣名，在酒泉）觥（角

264

爵也，又音光）簮（笠名，又音感，箱類）　　［上聲］拱（手～）鞏（同也，又姓也）礦（金～，～物，俗讀曠）䢀（～掘）羾（羽上飛）𩗢（～物）拲（罪人兩手共一械）恐（戰慄也）汞（丹砂化爲水銀）珙（大璧也）穔（有芒粟也，俗用讀𥹥，曰～麥）𪎮（仝穔）　　［去聲］共（公～，同也）供（侍奉，～養）貢（～獻，進～）贛（賜也）灨（水名）戆（愚也）

kʰ　［陰平］空（～虛，不實也）悾（無能貌）崆（～峒，山名）倥（～侗，無知貌，又音孔）箜（篌～，二十五絃，古之樂器，也卽瑟也）涳（～濛，細雨又直流也）　　［上聲］孔（～穴，又姓）恐（～懼，又怕也）悬恐（皆仝恐）　　［去聲］空（～虧）

x　［陰平］哄（市人聲也）烘（～火，～炕）　　（竹器）轟（～，烈雷聲）鍧（鐘鼓雜聲）訇（匉～，大聲）薨（古諸侯死曰～）閧（閉也）佟（姓也）硑（石聲，又仝訇）淘（水浪～～聲）洪（泽水也，又大也）　　［陽平］宏（寬～，又天也）弘（大也，又仝上）横（縱～）洪（大水也）鴻（大雁也）虹（～霓，名蝃蝀，天地凝氣也；又音絳、扛）紅（赤色也）閎（空也）澋（海水騰湧貌）黌（學舍也）閧（巷門也）渱（水聲）鈜（鐘鼓聲）訌（亂也）仜（大腹也）幠（幟類）潢（大波也）宖（大屋）宏（大屋）泓（水聲）鐄（大鐘）虹（女字）汯（水回旋貌）竤（度量也）肱（股肱，又音公）嶸（崢～，山峻貌）　　［上聲］淘（水相激聲）硑（石聲）鞃（鳥飛聲）颳（大風）嗊（囉～，歌也）𥅽（耳中鳴也）澒（水銀）汞（仝上）唝（鳥聲）鑋（鏗～，鐘鼓聲）渢（水風也）　　［去聲］閧（閉聲也）横（～暴，～竪）澋（水津也）蕻（草～，彌也）

ø　［陰平］翁（老～，漁～，又姓）䩞（～鞋）聬（耳中聲也）豵（豬也）　　［上聲］滃（雲濃貌）塕（塵起貌）囥（圓穴也）㝉（室中暗也）曤（～曚，日未明也）　　［去聲］甕（～缸）瓮罋（皆仝上）齆（鼻塞也）齆（～臭味）

ioŋ

tɕ　［上聲］窘（～迫；～，又君，上聲）絅（單衣也）駧（牧馬苑也）炯

◆ **徐氏類音字彙：一百年前的鹽城話** ◆

（光明也）憬（覺悟也）迥（遠也）泂（～濚，水回旋貌）肩（門上鐶鈕）褧（衣也）僒（僱也，仝窘）冂（林外爲～）濚（水回旋貌）絅（巾也）絧（仝綱）菌（土蕈也，俗曰卷子） [去聲]瀞（清也）

tɕʰ [陰平]傾（倒也，俗音） [陽平]窮（貧～，～苦）惸（憂也）笻（～獨）瓊（～瑤美赤玉）穹（～，蒼天也）筇（竹名，可爲杖）璚（赤玉，又仝瓊）藭藭藭（皆與窮仝）藭（～芎，藥名）㽞（病也，又地名）蛩（螽～，蟲名）獚（獸名，似虎，本作窮奇，俗加犬旁）跫（足蹋聲也，又音腔）

ɕ [陰平]兄（～弟，父～）芎（川～，藥名）洶（水湧也）凶（吉～，～勇）恟（懼也）匈（～奴，狄名）訩（仝上）胸（～膛，～腹）賯（仝上）曧（謹敬貌） [陽平]雄（英～，雌～）熊（～羆，又姓也）犾（仝上） [上聲]洶（～涌，水聲）洶（俗洶字）

∅ [陰平]雍（～熙，和也）雝（和也）邕（和也，人名）饔（～飱，早食曰～）癰（～疽，外症也）壅（～塞）廱（辟～，天子之教宮也）㯒（兵架也，又木名）庸（中庸，又平常也）鄘（邶～，國名）墉（垣墻也）鏞（大鐘）嵱（～山，在建州）慵（懶也）滽（水名）䕺（雞頭，即芡實也，又仝壅）噰（聲音和也） [陽平]容（～貌，包～）融（～和，～朗也）溶（～水盛也）蓉（芙～，花名）鎔（～鑄，～化）傭（～工，作也用也）螎（仝融）俗（～華婦官名）融（日正也）瀜（水名）濚（絶小水也）肜（商祭名）彤（重影也）榮（～華，方音本音銀）熒（火光）顒（望也） [上聲]勇（強～，猛～）踴（～躍，跳也）踊（蹢～，跳也）衟（～衖，巷道也）甬（仝上）永（長也久也，又音允）埇（道上加土）慂（慫～，勸也）惥（俗仝慂）涌（水～，～本字）湧（仝上）擁（～擠）饟（～食）俑（木人）恿（怒也，忿也）或（猛也）㨲（仝擁）蛹（蠱，紅蟲，不食不動） [去聲]用（～度，曰～）襛（仝上）邕（人名，和也，又平聲）

aʔ

p [入聲]箔（簾～，通作簿薄）鉑（錫～）博（大也普也廣也）薄

266

第七章 《徐氏類音字彙》重編

（消～，厚～）剝（刻～，～削）雹（冰～，俗音）膊（肩～）煿（炙～）亳（～州，地名）駁（～雜，～儀）皵（皮起也）泊（舟靠岸也）駮（獸如馬，食虎豹）欂（壁柱也）筋（竹節～，又指節响聲也）爆（犗牛也，此獸與百獸抵觸無敢當也，古槊首刻～牛於上）懪（悶也）礴（旁～混同貌，又廣被貌，見莊子）簙（～奕，行碁）簿（～奕）

p^h [入聲]朴（質～，～實）樸（仝上，又～樕，小木也）檏（仝上）滈（水激也）雹（醬名，又音袍）瓟（仝上，又小瓜）帕（手～，四方巾也，俗讀爬）粕（糟～）烞（燁～，响聲）懪（悶也）撲（擊也，又讀帛）撲撲（皆仝上）簹（大竹可爲棟柱）鉑（金～，錫～）箔（仝上）矺（～硝，藥名）拍（打也）扑（鞭也）操（擊也）泊（水～，舟～岸，漂～）雹（雨冰也，冰～）犳（流星）欙（槊杖名）璞（玉未治也，又素玉也）

m [入聲]莫（無也，又讀慕）瘼（病也）幕（帷～）幙（仝上）寞（寂～）摸（～揉）膜（皮～，内～）嗼（嗽～，無聲也）漠（沙～）瞙（目不明也）鏌（劍名，～鋤）塻（塵也）蕿（靜也，又仝莫）皛（美目也）廇（空也）

f [入聲]縛（束～，～手，捆～）搏（捉也）

t [入聲]度（～量，裁～）𦧶（～舌，舌不伸也）跺（趕走也）沰（水滴～～）㤾（忄～）鐸（木～）吒（吐～）侘（忄也）

t^h [入聲]託（～寄，拜～）托（～盤，又茶～子，又通託）拕（～物，又捧～）拓（手～，又仝上）柝（夜行所擊物）袥（～肩，補～）袎（仝上）庹（五尺曰～）籜（笋皮）踏（跛也）橐（囊～，無底曰～）𡥧（少女也）涿（雨滴～聲）㭣（仝柝）沰（落也，又滴～）𣳾（滑也）砣（～鼠，木名，又音尺磃也）

n [入聲]諾（應辭也）搦（手～）𢙳（亂也）𢙼（心然也）

l [入聲]落（着～，瓢～）洛（水名）烙（炮～，～铁）珞（瓔～，頸飾）絡（～繫，繩～）酪（乳漿也）烙（木名）箈（籠格也）濼（水大也，又江名，又城名）雵（雨霖也）雒（地名）筶（籠～，

◆ 徐氏類音字彙：一百年前的鹽城話 ◆

篋~）落（仝上，又籬~）若（如~）樂（喜~，快~）懍（娛也）讝（狂言也）弱（軟~，又強~）蒻（蒲中心也）箬（~笠，又竹皮曰~，又粽~）㘖（啅~，有才辨也）駱（仝酪）䏑（入肉曰~，俗用新字）

ts [入聲]着（穿~，特~，~落）作（做~，造~）酌（斟~，~量）斫（砍~）昨（~日，前一日也）捔（打也）笮（竹索）酢（酬~，~酒）涒（水也）

tsʰ [入聲]綽（~~，寬貌）錯（舛~，失~）䉑（~鰕，~麥）焯（~菜，又仝灼）敠（奪取物也）綽（繩~，粗繩曰~）鑿（~井，又斧~，又開也）

s [入聲]芍（~藥，花名）杓（瓢~，又斗柄也）碩（大也）灼（照也，又花鮮明曰~~）鑠（銷金）索（需~，又姓也）坷（土跡也）挲（摸~）扚（疾擊也，又~粉）彴（獨梁）斫（擊也）鎙（鉄繩也）縤（繩~）溹（水名）妁（媒~）爍（火光貌）勺（~尊，升也）岞（靜也）狘（獸，如豹）石（金石土精爲~，俗音十，又十斗曰~，又俗音旦）籂（盪米具也）

k [入聲]各（異辭，又別也）閣（樓~，~下）角（獸~，又口~，又物隅也）擱（擔~）咯（雞聲~~）桷（方椽曰~）掬（持~，又與角通）埆（墝~，不平也）确（不平，仝上）

kʰ [入聲]㨻（擊也打也）殼（皮~）殻（蛋~）觳（仝上）殼（空~，又仝殼）

x [入聲]郝（地名，又姓也）㰀（㭝~，車具）鶴（白~，鳥名）鵅（仝上）貉（狐~）涸（水乾也）瀚（仝涸）壑（溝~）臛（肉羹也）㝟（物瘕也）學（習~，方音）淮（霍~，又音確）佫（姓也，癋心病也）

ø [入聲]惡（善~）堊（色土也）噁（仝惡）惡偓（俗惡字）嗯（鳥聲）瑿（白玉也）

iaʔ

n [入聲]虐（殘~）瘧（~疾，病也）

268

第七章 《徐氏類音字彙》重編

l [入聲]畧（謀~，大~）略（仝上）掠（擄~，~取）撃（仝上）剞（刣~，又刀快也）

tɕ [入聲]脚（足也）甲（天干名，又盔~，本音夾）角（牛~，又一角小洋，又五音~韵）爵（~祿，天~）嚼（仝上）嚼（咬~）呷（仝嚼）斛（平斗斛也）榷（獨木橋也）珏（二玉相合爲一~）屩（草履也）屫（仝上）腳（口上曰~）噱（仝上）㲉（仝珏）（仝爵）覺（知~，又音鵲，又音告）鵔（仝上）

tɕʰ [入聲]鵲（鳥~）雀（仝上）恰（~當）確（的~，又堅也，又~實，又~然）埆（墝~，土瘦也）碏（敬也，又石~，古人名）愘（恭也）檆（枳~，藥名）愨（說也）卻（辭也，又姓也）㳿（漬也）覺（知也，又音脚）㤞（李~，古人名）却（止也退也，又不受也）皵（~皮）搉（敲擊也，又俗用康入聲）榷（木皮理錯也）舄（鳥名，又音昔履也）杢（地名）㕡（鞭聲）恰（帽也）㡓（帽也）愨（善也，又仝㲉愨）箉（籠也）

ɕ [入聲]學（習~，又讀郝）斅（教也）削（剝~）潃（澗泉也）觷（治角也，又人名）吒（怒貌）謔（戲~）鸑（山鵲長毛）㱿（嘔吐也）

∅ [入聲]樂（鼓~，禮~，又姓）藥（~草）耀（光~）𣌾（仝上）岳（山~，~丈）曜（白色）鑰（~匙）約（契~，期~，~會）嶽（五~，衆山宗也）淪（水名）籥（三孔笛也）龠（仝上）瀹（水名）鸑（鷟~，鳳屬）礿（秦祭名）躍（踴~，跳也）禴（春祭日，又仝約）愕（驚也）遻（不欲見而遇也）鸙（鳥名）挕（抻也）籆（收絲器也）籥（呼也，實音裕）萼（花瓣外部曰花~）蕚（仝萼）鄂（~州，又姓）𦼫（仝藥，見老君碑）

uaʔ

ts [入聲]卓（立也高也）桌（~椅）稬（稻根下種麥）捉（~獲）琢（磨~）濁（不清也）濯（洗也）皁（高也）狢（猛犬）鐲（手~）斲（削也）斮（斫也）啄（鳥~物也）擢（舉也引也）逐（推也）浞（人名，寒~）硺（擊也）攫（撲取也，又~鑠強健也）玃（母猴，又大猴也）㭬（擊也）𦏏（龍尾也）惴（心不安也）斮（斬也）

◆ 徐氏類音字彙：一百年前的鹽城話 ◆

晫（明也）鷟（鷟～，小鳳）涿（～鹿，郡名）霂（～～大雨）穛（禾～苞）啅（仝啄）倬（著也，明貌）芉（草木叢生）篧（捕魚罩也）睟（目明也）

tsʰ [入聲]戳（印～，鎗～）齼（齼～）擉（泥中取物）趯（趨行貌）𢧵（舂也，又仝戳）娖（謹也）

s [入聲]朔（～望，～初一日，望十五日）數（煩～）嗍（口～物）槊（古兵器矛屬）搠（塗也）𣐈（仝槊）稍（仝槊）

k [入聲]郭（城～，又姓也）椁（外棺也）硞（仝上，古用石～）椁（仝椁）姡（面貌）嘓（虛言）墧（虔也）

kʰ [入聲]擴（充也）挄（仝上）鞹（皮去毛曰～）韕（仝上）漷（水冲岸）攉（～數，又撲取也）躩（足盤辟貌）廓（城～，又空也）

x [入聲]霍（山名，又姓也）癨（～亂，時病）藿（藜～，野菜名）攉（搖～，揮～）鑊（鍋也鼎也）籗（取魚具，又音台）矐（暫明也）濩（羹也）穫（刈穀也，又音或）籆（收丝具也）

ø [入聲]握（持也，掌～，把～）幄（帷～）齷（～齼）喔（雞聲）鸑（～子，鳥名）噣偓（～促，又姓也）渥（溉灌也，又仝沃）硺（石～，俗音本音卓，擊也）碨（石碨也）楃（木帳也）沃（溉灌也）

æʔ

p [入聲]拔（抽～，～取）䳺（～哥，鳥名）八（數目）捌（破也分也，又仝上，大寫）仈（姓也）朳（無齒杷也）

pʰ [入聲]砏（石破聲）

m [入聲]抹（塗～，揩～）袜（～胸）帕（箍～，～額）眜（惡視也）䰛（黑也）骪（～骶）

f [入聲]法（～律，～度，設～，～術）髮（毛～，鬚～）發（生～，～達）伐（征～）垡（土～頭）橃（海中大船）筏（竹～，木～）罰（刑～，賞～）泛（通流也，寒也，又音弗）閥（～閱，戰功也）傡（仝伐）橃（仝筏）

t [入聲]答（對～，問～，應也）荅（仝上）搭（手～物）褡（仝上）撘（手打也）韃（～靼，狄名）褐（僧人～衣）褡褡（二字皆仝上）踏（跋～，跳也）蹹（仝上）達（通～，傳～）鐽（鉤～，火～）鐽（仝上）瘩（肉疙～，病也）詚（不靜也，俗云兜～）怛（悲也，又懼也）妲（～己，紂王之妃）趆（走貌）澾（水出貌）

tʰ [入聲]漯（水名，黃河支流）撻（擊也）嚃（口就食也）獺（水～貓）踏（踐～）蹋（仝上）沓（貪也）狧（逃也）澘（沸溢為～）潚（淫也）駘（黑～子）磍（～碓，舂米）遏（邐～）磋（石～也）榻（床～）鞜（兵器）鞳（鐘鼓聲）闒（禁門也）闒（樓窗，又鋪闒門板也）惕（意下也）塌（坍～）塔（寶～）墖（仝上）溻（泥滑～也）躢（爛也）傝（～儑，惡也，又不謹貌）溻（仝溻）揸（指～，衣縫）撻（鞭～，敲也）篢（窗也）猎（～～，貪欲貌）鵎（～嘴，偷食也）韜（仝上）少（蹋也）薘（菜生水中）艞（～子船）雞（皮起毛也，俗云皮～）轕（～車）徟（徘～，逃叛也）橽（～車洩水，又仝轕）塔（累土也）嗒（解體貌，又似喪其耦也）傝（仝傝義） 塌（地低下也）獺（仝獺）

n [入聲]捺（捐～）納（受～，又入也）吶（～喊）衲（～衣，又僧自稱曰～）扴（搵～）搦（打～）妠（娶也，又小兒肥貌）笝（竹篾索也）

l [入聲]蠟（膠～）臘（冬～，寒天也）臈（仝上）辣（苦～也）邋（～遢）蝲（楊～，蟲名）髡（髮禿也）磖（～磔）糲（粗～，又音利，又音賴，糙米也）掣（破～）剌（暴戾無親）礰（石墜也）髶（字）曬（日欲入也）瀨（灘之名也）拉（～縴）

ts [入聲]雜（～亂，～貨）襍（仝上）閘（～壩，關～）扎（捆～）札（書～，信～）劄（文書奏～）眨（～眼）煤（油～）喳（嘲～，鳥叫）咋（仝上，又音折）嚓（嘈～，鼓聲）噆（齧又也，仝嚌嚓）呷（仝上）匝（周也）帀（同上）殌（夭死也）殂（仝上）唼（食入口也）哳（～嘴）咂（魚食入口曰～）紮（纏～）閘（城門中板）攃（用武貌）苙（～壯，又草出土）卡（守～，時音唬上聲）

◆ 徐氏類音字彙：一百年前的鹽城話 ◆

tsʰ [入聲]察（監～，斷細～）擦（搽～）礤（粗～）挿（裁～，俗用）插（裁～本字）楪（木析聲）鍤（～鍬）淬（溢也）嚓（察也）活（滴水也）刹（寺曰～）魙（羅～鬼名）攃（足動草貌）遙（急走也）歃（～血，以皿塗口也）督（仝察）

s [入聲]殺（宰～）霎（～時，又雨聲）翣（棺飾也）箑（扇也，周武王作）撒（手～物也）擦（仝上，又音察）偦（行貌）煞（神～，收～）靸（～鞋）趿（鞋不拔也）颯（風～～）薩（菩～）甩（抛棄也）霎（雨～～）㾊（偒～，惡也）澈（潑～）扱（～衣）譖（散言也）榐（木樺～也）䨦（電震貌）㪔（流散罪人若米）墶（～～，土墮聲）幍（巾二幅曰～）煞（神～，俗寫）

k [入聲]荚（苲～，菜～）

kʰ [入聲]掐（手～物）恰（～是，竇當，又音却）㧒（枯～）㜏（嬲～，本音鳥）

x [陰平] [入聲]瞌（～眼瞽目）合（十～為升，又音活又音葛）

ø [入聲]鴨（雞～家雁）押（鎖～，又簽～，又抵～）壓（鎮～，又～紙）罽（破～碗）軋（車辗）挹（手捺也）庘（壞屋）泙（～活，下濕也）

iæʔ

tɕ [入聲]甲（天干名，又指～，又盔～）胛（～窝）呷（喧～）郏（～鄘，地名）袷（襌～）裌（仝上）篋（箱～）跲（躓也，又音却）荚（苲～，菜～）眈（眼細欲睡也）夾（左右持也兼也）挾（持也）鉀（鎧～）蛺（蝶也）頰（～頤，又音却）脥（仝上，又脂也）俠（傍也並也）爵（～位，又音脚）戛（響聲，又長戈也）鋏（劍也鉗也）梜（～棍，又箸也）嘎（鳥聲）坅（積垢也）帢（巾也）愜（快也）㥦（仝上）丏（草木之華）

ɕ [入聲]恰（合也和也，又音協）狹（～窄）祫（～宗祠，合祭先祖曰～）挾（～持也，又壓～）轄（管～，又車橫木）峡（山～，巫～）匣（箱也）柙（檻也）恰（劍柙也）狎（習也近也戲也，又玩弄意）筐（竹名）箉（仝上）黠（堅黑也）轚（車軸頭鉄）鎋（車～也）

272

硤（～石，地名）俠（～客，抑強扶弱曰～）

uæʔ

ts [入聲]鸄（水鳥，秧～）窡（穴中出貌）㑌（短～）䁂（短面也，又嬌姿也）

s [入聲]刷（～剔）唰（鳥理毛也）

k [入聲]刮（～削）趏（疾也，又人名）颳（～風）鴰（鳥名）骷（骨耑也）湀（水流聲）括（包～，又箭受弦處曰～）聒（語雜聲）劀（割也）栝（檃～，正邪曲之器也）桰（仝上，又木名）

kʰ [入聲]劀（用力作也，又音窟）

x [入聲]滑（泥～，又姓也）猾（狡～）趏（走也）䯏（治骨也）揢（擗也裂也）䆲（囟突出也）疧（足病也）

ø [入聲]襪（鞋～，足衣也）韈（仝上）挖（～掘）空（仝上，又手探穴也）嗗（飲聲也）

ɔʔ

p [入聲]白（紅～，方音，本音帛）百（數目）伯（～叔，又父之兄也）蔔（蘿～）北（南～）栢（～木，又姓也）濮（水名）鮊（魚名）檗（黃木，藥名）佰（百人曰～）擘（手～，分也）卜（～筮，～卦）柏（松～，仝栢）蘗（仝檗）檘（仝上）舶（大船）湘（淺水也，又仝洦）汈（水名）

pʰ [入聲]僕（男用人曰～，女曰奴）幞（頭巾也）撲（～手，～捉，～滅）璞（玉在石中）濮（水名）珀（琥～）拎（脂入地所化）白（～黑，又讀卜）拍（打也）迫（急也窘也）敀（仝迫）擂（射中物也）魄（魂～）瀑（飛泉懸水曰～布）脈（物破聲也）墣（塊也）蔔（蘿～，又名萊菔）圤（塊也）夌（～～行貌）曝（晒也）

m [入聲]木（草～）沐（～浴）目（眼也）麥（稻～）貊（蠻～）默（～會，～認不語）睦（敬也，通穆睦）帞（邪巾也）洦（淺水也）瀎（波也）万（～俟，姓也，又音萬）眽（目略視也）牧（～童，養牛人，又放也）穆（禾也，姓也，美也，清也，悅也，又右為～）脉（血～，俗寫）脈（仝上，本字脉，理也，又方～）睦（和～）

◆ **徐氏類音字彙：一百年前的鹽城話** ◆

墨（黑色，又黑墨）袹（車衡衣也）陌（阡~，市中街也）驀（上馬也，超越也）駤（似騾而小）苜（~蓿，菜名，飼牛馬）獏（猛獸）幕（與万俟之万仝）狛（~~獸名，驢父牛母，能食銅鐵）

f [入聲]福（~氣，五~）伏（俯也，埋~，降~）袱（包~）復（反也）覆（回~，蓋也）幅（巾~，鏡~）复（行故道也）復（覆本字）洑（水洄流也）澓（流也）畐（滿也，又仝幅）複（地室也）腹（肚~，口~，心~）服（衣~，降~）複（加也，重~）蝠（蝙~，飛鼠，見一得五）茯（~苓，又曰仙遺糧）扶（擊~）夏（仝復）輻（~輳，如市轂聚也）枎（船捼~）馥（香氣芬~也）𩡦（伏于軸也）匐（匍~，手足并行）墣（窟也）圤（土壅曰~）

t [入聲]讀獨瀆（溝~）竇（襲~冒~煩~）髑（髑髏頂也）頓（仝上）貈（獸也，如豹五尾）牘（尺~，牒~）櫝（櫃也）督（總~，又監~，又率~，都~）碡（碌~，磙也）嬻（媟~）殰（胎敗也）𪏟（卵內敗也）纛（大旗曰~）瓄（昆山玉也）㣍（動也）篤（厚也，~實）𥰔（仝上又仝竺）𠋀（~俕，短醜貌）磭（落石聲也）䆞（谷空貌）幬（羽葆幢）匵（匱也）䗪（妬~）裻（新衣聲）犢（小牛也）黷（濁~，又垢也）纛（旗~，又音道）

tʰ [入聲]禿（無髮也）鵚（~鷲，鳥名）梳（杖指也）浾浾（二字同滑~也，又水聲也）瘃（~頭也）

n [入聲]衄（鼻中血也）𨧱（刀傷也）朒（行太疾也，又音訥，肥也）朒（仝上）

l [入聲]六（數目）陸（旱也，又~陳，又~軍）肉（皮~）彔（刻木~~也）祿（福~）綠（紅~）錄（抄~，記也）辱（恥~，羞~）㥛（仝上）壠（地名）菉（~荳）碌（~碡，石磙名，又仝錄，又~~，庸人）漉（淘~，又水清也）漉（澤名）樚（~櫨，井上汲水器）籙（符也籍也）騄（~駬，良馬）勠（仝戮）碌（~碡）逯（行謹也）摝（撈~）瀧（~巾，仝漉）襹（仝祿）溽（濕暑也）鹿（獸名，陽物，多壽）穋（~穜，谷名，晚種早熟曰~）漉（去水也，又仝漉盝）琭（玉名）睩（見也）簏（籠盝通作）褥（被~）

· 274 ·

◆ 第七章 《徐氏類音字彙》重編 ◆

鄏（郏~，國名）耨（𦓯~）蓐（草復生也）蔍（~蔥，萱草）濼（水名，在齊魯間）蓼（~莪，又音了，辛菜）醪（醇~，又音牢，美酒）戮（弒也，又併力也）勠剹（皆仝戮，又削也）鯥（魚似牛有翼）僇（辱也）轆（車軌道謂轆~）膔（腹鳴也）麓（守山林之吏也）簏（竹高器也）瞜（目明也）甪（~里先生）

ts [入聲]築（建~，挑~）妯（~娌）粥（稀飯也）逐（驅~，追~，~日）囑（~咐，叮~）祝（慶~，禱~，又姓）祝（仝祝）嘱（仝囑，俗寫）剥（削也）柷（樂器也）足（手~，滿~）竺（天~，又姓）軸（車~，紙~）竹（~木，蘭~）筑（樂器）斸（斲~，鋤~）𠴲（言求媚也）　（執也）𠾅（呼雞曰~~）咮（仝上，呼雞聲）躅（~躑，以足擊地）蹜（~跳）屬（連也，聚集，又音俗）燭（音竹，照也，又香~）

tsʰ [入聲]族（宗~，又聚也）鏃（箭~，~刀）踧（~踖，行慎貌，又音狄）歜（盛怒貌）躅（顏~，人名）畜（~牲，~類）摵（擊也）潗（水貌）潚（水深清也）俶（始也，又作也）𤞄（仝畜）搐（牽制也）蹴（踘~，踢也）𡱂（不安貌）俶（~佩，不伸也）柷（~敔，樂器）𠭴（齊也）𣲆（聚齊也）簇（太~，六律名）慼（促也，聚也，愁也）諔（詭也）觸（~犯，抵~）犝犅䚢（皆仝觸）促（侷~，督~）彳（亻~，小步行也）憱（動也，痛也）叕（人眾也）𣄀（~嫩）戳（剄~，又床，入聲）

s [入聲]淑（善也，~人）速（急也趣也）粟（米~）俗（僧~，風俗）孰（誰也）熟（生~）偢（動頭貌）憟（詭隨也）樕（樸~，小木也）淑（仝淑）漱（雨聲）贖（回贖，取贖）續（繼~）束（捆~，收~）宿（夜~，又讀秀）縮（伸~）肅（端~，~靜）觫（多也）潚（水淨也）浟（淫也）璹（琢工，又姓）夙（~夜，又早也）菽（豆之總名）朮（仝上，又仝叔）蔌（菜之總名）孀（娼~，又名春人無稽）謖（興起也）叔（父弟也，又伯~，又~姪）村（仝上）驌（~驦，良馬）觫（觳~，恐懼貌）餗（實也）妜（夙本字）倏（侷~，不安也）倏（~忽，犬急走也）遬（~謹而不放也）簌（節也）潚（水清也）俶（始也，厚也）倐（疾也）蜀（西~，郡名）屬（眷~，附~）属（仝上，俗寫）塾（學舍也）孰（仝孰）俶（儵~不伸）俴（儵~，頭動貌）

k [入聲]國（~家）囻（民囻，新國字）谷（山谷，~洞，又五谷，俗用）梏（手械也）鵠（黃~，鳥名）哈（鳥鳴~~）蟈（螻~，土狗）轂（車~，車輪中心曰~）嘓（噥~，煩言）馘（割耳也）幗（仝上）穀穀（皆仝穀）號（明文，國名）漍（水名）䁍（閉目貌）穀（百~總名，九~，黍稷秋稻麻大小豆大小麥）

kʰ [入聲]哭（~泣）酷（~虐，~好）嚳（帝~，皇帝曾孫，又急告之甚也）焅（仝上）

x [入聲]或（未定也）惑（疑~）斛（斗~，二斗五升爲斛）獲（得也，緝~）攫（手取也）劃（分也）簏（大箱也，又石~草，又盛米器）畫（筆~，又音化）瞉（~觫，恐懼貌）䫸（~，逆風聲）穫（刈禾，也本音霍）鱯（~，子魚）焰（火~貌）繣（繩~，緯~）擭（搬~）嚄（大呼）斜（~枕，又斗取物也）斷（刀~開）斜（斛，或作斜）

ø [入聲]屋（居也，房~，又音烏）沃（灌溉也）渼（仝上）

ɕiɔʔ

tɕ [入聲]菊（~花）局（格~，捐局，~所）掬（持也）掬（兩手曰~）鞠（~躬，~養）鞫（~問）毳（不敢伸也）跼（蟠~，不伸義，仝上）鋦（铁~，縛物）侷（促~，短小也）諊（窮究罪也）趜（窮困也）桐（禹王山行所用物也）麴（酒母也，大~）恟（謹慎貌）攫（爪持也）渪（水文也）筣（竹根也）

tɕʰ [入聲]曲（委~，彎~，歌~）麯（酒~）蛐（~，蟮蚓名也）笛（蠶簿也）

ɕ [入聲]旭（日光也）昋（仝上）蓄（聚也）畜（養也，牧也，又音觸）頊（顓~，古人名）勗（勉也）慉（起也）滀（水聚也）稸（積也聚也，又仝蓄）

ø [入聲]玉（金~，又音裕）浴（沐~）獄（牢~）慾（淫~，貪~）

◆ 第七章 《徐氏類音字彙》重編 ◆

欲（要也）昱（明日也）埢（地之肥也）儥（賣也）圁（仝獄）悀（心動也）燠（日熱也）鬻（養～，仝育）育（教～，仝上）毓（仝上）浴（仝浴）淯（水名，又縣名）鬻（賣也，熏也）澳（崖近水之處）悀（仝悀，心動也）郁（文盛貌，又姓也）煜（火光貌）稶（黍稷盛貌）鈺（堅金）喅（衆聲）弆（兩手捧物）隩（仝澳）鴝（鴝～，八哥子）彧（仝郁）愾（痛心也）

ə?

p [入聲]不（没也）

pʰ [入聲]孛（～星）浡（～海，水名）渤（仝上）浡（～然作也）邶（地名）哱（口吹也）鵓（鴶鳥名）脖（臍也）桲（米～）餑（仝上）艴（又仝上）勃（～然）綍（大繩）挬（撥也，手～也）艴（怒色，又音弗）犕（馬牛尾一角）敄（勃）荸（～薺）

m [入聲]没（淹～，又無也）沒（仝上）歿（死也）歾殁（二字皆仝歿）圽（埋～）麿（物將死曰～）

f [入聲]佛（神～）彿（彷～，相似）拂（拭也）枎（～楎，取水車具）咈（口吹也）茀（引柩繩也）澓（溢也）黻（黼～，又彰也）紼（繩～，又執～）祓（除惡氣也）髴（髣～）帗（怖～絨朱衣也）乀（左戾也）狒（～～獸如人形，披髮迅走食人）痱（熱病所生，白～～子也）第（車後戶名也）甶（鬼頭活～也）艴（怒色也）沸（水漲漫也）潰湶（皆仝上）芾（蔽～，又草木茂也）弗（不也）奔（大也）魃（仝上）怫（～鬱）

t [入聲]德（道～）得（得失，又獲也）跮（～足）嚄（鳥～食）咄（嗟語）螣（食苗心蟲）淂（水也）蟘（食苗葉蟲）特（～別，又～的，又音忒）㝵（仝得）愣（弱貌）悳（仝德）惪（仝德）

tʰ [入聲]突（忽～）俟（儌～，不遜也）忒（差也）慝（惡匿於心）凸（高起，又音竇）特（～別，又～的，又獸名）堗（灶窗謂之～）涋（流也）脦（肥也）恴（～心動貌）螣（食禾葉蟲）蟘（仝上）挏（拳打）忕（忽忘也）嶀（山貌）忑（忐～，心虛也）捸（搪～，觸也）

277

◆ **徐氏類音字彙：一百年前的鹽城話** ◆

n　[入聲]勒（～逼，捔～）肋（脇～）鰳（～魚）扐（手～）仂（數之餘也）朸（肥也）訥（難言也）肭（仝上）塈（水土相和曰～）歿（～𣪩，不滑利也）弋（箭以射鳥）汋（水聲）忇（功大也，又思也）洓（𢙀～，憂悶也）洓（凝合也）

l　[入聲]日（～月）入（進也，出～）馹（驛馬傳遞）廿（二十并也）

ts　[入聲]質（～朴，又對～，又音自）職（～分，又官～，又～業）昃（日西也）只（語辭，又音子）侄（堅也癡也，不仝姪）隲（陰～）執（～掌，收～）㧱（仝上，俗寫）蟄（伏蟲也，又驚～，又靜伏也）擇（揀～，選～）陟（登也，出～，升～）汁（柳～，滋～）瓡（仝執）植（培～，種～）洔（水也）拓（拾也，又折也）桎（～梏，足械也）蛭（小螞蟥也）臓（肥膏）則（法也，規則）宅（住～，屋也）值（佔～，價～）姪（叔～）帤（仝上）㿃（汗出貌，小雨不輟也）挃（穫禾也）窄（狹也）𥫗（仝笮窄）迮（～敗）澤（潤也）責（～任，罰，又打也）勣（康也）溂（土得水也）嘖（大呼也，又鳥聲，又～～人言）謫（貶～）瀸（粘也）翟（姓也）摘（手～取）隻（單也，未雙也）搹（拾取也）樴（橛～，小木樁也）徣（仝陟）漐（和也，又水行出也）湜（水清見底也）秷（刈禾聲）砥（碻也）炙（熏～，炕也）直（曲～，又剛～，又不罔也）織（～布，紡～）笮（酒～，盛酒器，又狹也）笪（迫也，又屋上板也，又仝笮）仄（平～聲）跖（脚掌，又人名）蹠（盗～，又仝上）膱（肥也）厏（仝昃）磔（張也裂也剔也）秩（～序，又十也）賊（盗也）蟄（食苗節蟲）擲（拋～）幟（幡～）磶（裂也）怪（惡性也）瓆（人名，又玉也）䀩（目病也）稙（先種曰～，又青徐人長媳曰～）湜（姓也）袠（門限也）泘（～～，唇聲也）殖（貨～，生也）熾（火盛貌）饎（～酒，又食也）樴（木名）帙（書衣也）溚（水也）窒（不通也塞也）𡋟（水曲曰～）蹟（正也深也）稙（早種也）㧙（拄杖曰～）䵹（雜也亂也）剬（革～，又削也）銍（短刀也）幘（束髮巾也）簀（蓆也）譜（大聲也，又音昨，酬言也）蚱（虫名）躑（～躅）𡥩（仝姪）𨠁（仝秩）㞘（仝座）郅（至也，又郁～，

漢縣名）

ts^h [入聲]尺（～寸，丈～）赤（紅也）飭（命令也，又整備也）叱（～吒）斥（責～，又～革，又指而言也）坼（裂也）畢（田器）敕（擊馬也，又通策）斥（開也）測（～度，～繪）瀨（仝上）勅（天子制書曰～，又～賜）敕（仝上，～封）拆（手～開）側（侍也旁也）惻（痛也，～憶）妯（女不謹也）汦（水流貌）册（書～，糧～）策（計～，又簡也，又謀也，又打也）筴筞筴（皆仝策）廁（邲屋也）䎡（治稼也）柵（寨～，以木爲之）彳（小步也，又～亍）庆（赤～，錢名）筴（卜筮也，又仝策）䉉（仝册）

s [入聲]十（數目）拾（大寫十字，又～取，又收～）什（～物）色（顏～）澀（不滑也）䬃（仝上）歮（仝上）涩澁濇（皆仝澀）慴（慳～，儉也）塞（閉～）塞（俗塞字）穡（稼～，歛曰～）嗇（愛也貪也）骰（賭錢擲～子）搣（打也）虱（蟣～）蝨（仝上）寒（定也）疋（兩足相距不行也）窒（土塞穴也）適（往也，又～用，又～意）石（金～，又音旦）食（飯也，飲～，又音士）實（虛～，篤～）寔（正～，是也）慽（悲恨也）憴（恨也）失（～錯，得～）飾（粧～，脩～）濕（潮～，～氣）溼（仝上）識（見～，智～，又音自）室（宮～，家～）湜（水清見底）瑟（琴～，樂器）瑟璱（皆仝上）嗇（吝～，又鄙～，又通穡）蝕（日～，月～）式（格～，中～，樣～）拭（揩～，拂～）軾（車前橫木）穑（仝穡）秳（一百二十斤也）奭（盛也）栻（木名，古用占卜之具）釋（儒～，又僧人也，又解～）澀（不滑也）淫（仝濕）塞（塞本字）崵（蠻夷酋長名）祏（宗廟中藏主石室也）眡（目所記也）籂（篩也）

k [入聲]格（～式，又感動也，又正也，規～，又標準也，又資～，又～物）槅（窗～）膈（胸中膈膜）革（更易也，又～除，又斥～）骼（骨也）圪（～塔，又音一）挌（手～物）嚄（雉鳴聲）疙（～瘩，病也）隔（阻～）墢垎（仝墢）虼（～蚤，虫名）饹（～餎，食物）胳（～膝）鬲（阻～）㪣（米～，嘴又堅也）枅（平斛木）諽（謹也，又飾也）嗝（仝嚄）佫（至也又來也）潞（湖名）

279

◆ 徐氏類音字彙：一百年前的鹽城話 ◆

kʰ [入聲]刻（刊～，又時～，每時八～，子午二時十～）客（賓～，～套）克（能也勝也）犵（～獀）肐（～膝）剋（仝克）咳（～嗽，病也）欬（仝上）尅（五行生～，又仝刻）喀（吐聲嘔也）

x [入聲]黑（～白）核（考～，果～，～桃）赫（威～）劾（考～）嚇（怒也，又以口～人）諕（驚～，又恐懼貌）齕（齦～）紇（孔聖父名，又回，～種族名）覈（談～，又驗也，又通核）唬（虎聲也）㦜（惛也）

ø [入聲]厄（災～）戹（小門，又仝上）額（頭～，又匾）軶（牛～頭）呝（～喔）呃（仝上）圔（嶭～，山貌）欰（～　，笑聲）阸（困～）扼（持～）搤（仝上）餓（飢也）餩（仝飢）

iəʔ

tɕ [入聲]汲（～水）伋（仝上，又古人名，孔～）疾（病也）嫉（～妬）集（聚也，又書～子，又～場）跡（踪～，形～）偮（小也）楫（舟櫂也）檝（仝上）樱（似松有刺）即（～刻，又就也）積（堆～，～聚）鴆（毒害也）蹟（仝跡）迹（仝上）脊（～背）泲（水～子，待考）諔（無聲也）沏（水出也）洁（水名）湝（露光也）潗（水疾聲）寂（～寞，～寥）籍（典～，書～）蒺（～藜，藥名）唧（～喲，聲也）鶺（～鴒，鵲名，味美）咠（眾口也）氿（水涸也）窈（仝寂）瀄（和也）𩇯（鬼死，作～）獥（狼子也）鯽（～魚，鮂魚也）墍（土～，塊土也）浗（水淨也）稷（黍～，又社～，又五谷之長，即穄也，秋種夏熟，穗似芦米黃）禝䅣（二字皆仝上稷字）吉（～祥）擊（手～物）圾（危也）堲（薄土也）瘠（瘦也）楉（屋～）及（以～，文法）殛（誅也）極（～頂）棘（荊～，又刺木）𣗥（仝上俗寫）勣（功也）撠（仝擊）瘈（氣急病也）級（品～，加～）檄（～文）覡（俴僧曰～）激（感～），戟（矛屬，兵器）劇（戲也，甚也）嗞（鼠聲也）彶（急行也）忣（急本字）伋（仝上）㤼（合也）吸（呼～，又入氣也，方音本音禽）戾（門鑰也）笈（書箱也）岌（高貌不安貌）拮（～据，手口有所作也，又音結）桔（～槔，水車也）姞（女名）悈（疾也）嫉（仝嫉）𥻵（仝積）嚱（鼠聲）

◆ 第七章 《徐氏類音字彙》重編 ◆

嶯（危也）璘（出美玉，地名）屐（木～，履也）頡（～頏，飛上曰～飛下曰頏）芨（白～，藥名）佶（壯健貌）佽（倦也）孨（敬～也）瞥（免死曰～）輯（編～，又～聚）亼（人三合也）伋（人衆貌）猰（犬生三子）

tɕʰ [入聲] 七（數目，又七夕～巧）柒（仝上大寫）乞（求也，又～化）泣（哭～）訖（完也，止也）迄（至也）忔（喜也）喫（進食也）吃（仝上）喰（仝上俗吃字）湆（幽濕也）憈（居喪哀～）汔（仝泣）刺（針～衣，本音次）葺（修補屋也）咠（口舌也）怵（心不安也）緝（紡～，～獲）裧（～集，人衆貌）楫（木可爲仗）㣈（行貌）渞（羹汁也）湒（沸貌）漆（油～漆，非是）詰（問～，責也）戚（親～，又哭～，又姓也）墄（階齒也）徥（小行貌）淶（仝漆）犵（～狫，蠻也）柒（仝漆）

ɕ [入聲] 習（～學，練～）錫（銅～）席（酒～，又姓，又仝蓆）蓆（床～）惜（愛～）晳（明也，又人名）穴（巢～，上曰巢下曰～）坫（仝上，又深貌）舄（鞋也）楒（木履也，又仝上）昔（前日，又古時也，又今～）窨（夜也，又仝上）歙（歛氣也）淅（汏米也，又～瀝，雨聲）息（消～，又安～，又停也）夕（晚曰～，又朝夕）汐（潮～，江水入海曰～）膝（胑～，本作厀）裼（袒～，露身）袷（粗葛也）潝（水疾也）熄（滅也）析（分～，破木也）枂（仝上）腊（乾肉）襲（蔭～，～爵）熄（火滅也）媳（兒～）褶（～褲，女腿衣也）隙（仇～，暇～，又孔也）潟（鹵地也）汔（盡也，又水涸也）焟蜡（二字皆仝上舄字）咥（笑也）檄（～文）吸（呼～，出氣曰呼入氣曰～）悉（知～，盡～）悊（仝上）恖（亦仝上）汽（仝汔，又音氣，又音乙）碣（柱下石）肸（羣起也）蟋（～蟀，鬭蟲也）覡（巫～，女曰巫男曰～）赥（帳也）翕（合也）怕（仝息）橚（木死也）晰（仝晳）綌（絺～，粗葛也）奶（物死也）虩（恐懼貌）閱（怨也，又戾也，又忿爭也）湁（泊水也）隰（原～，下平曰～）恓（憂也）穸（窀～，墓～也，又長夜曰～）篒（籮屬，又斛也，見廣雅）

281

◆ 徐氏類音字彙：一百年前的鹽城話 ◆

ø [入聲]一（數之始也）壹（專~，全上）乙（天干名）溢（滿也，濫也）益（損~，又利~，又加也）憶（思~，念~）亦（及也）厃亣（二字皆全上亦字）抑（反語辭）邑（州~，縣名）奕（旗也）翌（明日也）翼（羽~）液（津~）浂（全上）溢浥（二字皆全上溢字）苵（今之羊桃也）弋（射也）杙（菓名）黓（黑也）逸（安也）佚（全上）蜴（蜥也，俗名四脚蛇）妷（滛~也）淯（肥澤也）浟（水名）汽（水涸也，今音氣，水~也）易（變也，又換也，又音意）敡（全上）浥（濕也）驛（館~，傳舍也，又駱~，往來不絕）悒（憂也，又不安也）檍（梓屬）泆（淫放也，又全溢）懌（悅也）嶧（山名）揖（作~，拜也）曳（全翌）掖（脇持也，又全腋）腋（脇持物也，全上）晹（日無光也）佾（舞列也）鎰（二十兩曰~）臆（胸也）繹（尋~，又抽絲也）嗌（呑~）靨（溜~，又口旁之微渦也）譯（轉告也，翻~也）翊（郡名，又飛貌，又輔也）佚（勇壯貌）場（田畔也，又小界曰~）墿（軌道也，又音徒，又音度）澺（水名）

uə?

l [入聲]入（出~，進~）

ts [入聲]朮（白~，藥名）柮（榾~，木頭）卒（兵~，死也，方音）

tsʰ [入聲]出（~入）捽（手持也）怵（~惕恐也）毷（鳥短毛）黜（退也，又~陟）詘（全上）怵（憂心也）嫋（短~~）仳（短貌）踤（觸也）㕧（喚人聲）紐（退也）

s [入聲]述（傳~，又~作）術（法~，幻~）秫（谷名）率（~領，又草~）摔蟀（蟋~，蟲名）桦（板也）沭（水名，又~陽，縣名）疢（狂走也）

k [入聲]骨（~肉，~角）榾（枸~樹）汩（没也）淈（濁也，又盡也，又全汩）虢（國名又人名）愲（心亂也）搰（狐埋狐~掘也，本音忽）

kʰ [入聲]窟（~穴）腒（~臋）砶（石塊土塊也）敆（~~，不和）掘（~地，穿井也，又音屈）撅（全上，又音桂）圣（致力無餘功

282

也，俗仝聖非）澞（水深貌）矻（～勞極也）堀壖（孔穴也，二字皆仝上）㩶（狐埋之狐～之）

x [入聲]忽（～然，～畧）笏（牙～）颮（疾風）惚（怳～未定也）淴（汲也，又没也）囫（～圇，物完整不析也）搰（掘也，濁也，亂也，～湯不清也）滑（青黑貌）曶（急視貌）肳（仝上）鶻（～子鷹）欻歘（口吹火也，二字仝）榾核（果～二字仝，又音黑）匢（日出不明）寤（覺也）吻（仝忽）

ø [入聲]勿（不也）物（～件，人～）杌（～桌）兀（不動也）㥗（悶也損也）頌（水～）膃（肥也）㹠（猪～）扤（動也）汻（深微貌）芴（菲～，土瓜也）

yəʔ

tɕ [入聲]橘（菓名）殂（死也）獝（狂～，又惡鬼名）鴡（鳥名）鷸（鳩～，山雀）卒（兵～，又終也）聿（遂也，又惟也，又筆也）屈（短～～）𤠔（短毛狗也）蹶（跛貌）趉（趆～）趉（卒走也）打（以杖～人）𩰱（出也）倅（百人爲～）憰（詭～，欺詐也）譎（欺詐也，不正也）㾾（死曰～，通作卒）狘（獸走）𥬞（以錐有所穿也）

tɕh [入聲]屈（冤～，受～）詘（辭塞也，枉曲也）掘（～井，～挖）𧎦（蛣～，秋天閩蟲）崛（～起，～强）倔（梗戾貌，又仝上）屈（物短毛曰～）紬（不伸也）窋（將出穴貌）怵（憂心也）

ɕ [入聲]戌（地支名）恤（孤～，憐～）怴（狂也，怒也）越（踰也）颵（小風）血（精～，骨～，又音雪）卹（憐～）侐（寂也，靜也）欯（不能行也）

ø [入聲]域（區域，又界限也）役（使也，差～）疫（瘟疫，病也）棫（柞～，木名）閾（門限也）悊（用心也）淢（疾流也）緎（仝域，邦～）堻（仝上）鬱（～悶，又姓也）欎（仝上）投（陶土窰也）㚔（大力貌）

oʔ

p [入聲]撥（挑～，又手～）跋（～涉，旱行曰～，水行曰涉）钵（～

◆ 徐氏類音字彙：一百年前的鹽城話 ◆

盂，又衣～）骸（頸項～子）鈸（鐃～，樂器）軷（車～）蹳（足～，物也）妭（美婦也）盋（飯～也，孟也，又仝缽）癶（足剌，～也，足有所行也）

p^h [入聲]潑（～水，～地）醱（酒再釀也）詙（妄語）拂（手～，又擊也）渒（仝潑）

m [入聲]末（無也）沫（水～）茉（～莉花名）粖（碎～，穀糌也）妺（～嬉，桀王妃，非妹）䬪（馬食谷也）抹（塗～也）秣（谷粟，馬食也）䁾（目不正也）帓（巾也帶也）怽（忘也）眛（目不明也，又人名）昧（日中不明也）䵑（拭滅貌，又淨巾）

t [入聲]奪（爭～）掇（挪～，借～）裰（僧衣）涿（～粥，又水濺也）瀡（仝上）蝳（蝗蟲，～子）趠（勉強行也）彾（行也）蝃（蜘蛛也）

t^h [入聲]脫（解～，逃～）侻（狡也輕也）輗（車～）挩（手～物）䩺（皮剝也，又～衣）

n [入聲]劣（優～，又音列）

l [入聲]捋（～掇）劣（優～，又音列，惡馬也）将（仝上）埒（封道曰～，又小堤也）蹢（跳跟也）柊（木名）呼（難鳴）浖（山上水曰～，又仝埒）㵰（水激石貌）

ts [入聲]拙（不巧也）梲（短柱也）纋（結也）㩴（手把也）綴（聯～）諁（言多不止）涰（泣也）輟（止也歇也）惙（憂也）歠（大飲也）啜餟（二字皆仝上）畷（田間道也）

ts^h [入聲]撮（手～物，又～忙，又六十四米為圭，四圭為撮）涰（泣也）啜（多言不止，又拾食也）輟（車小缺復合也，又止也歇也）

s [入聲]說（～話，又音月）趏（走也）劀（割也削也）潹（飲歇也）

k [入聲]割（刀～，～斷）适（疾也，又人名南宮～，又音刮）眰（視也）愆（自用之意）括（包～，又音刮）葛（～籠，又瓜～，又姓也）濭（水名，又波勢也）轕（轇～，雜亂貌）蛤（～蜊）合（升～，合夥）鴿（～子，鳥名）驕（馬～，腳也）駶驕（二字皆仝上驕字，又足疾也）合（～升）

· 284 ·

第七章 《徐氏類音字彙》重編

k^h [入聲]濶（廣～）閣（仝上）渴（飢～）碣（碑～也，山特立也）瞌（～睡）潏（渴本字，又遲也）瘌（內熱病也）

x [入聲]活（生～，又死～，又～動）豁（～達，～然）斜（～楸）耄（大也，年高也）盍（何不也）合（物～併也，又和～，又～仝）盒（帽盒也，又上下相合物也）㗊（吹火～，又音隘）閤（～室）扃（閉也）褐（毛布也）曷（何不也）佮（姓也）

ø [入聲]揞（援也，取也）盦（～種，又不現也）姶（美好也）灄（水名）

ɪʔ

p [入聲]別（分～，拜～，口下从刀）癟（枯～）鼈（魚～）虌（仝上）憋（～氣）拃（手～後也）撇（反足跛也）稊（禾行列不齊也）斃（死也）甓（瓦酒～子，俗用）鏑（酒～子）鏊（仝上）襒（衣服婆娑）癍（腫滿皮裂不凸也）

p^h [入聲]撇（～捺，抛～）撆（仝上）瞥（暫視也）憋（～妥，急速貌）徶（嗔也，又仝上）嫳（輕薄貌）剺（削也）潎（水激貌）鐅（鹽～，燒鹽鍋也）瓯（小底大口～缸）丿（右戾也）

m [入聲]滅（除也，又消～）蔑（無也）衊（污血也）傤（～僭）篾

t [入聲]叠（重～）疊（仝上）垤（邱～）諜（問～）蝶（蝴～）眣（以目視人也）軼（車相出也，又音業）軑（利也）迭（更～，又與軼通）跌（～倒）瓞（瓜～，大曰瓜小曰～）絰（衰～，喪冠也）牒（表～）櫍（木有綿，可爲布）昳（日昃也）碟（盤～）揲（～衣，收也）喋（摺～）捺（仝上）耋（耄～，又八十歲曰～）堞（城上女牆也）㬪曡（二字皆仝疊）

t^h [入聲]帖（簡～）貼（補～，粘～）怗（心服也）怘（仝上）饕（饕～，貪食也）喋（多言利口也）騜（黑馬）跕（墮落也，俗音湛）黏（～餠，又餠屬）鐵（銅～）鉄（仝上）銕（仝上）

ts [入聲]折（曲～，又催～，又斷也）哲（明～，又～嗣）垤（手～）𧎄（蝗也）𩆜（風動禾也）浙（～江，地名）晢（昭～，明也）晰（仝上）妷（天死也）摺（巾～，又手～，又疊也）菥（篾篷也，又蘆～）嚛（嘲～，又音扎）

◆ 徐氏類音字彙：一百年前的鹽城話 ◆

tsʰ [入聲]徹（通～）撤（抽～，～銷）澈（水清曰～）掣（～錢，又曳也）姽（女不善貌）輒（獨也，專擅之詞，又每也）挃（招也）轍（車跡也，前～）

s [入聲]舌（口～）設（開～，～或）幧（纏也，婦人脅衣）涉（干～，又渡水也）楪（仝上）

iɿʔ

n [入聲]聶（附耳細語，又姓也）捏（扭～）鑷（鑷～）𠦴（犯罪不止也）図（私取曰～）囲（仝上或用）拈（採也）帇（仝上）冚（物低垂）囁（嚅也）讘（仝上）臬（法也，又古按察司，曰～司）涅（墨色，又～盤）涅（水名，又染皂物也）孽（妖～，～畜）躡（登也，蹈也）㘝（矢氣也）讘（多言也）蘗（木根生傍也）捻（手～物，又仝拈）涅（搦也）糱（麴也）闑（門中橛也）乜（姓也，本讀米）嗫（～嚅，欲言不言）鑷（色白如銀，以鍍銅，無毒）

l [入聲]列（陳也，又位序也）咧（～～，鳥聲）洌（寒風也，水清也）裂（破也）劽（有力也）烈（節～，又猛～，又火～）熱（情態也）浰（水疾流也，又音利）剡（剖也）栵（礤～子）躐（踰跨也）獵（打～，敗～）驫（馬行也）鬣（豕曰剛～）籤（竹器）巤（仝上俗寫）柳（惡木也）熱（冷，又方音業）洌洌（仝上洌字）𢘁例（憂也，二字仝）捩（拗～相違也）劣（美也）巤（～～，水流）肖（仝上巤字）

tɕ [入聲]節（時～，竹～，～孝，～省）籤（～蟹）節（傅～）截（斷也止也）楫（舟～，槳也）檝（仝上）潔（清淨曰～）㓗絜契（皆仝上潔字）澯（水回旋也）跲（代也）捷（速也，又一月三，又戰勝也）婕（～妤，婦官）樧（雞棲木）接（迎～）褋（短衣也）䆟（覆也）棌（梁上短柱）睫（目旁毛也）睫（仝上）桀（～紂）傑（豪～，俊～）杰（仝上）結（段也，又～算）刦（～搶）刧（仝上）𥇑（目旁毛也）揭（掀～，～算）竭（盡也）頡（～顎）蛺（～蝶）訐（攻發人之陰私）漃（水出貌）极（驢負物也）尐（少也）㨗（拭也）楬（～橥，有所表識也，俗用揭）鋏（長～，劍名）羯

286

（羊也，又胡戎，號曰～）抈（拑也）輒（車相倚，又忽然）萐（草簾也）撍（心有度也）楖（拭也，又音則）桔（～梗，藥名）孑（單也）榍（木釘也）劣（斷也）碣（～石，山名，又方曰碑圓曰～）癤（瘡～）藉（助也，猶人相～力助之也，又～此生端）浹（澤潤也）乼（仝截）偈（武也）囜（駝駝聲）癥（瘡也，又仝癤）笈（書箱也，又音及）

tɕʰ [入聲]怯（畏也，懦也）喋（小語）淁（水也）疧（病劣也）挈（提也）妾（妻～，偏房曰～）切（刀～，又迫～，又斷也）竊（窃，～取，偸也）竊竊竊（皆仝竊）睫（瞼日欲没）輒（忽然也）挭（招也）篋（箱～也，大曰箱小曰～）匧（藏具也）

ɕ [入聲]屑（清也潔也）洩（～漏，又音次）拽（拖～）緤（縲～，繫也）紲（仝上）歇（～息，休～）塧（堤也）㵒（水貌）潟（鹽池也）渫（渫～，流水也）爕（和也調也）燮（仝上）蝎（毒蟲，俗名鉤子）叶（～韻，又合也）協（同也合也）拹（～拉）瞸（閉目也）燲（志輕也）熁（火迫也）穴（窟～）俠（權力使人）榍（正弓弩之器）娎（得志也）𥉁（孔也）脅（～肋）脇（仝上）渫（敬也）溇（仝上）褉（襦也，短衣也）汔（水涸也）𥉁（少也）愶（威力相恐也）㥊（憂也）愶（心熱貌）絏（綈～）糏（米～，又音血）𥞦（仝糏）褻（私居服也）挈（提～，又扶持也）塮（細塵也）襒（束帶）㵒（水流貌）偞（趨行貌）

ø [入聲]業（基～，商～，～已）葉（枝～）咽（哽～，悲含也）謁（晉～，見也）饐（食窒氣不通也）𪏱（色壞也）傑（輕麗貌）瀁（横水大版）澲（水流貌）鄴（～郡）懨（懼也）殗（病也）曄（光華也）曅（曜也）鍱（铁也）暍（中暑也）擛（手～草）饁（饋饋也）燁（明盛也，遏止也）閼（止也塞也，又平聲）頞（額也）盦（～種，又音豌，人聲）𩱧（調也，畫繪也）拽（拉也）曳（仝上）軏（車相出也）𥎊（引也）厭（一指按也，又音壓）頁（音葉，册～，又布～，食品）

◆ 徐氏類音字彙：一百年前的鹽城話 ◆

yɿʔ

tɕ [入聲]決（～斷，又水名）決（仝上）絕（止也斷也）訣（別也絕也）厥（語辭）獗（猖～）欮（船～）譎（詭～）鴃（鳩也）乁（短也）蕨（菜名）蹶（跌也）襊（短衣也，又～衣）潏（水涌出也）鐍（今之皮帶頭套環也）抉（剔也）玦（玉佩也）歽（人亡絕也）𢏱（仝絕）䀏（日食色）浂（決本字）

tɕʰ [入聲]闕（宮～，又姓也）缺（～少，又殘～，又壞也）闋（樂終也）溊（水名）亅（鉤之逆也）鈌（刺也）䀏（日食也）橛（斷木也）厥（其也）孒（短～也）妜（美貌）

ɕ [入聲]雪（雨～）薛（姓也）渫渫（除去也，又漏也，又仝洩）卨卨（漢人名，二字仝）血（～氣，筋～）窃（穿也，穴也）糏（米～子）泬（水從孔穴疾流也）

ø [入聲]曰（說也）悅（喜～，欣也）月（日～）越（僭～）鉞（大斧也）刖（斷足曰～）抈（折也）閱（閥～，又視也）軏（輗～）樾（樹陰也）粵（地名，又于也）娀（輕也）戉（威斧也）玥（神珠也）說（義仝悅，本屬入聲）

iʔ

p [入聲]弼（輔～，左曰輔右曰～）必（～定，～然）逼（勒～，～迫）偪（仝上）璧（玉也，又完～，又～謝）閟（閉也）壁（墻～）襞（～摺，又叠衣也）辟（法也，又普譬）蹕（跛～）泌（水流貌，又音秘）苾（香草也）滭㳽（皆泉沸也）篳（～門，竹門也）躄（行不止也）䇷（碗荳別名）佖（有威儀也）滭（去滓也）滭（仝上，又盥也）洍（涕也）碧（石青美者曰～，又～綠）鼻（～孔，～祖，又始也）滗（盥也，又仝滭）筆（～墨）笔（仝上）湢（浴室也）怭（慢也）皕（二百也）瑞（青白之玉管也）煏（火～乾物）愊（鬱結也）鞸（禮服也）琫（佩刀下飾也）畢（完也，又姓也）觱（羌人吹以驚馬）䇷（分～也，又云分契）嗶（音必，～嘰，羽毛爲布）

pʰ [入聲]匹（～配，罵～）疋（布～）僻（陋～，偏～）闢（開～）

第七章 《徐氏類音字彙》重編

霹（～靂，大雷也）劈（刀～物）擗（手～開）澼（漂也）癖（食不消瘦～，腹積聚病）

m [入聲]密（秘～，稠～）蜜（～蜂）覓（尋～）覔（仝上）幎（羃也，又死人蓋面布也）宓（安也）謐（仝上）貊（白豕，黑頭）幂（巾覆物也）鼏（仝覓）櫁（沉香樹，出交州）淧（水貌）䏑（自愧也）䤅（飲～）汨（～羅，江名，又音骨）湦（仝上）塓（塗也）㵋（水淺貌）汨（潛藏也）溢（水溢貌）濼（水流貌）

t [入聲]的（～確，～當）䘏（仝上）弔（射也，通也）笛（簫～，樂器）篴（七孔～也，仝上）菂（蓮肉）狄（夷～，北～）靮（馬韁也）覿（見也）玓（明也）啇（本也）滴（～水）𣸣（仝滴，又水注也）荻（蘆～）嫡（～親）敵（鬬也）扚（用水～出）廸（惠也，～吉）糴（～糶，入米也，俗音疊）瀃（蕩也）苖（羊蹄草也，苖苖別）鏑（～鏞）墆（堞也）曜（～～聲也）囚（動也，摘戶簪也）

tʰ [入聲]剔（～刷）挑（挑～，仝剔）捌（仝上）惕（怵～，恐懼貌）踢（足～物也）趯（跳貌，又鈎～）滌（洗～）倜（～儻，卓異也）俶（仝上）逖（遠也）惖（仝惕）摘（拓樹果也，又音則）

n [入聲]鶂（鵝聲也）匿（隱～）逆（順～，忤～）惄（慨也）昵（日近也）忑（飢也，憂也）溺（人入於水）㲻（仝上）

l [入聲]力（～氣，～量）栗（～子，菓名）荔（～枝，菓名，俗用）枥（仝上栗，俗用）慄（戰～，恐懼貌）櫟（樗～，不生火木）𠫓（立本字）立（跕也，仝上）溧（水名，在丹陽）泐（水凝合貌）粒（籽～，顆～）曆（明時節也）歷（～代，經～）厤（仝曆）律（～例，六～）纅（大繩）䙫（長衣貌）瓅（玓～，明珠）笠（斗篷也，又簑～）瀝（滴～）靂（霹～，大雷也）䨮（知雨鳥）㤡（憂悶也）癧（瘰～，瘤病也）礫（瓦～，小石）捩（去滓汁曰～）苙（白芷也）櫪（槽～，養馬所）醴（下酒也）躒（踐也）繨（汲水繩也）礰（打草田器）酈（地名也，姓也，又音離）凓（～冽，寒貌）棘（野棗酸者曰～子）傈（廟王）厯（俗用歷字）

289

後　　記

　　小時候常常爲寫自己的姓名而煩惱——蔡華祥，尤其是"蔡"。我跟一些小朋友一樣，產生了"爲什麽我的名字這樣難寫"的苦惱。後來父亲教給我"蔡"也可以這麽寫——"[字]"，一下子就簡單起來了。我很喜歡用"[字]"，覺得這是"蔡"的草書，又簡單，又酷。大約到初中的時候，才在語文老師的反復教導下使用規範字"蔡"，并逐漸放弃"[字]"的使用。在江蘇師范大學攻讀碩士期間，读到了導師蘇曉青先生的《江蘇北部地區方言俗字的考察》(《方言》2004年第2期)，才認識到"[字]"是蘇北地區流行的方言俗字，也得知《徐氏類音字彙》是一部記錄家鄉鹽城方言音韻、收錄大量俗字的語言文字類著作。

　　2005年9月，我順利考入蘇州大學攻讀博士學位。導師汪平先生十分支持我整理研究家鄉鹽城的方言學文獻。讀博期間，我便根據超星電子圖書網站上提供的掃描電子版《徐氏類音字彙》，將其逐字輸入電腦。由於該書收入了很多古文字、俗字之類的生僻字，給輸入過程造成了不少困難。後來跟從張玉來教授學習《漢語音韻學》課程，張老師給了我一個查找漢字的小程序，大大提高了文字輸入的效率。2008年入職南通大學，我在孔夫子舊書網上看到《徐氏類音字彙》有售賣，書店就在家鄉鹽城。爲了一睹"真顏"，我迫切地托請在鹽城師範學院工作的陳國華師兄，直接到書店購得此書。當然價格也不菲，大概有一千多元吧。根據此版本我又對《徐氏類音字彙》進行了一番校對，基本完成了初稿。

　　2013年11月，江蘇省語言學會學術年會在南通大學召開。我跟馮青青兄相遇，得知馮兄於北京大學博士畢業後，入職鹽城師範學院。馮

◆ 後　　記 ◆

青青兄深耕蘇北方言，已出版《蘇北方言語音研究》，也長期關注《徐氏類音字彙》，且根據《古今字音對照手册》《漢字古音手册》等工具書確定了《徐氏類音字彙》收字的中古音音韻地位，在此基礎上發表了多篇跟《徐氏類音字彙》相關的學術論文。本書的述論部分就轉引了不少這些成果的數據和結論。馮青青兄爲本書的點校整理作出了頗多貢獻。另外，江南大學人文學院研究生侯佳琪參編第肆章、葉青參編第伍章、韓新玉參編第陸章；領導田良臣教授、楊暉教授對本書的出版多有支持，同事郭勇教授、王文礼教授給了關心和幫助；中國社會科學出版社陳肖靜女士爲本書的出版更是多有辛勞，在此一併致以誠摯的謝意！

　　飲水思源，師恩難忘！尤其要感恩我的碩導蘇曉青先生、博導汪平先生及博後導師顧黔先生，是恩師的循循善誘、不辭勞苦、殷殷切切，讓一個農家子弟成長爲大學老師。蘇老師爲人爽朗且愛憎分明，並不介意我的中師生出身，將我收入門下，實現了我跨入大學校門的理想，給了我人生的自信。汪老師思想包容又嚴謹細緻，讓我在學術上自由選擇、自由發揮，五次跟隨恩師做田野調查——金壇、吳江、祁縣、寶應、南通通州，讓我的方言調查研究能力有了質的提高，博士期間恩師指導我撰寫的論文發表在《方言》《漢語學報》《蘇州大學學報》等期刊上，培養了我的研究能力，建立了我的學術自信。顧老師学养深厚，提攜后進，拙著《鹽城方言研究》入選恩師主編的"江蘇方言研究叢書"並在中華書局出版，先後進入恩師主持的國家重大項目"漢語方言自然口語變異有聲資料庫建設"和"蘇皖鄂贛江淮官話與周邊方言的接觸演變及資料庫建設"；恩師指導我進行科研，拓寬研究思路，極大地提高了我的研究能力，並對我勖勉有加，屢屢推介，爲本書賜序，提高了我的職業自信。當然在學業和人生的成長道路上還遠不止三位導師的關懷，如江蘇師範大學廖序東先生八十高齡講授《〈馬氏文通〉研究》，至今令我感動；南京大學鮑明煒先生屢屢督促我要做好鹽城方言的調查研究，至今仍在踐行；此刻還想起江蘇師範大學的張愛民教授、李申教授、古敬恆教授、葉正渤教授、蘇州大學的朱景松教授、石汝傑教授、南京大學的高小方教授、張玉來教授，你們的傳道授業、道德文章，使我終生受益、畢生難忘！

　　百年文脈，薪火相傳。1927 年鹽城鄉賢徐宗斌籌劃出版《徐氏類音字彙》，並請章太炎、康有爲、吳昌碩等名家推介。1979 年南京大學鮑明煒先生在《中國語文》上發表《〈類音字彙〉與鹽城方言》，向學界重申該書的學術價值。而今《徐氏類音字彙：一百年前的鹽城話》出版，希望能爲方言研究、漢字研究、漢字教育、辭書編纂等領域的研究略盡綿薄之力。

蔡華祥

江南大學人文學院

2021 年 7 月